迈向卓越全球城市上海商业更新发展研究

（2018-2019）

上海城市商业更新智库
上海城市商业更新改造专委会　主编

中国建筑工业出版社

图书在版编目（CIP）数据

迈向卓越全球城市上海商业更新发展研究（2018-2019）/ 上海城市商业更新智库，上海城市商业更新改造专委会主编. — 北京：中国建筑工业出版社，2018.10

ISBN 978-7-112-22691-7

Ⅰ.①迈… Ⅱ.①上… ②上… Ⅲ.①商业经济 — 经济发展 — 研究 — 上海 — 2018-2019 Ⅳ.① F727.51

中国版本图书馆CIP数据核字（2018）第212608号

近年来，城市商业发展面临新理念、新技术、新消费群体的挑战，新的商业空间、新的商业模式层出不穷。上海历来是中国著名的“购物天堂”、“商业之都”和商业时尚风向标，2018 年初提出打响“上海购物”品牌战略。本书是对当前上海商业更新发展的研究，内容共五篇，包括总报告、专题篇、技术篇、案例篇、资料篇。

本书适合于从事城市商业更新改造及相关研究的人员参考使用。

责任编辑：张 磊 范业庶
责任校对：王雪竹

迈向卓越全球城市上海商业更新发展研究（2018-2019）
上海城市商业更新智库
上海城市商业更新改造专委会 主编
*
中国建筑工业出版社出版、发行（北京海淀三里河路9号）
各地新华书店、建筑书店经销
北京点击世代文化传媒有限公司制版
北京富生印刷厂印刷
*
开本：787×1092毫米 1/16 印张：21¼ 字数：435千字
2019年2月第一版 2019年2月第一次印刷
定价：68.00 元
ISBN 978-7-112-22691-7
（32807）

本书编委会

序 | PREFACE

改革开放以来，中国城市经历了史无前例的增长。我国城镇化水平在 1978 年还不到 20%。而到了 2014 年，这一数值已经超过了 53%。同样的城市发展历程英国用了一百年，美国用了超过六十年，而中国只用了三十多年。这一轰轰烈烈的城市化进程带来的是城市数量和面积的大幅增长。在 1949 年，中国还只有 69 座城市。而到了 2015 年，这个数字已经超过 600。相应地，中国的城市土地面积在 1990 年代到 2010 年代的二十年间增加了一倍多。

然而，伴随着高速城市扩张而来的是对城市空间粗放型的开发、利用与管理。近几年，千城一面、内城活力降低、历史文化遗产消逝等城市问题时常见诸媒体报道。究其原因，正是城市开发模式单一、资源配置与市民需求不协调、忽视历史建筑文化价值等粗放城市空间粗放型开发利用的后遗症。随着中国经济在 2014 年前后进入“新常态”，新的经济结构要求城市发展重心从过去三、四十年间的粗放式增量扩张向精细化存量发展转变。以对已有建成环境进行优化升级、资源再配置为目的城市更新，已成为近年中国城市化进程中的重要趋势。

与此同时，中国城市中的实体商业空间也历经变革。1998 年，中国完成了第一宗网上零售交易，这一年全国共产生了八百万美元的年在线零售交易额。而到了 2012 年，这一数值已经超过两千亿美元。自新千年开始以来，中国在线零售业的市场占有率增长已经超过十倍。市场占有率的大幅萎缩迫使传统线下商业其寻求转型。在与在线零售商的竞争中，传统商业最有力的武器正是它们所拥有的实体城市空间。借助历史建筑提升商业空间的文化价值、通过对实体空间的再设计促进体验式消费、以及利用对建筑外观形象的改造创造新的商业符号——诸如此类的举措在近年的商业开发中正变得越发常见。

在城市发展转型和零售业变革的共同推动下，我们有必要将“商业”和“城市更新”放到一起来进行讨论。一方面，对存量城市空间的更新和再开发离不开商业活动来聚集人气、激发活力。另一方面，在与电商的竞争中，传统商业也越发依托城市更新的手段来实现其在市场竞争中的独特性和体验化需求。上海，这一中国数一数二的国际化大都市，为我们展开商业城市更新的讨论提供了重要素材。上海历来是中国著名的“购物天堂”和“商业之都”，同时又是世界商业发展的重要窗口。上海在其最新版的城市总体规划（2016-2035）

中明确强调要“建设高品质的商务集聚区”，加强会展、商务、文化等功能的融合发展。2018年初，上海市委书记李强提出，上海要打响“上海购物”品牌，把上海建成人人向往的购物天堂，提高消费服务品质，加快推进国际消费城市建设。

因此，在上海建设卓越全球城市的大背景下，这本《迈向卓越全球城市上海商业更新发展研究》出版正逢其时。它既有对上海商业发展的回顾、总结和反思，又有对国内外经典商业更新案例的分析、研究和启示，同时对未来商业更新发展新情况、新趋势和新变革进行了研判和展望。该书具有较强的理论指导和实践操作意义和价值，同时它对于上海在市场转型期迈向全球卓越城市商业发展也能够起到很好的启发和参考作用。

是以为序。

编委会主任

目　录 CONTENTS

第一篇　总报告

1 上海商业整体运行情况

随着上海经济的稳步增长和城市的平稳运行，在新业态、新模式快速发展的带动下，上海商业呈现出总体平稳、稳中向好的发展态势，结构发展的质量和效益稳步提升。2017年，上海市社会消费品零售总额规模和增速均表现良好，保持了上海零售规模领先全国中心城市的态势，对全市经济增长和国际贸易中心建设的贡献持续增加。同时，上海商业已进入创新转型的新阶段，打响“上海购物”品牌，加快推进国际消费城市建设，抓住中国国际进口博览会的重大机遇，成为上海商业实现新一轮可持续发展的关键。

1.1 整体运行平稳

1.1.1 消费市场稳中有升，增速趋稳

2017年，上海消费市场总体呈现稳中趋升的态势，实现社会消费品零售总额11830.27亿元，比上年增长8.1%。2018年1～9月实现社会消费品零售总额9244.01亿元，比上年增长7.9%，如表1-1-1所示。

上海市社会消费品零售总额增速　　表1-1-1

年份	社会消费品零售总额（亿元）	比上年名义增长	比上年实际增长
2013年	8019.05	8.60%	8.40%
2014年	8718.65	8.70%	7.70%
2015年	10055.76	8.10%	6.00%
2016年	10946.57	8.00%	5.70%
2017年	11830.27	8.10%	6.80%
2018年1～9月	9244.01	7.9%	6.31%

来源：根据上海市统计局数据加工。

2017年，在拉动本市经济增长的“投资、出口、消费”这三大需求中，出口规模和增速均领先于消费和固定资产投资，对经济增长发挥了积极推动作用，消费持续发

本篇作者：齐晓斋，上海市商业经济学会会长，教授，13916599597@139.com；陈娟，金科地产集团投资中心战略管理部，13641857363@139.com；周月超，中信泰富（中国）投资有限公司，15821215090@139.com。

挥拉动经济的基础作用。2017 年，实现社会消费品零售额增速高于固定资产投资增速 0.8 个百分点，低于出口增速 0.3 个百分点。如图 1-1-1 所示。

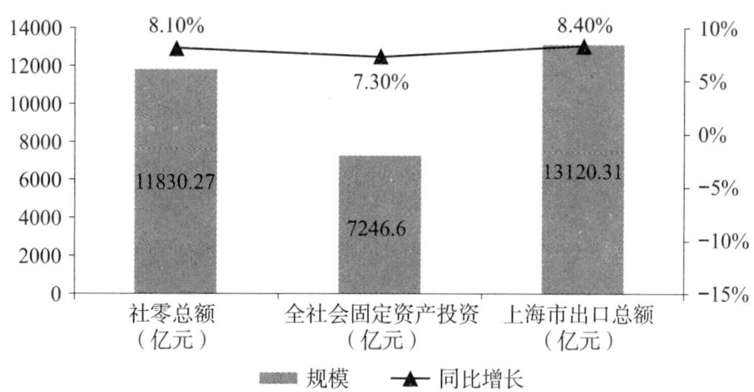

图 1-1-1　2017 年上海市消费、投资、出口规模及增速对比

数据来源：上海市统计局。

1.1.2　商品流通市场总量持续扩大，增速加快

受大宗商品价格回升、部分龙头商贸企业销售回暖和平台经济的带动，上海市商品销售总额持续增长，流通规模进一步扩大。2017 年，上海市商品销售总额实现 101028.45 亿元，比上年增长 12%，增速较去年加快 4.1 个百分点。其中，批发销售实现销售额 91103.17 亿元，比上年增长 12.4%，增速比上年提高 4.5 个百分点；零售实现销售额 9925.27 亿元，比上年增长 8.2%。

1.1.3　电子商务保持较高增速，网络购物增速放缓

2017 年，上海实现电子商务交易额 24263.6 亿元，比上年增长 21.0%。其中，B2B 交易额 16923.4 亿元，比上年增长 17.2%；网络购物（B2C/C2C）交易额 7340.2 亿元，比上年增长 31.0%。网络购物交易额中，商品类网络购物交易额 3674.3 亿元，比上年增长 22.8%，服务类网络购物交易额 3665.9 亿元，比上年增长 40.4%，成为拉动电子商务快速发展的主要动力。见表 1-1-2 所列。

2017 年上海市电子商务发展情况　　表 1-1-2

类别	交易额（亿元）	比上年增长（%）
电子商务交易额	24263.6	21.0
#B2B 交易额	16923.4	17.2
网络购物交易额	7340.2	31.0
# 商品类	3674.3	22.8
服务类	3665.9	40.4

数据来源：上海市商务委员会。

1.2 对经济增长贡献持续提升

1.2.1 增加值贡献领先

2017年，上海商业（包括批发零售业、住宿餐饮业，下同）完成增加值4797.19亿元，占第三产业增加值和全市生产总值的比重分别为23.1%和15.9%。其中，批发零售业完成增加值4393.36亿元，比上年增长6.7%，增速较去年加快2.1个百分点；住宿餐饮业完成增加值403.83亿元，比上年增长2.8%，增速较去年加快1.5个百分点，继续延续回暖态势。见表1-1-3所列。

2017年上海市生产总值　　表1-1-3

类别	绝对额（亿元）	比上年增长（%）	占比（%）
GDP	30133.86	6.9	100
第二产业	9251.4	5.8	30.7
第三产业	20783.47	7.5	69
批发零售业	4393.36	6.7	15.9
住宿餐饮业	403.83	2.8	

来源：根据上海市统计局数据加工。

1.2.2 税收就业贡献凸显

2017年，上海商业税收实现2053.45亿元，比上年增长18.3%，占第三产业税收比重达23.8%，是第三产业税收的重要来源与支撑；2017年，上海商贸行业还贡献了上海市近四分之一的就业岗位，为城市的稳定与发展做出了积极的贡献。

1.3 市场的主要特点

1.3.1 批发零售业增速领先餐饮业

2017年，上海批发和零售业实现零售额10804.87亿元，比上年增长8.1%，增速较上年回落0.3个百分点。2017年，餐饮业实现零售额1025.39亿元，比上年增长7.9%，增幅比上年加快3.2个百分点，见表1-1-4所列。

按行业分2017年上海市社会消费品零售额构成对比　　表1-1-4

指标名称	年份（年）	比上年增长（%）	占社会消费品零售额比重（%）
批发、零售贸易业	2017	8.10	91.30
	2016	8.40	90.20
餐饮业	2017	7.90	8.70
	2016	4.70	9.80

来源：根据上海市统计局数据加工。

1.3.2 外资经济增长较快

2017 年，国有、集体、私营、股份有限公司及其他经济等内资商业共实现零售额 7272.58 亿元，比上年增长 4.4%，增长平稳；外商、港澳台商业等共实现零售额 4557.69 亿元，比上年增长 14.6%，增长较快。如图 1-1-2 所示。

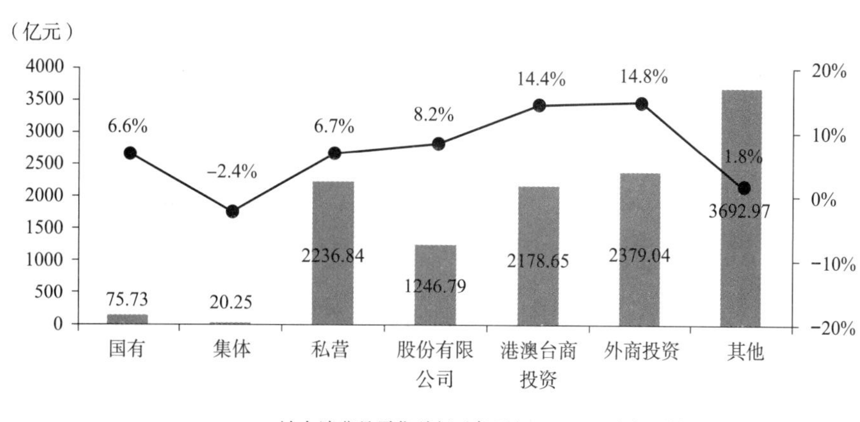

图 1-1-2 2017 年按经济类型分上海市消费品零售额情况

来源：根据上海市统计局数据加工。

1.3.3 网络零售占比提高

2017 年，上海网上商店零售额实现 1437.49 亿元，比上年增长 9.6%，占社会消费品零售总额的比重为 12.2%，比上年提高 0.8 个百分点，占比继续提高。2017 年，实体零售业态发展进一步分化。据上海市商业信息中心数据显示，便利店、专业专卖店、购物中心实现较快增长，百货店增长平稳，大型综合超市、超市等传统实体业态呈现不同程度下滑。

具体来看：2017 年，主要零售业态中，便利店、专业专卖店、购物中心实现较快发展，分别比上年增长 13.1%、6.6%、6.2%。其中，便利店和专业专卖店增速较去年分别加快 2.6 个、6.6 个百分点；百货店转型升级效应显现，同比增长 3%，增速较去年同期加快 15.3 个百分点；2017 年，大型综合超市、超市等实体业态增速下滑，比上年分别下降 8.9%、3.5%，降幅分别比去年扩大 4 个、2.3 个百分点。见表 1-1-5 所列。

上海市各零售业态零售额增长比较　　表 1-1-5

业态	2017 年销售比上年增长（%）	2016 年销售比上年增长（%）
百货店	3	-12.3
标准超市	-3.5	-1.2

续表

业态	2017 年销售比上年增长（%）	2016 年销售比上年增长（%）
便利店	13.1	10.5
大型综合超市	–8.9	–4.9
专业专卖店	6.6	0
购物中心	6.2	7.5

数据来源：上海市商务发展研究中心（上海市商业信息中心）。

1.3.4 消费升级类商品销售旺盛

2017 年，上海商业企业经营的主要商品大类实现较快增长：一是消费升级类商品销售旺盛，以智能手机为代表的通信器材类商品销售回暖，实现零售额 369.8 亿元，比上年增长 50.7%，增速较去年加快 45.4 个百分点；体育娱乐用品类商品实现零售额 58.67 亿元，比上年增长 23.2%，增速较去年加快 10.4 个百分点。二是与居民日常生活相关的消费增速较快，化妆品类商品实现零售额 486.24 亿元，比上年增长 23.6%，增速较去年加快 17.2 个百分点；服装、鞋帽、针纺织品类商品实现零售额 2056.7 亿元，比上年增长 18.1%，增速较去年加快 6.4 个百分点。

1.3.5 商圈整体回暖并向外围发展

2017 年以来，随着中心城区存量商业转型升级步伐的加快，各级商圈全面回暖，发展动力进一步从城区向郊区转换。据上海市商业信息中心统计，本市重点商圈中，2017 年市级商圈比上年增长 8.6%，城区商圈比上年增长 12.4%，郊区商圈比上年增长 13.7%，郊区商圈增速领先，市级商圈有回暖趋势，但仍明显低于城区、郊区商圈销售情况。见表 1-1-6 所列。

2017 年上海市各区社会消费品零售总额 表 1-1-6

地区	2017 年社零总额（亿元）	比上年增长（%）
浦东	2201.34	8.1
黄浦	814.07	1.9
徐汇	666.74	5
长宁	316.88	7.3
静安	720.37	15.6
普陀	606.04	3.6
虹口	309.26	4.2
杨浦	494.75	5.6
闵行	942.14	5.6
宝山	666.67	3.8

续表

地区	2017年社零总额（亿元）	比上年增长（%）
嘉定	1044.13	5.5
金山	456.15	10.2
松江	587.47	9.1
青浦	564	4.7
奉贤	535.13	9.1
崇明	116.88	9

数据来源：上海市统计局。

1.3.6 居民消费价格温和上涨

2017年，上海市居民消费价格比上年上升1.7%，涨幅比上年放缓1.5个百分点，通胀水平温和上升，处于比较合理的区间。从结构上看，服务项目类价格上升2.3%，消费品价格上升1.2%，服务项目类仍为拉动居民消费价格上升的主要因素。从具体分类看，医疗保健类价格上升6.6%，上涨较快；其他用品和服务、居住类、生活用品及服务、食品烟酒、教育文化和娱乐、交通和通信、衣着类价格分别上升2.6%、1.7%、1.5%、1.2%、0.9%、0.7%、0.5%，保持平稳上升态势。

1.3.7 商业投资增速下滑

最近10年（2008年-2017年）上海市商业固定资产投资总额为3913亿元。其中，2017年为540.31亿元，比2007年238.01亿元增长1.27倍，平均年增长速度为8.54%。从各个年度上海商业投资占全社会固定资产投资比重来看，基本在7% ~ 9%区间。

由于前些年商业地产投资增长过快过猛，2017年上海市商业固定资产投资总额比上年下降6.4%；新开工面积为307.17万m^2，比上年下降26.6%；施工项目为38个，比上年下降15.6%；但商业竣工面积为403.03万m^2，比上年增长49%。如表1-1-7所示。

上海市商业固定资产投资统计 表1-1-7

年份	商业固定资产投资（亿元）	比上年增长（%）	占全社会固定资产投资比重（%）
2017	540.31	-6.40	7.50
2016	577.19	8.70	8.50
2015	530.77	1.50	8.40
2014	523.13	14.70	8.70
2013	456.02	16.10	8.10

数据来源：上海市统计局。

从各个经济类型来看，私营经济投资额比上年增长 31.3%，国有经济投资额比上年增长 29.3%，股份制经济投资额比上年下降 61.5%，外商和港澳台经济投资额比上年下降 57.4%。

从各个行业来看，各个行业投资增速均有下降：房地产商业设施投资额下降 2.4%，住宿业投资额下降 29%，零售业投资额下降 45.9%，批发业投资额下降 47.4%，餐饮业投资额下降 85.2%。

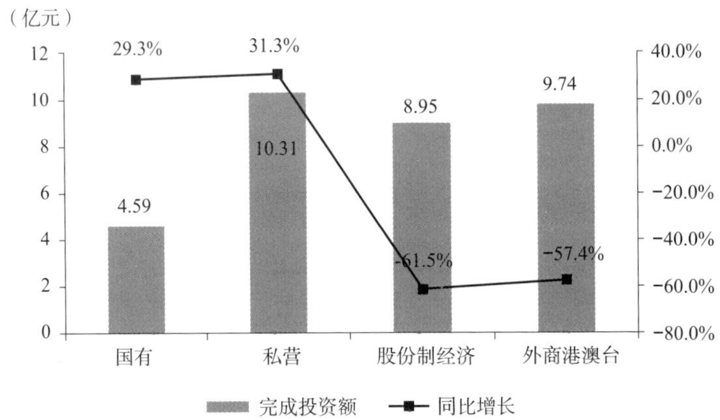

图 1-1-3　2017 年按经济类型分上海市商业固定资产投资及比上年增长情况

数据来源：上海市统计局。

2　上海商业发展回顾

从 1978 年到 2018 年，我国改革开放已经整整 40 年。党的十一届三中全会以来，上海商业从发展社会主义市场经济和建设国际化现代化商业、国际贸易中心、国际消费城市的要求出发，积极地、有步骤地推进改革和开放。40 年来，上海商业发生了翻天覆地的变化。

2.1　上海商业发展回顾

2.1.1　全方位转变，商业发展活力提升

改革开放以来，上海商业经历了全方位的转变，发展活力不断提升。商业流通体制，从封闭式、单渠道、多环节，转变为开放式、多渠道、少环节；商品市场体系，从狭隘的内循环，转变为立足大商业、组织大流通，发展大市场；商业企业管理，从行政直接干预，转变为企业依法自主经营；商业运行机制，从计划分配，转变为市场调节，自由流通；商业业态和经营方式，从传统模式，转变为现代商业、智慧零售，连锁经营大发展；商业经济结构，从基本国有经济垄断，转变为多种经济成分，国有集体、个体商业、民营商业、股份制商业、外资商业等共同发展；商业企业组织形式，从单元投资主体，转变为多元投资和集团化、股份化，向现代企业制度过渡的新格局；商业设施建设，从改造陈旧落后，转变为现代化、智能化，购物环境大为改善。

2.1.2　告别“短缺时代”，创造多个全国第一

1993 年上海全面放开粮油购销价格，取消了上海最后两张消费票证——粮票、油票，上海消费市场告别“短缺时代”，逐渐从“卖方市场”完全转变为“买方市场”。同时，改革开放以来，上海商业开展了卓有成效地改革，创造了多个全国第一：如全国第一家商业股份公司——1987 年豫园商城股份有限公司成立，全国第一家中外合资餐饮公司——肯德基公司外滩门店 1989 年 11 月开业，全国第一家连锁经营超市公司——1991 年 9 月上海联华超市公司成立并开出第一家超市，全国第一家中外合资商业零售企业——1992 年经国务院批准成立上海第一八佰伴新世纪商厦，全国第一家中外合资宾馆——1986 年扬子江大酒店成立。

2.1.3 从“3街1场”到“3+1”布局

改革开放以来，上海商业布局持续优化。改革开放前上海的商业街主要是“3街1场”，即南京路、淮海路、四川路和豫园商场，经过40年的发展，现在已经形成了市级商业中心、地区级商业中心、社区商业中心和特色商业街区的“3+1”布局体系。市级商业中心有南京东路、南京西路、淮海中路、四川北路、徐家汇、小陆家嘴—张杨路、豫园商城、五角场、中山公园、中环真北、新虹桥—天山、虹桥商务区、国际旅游度假区、大宁等15个；地区级商业中心有控江路、打浦桥、曹家渡等56个（其中外环线以内规划19个，外环线以外37个）；社区级商业中心是以社区服务为基础，以便民利民为目标的属地型商业中心；特色商业街区有67条，主要依托历史保护街区、特色风貌建筑、旅游资源区、城市生态景观、滨水资源丰富地区。

2.1.4 拉动内需，吸纳就业

改革开放以来，上海商业在拉动内需、吸纳就业方面发挥了积极的贡献。1978年上海批发零售、餐饮业增加值占全市增加值的8.5%，2017年达4797.19亿元，占全市增加值已经上升到15.9%；1978年上海商品销售总额为303.43亿元，2017年达113125亿元，增长372倍，年均增速16.4%；1978年上海社会消费品零售总额为54.1亿元，2017年为11830亿元，增长218倍，年均增速14.81%，比1952年至1978年年均增速3.47%高出11.34个百分点，现在两三个购物中心或大型百货商店的零售额就已经超过了1978年全市的社会消费品零售总额。

上海商业还提供了大量就业岗位，2016年年末全市批发和零售业、住宿和餐饮业从业人员为291.28万人，比1978年的39.62万人增加了251.66万人，其中批发和零售业增加了208.36万人，住宿和餐饮业增加了43.3万人。

2.1.5 商业规模不断扩大

改革开放以前，上海商业的主要职能是保障基本供应，消费市场总体处于供不应求状态。一方面，商业基本建设的投入很少，新建的商业设施很少。一直到20世纪80年代末，上海最大的零售商业设施基本上是第一百货、华联商厦、时装商店、第一食品这四大公司，是20世纪30年代以前建造的。另一方面，商业网点不足的问题比较突出，尤其是居民新村购物难、沐浴难、理发难等生活不便的问题时有反映。

改革开放以后，尤其是20世纪90年代以来，伴随着土地批租、中外合资商业企业发展、旧区街坊改造、股份制商业企业建立，上海商业设施进行了“脱胎换骨”的改造，现代化大型百货商厦、购物中心等新型商业设施如雨后春笋般地崛起，并随着轨道交通和住宅建设，深入到社区，延伸至郊区，社区商业、郊区商业的发展速度也远远超过中心城区商业。2017 年初上海市商场店铺面积为 7472 万 m^2，比 1978 年末的 228 万 m^2 净增加了 7244m^2，增长了约 31 倍。2016 年当年新增商场店铺面积 699 万 m^2，是改革开放前上海商场店铺存量面积的 3 倍多。按常住人口计算，2017 年年末全市人均商业营业建筑面积为 3.1m^2，比 1978 年年末的 0.21m^2 增长了 13 倍多。

2.1.6　新型商业业态涌现

1991 年以后起步的超市、便利店、大卖场，开创了新型业态和连锁发展的先河，各类连锁商业稳步发展。专卖店、专业店、购物中心、奥特莱斯、快餐、星级宾馆迅速崛起，电子商务、电视购物等无店铺销售迅猛发展。

2016 年以来，上海又大胆尝试新零售、智慧零售，将商业、文化、展览展示结合，超市与餐饮跨界，线上线下融合，同时无人店、无人餐厅兴起。据连锁经营协会统计，2017 年末，全市连锁经营的业态业种已达到 100 多种，连锁商业网点达 16868 家，销售额达到 2117.19 亿元。其中，连锁超市门店 2880 家，销售额 192.38 亿元；连锁大型综合超市 401 家，销售额 626.82 亿元；连锁便利店 6144 家，销售额 159.42 亿元；连锁快餐店 1345 家，销售额 111.30 亿元；连锁眼镜店 168 家，销售额 2.15 亿元；连锁建材店 19 家，销售额 13.32 亿元；连锁医药店 1169 家，销售额 33.53 亿元；连锁家电店 151 家，销售额 219.03 亿元；连锁服饰店 1313 家，销售额 13.64 亿元；连锁西点店 295 家，销售额 8.87 亿元；连锁通信店 26 家，销售额 2.51 亿元；连锁折扣店 706 家，销售额 26.95 亿元；连锁书报亭 95 家，销售额 12.28 亿元；连锁石化站 709 家，销售额 590.95 亿元；连锁咖啡店 1447 家，销售额 75.88 亿元。

2.1.7　各种所有制共同发展，市场活力大增

1979 年初上海恢复建立了农副产品集贸市场，开始允许农民和个体户经营部分商品，1980 年开始发展城镇个体户并扶持个体商业发展，柳林路、七浦路等多条以个体民营为主的特色商业街先后形成。1987 年 6 月豫园商城股份公司成立，拉开了上海商业股份制改革的序幕；20 世纪 90 年代初又先后组建了市百一店、华联商厦、食品一店、新世界城等十多家商业股份制公司。

20 世纪 90 年代前后上海中外合资商业企业从宾馆、快餐延伸到百货、超商、专业专卖店。外资投资商业企业逐步进入上海商业各个业态和各个行业，如购物中心（正大广场、港汇广场、恒隆广场、中信泰富、梅龙镇广场等）、百货商厦（东方商厦、八佰伴、太平洋百货、伊势丹百货、久光百货等）、综合性大超市（家乐福、欧尚、麦德龙、易初莲花等）、便利店（罗森），还有宜家、克莉丝汀、元祖、星巴克、麦当劳、必胜客等。

1978 年上海全市社会消费品零售总额中，国有经济商业实现的零售额占 73.01%，集体经济商业实现零售额占 26.64%，两者合计占 99.65%，其余的 0.35% 为个体商业

零售额。2017 年上海全市社会消费品零售总额中，国有集体经济零售额占 2.6%，私营经济零售额占 18.99%，股份制经济零售额占 7.78%，外商、港澳台商业等外资经济占全市社会消费品零售总额的 38.53%。多种经济类型、多种流通渠道、多种经营方式并存，少环节、开放式的商品流通体系已经形成。

2.2 上海零售商业发展 40 年阶段划分

通过对上海商业改革开放 40 年的回顾，可以看出上海零售商业的变化基本可以分为 4 个阶段：

1. 第一阶段：由短缺转向平衡（1978 至 20 世纪 90 年代初）

在这一阶段，上海消费市场从供不应求到供求基本平衡，告别了短缺经济。一方面，随着大部分票证的取消，消费品的生产实现快速增长与发展，市场供应不断增加；另一方面，商业设施建设开始起步，弥补了二十多年商业投入不足的历史欠账，主要解决了新村居民购物难的问题，中心区商业小修小补、以外立面装饰为主，改变了陈旧落后面貌。

2. 第二阶段：超商时代（20 世纪 90 年代至 21 世纪初）

在这一阶段，上海零售商业主要是跟随世界先进零售业，经过考察、学习、模仿，并通过引进外资企业带领上海零售业态的发展与提升。一方面，业态以超商为主，在当时是国内全新的业态，同时还有快餐、百货等业态；另一方面，中外合资商业为上海商业的发展树立了样板，促进了上海商业的提升和发展。上海商业用十年多时间完成了发达国家五十年的业态演进过程，初步实现了现代化和市场化，缩短了与国际现代商业的差距，保持了全国领先水平。但在这个阶段，上海一直是跟随，并没有超越。

3. 第三阶段：电商时代（最近十来年）

在这一阶段，我们从跟随到超越，从引进到创新。我国电子商务发展虽然起步晚于发达国家，但发展却超过发达国家。一方面，我国电子商务快速发展并演化，随着互联网到移动互联网，网购从 PC 端逐步转到移动端，同时，支付手段也持续多样化、移动化。另一方面，我国电子商务的国际化程度日益提高，“双十一”也从国内走向全球，义乌等市场已经从实体市场转为“买全球、卖全球”的网上市场。

4. 第四阶段：新零售、智慧零售时代（最近一年多来）

在这一阶段，随着我国零售业态和经营模式的创新，有望从以前的跟随实现超越，从探索实现领跑。当然，并不是说，我们已经可能在商业领域全面超越发达国家，但我们可能在业态创新方面有所领先。一方面，智慧零售层出不穷，基本可以分为“鲜超市＋餐饮＋电商＋其他”模式、无人自助店模式、无人餐厅、自动售货机等各种模式，其中，“生鲜超市＋餐饮＋电商＋其他”模式主要代表有盒马鲜生、F2、RISO、超级物种、苏鲜生等。另一方面，无人零售快速发展，从无人售货机到无人便利店再到无人餐厅，大大提高了商业的便利度。无人售货机已广泛分布于地铁站点、商业街区、公园、剧场、滨江步道等，除了自动售货机以外，已出现智能现榨橙汁机、椰汁机、自助咖啡茶饮两用机、自动售药机、自动现烤比萨机等，还有无人货架，也已较多进入共享办公领域。无人便利店主要有店铺式和盒子式两种，其中，盒子式无人店在技术逐步成熟的基础上，选址成为发展关键；店铺式无人店，目前主要可以做到无人收银，店员还需指导消费者熟悉和下载 APP、注册、扫码、刷脸、支付等，主要代表如猩便利、简 24、苏宁易购 BIU、欧尚一 min、日谈一果等。无人餐厅，如上海吴中路德克士无人餐厅，将点餐、下单、支付、通知及自助取餐形成闭环，使消费者的用餐体验更加便捷。

3　上海商业网点布局不断规范

随着上海商业的发展，其规模日益扩大、范围日益广泛，为了更好地规划指导上海商业发展，2014 年，上海市商务委员会、上海市规划和国土资源管理局在分析商业网点发展现状基础上，结合上海城市未来发展总体目标和空间布局导向，编制了《上海市商业网点布局规划（2014—2020）》（以下简称“商业网点布局规划”），并经市政府批复同意公布和实施。

商业网点布局规划的编制，有利于推进建立和完善与城市建设、经济发展和对外开放相适应，布局协调、结构合理、层次分明、功能健全、配套完善、经营有序、可持续发展的现代商业网点体系。

3.1　规划目标

以建立统一开放、竞争有序、管理规范的现代化大都市商业流通体系为目标，以满足人民生活需求为出发点，以服务上海国际贸易中心市场体系建设为重点，加快完善商业规划布局。统筹全市商业发展实际情况和未来需求，在市场机制作用下加强对商业网点设施进行调整、引导和规范，提升完善商业功能，促进商业模式和业态创新，满足多样化消费需求，引导城市建设和投资，改善城市商务和居住环境，建立和完善与城市建设、经济发展和对外开放相适应，建设布局协调、结构合理、层次分明、功能健全、配套完善、经营有序、可持续发展的现代商业网点体系。

3.2　规划原则

一是以人为本、改善民生。突出以人为本的发展内涵，把改善民生作为商业发展的出发点和落脚点，围绕人的需求和全面发展，完善商业供给，提升服务水平，提高生活品质。

二是总量调控、统筹发展。以调整结构、优化布局为抓手，以资源环境承载能力为底线，实行商业设施规模总量调控。

三是规划引导、优化布局。立足于上海建设“四个中心”和现代化国际大都市的目标要求，以提升国际竞争力、可持续发展能力和城市魅力为重点，构建多层级商业网点布局体系。

四是分类指导、提升功能。根据中心城、郊区新城、重点发展地区、大型社区、各类产业园区等不同的特点和条件，进行分类指导。突出功能提升的发展方向，优化商业结构，鼓励发展新业态、新模式、新技术，推进产业高端化、集约化、服务化发展，增强集聚辐射功能，努力提升全球资源配置能力。

五是环境优化、协调发展。突出区域一体化的发展格局，倡导商业生态平衡，注重环保、节能、低碳、智能，促进商业与人口、交通、土地、环境相协调，促进商业与商务、会展、旅游、文化等其他功能相融合，推进建设生态良好、社会和谐、智慧低碳、安全便捷的宜居城市。

3.3　商业建筑设施规模

商业网点布局规划对商业建筑设施规模按照总量控制、存量优化的原则，着眼长远，在满足商业建筑规模适度增长的前提下，至2020年，规划商业设施建筑总量控制在7000万～7500万m^2，年平均增长2.6%～3.6%（2009～2013年期间的年平均增幅则为5.96%）。限制超大型和大型商业网点的过度建设。注重功能定位、业态配比、品牌引进，尽可能实现差异化发展，避免无序竞争和重复建设。

商业建筑继续保持适度增长的依据和考虑为：一是未来上海城市经济和居民收入水平提高会带来购买力的持续增长；二是上海市的商业网点不仅服务于本市常住人口，其服务对象还包括大量流动人口，未来上海常住人口和流动人口仍将进一步增长；三是上海作为全球性国际大都市和消费城市的地位进一步确立，迪士尼项目建成营业等，来自国内国际的商务旅游人士将进一步增加，产生对高能级、高水平商业服务的需求；四是未来商业将向消费和服务多样化发展，商业网点不仅限于商品买卖，其他如展示、体验、交往、娱乐、教育、休闲等功能将会增加，多元化、个性化经营更加发展，对设施空间载体将产生进一步的需求；五是商业网点是城市功能的重要载体，也是展示城市形象的重要窗口，在城市发展中必须保持商业的同步发展。

3.4　商业网点布局体系

根据功能分区的原则，确定土地利用和空间布局形式，这是城市规划的一种重要方法。商业网点布局规划立足上海商业发展现状和未来需求，结合城市区位交通、人口分布、消费水平、产业布局、基础设施等要素，重点完善了规划构架，形成了“市级商业中心、地区级商业中心、社区商业中心＋特色商业街区”的“3+1”布局体系。

3.4.1 市级商业中心

市级商业中心是以城市总体规划确定的市级公共活动中心和综合性商业街区为主要空间载体。商业设施集聚在不少于 $25hm^2$ 的空间范围，规划商业设施建筑面积不低于 50 万 m^2，商务建筑面积不低于 150 万 m^2。大型商业网点集聚度高，百货店和购物中心等大型商业业态的建筑面积占全部建筑面积的40%以上。服务人口为50万人以上，日客流量达到 20 万 ~ 30 万人次左右。交通、市政等基础设施配套完善，公共交通网络便捷。

商业网点布局规划形成15个市级商业中心，其中近期规划形成13个市级商业中心，分别是南京东路商业中心、南京西路商业中心、淮海中路商业中心、四川北路商业中心、徐家汇商业中心、小陆家嘴—张杨路商业中心、豫园商城商业中心、五角场商业中心、中山公园商业中心、中环（真北）商业中心、新虹桥—天山商业中心、虹桥商务区商业中心、国际旅游度假区商业中心。远期规划 2 个市级商业中心，大宁商业中心与真如商业中心。

3.4.2 地区级商业中心

地区级商业中心是与地区公共活动中心相结合，服务于本区域及周边区域的消费人群，依托交通枢纽、旅游景点、大型居住区和商务区，以满足区域内购物、餐饮、休闲、娱乐和商务活动等综合消费为主，形成规模中度集聚、服务功能完善、行业业态齐全、具备一定集聚和辐射能力、服务范围为广域性的综合商业功能区。商业设施总建筑面积不低于 30 万 m^2，商业集聚在不少于 $8hm^2$ 的区域范围内，日均客流量在 10 万人次以上的综合性商业功能区。

商业网点布局规划形成外环线以内规划19个地区级商业中心，其中近期规划17个，包括控江路商业中心、打浦桥商业中心、共康商业中心、长寿商业中心、曹家渡商业中心、外高桥商业中心、北外滩商业中心、南方商城商业中心、北中环商业中心、长风商业中心、南外滩商业中心、前滩地区商业中心、唐镇商业中心、世博园区、徐汇滨江地区、御桥地区、虹桥吴中路地区，中远期规划 2 个，即杨浦滨江地区、苏河湾地区。

外环线以外规划 37 个地区级商业中心，与区域总体规划相衔接；其功能定位与产业和文化景观相协调；与区域社会经济发展水平、人口分布、购买力水平相适应。外环线以外区域重点建设与新城、新市镇相匹配的地区性商业中心和商品流通中心。规划新城地区级商业中心与中心城地区级商业中心在功能定位和业态结构上互补和错位发展，各具特色。考虑到区域实际建设情况，各区（县）可适当调整商业网点布局。

对市级、地区级商业中心的功能定位、业态结构、交通和环境等，规划中分别提出了导向和指引。

3.4.3 社区级商业中心

社区级商业中心是以社区规划编制单元为基础，主要服务于本社区，以便民利民为目标的属地型商业中心。社区商业设施的建设规模应体现社区商业的均好性、便利性和综合性设置原则。社区商业中心应与社区事务中心、社区卫生中心和社区文化中心综合设置。

依据服务人口规模和服务半径,明确不同规模社区商业服务设施的配置标准,同时，合理配置菜市场、超市、便利店、药店、大众餐饮店等必备业态，拓展社区定点服务、预约咨询、上门服务、网订店取和“微生活”“云社区”等新兴服务模式。

产业园区商业是社区商业的一种特殊表现形式，配置标准参照社区级商业设施执行。其规划商业服务配套设施约占园区建筑面积的 10% 左右。

3.4.4 特色商业街区

特色商业街区是指满足人们专业性消费需求，由众多特色鲜明的商业及服务设施组成，以带状街道建筑形态为主要空间载体的，具有一定规模的区域性商业集聚区。

特色商业街区一般位于各类旅游景区或特色风貌区等周边区域。特色商业街区将依托历史保护街区、特色风貌建筑、旅游资源区；鼓励新建特色商业街区靠近城市生态景观、滨水资源丰富地区。商业街长度以 300 ~ 800 米为宜，主营行业特色店数量占街区内店铺总数的 70% 以上为宜。

在新一轮城市总体规划工作中，市商务委和市规土局加强合作，依托市规土局统一的地理信息数据平台，搭建“上海市商业网点规划监测系统”，对全市商业网点建设实施跟踪，做好商业网点管理信息化监测，积极探索商业网点管理和审核制度的要求，发挥商业规划对商业布局的指导作用。

4 上海消费观念日益变化

改革开放四十年来，上海已经从一座生产型城市发展成为国际化大都市，未来更将迈向卓越的全球城市。随着城市的不断进步、经济的迅猛发展，居民的收入和支出均实现快速增长，2017 年上海市城镇常住居民人均可支配收入达到 62596 元，是 1992 年的 20 倍，如图 1-4-1 所示；2017 年上海市城镇常住居民人均消费支出达到 42304 元，是 1992 年的 17 倍，如图 1-4-2 所示。

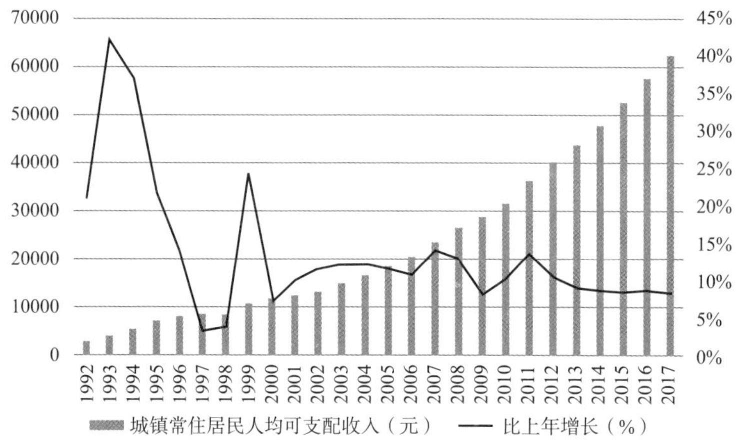

图 1-4-1　1992 ~ 2017 年上海市城镇常住居民人均可支配收入

数据来源：上海市统计局。

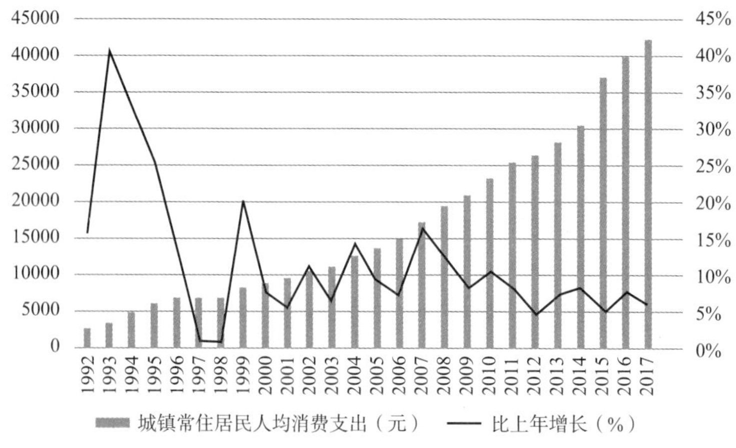

图 1-4-2　1992 ~ 2017 年上海市城镇常住居民人均消费支出

数据来源：上海市统计局。

4.1 消费观念的变化

随着居民消费收入和支出的增长，居民消费观念也发生了巨大变化，上海正在进入新一轮的消费升级进程中，消费结构升级的趋势越来越明显，速度越来越快。

4.1.1 发展型消费日渐成为主流

消费从过去以生存型为主逐渐向以发展型为主转变。上海市城镇居民的恩格尔系数也即食品烟酒支出占个人消费支出的比重持续降低，从1992年的55.9%降到了2016年的25.1%，降低了30.8个百分点。随着居民收入水平的提高，服务消费如耐用消费品、教育文化娱乐、交通通信等比重快速上升，食品消费比重逐渐下降，消费内容日益多元、消费结构持续升级。对比国际经验，发达国家或者是富足国家的恩格尔系数一般在20%～30%之间，上海的消费水平已经达到较为富足的阶段。如图1-4-3所示。

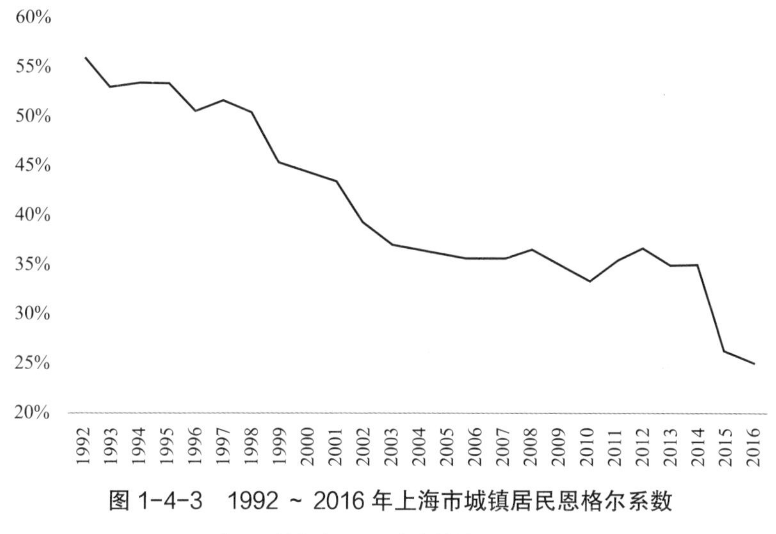

图1-4-3　1992～2016年上海市城镇居民恩格尔系数

数据来源：上海市统计局。

4.1.2 精神消费持续增长

人们在物质消费达到一定水平后，为了寻求更好、更高的发展而产生了精神消费需求，在教育、文化等方面的精神消费日益增长。一方面，自身成长与提高的需求不断上升，带来成人教育、在职教育的日益增多；另一方面，家长更加注重子女教育，加大了在子女教育上的投资，各种艺术班、家教、辅导班不断升温。根据上海市统计局2017年消费问卷调查数据显示，所有年龄段受访消费者中有30.9%的比重在成人教育和培训方面消费过，其中，年龄段在26～35周岁的人群中有41.9%的人在成人教育和培训方面消费过；年龄段在 36 ~ 50 周岁的人群中有 59.0% 的人在子女课外辅导和培训中消费过，并且有 30.0% 的人在子女课外辅导和培训方面的消费次数较上年增加，如图 1-4-4 所示。

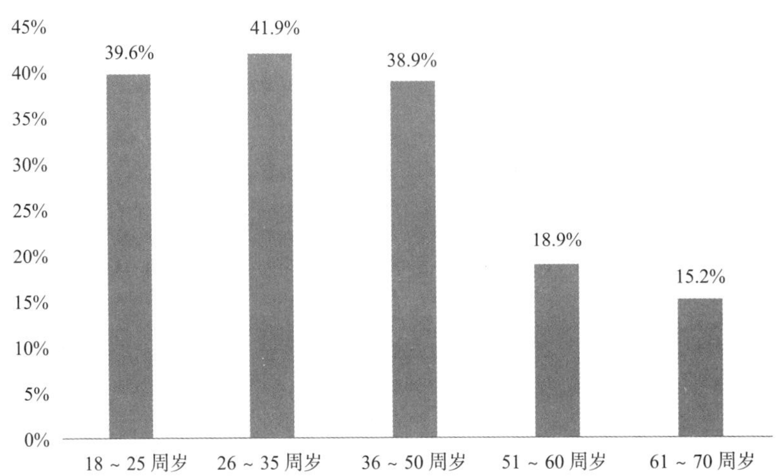

图 1-4-4　2017 年上海市居民分年龄段在教育培训方面的消费情况

数据来源：上海市统计局。

4.1.3　新兴消费逐渐崛起

随着收入的增加，技术的创新应用，消费方式和消费观念开始有所转变，休闲消费、文娱消费、便捷消费迅速崛起。根据上海市统计局 2017 年消费问卷调查数据显示，在 2018 年最愿意新增或追加的消费中，旅游、文娱、便捷服务等成为居民选择最多的消费类别，其中，选择周边游、景点、游乐园、电影、快递物流、外卖等项目占比均超过 60%。同时，一些新兴的消费热点也持续涌现，国外游、网络虚拟（包括游戏、视频、电子书、在线音乐等）、网约车、自行车租赁（共享单车）、汽车租赁（包括新能源车）等新兴项目的占比也比较高，运动保健、家政护理等消费群体热度也有所上升。如图 1-4-5 所示。

4.1.4　体验消费日益凸显

随着消费观念的日益成熟，在关注商品的“性价比”之外，消费者越来越多地关注消费的环境、氛围及体验过程，实体商业在体验优势的带动下持续回暖。根据上海市统计局 2017 年消费问卷调查数据显示，有 71.9% 的居民在“线上”“线下”均有消费，其中，31.2% 的以实体店为主，26% 的两者并重，14.7% 的以线上为主。与电商相比，实体商业在品质、体验、服务等方面优势明显，体验作用愈发明显，有 55.6% 的居民曾在实体店体验后进行线上消费。体验式消费的增长一方面推动实体商业大量引入体

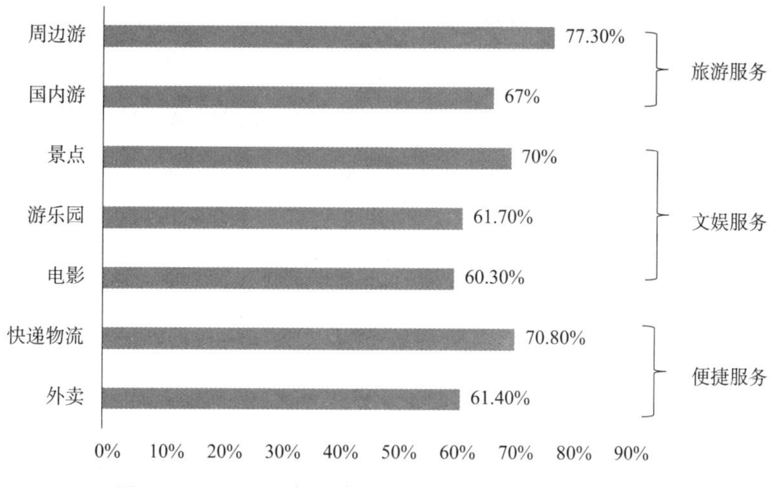

图 1-4-5　2018 年上海居民最愿意新增或追加的消费

数据来源：上海市统计局。

验式消费内容，有些实体商业中的体验业态占比已达 30% ~ 40%；另一方面线上商业加快线下布局，如阿里入股银泰、联华、三江购物，开设盒马鲜生体验店，京东宣布未来 5 年将在全国开设 100 万家京东实体店等。

4.1.5　社交消费带动明显

依托网络技术的发展，新媒体社交应用和工具层出不穷，集聚了巨大的用户流量，具备了广泛的传播效应，引领了基于内容和社交的消费新潮流。一是出现专门的社交购物应用激发消费。如拼多多使得用户通过发起和朋友、家人、邻居等的拼团，以更低的价格，拼团购买商品，迅速发展成为上海规模最大、成长最快的电商平台之一。二是粉丝经济带动消费，即明星、偶像及网红带动了消费。阿里数据显示，仅 2017 年 7 月至 9 月，就有超 4 亿人次在淘宝上搜索“明星同款”，平均每天超过 450 万人次。三是社交应用依托熟人口碑带动消费。通过微信、微博、抖音等社交应用的熟人口碑效应，不断涌现出“网红”“爆款”等消费现象，如借助抖音成为“爆款”的“答案奶茶——一杯可以占卜的茶”。

4.1.6　多元化消费观念并存

不同年龄、不同经历、不同文化、不同地区的人，消费观念往往也不同。一方面，生于互联网时代的“90 后”开始成为重要的消费群体，更愿意接受自由、个性的消费方式，“90 后”正在成为消费新引擎，将引领消费潮流的转变；另一方面购买力本身较强的“70 后”及“80 后”，则更愿意享受生活，“70 后”更青睐定制化服务和高品质的需求，而“80 后”追求更具实用性的消费；还有，随着日益明朗的老龄化趋势，老年人群的消费需求也不容小觑，随着老年人收入的增长和观念的转变，在日常生活方面，老年人群对饮食、服饰、社交娱乐、旅游等方面的需求不断改善，在医疗保健、精神慰藉等养老方面也产生了大量的需求。如广场舞、公园舞兴盛就反映了老年人对娱乐、社交的需求，老年人精神寄托的需求也应该被满足。

4.2 针对消费观念变化，经营创新和营销创新

新的消费人群正在形成，新的消费产品和消费业态不断发展，针对消费新趋势，商业企业和生产企业应该进一步市场细分，在引导消费、业态创新和营销创新上多下功夫，争取在市场竞争中掌握主动权。

4.2.1 细分需求，满足多元消费

随着消费观念的日益多元、需求范围的日益宽广，企业需要明确定位，针对不同的消费者、不同的消费观念细分需求、引导消费。一是满足新生代自由个性的消费需求。四平八稳、面面俱到的产品已不再是新生代消费者的宠儿，高性价比加上某一要素优势鲜明、特点突出，更加能够满足、引导新生代消费需求。二是满足不断升级的老龄化消费需求。围绕生活保障、休闲娱乐、社交生活和医疗健康等主要消费内容，满足日益丰富和升级的老龄化消费需求。如在工作日引入平价KTV等休闲娱乐消费业态，引导和满足老年人娱乐社交的消费需求。

4.2.2 线上线下融合，引导新兴消费

依托技术创新，推动线上线下融合，引导新兴消费。一是打通线上线下流量，实现线上线下业务、品牌、渠道、顾客等多方面资源整合，资源共享、优势互补。如口碑APP依托信息手段，结合消费者的地理位置、支付数据及消费偏好分析一家店的客单价为80元，针对性的派发满100减5元的优惠券，切实有效提高了客单价，通过数据化重塑线下商业网络，原先散乱、模糊的线下商业行为，变成数据后可供分析。二是针对便捷消费需求，优化服务于消费互联网的支撑环境，为商业创新赋能。未来商业重要支撑利器之一就是快速优质的配送，永辉超级物流已开始试水24h配送，百联RISO也支持1小时速达和定时送达，盒马鲜生则支持5km半径30min配送。高质量的配送带来了订单的增加。

4.2.3 业态创新融合，丰富体验消费

面对网络时代热点的快速转移，适应消费需求的不断变化，从静态定位向动态定位转变，注重业态融合，满足服务化、体验式消费需求。一是创新服务营销方式，依

托大数据、云计算、移动通信等科技手段，建立精准营销服务体系，锁定和扩大忠诚客户群体，为消费者提供分级式、差异化营销服务。二是注重业态融合，打造独特的建筑形态、商场环境和商品陈列，营造舒适愉悦的购物环境，同时商旅文娱等业态联动，优化全方位的体验式营销和服务。如星巴克亚洲首家全沉浸式咖啡体验门店——星巴克甄选烘焙工坊，不仅提供包含多种咖啡、茶、啤酒在内的各类饮品，面包点心的种类也很丰富，而且完整展现咖啡烘焙的流程与文化，满足了消费者餐饮、文化及体验消费，更重要的是成为全民打卡的景点，并依托社交网络快速广泛的传播，满足了消费者社交需求的同时，更提升了星巴克的美誉度。

5 上海商业的时空不断拓展

随着上海商业的发展，在时间上的不断延伸，夜市发展成为夜间经济的重要组成部分，同时，在空间上也在不断延伸，地下商业、屋顶商业不断拓展着上海商业发展的空间。

5.1 夜间经济

夜间经济是城市经济发展到一定阶段的产物，它直接反映了经济水平和消费水平。发展夜间经济不仅可以丰富居民生活、满足消费需求、延长经济活动时间，拉动需求，带动生产，带动创业和就业，培育城市经济新的增长点，还可以展示城市形象，塑造城市魅力。

5.1.1 上海夜间经济发展的不足

早在20世纪30年代，上海作为“远东贸易中心”“国际购物天堂”，夜间经济较为发达。改革开放以后，上海的夜间经济又逐渐发展，并成为城市经济的重要组成部分。但总体来看，仍发展不够：一是总量不足，只有新天地、田子坊、老外街等少数几个地方，与拥有2400多万常住人口，外省市来沪旅游人次1亿多，国际旅游人次800多万人次的国际化大都市的需求不相符；二是中高端夜市多，无证摊点多，而规范的平民夜市少。外滩3号、兰会所等各种高档会所不少，同时，晚间在大学周边、居民小区的无证摊贩也很多，但食品安全隐患、环境污染等问题突出，应以规范的大众化的夜市来替代马路无证摊点，以中档的夜市满足白领需求、丰富白领夜生活。

5.1.2 上海夜间经济需求较大

随着城市的发展和多样化人口的导入，上海夜间经济的需求仍然较大。一是休闲需求，上海工作节奏较快，上班族通过晚间的消遣有利于舒缓白天紧张的工作压力。而且上海已有外资企业工作人员、驻华机构代表及其家属等约20万外国常住人口，“老外”大多有夜生活的习惯，发展夜间经济也利于促进招商引资、改善投资环境。二是社交需求，现代工作、生活快节奏，上班族们缺乏交往的机会，晚间餐饮、休闲就成为一个很好的沟通交友平台。三是商务需求，晚间在酒吧、咖啡吧洽谈业务，生意、休闲两不误。亲朋好友相聚，工作交流、思想碰撞，可能产生新的商机。四是旅游需求。夜市也是一个城市的窗口，展示一个城市的风貌。国外、外省市游客，通过夜市这个“窗口”，来了解上海的风土人情和文化。

5.1.3　推动上海夜间经济发展

发展夜间经济，将为上海商业发展、城市发展带来很多好处。一是带动就业，商业企业开设夜市，必然增加员工数量，产生就业机会。市场类夜市可以分为固定市场和临时市场。固定市场将形成相对稳定的摊点，带动就业。临时市场可以在不影响城市交通和环境卫生的前提下，确定一定的时间段、划定路段，允许摊贩设点，也会产生一些非正规就业机会。二是拉动内需，开发夜间经济有利于延长城市经济活动时间，提高商场店铺、商业街区设施利用效率，摊薄租金、降低成本、提高效益，还能拉动内需。三是促进生产，夜间经济拉动需求，转而促进生产。夜市还可以着重吸引一些有特色的老字号厂商参与，有利于老品牌的振兴。四是展示城市文化，夜市往往成为一个城市的名片。比如，台湾各个城市都有夜市，已成为游客必去的地方，台北的“士林夜市”可谓家喻户晓；香港的兰桂坊、旺角的“女人街”皆为大陆游客的最爱；北京的三里屯、后海，“汽车酒吧”“足球酒吧”“电影酒吧”“艺术家酒吧”等吸引了各地游客；上海的新天地、田子坊，成为游客品味上海情调的地方，也是上海人“领市面”的好去处。

5.1.4　拓展上海夜间经济内涵

夜间经济的顾客、消费结构与白天不尽相同，通过拓展夜间经济内涵，建设地标性夜市，将有效改善目前商业同质化发展的问题。首先，在定位上，夜市要适合多层次消费需求，形成高、中、低档不同层次的夜市；其次，业态选择上，应以美食、休闲、文化娱乐为龙头，进而带动购物，并多方位诠释上海文化，如上海几条商业街筹划“新年亮灯活动”，可与夜市活动相结合；还有，夜市可与商务、旅游相结合，在餐饮、休闲、购物等核心功能外，综合会所、娱乐、电影院、游戏等功能。如环贸购物中心（iapm）打出“夜生活”牌子，找准了市场空隙；最后，目标顾客不仅是周边居民、商务白领、逛马路的工薪一族，还可吸引上海本地其他区域和外地旅游人士慕名前来。

5.1.5　丰富上海夜间经济形式

立足当地资源与特色，如有条件的公园、旅游景点等实行夜间开放，融合商业、文化、旅游等多种功能，丰富夜间经济形式。一是“特色街”模式。新天地时尚酒吧林立，豫园夜市民俗风情浓郁；闵行“老外街”足不出“沪”，遍尝各国美食；大学路特色咖吧多；还有静安区的吴江路，“西北风情”、“东北风情”、“东南亚”风情，应有尽有。

二是“餐饮集聚型夜市广场”。地处浦东的“周浦夜市”，占地约3000平方米，目前共有摊位48户，经营着苏、皖、浙、赣、鄂、陕等地的美食，每天客流量约2500人次。“川沙夜市”用地面积11098m^2，营业时间从下午4点至晚上12点，在经营管理上实行“七统一”（统一采购、消毒、办证、用气、检测、追溯、备案）。三是“商旅文体融合型夜市”。七宝万科美食广场采用“以旧做旧”的方式，打造上海老字号美食汇；大宁宝燕商城以“生鲜超市+配套餐饮+亲子游乐”为主体，为市民提供全新、互动的体验消费。随着地铁延时运营，这些对接地铁的美食集聚型商圈，都有望发展成“商旅文体融合型夜市”。四是网上夜市与实体夜市。电子商务和电视购物已经广泛进入人们日常生活，而网络和电视购物大多集中在晚间，在给消费者带来很多便利和实惠的同时，也存在缺乏体验和缺乏社会交往的问题，餐饮、娱乐还得实地消费为主。融合网上夜市与实体夜市，既可充分发挥各自特长，又可弥补各自不足，值得商业企业进一步思考和探索。

5.2 地下商业

合理利用城市地下空间，发展地下商业，是许多商业发达城市发展商业的一个重要方面。上海商业的发展除了在时间上的延伸，更在空间上不断“上天入地”、实现拓展，一方面地下商业快速发展，另一方面，屋顶商业也方兴未艾。

5.2.1 上海地下商业发展快速

上海地下商业初期从利用闲置地下人防工程进行开发开始，逐渐转向结合城市规划和地铁发展综合性地开发地下空间，并逐渐升温：一是人防工程平战结合的充分利用；二是城市土地资源日趋紧缺，综合体等商业大楼向下拓展空间；三是城市交通繁忙拥堵，地下商业及其通道连接周边各大商厦、办公楼等，解决交通与商业的矛盾；四是城市地铁发展，地铁站点及交通换乘枢纽形成地铁顶盖商业；五是过街通道兼顾商业而形成地下商业街。

5.2.2 上海地下商业仍存不足

上海地下商业快速发展的同时仍然存在很多不足：一是早期建的地下商业，设施已经落后，如上海站南、北广场有四十多条公交线和轨道交通1号线、3号线、4号线，平时每天客流在25万人次以上，且层高偏低，通风较差，没有自然光线透入，人在里面会有压抑感，不愿停留，而且地下通道两边都是小店铺，商业功能难以发挥。二是非交通站点纯地下商业运行难度大，没有交通客流，没有地上地下商业联动，往往缺乏人气。如延安中路地下的上海风情街，既不是交通站点，又不是人行通道，地面标记又不明显，经营一直不理想。

5.2.3　上海地下商业已形成典范

地下商业日益成为上海城市空间资源开发的重要组成部分，因其可合理利用城市地下空间，并串联起散落在地面上的商业体，能有效建立起从点到线、从线到面、从下到上的立体化商业格局。上海一批新的地下商业囊括了交通、购物、文化、服务、体验等多维要素，组成了更加饱满的地下商业空间，体现了上海商业服务的成熟度。如万象城通过一条 500 米长的走道连接起地铁与商场，地下空间风景多变，时而是林立的商铺，时而是繁花绽放的室外空间，环境、人与商业巧妙融合，消除了客群赶路的疲惫。又如世博源购物中心，大部分商业位于地下，阳光谷巧妙地为地下两层带来自然采光，地下商场的音乐喷泉、灯光、山石丛林、大步道水景、空中花园、各种雕塑等错落有致，集零售、餐饮、娱乐、休闲、文化、展示等功能于一体，成为购物休闲、旅游观光和城市文化展示的交融地。还有五角场环岛地下通道四通八达，既方便乘客穿行，又将万达商业广场、百联又一城购物中心、悠迈生活广场、合生汇等各大商厦通过地下商业街融为一个互动互补的大商圈。

5.3　屋顶商业

面对竞争日益激烈的市场环境和快速升级的消费变化，购物中心等大体量的商业设施正在寻找转型之路，其中商场屋顶利用成为一大热点。

5.3.1　屋顶开发形态功能各异

近年来新建购物中心大都青睐设计一个特色屋顶，老的购物中心在调整中也注重改造屋顶，目前主要有几种不同的形态和功能。一是屋顶花园，如七宝万科购物中心、陆家嘴国金中心、瑞虹天地月亮湾、金光绿庭（金虹桥）、南丰城、莘庄仲盛世界商城都设计建造了形态各异的屋顶花园。二是屋顶餐饮，一些购物中心在开发空中花园的同时，还设置咖啡、酒吧等配套设施。如淮海中路 K11 顶楼的空中花园餐厅，有时还举办鸡尾酒会等各种活动。曹家渡“悦达 889”的屋顶花园和半露天的“咖啡陪你”咖啡厅极大地拉动了人气。三是屋顶市集，在空中花园的基础上开发零售功能。如七宝万科购物中心屋顶开发了 7 千多 m^2 的“RAPUTA 花园市集”。莘庄仲盛世界商城屋顶花卉园艺广场，拥有 1000m^2 室内面积和 2000m^2 室外面积，供应园艺装饰、户外休闲、园艺工具建材、花园植物和宠物水族等 6 大类、数千种园艺产品。四是微型农庄，如巴黎春天浦建店开设屋顶小镇，种植各类生态蔬菜瓜果，鼓励家长孩子一起参与，体验农艺乐趣、都市田园生活。五是运动场馆，如凯德七宝购物广场楼顶的洛克公园，面积 2000m^2，有多个篮球练习场和 2 个正式比赛馆，还配置了配套的冲淋房和更衣室。六是游乐设施，如巴黎春天浦建店设计了一个从五楼屋顶直接滑到一楼地面的开心滑梯，让消费者体验快速滑溜“玩心跳”的旅程，上海静安大悦城在八楼屋顶设计了直径 50m、距离地面 100m 的国内首个悬臂式屋顶摩天轮，主打“申城年轻人约会主场”的概念。

5.3.2 屋顶开发带来多种效益

屋顶开发形态各异，为商场带来了多重效益。一是改变商场面貌，提高商业品位。过去的商场屋顶，除了空调外机、通风管道、排油烟管道、冷却水塔等以外，就是堆放商场各类杂物，现在通过屋顶开发利用，变“空中垃圾场”“杂物堆场”为“空中花园”“空中咖啡厅”“空中运动场”，面貌焕然一新，商场品位大大提高。二是弥补城市绿化不足。商场开发屋顶花园，有利于提高城市绿化覆盖、吸附尘埃、减少噪声，同时减少热岛效应、缓解雨水溢流，还可保持建筑设施冬暖夏凉，节约能源。三是增加面积，提升效益。商场营业场地寸土寸金，屋顶开发相应增加了商业营业面积和相关辅助面积，为商场带来直接、间接的经济效益。四是吸引客流，扩大影响。屋顶花园大多居高临下、视野开阔，顾客在商场逛累了，可以到屋顶花园观看城市风景，有效延长顾客停留时间。五是引领动线，变淡为旺。传统零售商场底层顾客最多，每往上一个楼层，客流数量就打一个折扣，现在商场屋顶开发把客流直接引到了顶层，激活了整个商场的客流动线。如巴黎春天浦建店屋顶开心滑梯 2016 年 5 月开业，到 2017 年 4 月中旬，已吸引体验顾客 5.3 万人，据测算，其中有 16% 的顾客在商场消费，消费总额达 400 余万元。六是方便消费，缓解交通。通过屋顶花园或空中连廊将商场各栋建筑或几个购物中心串联在一起，利于缓解城市交通压力，车行和步行更和谐。

5.3.3 商场屋顶开发趋势

商场屋顶开发正在成为一种趋势，但在开发时要通盘规划、因店制宜。一是通盘规划。商场屋顶开发不能就屋顶论屋顶，要整个商场通盘定位，要考虑屋顶与商场各个楼层的搭配与互动，要从增强体验方面下功夫。比如七宝万科在五楼去屋顶花园的通道两边，布局了与花园相衔接的商铺与体验设施，例如攀岩墙、花园咖啡馆、市集、工坊等，与屋顶有较强的互动。二是因店制宜。各个商场所处地段、周边环境、居民数量和购买力、周边交通等条件各不相同，屋顶开发定位当然也应该不同，避免形成新的同质化。老商场的屋顶开发也要结合本身实际来定位，因为建筑设计的不同，存量改造无法照搬照抄新建项目的成功经验，在屋顶漏水、承重、消防等各方面有较多的限制，要有专业的设计、建筑公司来操作。

6 上海商业的跨界融合

随着消费的变化、技术的进步，上海商业也在发展中不断融合，既有线上线下企业的合作，也有商业与健康、体育等行业的跨界融合。

6.1 百联集团与阿里巴巴的合作

2017 年 2 月，阿里巴巴集团与百联集团签署了全面战略合作协议，共同探索发展新零售模式。百联表示，在新消费的发展趋势下，与阿里巴巴的战略合作，将优势叠加，重塑零售价值。阿里巴巴表示，与百联的合作，希望能够在人、货、场三个基本要素条件下获得反应。

6.1.1 两大“龙头”强强联手、优势互补

百联集团是上海市场体量、影响力最大的实体零售商，具有业态、规模、店铺、地段、渠道等各种实体优势，这正是阿里巴巴所欠缺的。

在业态方面，百联可说是全国业态最齐全的。在零售领域，几乎涵盖从标准超市、大型综合超市、便利店，到百货商店、购物中心、奥特莱斯、专业店、专卖店所有业态；在百货行业，有第一百货、永安公司、东方商厦、第一八佰伴、虹桥友谊商城、华联商厦、时代广场等商店，其中，东方商厦连锁发展，分布全市各大主要商圈，而且占据了南京路、淮海路、徐家汇、张杨路、五角场等主要中央商务区、旅游区和郊区新城镇。

在网点布局上，百联在上海有 3300 多个网点，几乎涵盖上海所有区域，基本做到对上海消费群体的全覆盖。超商板块，百联的联华超市、华联超市、世纪联华、华联吉买盛、联华快客等密布上海所有社区、郊区，以及周边省市；百联的购物中心已遍布上海各中心区、社区和郊区，并且开到了其他大城市。百联奥特莱斯开业以来高速增长，并向全国连锁发展；百联的专业专卖板块涉及多个行业，有许多历史悠久的“中华老字号”，比如上海时装商店、妇女用品商店、茂昌、吴良材眼镜、亨得利、亨达利、冠龙照相器材、第一医药商店、第二食品商店、乔家栅等；百联也是全国最早试行对外开放的商业集团，中外合资零售商店有第一八佰伴、东方商厦、时代广场等，中外合资批发企业有百红商贸公司。

百联还控股百联股份等六家境内外上市公司。百联物贸股份涉及金属材料、矿产品、

化工原料、建材、木材、汽车及配件、机电设备、燃料等生产资料，百联还有大宗商品电子商务公司。交易不仅涉及线上、线下，还涉及现货、期货。

百联正在创新求变，互联网要成为百联未来产业发展的核心技术，不仅是线上、线下融合，而且是以技术为驱动，面向全客群提供全时段、全渠道的新兴零售模式。2016年5月百联已经上线i百联全渠道电商平台，开启全渠道零售转型，但目前只是探索，还没有大的突破。而阿里巴巴的技术优势、互联网基础设施、线上流量基础，以及对年轻群体消费行为的洞悉与掌握，恰是百联集团所需要的。

阿里巴巴是近年来线上销售增长最快的企业，但连续猛增以后增速逐步放缓。阿里转型“新零售”，不可能单枪匹马，需要强有力的合作伙伴。前几年阿里与线下企业的一些合作，规模有限，只是“试水”。百联与阿里，线下与线上的两大“龙头”，一方之长恰好是另一方之短，双方完全可以取长补短、合作共赢。

6.1.2 合作将基于全业态、全渠道开展

百联与阿里将基于全业态、全渠道开展全方位合作，主要包含六大领域。一是全业态融合创新。以消费者需求为核心，共同设计建设具备高效实体业态运营效率、全渠道订单处理能力，能实时感知并满足消费者需求的新型零售门店，拓展智能化、网络化的全渠道布局。二是新零售技术研发。围绕新型零售门店，阿里巴巴将开放包括人工智能、智能支付、物联网、物流技术、大数据运用等应用型新零售技术，并将成功经验向社会推广复制。三是高效供应链整合。利用线上平台及线下网络收集并统计的消费者需求及行为数据，梳理并整合各自旗下商品资源，促进优质商户资源和新品的引入。四是会员体系互通。打通双方会员体系，采用室内外人群定位、消费者画像分析、大数据支持下的营销及会员管理等，提升门店客户服务能力。五是支付金融互联。百联线下门店支持支付宝，百联旗下安付宝、联华OK卡接入支付宝，成为可供消费者选择的第三方支付渠道；同时在数据分享及分析的基础上向消费者及供应商提供快捷、便利及多样的支付及金融服务。六是物流体系协同。百联物流作为菜鸟网络的物流服务商与阿里巴巴集团开展业务合作，双方共同开展物流规划。

6.2 商业与大健康融合

6.2.1 商业与大健康融合的主要趋势

从区域分布来看，健康产业拓展方向有两个：一个方向是到商业商务区，进入商务楼宇、进入购物中心等大型商业中心；另一个方向是进社区，与社区商业、生活服务业融合。一是大商厦引进健康产业。从商业商务区来看，早在2011年，恒隆广场在商场的5楼就引进了齿科诊所瑞尔齿科。最近几年商业地产引进健康产业逐渐增多，

如西部大厦的环球健康管理中心、上海商城的米瑞可医疗美容、五角场万达广场的爱康国宾体检、新天地的新景口腔、西郊百联的正大口腔等。购物中心增加以非病诊疗为主的医疗健康产业，满足消费者在购物、餐饮、娱乐之余还能体检。有的采用以会员制医疗服务、健康管理的运行方式，为消费者建立个人健康档案、预约诊疗、健康培训等覆盖整个生命周期的健康管理和医疗服务平台，成为客人的健康管家。二是与社区商业融合。从居民集中的社区来看，健康产业与社区图书馆、老年大学、老年活动中心、文化馆、社区居民服务中心、社区购物中心等商业、文化、事务服务等融合，为社区居民提供了更便利的生活配套服务，也能帮助购物中心改善顾客流量。

6.2.2 融合健康利于促进商业发展

一是丰富业态业种组合，打破商业同质化经营。以前购物中心多以百货商店或大卖场作为主力店，同质化严重，现在购物中心转型以餐饮、儿童作为主题，一哄而上又产生了新的同质化。融合健康可以开阔购物中心的转型思路，今后引领购物中心的主力店，既可以是游乐场等娱乐业态、运动场等体育业态，也可以是医疗保健体检等大健康产业。二是增加网点，方便消费。现代上班族节奏快，不愿为看个小病、做个体检，抽出半天时间去诊所候诊、做保健、护理或体检。如果写字楼下面的购物中心有健康业态，就可以利用午休，或者在等候就餐、等候看电影时的碎片时间，在逛街的同时就把保健、体检做了。三是缓解设施不足，减轻医院压力。当前我国卫生资源总量不足、医疗网点不足，供求结构不匹配。购物中心引进健康产业，利于将部分中医保健、针灸理疗、眼科、齿科、体检等从医院转移出来，增加了健康保健网点，从而减缓医院压力。四是消化商业面积。2016 年初上海全市商场店铺营业面积已经达到 6773 万 m^2，而且这两年每年均以净增 300 万 m^2 的速度在继续增长，一些新开的购物中心已经出现“招商难”。而购物中心优良的环境和消费人群吸纳效应对健康产业比较具有吸引力，购物中心引进健康产业既扩大了商业的边界，也利于缓解商业设施供过于求的局面。五是带动客流，促进销售。健康产业及相关业态进入购物中心，将进一步增强顾客体验，购物中心或百货商店的会员及促销优惠可以和健康产业 VIP 客群融合共享。

6.3 商业与体育融合

近年来商业与体育的融合初露端倪。2016 年 6 月下旬，国务院印发了“全民健身计划（2016—2020）”，从经济和消费市场的角度看，全民健身计划的实施，将带动体育基建投资、促进体育设施、体育器械、体育用品、体育服饰等需求，并促进体育与休闲、体育与旅游、体育与社交、体育与娱乐等的融合，成为促进体育产业发展、拉动内需和促进经济增长的新动力。

6.3.1 体育赛事带动商业发展

近年来，我国先后举办了北京奥运会、广州亚运会等重大体育赛事，现在又要筹备和举办 2022 年冬季奥林匹克运动会和冬季残疾人奥林匹克运动会。国际性体育赛事的举办，对经济发展和市场扩张有巨大的带动。筹备体育赛事需要相应的投资，会促进相关产业的发展，带动就业，引发投资效应；很多企业希望能够通过赞助知名赛事提升自身形象、扩大品牌影响，还有广告运营、体育彩票销售等；体育赛事举办期间，运动员、教练员、裁判及其他工作人员、服务人员、游客观众等，其餐饮、住宿、出行、旅游、购物、娱乐等，将引发消费效应。据国家体育总局对 2016 年 1 至 4 月举办的 311 场各类大型体育赛事监测数据显示，观赛和参赛人数共计 338 万人，由赛事产生的旅游、交通、住宿、餐饮等关联消费达 119 亿元，对举办地的经济拉动超过 300 亿元。

6.3.2 体育健身活动拉动消费增长

全民健身计划对国民、市民的体育运动将起到巨大的推动作用，随着体育健身活动的推进，也将带动体育器械、体育用品消费迅速增长，不仅体现在需求数量的增长，更是表现在质量要求的提高以及服饰、用品等装备更加细分化、专业化。许多业余运动人士的装备都相当讲究，如专业球鞋、球拍专用包、专业运动装、运动水壶、护腕、护指、护膝、运动手环、运动手表等，堪比专业运动员。相应改变的还有体育用品专业商店，运动服装有的按照塑身、锻炼肌肉细分，有的按照跑步、步行、登山等细分；袜子细分为衬袜、轻量级徒步袜、中量级徒步袜、登山袜，分别突出加速排汗、保暖等功能。有的将自行车骑行运动鞋根据用途分为山地休闲鞋、山地比赛用鞋、公路骑行鞋等。

6.3.3 体育促进旅游休闲社交发展

一是体育促进旅游消费。体育旅游作为一种全新的休闲方式已成为新的消费热点，重大体育赛事，到现场观看不仅比转播清晰，还有环境氛围和感官刺激。遇到体育赛事在其他城市或国家举办，球迷、体育迷们早早买好门票，坐火车、乘飞机赶去看，有的看了比赛，还顺路旅游一趟。二是体育促进社交消费。健身和运动更多的成为一种社交活动，众多原本互不相识的人因为运动和共同的爱好聚集在一起，有的会在运动、上课、训练后结伴喝咖啡、喝茶或一起就餐。如高尔夫运动已经成为一些企业家寻找合作伙伴、进行商务洽谈机会的运动；“请人吃饭不如请人出汗”，朋友相约一起健身、运动已经成为一种时尚，通过微信朋友圈晒跑步、行走步数、千米数、速度等健身指标也成为朋友间相互激励的一种社交方式。

6.3.4　体育业态与商业相得益彰

目前我们体育场馆设施严重不足，满足不了市民体育活动的需求，商场引进体育场馆，可以缓解体育场馆供求矛盾，同时，引进体育场馆有利于创新布局，增强互动与体验。一是体育专业表演训练与业余普及参与相结合。体育场馆进商场，既需要举办专业表演、训练、比赛、培训等，以体现专业水平，突出观赏性；又需要举行大众化、娱乐休闲性的活动，以提高顾客的参与度，以观赏吸引参与，又在参与中不断提高。二是成人体育项目与少儿项目相结合。商场内体育场馆项目要兼顾成人与少儿，少年儿童参与往往会带动家长，有利于商场的人气聚集。三是商场内体育场馆布局要突出互动。商场内体育场馆一般应该布局在中庭共享空间的底楼或地下一层，比如设置攀岩、溜冰、冰球、冰壶、羽毛球、游泳等运动场馆，周围及以上各个楼层的顾客都可以看到。让表演的、训练的、比赛的、游玩的、观看的、鼓劲的、喝彩的互动起来。表演、训练、比赛的将更卖力，观看的更起劲，甚至跃跃欲试。四是体育运动与餐饮、购物融合。商场内体育场馆布局在中庭共享空间，同层及以上各楼层围绕中庭布局可以咖啡、冷饮、甜品店、休闲餐饮为主，便于边吃喝边观赏。商场内还应布局相应体育用品、运动服装、运动鞋帽和配饰等。

7　新零售的兴起

在移动互联网、移动支付、人工智能在新技术应用的推动下，在新消费崛起的支撑下，“无人店”等新零售日益兴起。

7.1　无人店发展现状与趋势

7.1.1　无人店的现状

“无人店”是线上线下实行优势互补、强强融合后的创新，2017 年和 2018 年是“无人店”的爆发之年，好多企业大胆尝试“无人店”，资本热烈追捧“无人店”，“无人店”也成为企业家、专家、学者研讨中最热门的话题。自从亚马逊推出无人店 Amazon Go 概念后，国内电商与零售巨头们纷纷布局新零售店铺创新项目：7-11 推出 7-11signature；沃尔玛推出自助杂货售卖亭；居然之家开设无人便利店 EAT BOX；天虹推出无人便利店 Well Go。与此同时，淘咖啡、盒马鲜生、缤果盒子、Take Go 等非传统零售背景的无人店也频繁出现在公众眼前。当然，这些无人店，有的只是内部测试，并没有对消费者开放。

总的来看，目前“无人便利店”可以分为店铺式和盒子式两大类。上海已经开出的店铺式无人店目前并不是完全无人，目前的运营模式主要是无人收银，店内还是有店员，主要是指导和理货补货，帮助辅导顾客下载 APP、注册、扫码、刷脸、支付等。让消费者对“无人店”流程逐渐适应。预计今后将逐渐向完全“无人店”过渡，在过渡中，有的“无人店”可能试行白天有人指导、晚上无人值守模式。盒子式无人店实行 100% 无人值守，实行电子化支付、24 小时营业。放在室外的“盒子式无人店”，优势是不用付租金，可以省下成本，难点是选址，即寻找允许摆放“盒子”的地方很难。

7.1.2　无人店的趋势

一是涉足无人店的企业、各路资金基金将进一步增加，无人店的数量和品牌也将不断增多，无人店的销售规模将扩大。据中国电子商务研究中心监测数据显示，2017 年无人零售商店交易额预计达389.4亿元,未来五年无人零售商店将会迎来发展红利期，至 2022 年市场交易额将超 2 万亿元。用户规模方面，2017 年中国无人零售商店用户规模预计仅有 600 万人，至 2022 年，用户规模可达 2.45 亿人。

二是无人店涉及的行业、品类将继续延伸。从便利店、餐饮店、拍照、自动售餐机、自动售菜机、自助咖啡机、自助唱吧、自助旧货回收等扩大。

三是无人店各方面的技术将更加成熟，对高温天气等问题的应对能力提高，运营中出现的系统问题将越来越少。

四是随着无人店运营的完善，消费者逐渐熟悉并接受，无人店的市场份额将提高，对传统零售行业产生冲击。“无人业态”快速兴起，将产生鲶鱼效应，增加了传统零售的危机意识，促使“有人业态”加快创新、转型。

五是目前进入无人店的公司不少，但各个公司并没有规模，无人店在没有形成规模的阶段，成本要高于“有人店”，因为无人店的技术开发需要投入。无人店前台无人，但后台有人。盒子式无人店完全做到无人值守，减少了收银员、理货员，但却需要增加技术人员、管理人员。减少的是“简单劳动”，增加的是“复杂劳动”。无人店只有达到一定规模，成本才可能下降。

无人店目前的吸引力，主要在于较多的消费者对其刷脸进出门、刷脸支付、机械臂冲泡咖啡、无人点餐等运营模式好奇；一些无人店采取了“满多少减多少”的优惠措施，有的对第一次注册的顾客有优惠；有的无人店采用了鼓励“双胞胎挑战赛”等营销措施来吸引关注。未来想要持续发展，最根本的还是需要依靠商品和服务来吸引源源不断的“回头客”。

7.2　无人店

7.2.1　缤果盒子

上海第一家无人店为缤果盒子。2017 年 6 月 5 日国内最先试运营的 24 小时无人便利店缤果盒子欧尚上海长阳路店（长阳路 1750 号）试运营。但由于持续高温，缤果盒子外部无遮罩造成内部室温过高，试运营一个月后暂时停止营业、闭店升级，7 月 12 日重新开始营业。6 月中旬，缤果盒子第二家店，在大润发上海总部闸北区江场西路 255 号大楼门前广场悄然开出。

顾客初次进入“缤果盒子”时，要扫描贴在店门口的二维码，然后绑定自己的手机号，进行实名制注册才能开门进店。顾客进店后，大门会先进行反锁以保证便利店和顾客的安全。店内每一件商品都贴有电子标签，顾客挑选好商品后，只要把商品放到收银台识别区就能自动计算价格，顾客在旁边的屏幕上手机扫支付码后，门会自动打开。店内还有多个高清摄像头进行实时的人脸跟踪识别，若顾客试图不结账将商品带出店外，会有语音警告。

2017 年 9 月底，“缤果盒子”与大润发的无人店项目合作结束，上海 2 家“缤果盒子”关闭。

7.2.2 欧尚一 min

2017 年 9 月 28 日，缤果盒子欧尚上海长阳路店关闭以后，在原址开出了“欧尚一 min”，这是欧尚与海信合作开出的第一家店。欧尚在无人便利店领域已累积申请了 145 项专利，而选择海信正是看中了其在无人便利店技术以及流通信息化和自助收银方面的优势。

“欧尚一 min”的面积约 18m^2，所售商品以速食品、零食、饮料和水果为主，售货过程将实现完全数字化。“欧尚一 min”实行 100% 无人自助、电子化支付；实行 24 小时营业，全年无休，有 500 个商品数；依托于欧尚大卖场，能够提供安全、可靠、稳定充足的供货源，操作上也十分便利。“欧尚一 min”以后将投入识别技术、隔热材料等应用，引进自提柜，链接欧尚 APP。

作为室外“盒子式”无人便利店，最大的优势是没有租金，可以省下很大一块成本，但在推广过程中最大的难点是选址，即允许摆放“盒子”的地方。

7.2.3 猩便利

2017 年 10 月 17 日，“猩便利”在上海的 8 家智能自助便利店正式开业，门店分布在上海长宁区、浦东区、徐汇区、黄浦区和杨浦区。首批开业的 8 家门店中，中山公园商圈贝多芬广场长宁路店和浦东福山路店为会员体验店，营业面积较大，达 200 多平方米，其他 6 家店为 100 多平方米。猩便利每家店内都提供免费 WIFI，用户可以现场下载 APP，直接扫码、支付，即可自助完成购物。猩便利购物流程：进门先连接店内的 WIFI，下载猩便利 APP；扫一扫选购商品，每个商品的价格表上都有二维码，扫一扫就加入购物车了；线上支付；结完账就可以去加热或者打包，也可以直接在堂食区域吃；在门口大猩猩核验扫码。

猩便利鲜食品种丰富，既有新鲜的时令小食、进口商品、网红零食、人气美妆用品，也有自主研发的自有品牌。同时，提供共享雨伞、共享充电宝、外送服务等。

7.2.4 简 24

2017 年 10 月 25 日，位于上海虹桥商圈的第一家“简 24”无人便利店正式开业。“简 24”不使用电子标签，是一家融合计算机视觉识别、复合传感器和深度学习等前沿科技打造的无人便利店，旨在为顾客提供“拿了就走”的购物体验，顾客下载安装 APP 或通过小程序扫会员码过闸机进入店内，从货架上选购商品，走到付款区，站在指定的“支付区”停留不到 2 秒的时间，APP 就会自动完成付款。在简 24 的店内，可以看到分布着很多的摄像头，店内的摄像头用来记录用户的购买行为和浏览行为。

“简 24”的面积在 100m^2 左右，商品、货架布局等都更类似传统便利店，但提供免费 wifi、免费充电、自动智能现磨咖啡机。与其他无人便利店不同，简 24 店内设置了“简咖啡”，这是一台简 24 自主研发的咖啡机，通过机械臂完成取咖啡杯、装咖啡、把杯子递给用户的一系列动作。目前咖啡种类有卡布奇诺和拿铁，定价都是 10 元。

7.2.5　苏宁易购无人店

2017 年 11 月 6 日，苏宁上海首家无人店苏宁易购 Biu 在苏宁易购五角场云店亮相。这是苏宁全国范围内的第二家无人店，其最大的特点就是全程实现刷脸购物，消费者刷脸进店选购商品后，正常步行速度通过付款通道即可实现付款。

从购物流程上来看，相比较其他品牌无人店的扫码进店，苏宁无人店仅需要更为简单的“刷脸”进门。消费者下载苏宁金融 APP，输入手机号、身份证号、银行卡号，通过面部识别进行“绑脸”，即可“刷脸”进入店内；购买商品后，无需排队付款，直接通过付款闸道，系统会自动识别用户身份，并实现扣款。

苏宁易购五角场无人店面积在 $100m^2$ 左右，从店内产品陈列来看，其品类主要包含四大类，体育 IP 产品占比达到 70% 左右，其他为苏宁吉祥物苏格拉宁 IP 产品，具有科技感的“优趣”产品，以及部分回购率高的家居类产品。

7.2.6　“日谈一果”无人店

上海“日谈一果”24 小时无人店开在长宁区临空地区金钟路 999 号易贸大厦一层大厅。“日谈一果”的运营商为上海鲜图科技有限公司，成立于 2017 年 9 月，目标客群为高端住宅区的用户，其生鲜水果的主要供应方为易果生鲜。而生鲜平台易果集团总部就在易贸大厦。

“日谈一果”无人便利店营业面积为 $15m^2$ 左右，是“盒子式”全无人值守便利店。运营方式：用户自行扫码开门选购，然后将购买的商品放置收银台后，再扫码付款，通过 RFID 的扫描认证，即可直接出门。

与其他无人便利店最大的不同是，“日谈一果”销售的主要商品为生鲜、水果、低温饮品，主要陈列货架为低温冷柜。

7.2.7　无人面馆

2017 年 10 月，上海出现了 3 家类似自助贩卖机的“无人面馆”，这种自动提供热食的柜机，能够方便快速地为用户提供一碗热面条。“无人面馆”的面食产品共提供两种口味：酸汤肥牛和豚骨。食客选好后，可直接通过支付宝或微信完成支付，加上出面的时间，整个操作过程不出一分钟。

据悉，该“无人面馆”的运营方上海噜逗餐饮管理公司，食品加工模式是将事先保存在 −18℃的汤面盒快速解冻，并由注水口戳开汤面盒顶部，将开水灌入，整个过程都由机器完成。面条其实并非现制现售，而是像方便面一样“泡”出来的。

至10月下旬，“无人面馆”已被叫停。上海市徐汇区市场监管局相关负责人表示，无人面馆确认经营者的营业执照和食品经营许可属实，但现场餐饮的制作环节，并不在许可的经营范围内，涉嫌超范围经营，被要求暂停补齐相关许可证后有望再度经营。2018年5月，无人面馆补齐手续以后重新开业。

7.3 无人售货机系列

7.3.1 自动售货机

自动售货机进入中国市场已经有20多年的时间，目前已经广泛分布于地铁站点、商业街区、公园、剧场、滨江步道。

7.3.2 自动鲜榨机

较为典型的是智能现榨橙汁机“天使之橙”，在上海主要分布在地铁站点、影院剧场，全国已经进驻176个城市，可以支付宝、微信、QQ钱包支付，也可以现金支付。

7.3.3 自助咖啡机

进入中国市场也有十多年时间，主要分布在办公室、大学校园，但发展并不快。国外较多分布在快餐店、便利店。还有几种现磨咖啡和茶可供选择的咖啡茶饮两用机、当场制作和烘焙的自动比萨机。

7.3.4 自动售药机

自动售药机2002年亮相上海居民小区，到2009年全市有150台自动售药机。2012年底，经上海市食品药品监督管理局批准，第一批50台自动售药机布局在地铁人民广场、上海体育馆、上海南站和徐家汇等站点，提供包括感冒发烧、镇痛、胃肠不适、咳嗽、喉咙沙哑等常用乙类OTC（非处方药）药品40余种。自动售药机除了提供详细的药品使用说明、功能主治、用法用量等信息外，还有24小时服务热线解答药品使用中的专业问题。

推出自动售药机主要是为了方便消费需求，解决传统药店24小时运营所面临的经济成本、人力成本问题。但市场对自动售药机反应较为冷淡。主要因为：自动售药机布点知晓率低，大部分消费者不清楚；布点不合理，地铁站点多，居民小区少。地铁站点的自动售药机只能满足白天的需求，而社区自动售药机稀少，无法满足市民夜间的买药需求；自动售药机买药不能进医保；药品毕竟是特殊商品，用自动售药机买药颠覆以往人们的习惯，大部分人还不适应。

消费者用自动售药机自助购药过程：按键选择药品—支付—取药。自动售药机能够接受多种支付方式，包括：现金、微信、支付宝、银联卡和闪付。2017 年 12 月 26 日，与雷允上合作的 24 小时无人店——GET GO 快小店开始试营业。试营业期间，商品品类较少，目前主要有：面膜等化妆品，饼干等休闲食品，卫生巾、检孕棒等计生、妇女用品等。

7.3.5 自动售餐机

三年前在北京等城市已经出现，主要面对办公楼，少数布局到居民区，也有放在旅游景区的。有的是针对网购店取的消费者，作为提货点；有的是针对即时需求。上海目前还没有出现。

8 打响上海购物品牌

2017 年底，上海市委市政府提出要全力打响上海服务、上海制造、上海购物、上海文化四大品牌。对于上海商业而言，未来将要主动顺应消费升级大趋势，坚持需求导向、问题导向、效果导向，全力打响“上海购物”品牌，加快建设国际消费城市。

当然，“上海购物”所指的“购物”，不只是人们通常所说的“买买买”，而是包括购物、餐饮、休闲娱乐等各种消费在内，不仅是吃穿用等实物消费，还有生活服务等各种非实物性消费。

8.1 从消费对品牌选择的层次看上海购物

消费者在作消费决策的过程中，对品牌的选择基本可以分为几个层次：一是对商品品牌的选择，就是打算买什么牌子的商品。比如买手机，是选华为、小米，还是哪个进口牌子？二是对商店品牌的选择，就是到哪家商店去买。比如买百货商品，是到东方商厦，还是到新世界，或者在网上、在电视购物公司买？如果是店中店的话，商店品牌的选择还可细分 2 ~ 3 层次，比如到某个购物中心中的某个专业店买。三是对商圈品牌的选择，就是到哪条商业街区去买。到南京路、淮海路，还是徐家汇、五角场，或者就在附近社区商业买。对日常快速消费品，一般选择就近商圈；对挑选性较强的商品，往往选择综合性商圈或专业特色商圈。四是对城市品牌的选择，就是到哪个城市去买。如果是有目的的消费，消费者可能会考虑，哪个城市消费环境好、商品品种丰富、价格有吸引力，或者旅游景点有吸引力，既游玩、又购物。

上海这个城市购物品牌中，目前包含的商圈品牌有南京东路、南京西路、淮海中路、四川北路、徐家汇、陆家嘴张杨路、豫园商城、五角场、中山公园、中环真北、新虹桥天山、虹桥商务区、国际旅游度假区、大宁等 15 个市级商业中心，控江路、打浦桥、曹家渡等 56 个地区级商业中心，还有 100 多个社区级商业中心、67 个特色商业街区。商圈有没有特色，是否能满足购物、餐饮、休闲娱乐一站式消费需求就形成了商圈品牌的吸引力。从商圈形态最近的发展演变来看，块状商圈比条状商圈更加适合现代消费习惯。一些条状商圈正在通过开发支马路、开发后街，做宽、做厚，变条状为块状。过长的商业街再分段定位，开发成几个块状子商圈。

上海的商店品牌有超市、便利店、大卖场、百货商店、专业专卖店、餐饮、服务等各个业态无数个品牌，仅超商板块就有 20 多个连锁品牌，还有一大批最近一年多新兴起的新零售品牌。

上海的商品品牌既有本土品牌，也有外省市品牌，还有海外品牌，有国际一线二线品牌、快时尚品牌，还有餐饮品牌、服务品牌等。

仅仅从品牌的 4 个层次来看，打响上海购物品牌，既要有布局合理、交通便利、商业旅游文化等商圈品牌，又要有业态丰富、体验舒适的商店品牌，还要有品类齐全、满足各消费层次的商品品牌。

8.2　从不同来源消费者分析看上海购物

从上海商业面对的目标消费者来看，既有 1400 多万上海户籍居民，也有 900 多万在上海工作、生活的非上海户籍的常住居民，还有一年 873 万人次的国际来沪游客和 1.55 亿人次的外省市来沪游客。此外，还有企业、事业等单位团体的消费需求。在市场全面进入“买方市场”，商品供过于求（95% 以上），商场店铺供过于求（包括线上线下）的背景下，打造上海购物品牌，要对不同的消费者需要进行深入分析、分类开发指导。

一是对本市常住居民要进一步创新流通、增加有效供给，避免购买力的流出，尤其是境外购物的流出。2017 年上海居民人均可支配收入 58988 元，人均消费支出 39792 元，消费倾向仅有 67%。说明还有 33% 的可支配收入沉淀下来，消费潜力很大。二是对海外和外省市来沪游客要加大旅游纪念品开发力度，提高购物金额和比重。旅游纪念品要打破各城市、各景点千篇一律的格局，突出上海特色，增加独特性。伴手礼不仅要有欣赏价值、实用价值、纪念意义，还要便于携带。对于外来游客，一定要有独特的商品、美味、服务和体验，如果当地都能够买到，那就没有必要带回去。现在游客不可能再像计划经济时期那样大包小包往回带东西了，商家也应该考虑提供免费快递服务。

8.3　从四个品牌之间的关系看上海购物

上海购物与上海服务、上海制造、上海文化等其他三个品牌的关系紧密，我们不能就购物论上海购物，4 个品牌的打造是“你中有我，我中有你”。从各个行业来看，4 个品牌既各有侧重，又有紧密联系。

8.3.1　上海购物与上海文化

商品同质化、经营同质化，反映的是商品、商店的文化内涵不够。商店的选址、定位、设计、布局，甚至饭店菜肴、点心的色香味形，都含有艺术和文化。商品、商店、商圈想要突出其独特性，就需在设计上下功夫，在功能定位、营销策划等方面，增加文化的含量。而每一场文化活动带来的流量，对于商业来讲就是一次机会。

8.3.2 上海购物与上海制造

上海一方面需要增加国际品牌、各地著名品牌、热销品牌集聚度，尤其是引进新牌、首入店；另一方面要大力培育上海本土品牌（上海制造）。计划经济时期，全国各地的人来上海大包小包的买东西的盛况基本上是建立在“上海制造”基础上的。上海发达的轻工业、纺织工业，以及商业设施远远领先于国内其他城市，全国著名品牌中，上海占的比重最大。改革开放后，各城市的经济发展，轻工生产、商业设施与上海的差距大大缩小，商品在当地都能买到，就不必大包小包的从上海买了。

因此，发展上海本土品牌需要“中华老字号”的振兴与新品牌的开发并行。2018 年，上海市商务委将进一步落实本市老字号及老品牌改革创新发展实施意见，以“强推广、优环境”为重点任务，搭建老字号集中推介、集聚发展平台，推进老字号“中华行”、老字号“创意行”、老字号“园区行”、老字号“优礼行”、老字号“线上行”、老字号“校园行”、老字号“公益行”、老字号“海外行”、老字号“改革行”、老字号“保护行”十大项目。

上海市老字号工作通过市区联手、部门协同、社会参与，已经培育了一批老字号创新典型。从“点上突破”“线上整合”发展到“面上推广”，一是建立老字号、老品牌大数据库，实现信息资源共享共用；二是构建老字号发展生态圈，推动老字号迈向高质量发展阶段；三是培育老字号新的增长点，以新技术、新模式、新业态赋能老品牌；四是坚守老字号核心竞争力，加强信用体系建设。

商业系统的“中华老字号”大多是“小而特”，很有特色，但规模较小，品种品类不多。为适应新消费需求，需要“抱团”发展。通过“抱团”，形成规模，增强挑选性。比如徐家汇美罗城大食代，集中了上海一大批老字号餐饮小吃品牌，人气爆满。又如徐汇日月光，将沈大成、大富贵、沧浪亭、老大昌、老大房、乔家栅、泰康食品、虹口糕团厂、老香斋、静安面包房等老字号品牌集结在一起，构成上海滩经典小吃街和老字号休闲食品街。尽管放在地下二层，照样有人排队。

同时，打响“上海制造”品牌商业部门也需要参与。商业部门直接面对消费者，对市场更加熟悉。商业企业从增加商业自营、买手培养，过渡到商业自有品牌的开发，从商品设计、原料采购、下订单组织工厂生产，到市场营销，参与整个商品品牌的打造过程。历史上被称为“商办工”和“前店后工场”就是“上海购物”与“上海制造”紧密融合的成功案例，20 世纪三四十年代就出名的商业“老字号”，大多就是“前店后工场”模式，一直到五六十年代仍然保持那种模式。比如，兰棠、博步皮鞋，鸿翔、龙凤服装，前面一半是店面，主要用于陈列、销售和待客；后面一半是工场，工匠们在里面加工，量身定做、私人订制占了相当比重。随着经营的改善，工场与商店逐渐分离，工场间演变为大工厂，出现了流水线，产量增加了，效率提高了，但特色也逐渐消失了。要打破同质化，应该考虑减少一些大批量的“流水线”，恢复并提升一些小众化、具有特色的“前店后工场”。购物中心等大型商业设施，可以引进有特色、有创新的“前店后工场”，可以敞开式，也可以用“玻璃房”形式，加工、生产过程可以让消费者参观，零部件、半成品都有展示，还有企业历史、商业文化等展示。不仅可以增强消费体验，还可以展示品牌文化，有利于商业旅游文化融合。青岛啤酒博物馆、烟台张裕葡萄酒博物馆就有类似功能，只是与商业的融合不够紧密。上海星巴克烘焙工坊，工业、商业、旅游、文化融合较好。

8.3.3　上海购物与上海服务

购物中包含服务，服务不仅是商品售前、售中、售后服务，还包括购物环境的营造。打响“上海购物”品牌，需要进一步弘扬工匠精神。不只是制造业，商业企业同样需要工匠精神。商业企业的工匠精神体现在对服务技艺的精益求精，对产品设计、创意的精益求精。一所名校总有几个著名的老师，一所知名医院也总有几个名医。名店往往与著名服务员、名品、名菜、名点（特色菜点）紧密联系在一起。商店品牌的打造，与技师、工匠、服务能手等商业人才的培育是分不开的。

第二篇　专题篇

1　上海城市商业更新的政策、规划及展望

刘波[①]

【摘要】论文首先定义了商业更新和城市商业更新的概念和研究范畴，对上海城市商业更新的现状和趋势、城市商业更新的政策进行了剖析，提出上海城市商业更新的顶层设计框架；结合上海市总体规划和商业网点规划的分析，对上海城市商业更新的规划引导提出对策建议；结合以上研究，展望了上海城市商业更新未来和内容框架。

商业的兴衰关乎城市经济的命脉，城以“商”立市，城市商业的更新也是城市保持繁荣和活力的新陈代谢机能之一。随着信息技术的发展，商业的表现形式也发生了重大变化，社会上出现一些新的商业概念，比如网购、无人店、创客空间等等。在上海，城市商业的新旧交替此起彼伏，一边是欣欣向荣迎接新商机，一边是每况愈下面临关门潮。《上海城市总体规划（2017—2035）》已批复实施，明确上海将进入存量更新和内涵发展的新阶段，商业更新也将在城市更新的大潮中扮演重要地位。本文通过对商业更新概念的界定，在分析上海城市商业更新必要性的基础上探讨城市商业更新的政策机制，指引城市商业更新的方向。

1.1　商业更新的概念界定

1. 商业更新

商业，是一种有组织地提供顾客所需的商品与服务的行为[②]，是以货币为媒介进行交换从而实现商品流通的经济活动；以盈利为目的，独资或合资方式经营的事业[③]。商业有广义与狭义之分，广义的商业是指所有以营利为目的的事业，而狭义的商业是指专门从事商品交换活动的营利性事业[④]。广义的商业包括了贸易、零售、服务、金融、商务等内容。

更新，是革新，除旧布新之意。商业更新则是对商业的业态、空间的升级和改造，

① 作者简介：刘波，上海同济城市规划设计研究院有限公司，高级工程师，kunqian2000@126.com。

② https://baike.baidu.com/item/ 商业

③ www.zdic.net/c/6/10a/288119.htm

④ http://dict.youdao.com/search?q=bk%3A%E5%95%86%E4%B8%9A&keyfrom=wiki.related&le=eng

不仅是对既有商业建筑的更新和改造，还包括了商业业态的更新和新出现的新型商业空间、商业模式。“商业更新”一词中的“商业”是广义“商业”的概念，包含了传统的购物、娱乐、贸易等活动，还包括了酒店、办公、体育、休闲、文化等以盈利为目的的事业。根据内容属性划分，商业更新包括了业态更新和场所更新两个部分。业态更新即新零售、贸易升级、服务升级、新金融、新商务等内容；场所更新包括商业区更新、商业综合体更新、商业网点更新、商业建筑（室内和室外）更新等内容。

2. 城市商业更新

城市是相对于乡村而言，是非农产业和非农人口集中的地方；城市具有经济、社会和地理方面的一些基本特征，比如，规模经济、市场功能、人口异质性、规范管理（具有一定制定法律规章的权利）、交通便捷。[①]

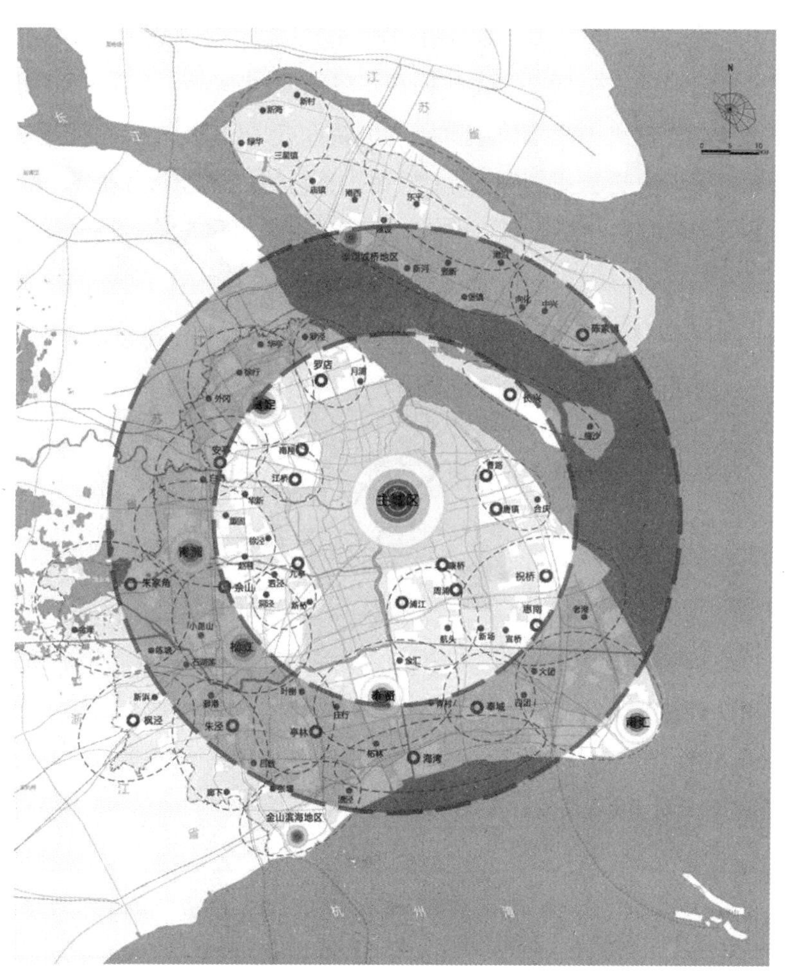

图 2-1-1　上海城市商业更新的研究范围

① https://baike.baidu.com/item/ 城市 /33549

在美国，城市更新是借由维护、整建、拆除等方式使城市土地得以经济合理地再利用的过程，并由此强化城市功能，增进社会福祉，提高生活品质，促进城市健全发展，以创造一个美好的工作与居住环境。

在英国，城市更新目的是为了长期提升一个地区的（包括经济的、物质的、社会的、环境的等多方面）品质，所采用的综合的、整体的方式方法。城市更新并不只是采取物质的手段和方法，需要达到的目的也不仅仅是形象的改观，而是一个重要的城市政策。

城市商业更新体现“城市”和“商业”的双重属性。城市商业更新不仅仅是环境空间的改善和商业业态的更新，还包括为长期的提升商业空间的可持续发展能力采取综合、整体的方法、策略。

3. 研究范畴的界定

按照广义的商业概念理解，城市商业是一个十分宽泛的概念。城市商业更新的研究需要一个明晰的范畴。参考《上海城市商业网点布局专项规划（2014—2020）》中商业网点的定义，商业网点包括了零售业网点、餐饮业网点、生活服务业网点、主要大型商品交易市场。根据这一概念，城市商业更新重点是研究存量商业网点的更新方法和技术、更新政策以及更新规划等三个方面的内容。以上海市为例，城市商业更新重点研究上海主城区范围内的商业网点更新，拓展研究主城区周边的商业网点更新。

1.2 上海城市商业更新的诉求、目标与难点

1.2.1 现状诉求

1. 商业总量接近极限高值，商业地产投资热情不减

截至 2017 年底，上海市商品销售总额 11.3 万亿元，较上年增长 12%；社会消费品零售总额 1.2 万亿元，较上年增长 8.1%。电子商务交易额 2.4 万亿元，增长 21%，其中网络购物交易额 7340 亿元，增长 31%。商业增加值占全市 GDP 的 15.9%，商业税收对全市税收增长的贡献达 21.8%。[①] 根据 2017 年初的统计数据，上海市全市商场店铺[②]营业面积达到 7472 万 m^2，按常住人口计算全市人均商业营业面积为 3.1m^2。

历年上海商场店铺（商业网点）营业面积　　表 2-1-1

年份（年）	年末营业面积（万 m^2）	当年净增营业面积（万 m^2）	较上一年增长比率（%）
2003	2350	570	24.26
2004	2857	507	17.75

① http://www.jfdaily.com/news/detail?id=81901

② 根据《上海市商业网点布局专项规划（2014—2020）》，此处商场是指零售业网点、餐饮业网点、生活服务业网点、主要大型商品交易市场等商业网点。

续表

年份（年）	年末营业面积（万 m^2）	当年净增营业面积（万 m^2）	较上一年增长比率（%）
2005	3241	384	11.85
2006	3788	547	14.44
2007	4029	241	5.98
2008	4355	326	7.49
2009	5089	734	14.42
2010	5497	408	7.42
2011	5654	157	2.78
2012	5847	193	3.30
2013	6165	318	5.16
2014	6469	304	4.70
2015	6773	304	4.49
2016	7472	699	9.35

注：根据历年上海统计年鉴、统计公报加工，本表数据按建筑面积计算。

在上海消费零售平稳增长的同时，商场营业面积也在迅速增长。据统计，2017年，新入市项目46个，其中新增购物中心体量296.3万 m^2，预计2018年这一数字将达到706万 m^2，上海依然处于增量提速中。[①] 根据这一趋势分析，至2018年底，上海商业店铺运营面积将超过8500万 m^2。这一数据将超过《上海市商业网点布局专项规划（2014 ~ 2020）》中提出的商业总量控制目标，即2020年商业网点建筑总量控制在7500万 ~ 8000万 m^2。

一些学者认为城市商业规模应该控制在合适的范围内（黄爱光，2008）并构建合理的指标用以测度城市商业的规模（王鹤，等，2017），但是上海商业规模增长速度明显超出了专家们的预期。城市商业规模的测度指标在统计范围、数据采集、统计标准等方面存在较大的误差，对商业规模并没有一个令人信服的解释。比如，人均城市商业面积指标，对于“城市商业”包含的内容莫衷一是，“人均”中的人口统计标准也包含了户籍人口、常住人口、旅游人口等多个数据口径（表2-1-2），所以不同的城市尤其是国际城市间很难比较。比如，上海商业网点建筑面积的概念是包含了零售、餐饮、生活服务和主要大型商品交易市场等内容（表2-1-3）。国际城市的“人均商业面积”的指标主要考虑零售商业面积，人口通常按照常住人口数量计算，并给出人均1.2m^2的参考值（黄爱光，2008），而实际上目前零售商业面积很难单独统计，这一参考值也不具有可操作性（荆林波、王永平，2006）。

① 参考 http://news.dichan.sina.com.cn/2017/12/20/1220131.html

上海市人口统计数据　　表 2-1-2

年份	户籍人口（万人）	常住人口（万人）	日均旅游人口（万人）
2017	1445.65	2418.33	89.64
2016	1439.5	2419.7	83.49
2015	1442.97	2415.27	77.72
2014	1438.69	2425.68	75.64
2013	1432.34	2415.15	73.28
2012	1426.93	2380.43	70.94
2011	1419.36	2347.46	65.44

上海市商业建筑面积相关统计数据　　表 2-1-3

年份	（连锁经营）批发、零售、住宿、餐饮业	商业网点建筑面积（万 m^2）	备注
2011	996.26	5654	零售餐饮业统计规模以上数据
2012	1036.57	5847	
2013	1031.2	6165	
2014	1149.3	6469	
2015	1178.87	6773	
2016	1171.02	7472	
2017	—	—	2017 年数据暂无

数据来源：根据上海市统计年鉴（2012—2017）整理。

2011 ~ 2017 年上海市房地产开发投资及商业用房投资统计数据　　表 2-1-4

年份	开发总投资		商业用房投资		商业用房投资额占比（%）
	投资额（亿元）	比上年增长（%）	投资额（亿元）	比上年增长（%）	
2017	3856.53	3.98	506.71	-2.45	14.00
2016	3709.03	6.92	519.41	11.06	13.48
2015	3468.94	8.19	467.67	2.13	14.28
2014	3206.48	13.72	457.92	23.75	13.12
2013	2819.59	18.40	370.03	25.97	12.34
2012	2381.36	9.72	293.75	24.4	10.88
2011	2170.31	9.57	236.05	-3.53	12.35

上海商业空间的开发建设是市场主导的，从近 10 年的商业规模增长来看，国内外投资商对上海商业的投入持续增长，且 2016 年到 2018 年商业网点建设规模陡增。不断增长的商业体量需要一个合理的评估，同时面对旧城商业更新又要给出一个合理的引导方向，而这一课题尚待解答。

2. 城市商业综合体数量持续增加，存量与增量激烈博弈

以城市商业综合体[①]为代表的城市商业更新改造正在如火如荼地展开。2017 年上海中心城区共有 127.72 万 m^2 商业综合体经历改造，项目主要位于内环及中环内，其中内环地区改造面积占比 57%[②]。上海商业存量和增量激烈博弈。

据统计，2013 年至 2017 年上海市城市商业综合体数量在 5 年内增加近一倍，而 10 万 m^2 以上的商业综合体数量则经过了先增后减的过程。可见，具体的商场运营经历了非常激烈的淘汰更新的过程。从营业额数据来看，2017 年总营业额比 2013 年增长 54%，在商场面积增加近一倍的情况下，可见商业综合体的坪效水平大幅降低（表 2-1-5）。从宏观方面分析其原因，包括很多影响因素，比如国内消费者消费能力的疲软、电商的冲击、商业业态无法满足当前消费者需求等等。总之，上海市城市商业综合体存在一个激烈的更新过程。

2013 ~ 2017 年上海城市商业综合体（购物中心）统计数据　　表 2-1-5

年份	年末营业面积（万 m^2）	总数量（家）	其中：10 万 m^2 以上数量	总营业额（亿元）	收入比上年增长（%）
2013 *	—	116	56	985.45	
2014 *	—	150	63	1099.47	14
2015 *	1105	163	71	1288.58	17.2
2016	1376	189	68	1287.20	12.2
2017	1616	225	53	1516	11.5

数据来源：《上海市国民经济和社会发展统计公报（2012 ~ 2017）》。* 号为 2013 年至 2015 年统计公报中的数据统计对象为“购物中心”。根据商业业态发展的新情况，2016 年、2017 年统计对象改为城市商业综合体。

3. 电商冲击

目前来看，电商对实体商业的冲击不可小觑。从宏观数据来看，网上购物的销售额逐年增高，且占社会消费品零售总额的比例逐年增高，至 2017 年网购销售额占比达到了 12.47%。从消费者行为角度来看，网购导致消费者对实体商业的需求减少。根据国内学者对消费者行为数据的研究，在网购情境下，至 2020 年上海市域零售业中心体系将大幅缩减，对比《上海市商业网点布局规划（2014—2020 年）》，市一级中心将减少 4 个，并限定在中心城区以内；二级中心将减少 21 个（朱玮、陈懿慧、王德，2014）。

从实体商业发展角度来看，电商和实体商业是一个相爱相杀的统一体，最终将相互融合，二者都不可替代。无论电商还是实体商业的发展，均取决于消费者的需求

① 城市商业综合体是指以区域为中心、以购物中心为主导，融合了商业零售、餐饮、休闲养生、娱乐、文化、教育等多项城市主要功能活动，面向各类消费人群，提供综合性服务的大型建筑综合体。

② 参考 http://news.dichan.sina.com.cn/2017/12/20/1220131.html

偏好，实体商业和电商在消费者服务方面都有其不可取代的优势。

1.2.2 规划目标

《上海市城市总体规划（2017 ~ 2035 年）》（以下简称“总体规划”）提出，上海将成为国际经济、金融、贸易、航运、科技创新中心和文化大都市，并将建设成为卓越的全球城市。“卓越的全球城市”这一目标，为上海城市发展注入了新的动力。从全球视野来看，对比纽约、伦敦等卓越的全球城市，上海仍存在不小的发展差距。从国内城市竞争格局来看，上海与北京、广州、深圳各有优势，也还没有展示出在国内资源配置以及全球资源配置中的主导地位（图 2-1-2）。从上海自身发展来看，面临着发展方式转变、内涵提升、城市更新等多方面的挑战。

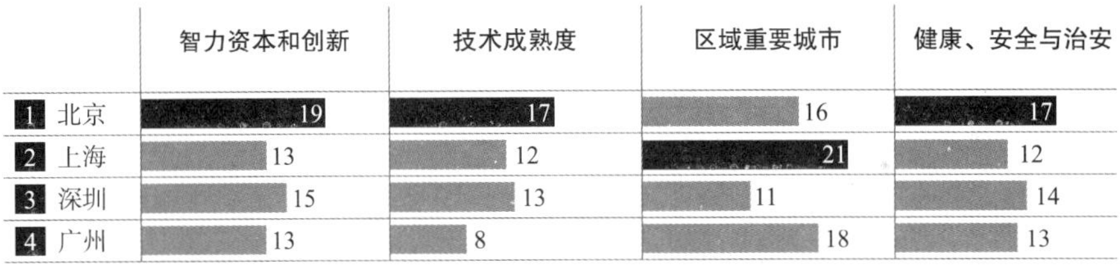

	智力资本和创新	技术成熟度	区域重要城市	健康、安全与治安
1 北京	19	17	16	17
2 上海	13	12	21	12
3 深圳	15	13	11	14
4 广州	13	8	18	13

注：北上广深的变量设计和取值角度与其他 26 城相同，由于篇幅的原因，这里只列出维度表。

图 2-1-2 北京、上海、广州、深圳各维度参数比较

参考：普华永道《机遇之城 2018》报告。

根据总体规划，上海城乡空间结构划分为形成“主城区—新城—新市镇—乡村”的市域城乡体系。主城区是全球城市功能的主要承载区，包括中心城、主城片区，以及高桥镇和高东镇紧邻中心城的地区，范围面积约 1161km^2，规划常住人口规模约 1400 万人。其中，中心城为上海全球城市功能能级的强化提升区，以推进城市有机更新，增加公共空间和公共绿地，提升城市品质为核心策略。

构建“城市主中心（中央活动区）—城市副中心—地区中心—社区中心”的公共活动中心体系。主城区构建了“一主九副”的主副中心结构和层级分明的地区中心和社区中心体系。

主中心即中央活动区，规划范围约 75km^2，包括小陆家嘴、外滩、人民广场、南京路、淮海中路、西藏中路、四川北路、豫园商城、上海不夜城、世博—前滩—徐汇滨江地区、徐家汇、衡山路—复兴路地区、中山公园、虹桥开发区、苏河湾、北外滩、杨浦滨江（内环以内）、张杨路等区域，作为全球城市核心功能的重要承载区，重点发展金融服务、总部经济、商务办公、文化娱乐、创新创意、旅游观光等功能，加强历史城区内文化遗产和风貌的整体保护。九个副中心分别为原有的江湾—五角场、真如、花木—龙阳路 3 个主城副中心，新增金桥、张江 2 个主城副中心。在虹桥、川沙、宝山、闵行 4 个主城片区内分别设置虹桥、川沙、吴淞、莘庄主城副中心。将上一版城市总体规划确定的徐家汇副中心列入了主中心。

城市商业中心的布局与城市公共活动中心的等级结构基本一致。主城区的各个公共活动中心将是商业更新的主战场，也是卓越全球城市建设的主要功能区。

《上海城市总体规划（2017 ~ 2035 年）》规划用地平衡表　　表 2-1-6

用地类别		现状 2015 年		规划 2035 年	
		面积（km^2）	比例（%）	面积（km^2）	比例（%）
建设用地	城镇居住用地	660	21.5	830	26
	农村居民点用地	514	16.7	≤ 190	≤ 6
	公共设施用地	260	8.5	≥ 480	≥ 15
	工业仓储用地	839	27.3	320 ~ 480	10 ~ 15
	绿化广场用地	221	7.2	≥ 480	≥ 15
	道路与交通设施用地	430	14	640	20
	其他建设用地	147	4.7	200	6
	小计	3071	100	3200	100
非建设用地	耕地	1898	—	1200	—
	林地	467	—	980	—
	其他非建设用地	1397	—	1453	—
	小计	3762	—	3633	—
总计		6833	—	6833	—

根据总体规划，上海市严格控制城市人口规模和建设用地规模，同时大大增加公共服务设施用地和绿化用地，提升城市品质。城市实际服务人口将包括“常住人口、半年以下暂住人口、跨市域通勤人口、短期游客等在内的实际服务人口的需求，预留公共服务设施和基础设施的保障能力”。跟规划用地平衡表的数据，公共服务设施用地（包括商业、商务、文化娱乐用地等）的规模将由现有的 260km^2 提高到 480km^2 以上，绿化广场用地由现在的 221km^2 提高到 480km^2 以上；同时工业仓储用地将消减一半以上，由现在的 839km^2 减到 320 ~ 480km^2。因此，可以判断未来上海中心城区商业、商务等公共设施将继续增加，但是增量公共设施用地主要从城市更新中腾挪。

由于总体规划是一个纲领性的文件，并没有对细分的商业用地、商务用地进行分配，但为保障卓越全球城市的建设，提出“适度控制办公用地供应节奏，至 2035 年，全市商务办公总建筑面积约 1 亿 m^2”的控制要求。根据这一数据推算，新增加的 220 多平方千米的公共设施用地中商业用地将占用不少的比例，上海市商业建筑面积总量将继续增长。

2017 年 12 月，上海市提出“上海服务、上海制造、上海购物、上海文化”四大品牌战略，以此为抓手着力推进卓越的全球城市建设。“上海购物”，实际上是指包括各种新消费、新体验在内的“需求满足”，打造世界级的消费之都、时尚之都和“购物天堂”。[①]“上海购物”战略对上海商业提出了更加明确的要求，同时对于城市商业更新研究也提出了更加迫切的要求。

1.2.3 痛点难点

1. 总量与均量的矛盾

如上所述，上海城市商业面积总量预期将继续增长，而对总量的控制缺乏有效的手段。人均商业面积这一指标缺乏科学的测算方法，而用于衡量城市商业规模的有效指标体系有待于构建。在严格控制常住人口规模的前提下，上海市需要吸引更多的流动性人口、商务人口、旅游人口来消化这些商业。在这种情况下，上海城市商业规模的不断增长将面临一些系统性的风险，比如投资过剩造成社会资源浪费、存量商业更新改造资金受限从而影响旧城区城市品质提升、吸引更多的人口来上海消费，同时对商业更新和创新提出了更高的要求，等等。

2. 增量与存量的矛盾

如果不控制总体商业规模，增量商业和存量商业之间将展开更加激烈的竞争。新增的商业空间在吸引资本、业态整合、空间设计、新技术运用等方面存在先天的优势，存量商业更新则受到更多限制。存量商业更新的模式，尤其是投资模式尚需要进一步的探索。

3. 现实与目标的差距

卓越的全球城市打造非一朝一夕之功，“上海商业”品牌的重塑与复兴面临新时代的挑战。上海城市商业的发展处在一个新的十字路口上，在上海倡导城市更新、内涵式发展的大背景下，城市商业也将进入一个全面更新的时代。

1.3 上海城市商业更新相关政策解读

1.3.1 现有的相关政策分析

目前上海市并没有出台针对城市商业更新的政策文件。从政府出台的一些相关政策文件来分析，上海市城市商业更新主要涉及“城市更新”“旧区改造”“工业用地更新”“历史风貌保护”“住宅租赁”“相关规划”等方面（表 2-1-7）。

① 上海“四个品牌”内涵和意义：构筑上海战略优势的重要抓手 [OL]. http://www.sh.xinhuanet.com/2017-12/25/c_136850035.htm.

上海市城市商业更新相关政策梳理统计表　　表 2-1-7

序号	政策文件名	颁布日期或文件号	备注
1	上海市城市更新实施办法	沪府发〔2015〕20 号	城市更新相关政策
2	上海市城市更新规划实施办法	2015	
3	上海市城市更新规划土地实施细则	2015	
4	关于鼓励动迁居民回搬推进新一轮旧区改造的试行办法	沪建城〔2001〕0068 号	旧区改造相关政策
5	关于加强旧区改造中规划管理的通知	沪规法〔2003〕99 号	
6	关于本市旧区改造中"毛地出让"地块处置若干政策口径的意见	沪规土资地〔2012〕652 号	
7	《关于本市盘活存量工业用地的实施办法》试行	沪府办〔2014〕25 号	工业用地更新相关政策
8	关于本市盘活存量工业用地实施办法	沪府办〔2016〕22 号	
9	关于加强本市经营性用地出让管理的若干规定	沪府办〔2017〕19 号	包含商业用地出让的政策内容
10	上海市经营性用地和工业用地全生命周期管理土壤环境保护管理办法	沪环保防〔2016〕226 号	提出用地全生命周期管理办法
11	关于深化城市有机更新促进历史风貌保护工作的若干意见	沪府发〔2017〕50 号	历史风貌保护
12	关于加快培育和发展本市住房租赁市场的规划土地管理细则（试行）	2017 年	住房租赁市场
13	上海市商业网点布局规划（2013 ~ 2020 年）	2014 年	相关规划
14	上海市城市总体规划（2017 ~ 2035 年）	2017 年	

1. 城市更新政策相关分析

2015 年上海市颁布了《上海市城市更新实施办法》，并配套制定了《上海市城市更新规划实施办法》和《上海市城市更新规划土地实施细则》，但这只是一个粗略的框架性的指导文件，存在以下几个方面的问题：

（1）本城市更新实施办法与现有的旧城改造政策、城中村改造政策和工业用地转型政策并存，仅针对特定的城市更新片区实施。

（2）"建成区中按市政府规定程序认定的城市更新地区"，全市还没有统一、准确的认定，适用对象比较模糊，市政府规定的程序也比较复杂，缺乏实施平台或实施机制，社会各方参与城市更新的积极性不高。

（3）缺乏利益平衡机制，难以吸引社会资本参与，城市更新实施缺乏动力。

（4）以物质性、空间更新为主，缺少人文、经济、业态、社区制度等方面的指导。

此外，《上海市城市更新实施办法》中，没有明确提出"城市商业更新"的类型，但应该"按市政府规定程序认定"以后，可以纳入城市更新地区。城市商业更新不仅涉及物质空间的更新，还涉及业态、制度规则等方面的内容，因此，该文件无法指导商业更新的实施。

2. 旧区改造相关政策分析

旧区改造政策是配合老城区破旧居住区的搬迁改造制定的相关政策，实际是为房地产开发模式制定的政策，对于城市商业更新来说适用的范围很小，主要针对涉及住户拆迁安置的部分地块。

最吸引社会资本参与积极性的是“毛地划拨地块”的相关规定，可以允许受让人以“毛地出让”的方式取得土地。但是，2015 年的《关于进一步加强本市旧区改造中“毛地出让”地块处置工作的补充通知》（沪规土资地〔2015〕898 号）文件规定，2018 年 12 月 31 日前未完成开发的“毛地出让”地块，将解除合同，由市政府收回土地。也就是说该政策将在 2018 年底失去效力。

3. 工业用地更新的相关政策分析

2014 年出台的《关于本市盘活存量工业用地的实施办法（试行）》（沪府办〔2014〕25 号），提出了区域差别化的工业用地更新引导。其中，“104 地块”，是指规划工业区块，重点进行结构调整和能级提升，重点发展先进制造业、战略新兴产业和生产性服务业；“195 地块”，是规划工业区块以外的，集中建设用地以内的现状工业区，重点是加快转型，完善城市公共服务功能，重点发展现代服务业。

工业用地更新政策提出的“区域整体转型的开发方式”和“土地的全生命周期管理”，对城市商业更新具有一定的借鉴意义。比如，以原土地权利人为主体的开发方式，有利于吸引社会资本参与；“土地的全生命周期管理”对于投资人提出了更高的要求，有利于提升城市品质。但是，这些政策多数是以限制性规定为主，缺少从开发动力、开发目标上的引导。

1.3.2 未来政策机制建议

综合以上分析，上海市现有的城市更新相关政策，并不能为城市商业更新提供具体的指导。城市商业更新作为一种特殊的更新类型并没有引起足够的重视。城市商业更新的政策机制的指定也不同于一般的更新改造类型。具体有以下几个方面的建议。

1. 纳入总体规划，总量控制与分类引导

编制总体规划的商业空间规划专项，对于商业空间进行总量控制和分级分类引导，明确不同能级的商业空间的服务对象、服务范围和商业总量。对于服务于全球城市功能的商业空间重点提升，面向全球和全国的商务和消费群体进行功能设置；对于服务常驻城市人口和社区生活人口的商业空间，明确配置标准。城市商业面积无法用一个总量进行简单衡量。

2. 编制相关法律法规，规范更新行为

制定《上海市城市商业更新实施指导》文件，规范商业更新行为，并对不同片区的商业更新内容和能级实施区别引导。例如，对于提升全球城市能级的重点商业区，制定更新管理办法，积极推动城市商业环境和商业能级的提升。

3. 鼓励创新，提供创新创业空间

城市商业更新是一个涉及商业空间、商业业态和商业政策的复合更新过程。在城市商业更新过程中建议更多从消费者和使用者角度制定相关的政策引导，在为城市提供更好的商业服务的同时，也为城市不同的人群提供多元化的生存空间，尤其是创新创业空间。城市商业空间是城市重要的公共场所，体现城市的活力和城市精神，城市商业更新中应更多地鼓励创新、包容。

1.4 结论与展望

上海城市商业更新正如火如荼地开展，但在行业上缺乏规范、政策上缺乏引导，技术上有待创新。城市商业更新涉及政策、投资、运营、设计、技术等多个方面，需要多方联合和共同探索。纽约、伦敦等卓越的全球城市，经过了较长的城市更新历程，商业更新也相对稳定。在迈向卓越的全球城市过程中，上海城市商业更新将面临一场前所未有的挑战，在新技术运用、创新发展、商业模式创新等方面将引领世界潮流，对城市商业更新的研究将有助于上海实现卓越全球城市的目标。

参考文献

[1] 上海市人民政府 . 上海市城市更新规划实施办法（试行）[Z]. 2015.

[2] 上海市人民政府 . 上海城市更新规划土地实施细则 [Z].2015.

[3] 上海市规划和国土管理局 . 关于加快培育和发展本市住房租赁市场的规划土地管理细则(试行)[Z]. 2017.

[4] 上海市人民政府 . 关于本市盘活存量工业用地的实施办法 [Z]. 2016.

[5] 上海市人民政府 . 上海市总体规划（2017 ~ 2035 年）[Z]. 2017.

[6] 黄爱光 . 国际城市人均商业面积指标研究 [J]. 北京财贸职业学院学报，2008（4）.

[7] 王鹤、孔德静、徐嵩 . 城市人均商业面积标准值测算——以河北省青龙县大巫岚城区为例 [J]. 城市问题，2017（11）.

[8] 荆林波、王永平 . 走出“人均商业面积”概念的误区 [J]. 商业时代，2006（34）.

[9] 朱玮、陈懿慧、王德 . 基于多代理人模拟的上海市域零售业中心体系研究 [J]. 上海城市规划，2014（1）.

2 江东新画慰春申——黄浦江两岸城市开放空间开发及 2035 上海全球城市图景展望[①]

程愚，翁晓红，徐春芳[②]

【摘要】本文回溯历史解析了黄浦江水系的变迁、上海自世博会建设开始的黄浦江两岸开发，观察了若干全球先进城市的跨江发展现状，提出大量跨江河连接通道的建成，是滨水跨江河城市两岸同城发展的必要条件。正因为这些跨江河两岸连接通道的建设，保证了人员、物资的高效流动，保障了产业的流通，从而保障了城市滨水地区的商业发展价值。抚今追昔，继往开来，期盼着上海黄浦江两岸跨江协同发展的美好图景早日实现。

2.1 引言

乘长风兮开宇天，古往今来兮二千年；
小潢河兮今犹在，黄浦江兮续根缘；
豪情涌兮楚豫风，诗意抒兮吴越篇；
……

2002 年 12 月 3 日深夜，世纪广场举办大型晚会喜迎上海申博成功。当晚 10 点多，摩纳哥蒙特卡罗国际展览局第 132 次大会投票选举 2010 年世界博览会举办城市，中国上海从 5 个候选者中脱颖而出。结果一公布，蒙特卡洛格林马迪会议中心立刻为中国人的欢呼声所震动，而与之相隔千山万水的中国上海也为沸腾的欢笑声所包围。“……今朝长歌兮告先祖，新世纪文明兮照亮云天。”在欢庆晚会现场歌曲《告慰春申君》的唱响，提示着我们，上海是一个有着悠久历史文化和经济发展传承的城市。世博会的申办成功，给上海带来大力提升城市基础设施、发展贸易的契机，上海也将因此跃上

---

① 注：本文初次发表于《华建筑》杂志第 11 期，2017 年 3 月出版，已获杂志同意转载，转载时有少量文字修订。

② 作者简介：程愚，同济大学建筑设计研究院（集团）有限公司，高级工程师，arch_ch_cheng@163.com；
翁晓红，同济大学建筑设计研究院（集团）有限公司，高级工程师，gc11wxh@tjad.cn；
徐春芳，同济大学建筑设计研究院（集团）有限公司，高级工程师，4wxh@tjadri.com。

全球城市先进行列。

2002 年，可以视为黄浦江两岸开发的历史性元年。自此，现代化的国际大都市——上海无与伦比的新一轮建设正在展开。

图 2-2-1　上海黄浦江两岸风光

2.2　黄浦江的前身今世

1. 上海成陆历史

上海陆地的形成和发展正是一部“沧海桑田”的变迁史。上海的陆地属长江流域冲击泥沙、太湖流域河道泥沙以及海水潮汐共同作用逐渐形成，成陆发展过程海岸由西向东递进的。考古揭示出六千多年前上海的海岸线被称为“岗身”，呈南北走向在今奉贤、闵行到嘉定一线，比今天海岸线向西退缩约 40 ~ 50km；到唐代，海岸推进到今航头、周浦、月浦一线，距今天海岸线约 20 ~ 30km，上海浦东的沪南公路，就是唐代古海岸线“撼海塘”，此时上海市区大部分土地都已存在；北宋时期陆地继续外扩，达到今和庆、祝桥和奉城一带；直到明清之际，先民陆续修筑“海塘”防止海水倒灌，守住岸边的土地发展农渔经济，将陆地扩张到接近今天海岸线位置。

上海成陆的一个极其重要因素是太湖，古称“震泽”，其下游有东北的娄江（浏河）、东向的松江（吴淞江）、东南向的东江三大河流为入海泄洪通道。历史上太湖多水患灾害，屡发洪水带来泥沙淤积，导致河道变迁，历代有所作为的统治者都领导民众治理太湖水患，发展区域农渔经济，先民们逐水而居，治水围地，安居乐业，发展水运，以港兴市形成集镇和贸易。

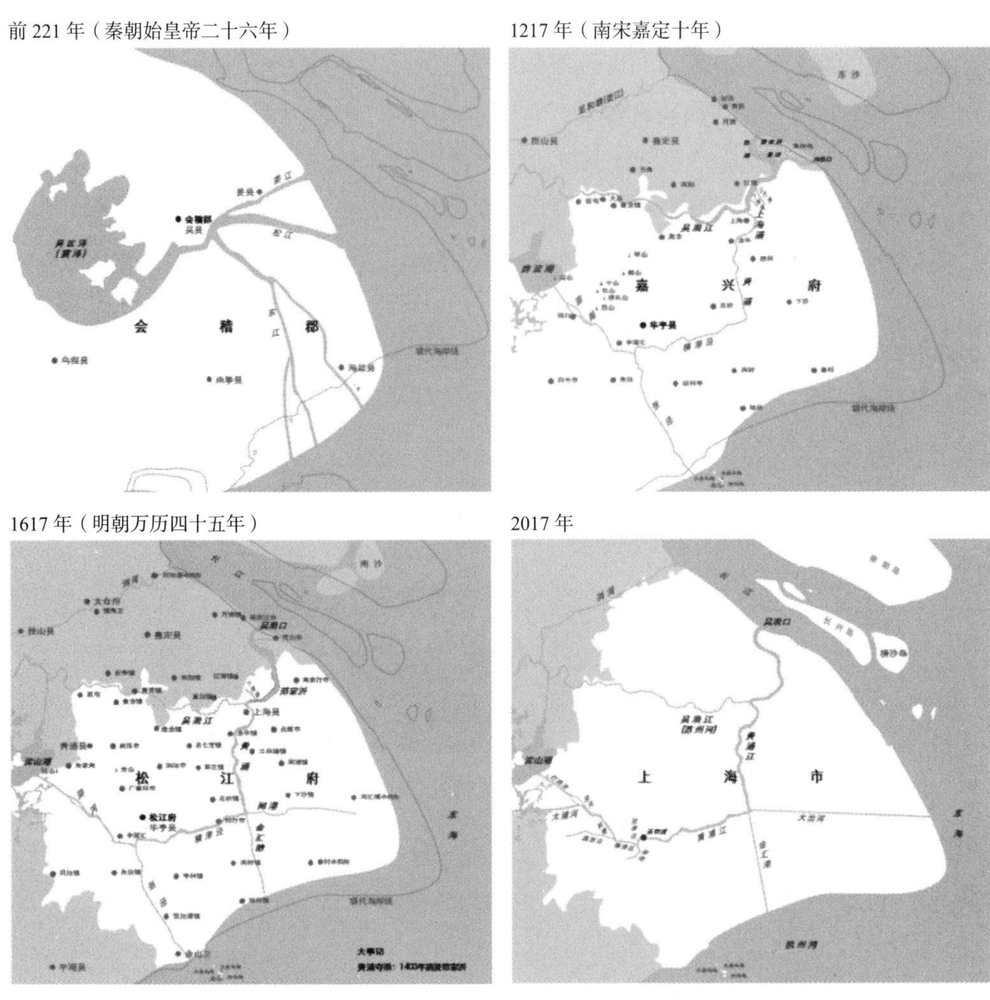

图 2-2-2　苏州河及黄浦江变迁图

2. 苏州河与黄浦江水系的变迁

黄浦江旧称“黄浦”，起源是一条经人工修凿疏浚的天然河道。历史上太湖三江均极为宽阔，其中最重要的吴淞江，“唐时阔二十里，宋时阔九里，后渐减至五里、三里、一里”。早起西方人发现沿吴淞江溯河而上乘船可以达苏州城外，就把这条江称为“苏州河”（Soochow Creek）。黄浦在古代只是吴淞江的一条支流小河，后由于吴淞江淤塞，屡发洪水，明代尚书夏原吉采用拓宽另一条小支流“上海浦”与“黄浦”相并的方案，新的黄浦江替代了吴淞江，成为上海地区第一大河流，而吴淞江反之成了黄浦江的支流，这一工程史称为“浦江合流”，与此同时，新黄浦江接入保留下来的吴淞江入海口即“吴淞口”,史称“黄浦夺淞”。黄浦江与吴淞江相交的格局，促使上海形成完善的内河网络，连接更广阔的江南腹地。同时提供了进一步治理太湖水患的条件，大大促进了长江三角洲乃至全国经济、社会、文化的发展。

1843年上海开埠，帝国主义的炮舰长驱直入黄浦江，曾使上海人民遭受屈辱，但客观上也使一些先进的思想、文化和技术得以进入，打破了上海经济的封闭性，由重农而趋于重商，促使近代工业和商品经济发展。开埠后外洋轮船为了可以停泊至黄浦江码头，常年对黄浦江进行航道疏浚，航道的发展为上海成为中国最大的对外贸易和工商业城市奠定了基础，进而迅速取代广州成为中外交通枢纽、国际贸易中心和重要国际港口，由此极大地推进了上海的近代化进程，使上海得以最快的速度走在中国其他城市近代化的前列。

技术能力的发展和城市格局密切相关。吴淞江在上海市区范围内称为苏州河的部分宽度通常为50 ~ 70m，由于苏州河的较小尺度，从外白渡桥到西藏路桥这一段的桥梁都是百年前租借时期建设的，新中国成立后陆续建设，达到30多座桥梁连接苏州河两岸，城市南北区域因此实现滨水区的“跨河同城发展”。与此同时黄浦江经水流冲刷河道发展，形成400多米的宽大河流，在过去技术条件不发达的情况下就是城市的“界河”，黄浦江两岸日常联系仅靠轮渡并受气象条件的影响，这一事实，将上海分割成发展成熟的浦西，和发展不足的浦东两部分。

直至清代上海地区还是河网纵横、水道密布呈典型的江南水乡的风貌。开埠以后，受到西方近代文明的冲击，同时大量城市人口涌入，清政府和外国租借之间各自为政、管理不善，河道卫生情况恶化。恰逢此时汽车引进上海，现代交通工具催生了对现代道路的需求，中心区多条河浜被填埋，由新式马路取而代之。汽车导致现代运输的兴起，原先密布的小型河流已失去内河航运网络的意义，这顺应了工业化城市的转型发展。新中国成立以后，城市道路不断兴建，水上交通进一步萎缩，往日的交通载体反而成了通行的障碍，导致一段时间填河筑路在上海大举推进。著名的消失了的河道包括洋泾浜、泥城浜、城濠、肇家浜、方浜、薛家浜和新开河等黄浦支流，上海有许多地名带“浜”或者“河”的路名成为曾经水网城市的记忆。道路建设发展，为上海工业化打下良好基础，填河筑路使上海中心区的水网大量消失。另一方面，缺乏合理规划的填河致使上海的城市景观缺少人与自然的和谐，割断了历史文脉，对市区的排水、防汛、调节小气候等方面也产生一些不利的影响。

3. 黄浦江桥梁概况

改革开放之初，上海城市发展向何处扩张曾是一个有争议的议题，在当时的眼光和技术条件看，黄浦江事实上是浦西中心城市发展的边缘，跨江发展几乎是无法实现的。经过专家论证，对比发达国家国际大都市发展的规律，发现总是先沿河发展、再跨江两岸发展，然后从上游到下游、从河口再到海口，这是滨水城市发展的规律，最终决策开发浦东。跨越黄浦江开发首要克服的困难是交通，在中央政策支持下，上海以新思维和国际视野快速建成两座大桥一条隧道。由此浦东开发在经济全球化的大趋势中把握发展方位、抢抓发展机遇，通过不断扩大开放，大力推进产业升级和功能提升，在全球范围内集聚技术、资本、智力等各类资源，创造出一个具有21世纪水平的新型城市。

1991年选择江面最窄处，宽度约360m的周家渡—董家渡地区，建成了上海市区黄浦江第一桥“南浦大桥”，此后10年内黄浦江陆续建造起6座越江大桥。黄浦江两岸再不是浦西和浦东、城市与乡村的隔离带，更不是繁华与冷清的分界线，浦江大桥成了连接两岸的纽带。世博会的举办再次促进了上海跨江两岸的发展，吸收了世界级城市规划专家先进理念，世博会场馆被规划为两岸布局，到2010年，一系列城市基础设施建设完成，发达的高架、隧桥路网陆续建成连接着两个国际机场和深水港，此时中心城区内的越江连接通道（含隧道和桥梁）达20座以上，黄浦江两岸联系更为便捷顺畅，过去的滔滔天堑黄浦江，终于由过去浦东和浦西的“界河”成了现在上海中心城区的“内河”。

2.3 国际滨水发展案例启示

在工业文明前，水路交通是便捷的运输方式，城市逐水而居，以水兴市，甚至以水为屏障护卫城市，并逐渐获得发展。工业文明时期，交通运输条件便利对工业生产带来便利，水甚至是生产要素，滨水区域一度随产业快速发展，当然，也存在产业发展不平衡，水陆环境污染等问题。进入全球化和后工业文明期，工业产业向城市郊区或欠发达地区迁移，城市滨水区域进入衰落期；当代，全球化导致产业转型升级，现代服务业兴起，荒废滨水工业设施迎来了复兴的机会。世界主要发达的滨水城市发展，都经历了“形成—兴旺—衰落—复兴”的发展历程。

1. 伦敦

伦敦在泰晤士河两岸发展的历史是跨河发展城市的优秀案例。“如果某人厌倦了伦敦，他就厌倦了生活”（When a man is tired of London，he is tired of life），莎士比亚后期的作家塞缪尔·约翰逊（Samuel Johnson）赞美伦敦说到，因为“伦敦可以提供你任何人生所需”。

公元1世纪罗马入侵后在泰晤士河北岸建立伦敦城，这一段河流宽度不到200m，罗马人建了一座木桥通往郊区的南岸，到12世纪改建为20跨的石墩桥，虽然几经损毁重建，在几个世纪内都是泰晤士河上惟一的跨河设施。18世纪伦敦成为商业化帝国的中心，泰晤士河也成为世界上最繁忙的水路之一。为不妨碍货运轮船的通行，从老码头向东部一直没有建设更多的桥，这也导致当时伦敦东区发展困难。1894年通车的伦敦塔桥，为兼顾陆上通行以及河道航运做了独特的设计，两岸各建花岗石装饰的钢结构高塔，高约60米，设上下两层，下层为主桥面可供人员和车辆穿行；当海轮需要通过时下层桥能靠蒸汽机启动向两侧升起，同时行人改道上层通过。20世纪国际航运水平高速发展，更大吨位的船舶无法通过伦敦塔桥，新建码头都选择在塔桥东侧的道格斯岛地区建设，泰晤士河得以建设更多的跨河设施。

现代海运业务向大型集装箱发展，航空运输发达，导致伦敦市区的原有港口码头开始衰落，集装箱码头向泰晤士河下游东部的远郊迁移，伦敦地区的产业也逐渐向全球金融服务中心的角色转变。20 世纪 80 年代，位于伦敦东部道克兰（Dockland）地区的“金丝雀码头”（Canary Wharf）项目是伦敦滨水区域复兴的典型案例。项目拟通过建设新的城市金融中心，提供现代化公共活动设施，创造一个轻松健康、吸引人才的环境，确保住宅及社会服务设施齐全以吸引人们来该地区工作、居住和参观游览，在有限的土地上发挥更大的效益。此举也是缓解伦敦城中心区内商务需求的压力，保护其独特的历史风貌不受破坏。经 30 年开发，新兴区域产业聚集了金融、商业、出版、教育等领域高端从业机构，以及与之配套的酒店、住宿和服务行业，商业活动高水平发展形成大量热闹的城市商业综合体及商业和公共艺术展览空间。建设之初道克兰地区仅一条湾区轻轨（DLR），运力不足导致该地区一度房屋空置率很高，直到 2000 年第二条更加高效的地铁“千禧线”（Jubilee Line）建成后才成功扭转劣势，房价高速增长，预计 2018 年将开通的伦敦城铁线路（Cross rail）将使得这一地区更加便捷。金丝雀码头的开发是城市设计理念的成功运用，城市开放空间、轨道交通和商业设施相结合；历史、水岸、时尚与现代生活方式相融合，建成了高品质的新型城市空间。这一地区紧靠伦敦城市机场（London City Airport），众多航班联通国际，对高端人才和资本产生巨大吸引力。

目前伦敦中心城区建成 16 座（含步行桥）、6 座铁路桥、12 条地铁、3 条隧道以及 1 条空中缆车运输线，使得跨越泰晤士河连接通道总数达到 37 条。大量跨河通道连接起泰晤士河两岸众多的优秀历史街区、商业中心、文化艺术设施，无论商务活动、休闲娱乐或是旅游观光都极为便利，实现了两岸跨河同城发展。2004 年颁布的《大伦敦空间发展战略规划》首次提出中央活动区（CAZ）的概念，强调除商务活动以外的文化设施、旅游设施、国际机构及其活动对于城市中心地区的重要性，这一概念注意到城市竞争力的差异，其核心是对活动人口数量的吸引力的差异，或者说是对人才竞争力的差异，这一点是全球化时代“全球城市”体系的价值观变化。悠久的历史、繁华的新城以及充满活力的文化和谐发展，使得伦敦成为全球滨水区域跨河发展的优秀典范。

2. 巴黎

巴黎市区的塞纳河宽度通常为 100 ~ 200m，架设桥梁在历史上也不算复杂工程，12 世纪建都时就呈跨河发展的布局。1853 年行政长官奥斯曼制定规划，形成了今天的路网和桥梁格局。如今巴黎市内的塞纳河上有 39 座桥梁，其中 4 座为行人专用桥，2 座为铁路专用桥。另外新建轨道交通跨河设施 8 条，使得塞纳河两岸连接大通道有 47 条。巴黎在城市历史街区保护方面一直不遗余力，20 世纪 50 年代开始，在巴黎城

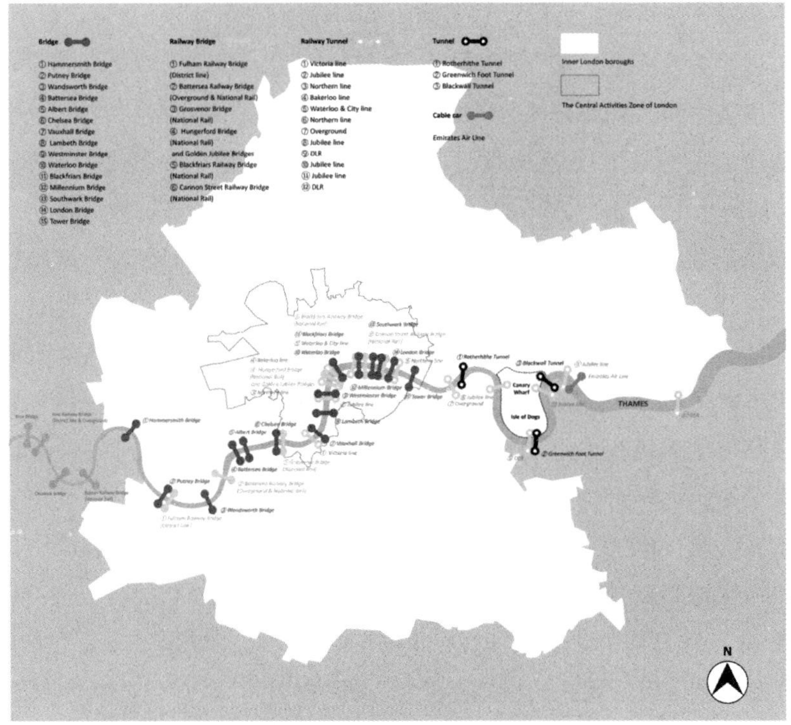

图 2-2-3　伦敦跨泰晤士河设施示意图

市轴线延伸段，城市西北方向，另行建设开发拉德芳斯（La Défense）新城，全区规划用地 750hm^2，创造出环境优美、设施完善的新兴中央商务区。其远离传统街区的举措，使得塞纳河沿岸优雅的历史风貌被最大限度得以保留。

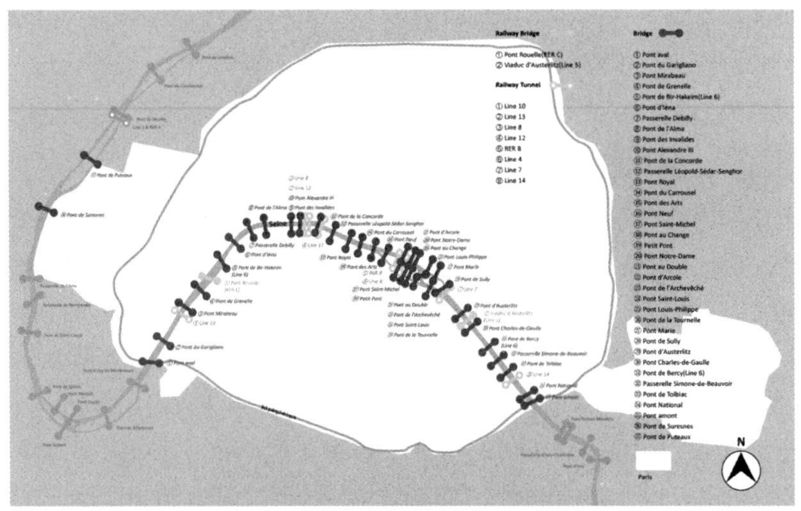

图 2-2-4　巴黎跨塞纳河设施示意图

3. 纽约

纽约市是举足轻重的世界金融和航运中心。纽约市是由岛屿和水系组成的，最新规划数据显示滨水区长达 840 km。市区曼哈顿、皇后、布鲁克林、布朗克斯区和斯塔滕岛五个行政区，分别由哈德逊河、东河和哈林河以及众多水道分隔。纽约的城市化发展缘于典型的美国式经济特色，依靠市场因素自发形成具有一定分工体系的都市圈。1929 年第一次《纽约区域规划》(Regional Plan of New York and Its Environs) 大都市地区就横跨纽约、新泽西和康涅狄格三州。由于土地价格和税收的差异，新泽西吸引了大量纽约的人口和产业。多条桥梁、隧道、地铁和轮渡的连接使得新泽西沿河区域呈同城发展状态。20 世纪 50 年代，纽约人口发展达到峰值，其后人口、商业、产业外迁，一度纽约市区基础设施落后，城市景象拥挤而繁杂，滨水地区污染严重。

1992 年颁布了《纽约市滨水区综合规划》，首次针对整个滨水区提出长期性综合规划，提出滨水区应该是对公众开放，适宜人们生活和休憩的地方。在之后的十几年里得到很大改善，取得巨大成就。2008 年纽约再次针对该区提出存在的问题，如发展不均衡、基础设施陈旧、棕地污染以及部分滨水区被隔断等，制定一个新的可持续的滨水区规划，并最终在 2011 年形成《纽约市滨水区综合规划 2020》，获得 2012 年度美国规划协会最佳综合规划奖。

2016 年纽约市交通局发布了《纽约交通战略规划：安全、绿色、智慧、公平》(Strategic Plan 2016，Safe Green Smart Equitable)，提出 2017 ~ 2021 年五年间纽约市交通发展的战略目标及其实施策略。具体措施包括：改善街道安全，扩大自行车使用量，提高公共交通能级、优化物流快递管理、制定新的停车政策、养护道路桥梁资产。优化物流管理的提出是注意到互联网购物对生活方式的改变。纽约修建自行车道贯穿滨水区域，鼓励自行车出行，沿线设计观景台、餐厅、酒吧等休闲娱乐设施，林荫道贯穿曼哈顿滨水全程，将巴特利公园和东河公园连接起来，绿化设计也独具匠心，在最大限度确保充足阳光的前提下，种植本地区原生植物。截至 2015 年数据，纽约市自行车日均出行达 45 万人次，是 10 年前的 4.5 倍。同时纽约市还保留轮渡，将 9 个滨水休闲区通过轮渡连接起来，将纽约港打造成为市民和游客的休闲目的地。

纽约市一直注重交通设施的开发和管理。纽约市交通局 (NYCDOT，简称 DOT) 是负责纽约市大部分交通基础设施管理的政府机构，职责包括日常维护城市的街道、公路、桥梁和人行道，以及城市的街道标志、交通信号和路灯的安装和维护，还经营斯塔滕岛渡轮；提倡交通安全、促进行人和自行车安全也是其职责。交通局管理收集数据并在每年下半年出版前一年的年度交通量报告，目前该机构网站上最新数据是 2016 年 10 月出版的《2015 年纽约市桥梁 (含隧道) 交通总量报告》(2015 New York City Bridge Traffic Volumes)。报告对 2015 年度纽约市 47 座桥梁、大都会交通管理局

（MTABT）经营的 9 座桥梁和隧道，以及纽约和新泽西港务局（PANYNJ）经营的 6 座桥梁和隧道的信息进行总结分析。这些数据既有宏观的体量统计，也有和历史数据的对比分析，直观地体现了纽约市交通状况发展趋势，很好地帮助政府和民间机构进行交通规划和决策。众多跨河连接通道保证了纽约市人员、物资的安全高效流动，产生了人群的聚集，创造出活跃的消费需求和对企业发展有利的环境，保障了纽约大都市圈的繁荣发展。

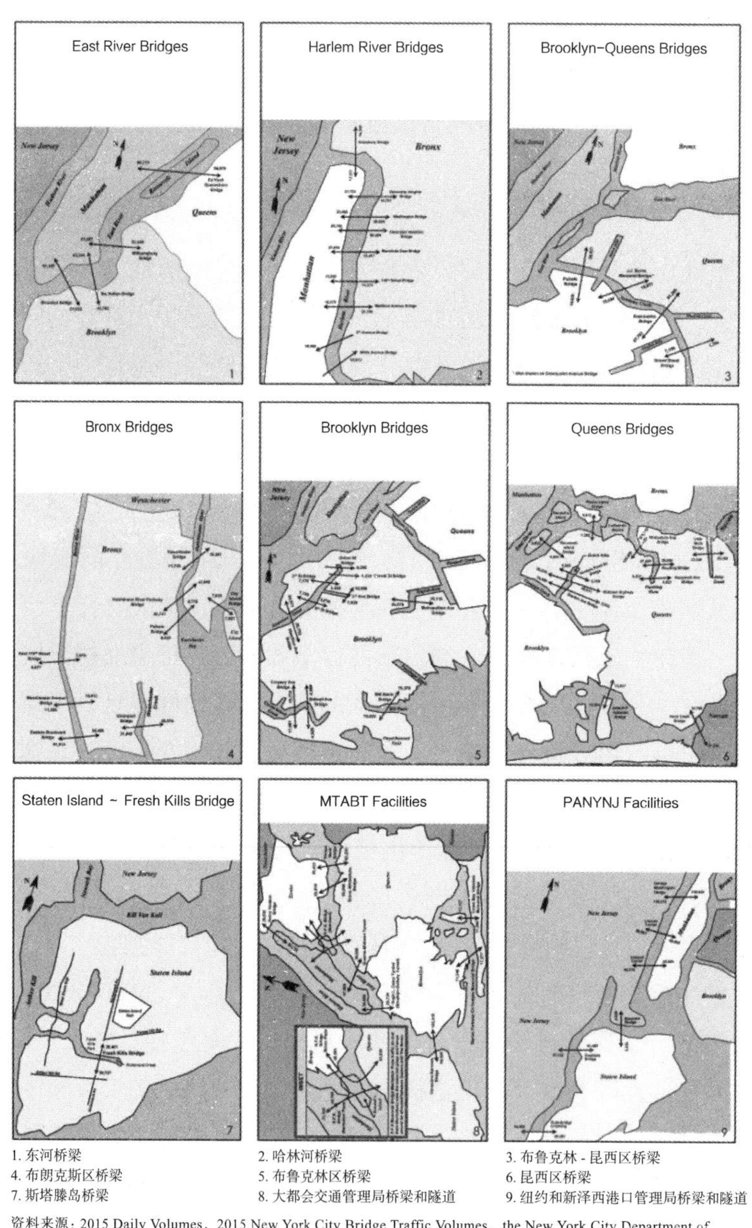

1. 东河桥梁　2. 哈林河桥梁　3. 布鲁克林 - 昆西区桥梁
4. 布朗克斯区桥梁　5. 布鲁克林区桥梁　6. 昆西区桥梁
7. 斯塔滕岛桥梁　8. 大都会交通管理局桥梁和隧道　9. 纽约和新泽西港口管理局桥梁和隧道

资料来源：2015 Daily Volumes，2015 New York City Bridge Traffic Volumes，the New York City Department of Transportation（NYCDOT）

图 2-2-5　纽约 DOT 交通流量报告摘要

著名全球城市（城区）跨河设施统计表　　表 2-2-1

城市 / 管理局	水体名称	典型宽度（m）	桥梁数量	隧道数量	轨道交通桥梁数量	轨道交通隧道数量	缆车数量	跨河设施总数
伦敦	泰晤士河	200 ~ 300	15	3	6	12	1	37
巴黎	塞纳河	100 ~ 200	37	—	2	8	—	47
纽约 DOT	—	100 ~ 1200	58	4	—	—	1	63
上海	黄浦江	400 ~ 500	7	15	—	11（3 个在建）	—	33

这几个案例城市跨江河发展的现象都呈现人口和产业发展，城市土地不足需要向外扩张，同时桥梁、隧道建设的工程技术条件成熟。城市基础设施建设，特别是跨河连接通道的建设，对于跨江城市更新，对于城市发展价值具有极为重大的影响力。

2.4 浦江两岸协同开发的历程

1. 世博会前

2002 年，市黄浦江两岸开发工作领导小组及申江两岸开发建设投资（集团）有限公司成立，两岸地区总体规划和结构性规划启动编制。相关政策出台，开发审批程序管理办法等各项制度标准及适用政策逐步实施。2004 年初，上海国际客运中心项目、外滩风貌延伸段整治工作启动，黄浦江两岸地区加快推动基础设施建设。土地收储和出让工作有序展开，耀华地区等部分地块开始拆迁收储，北外滩、卢湾沿江等多个沿江开发单元有序出让。市政设施、滨江绿地项目陆续开工，外滩隧道、人民路越江隧道等交通设施以及东昌滨江绿地等滨江绿化景观项目开始大规模集中建设，一大批重点功能项目集中开工建设。

2. 世博会建设期

2008 ~ 2010 年，围绕上海世博会的筹办和举办，世博园区加紧建设，各项参展建设任务有序开展。世博园区选址黄浦江两岸的 5.4km^2 区域内，其中浦东部分 3.93km^2，浦西部分 1.35km^2。规划红线范围内恰逢大量历史形成的滨水工业区，按照“人与自然的和谐，历史与未来的和谐”规划理念，近 20% 的老建筑予以保护保留；一大批上海开埠后建造的优秀历史民居，和见证中国工业发展进程的工业遗产，被改建后用于展馆、商业配套和博物馆用途。其中令海内外最为关心的江南造船厂，改建成中国近代工业博物馆群，作为上海城市的一个新亮点被永久保留。此举被联合国教科文组织专家们肯定，认为这可以为其他发展中国家在保护工业文化遗产方面作出示范。上海在同时期大力投入基础设施建设，极大地改善了黄浦江两岸交通格局，为上海进一步跨江发展，为黄浦江两岸协同开发奠定了坚实基础。

3. 后世博时代

2011 ~ 2016 年围绕“十二五”规划的编制和落实，黄浦江两岸规划范围扩展为吴淞口到闵浦二桥之间的黄浦江两岸，两侧岸线长度约 119km，规划控制面积约 144km^2。黄浦江两岸地区发展步入功能开发与基础开发并重的新阶段，发展重心由基础设施开发建设为主向产业功能培育与基础设施开发建设并重转变；发展方式由分头推进向整体协调与联动发展转变。

2017 年 1 月国务院批准了《上海市城市总体规划（2017—2035）》，明确“努力把上海建设成为创新之城、人文之城、生态之城，卓越的全球城市和社会主义现代化国际大都市”。本轮规划在技术上借鉴了伦敦规划的一个概念，首次在上海引入“中央活动区”（CAZ）的概念，强调“人”的体验。同时上海大力推动黄浦江滨水区发展，大

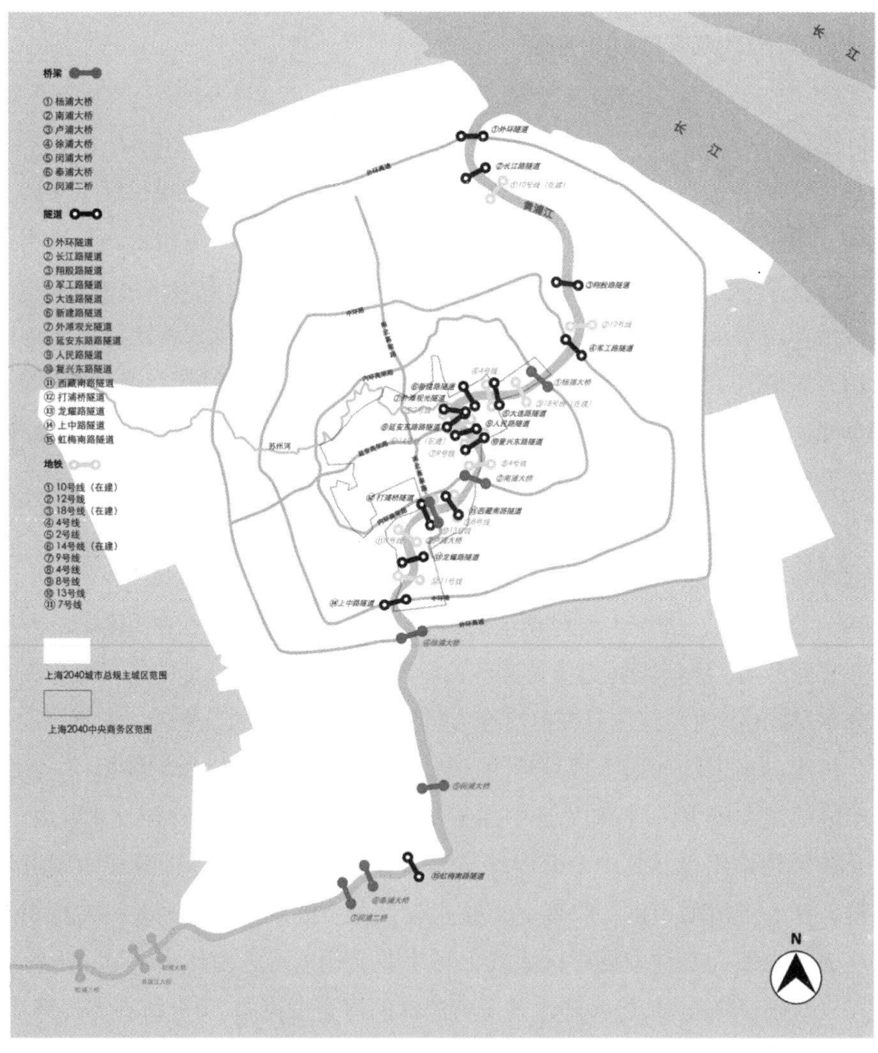

图 2-2-6　上海跨黄浦江设施示意图

力推出“黄浦江两岸公共空间贯通开放”，旨在通过黄浦江两岸区域的贯通开放，还江于民，推动产业转型升级，推动城市商业更新的格局。

过去计划经济时代“以产业为本”割据的大批工业用地，如今随着市场经济条件下“以人为本”价值的回归，也伴随着城市经济发展、环境改善的要求，黄浦江两岸滨水地区将承担起城市的重要功能，打造环境优美，公共活动集中，人才和新经济发展要素聚集的区域。这一切，是随着城市的拓展，城市化地区的扩大，蔓延到滨水地区的，但很重要的一点，是隧道、地铁、桥梁等黄浦江两岸跨江连接通道高度发展的必然趋势，提升了城市区域的价值。

2.5　继往开来

上海今天的兴盛离不开其发展的历史根基，明天的发展是在昨天的文化渊源和今天的经济基础上叠加形成的。正如《水文明的崩溃》作者贝尔阐述：数千年来，通过对水资源的掌控，人类创造和发展了文明；在人类的兴衰成败和文明的起起伏伏中，水扮演了至关重要的角色。人类依其本性逐水而居，然而在科技并不发达的古代，对水的自然属性掌控困难，哪些民族或国家掌握了治理水资源的技术，国民经济就得到良好发展。

春秋时期思想家管仲（公元前 770 ~ 前 476 年）就曾在和国君探讨治国之道时指出“故善为国者，必先除其五害……五害之属，水最为大”，这一治国思想对农耕文明时期的中华民族意义重大、影响深远。春申君黄歇是历史传说的上海创建者，曾拜楚国令尹（相国），封地江东（现江南区域），以吴（今苏州）为都邑。现上海松江区（古称“华亭府”）新桥镇有春申村和春申祠。后上海建市称为“申城”，都是纪念他带领民众治理太湖、吴淞江水患的故事。尽管史实尚有争议，但春申君治水的传说伴随其开拓进取的精神传承下来，鼓舞着上海人民对江河的治理和开发建设，奠定了滨水城市上海之魂。

展望 2035 年时的上海，黄浦江两岸协同发展相互辉映，一幅令人期盼的滨水复兴，跨江发展，精英荟萃，商业繁荣，具有全球竞争力的卓越全球城市图景正展现在眼前。

（研究助理：莫璐怡，丁思枫；图形制作：莫璐怡）

参考文献

[1]　张明华 . 上海 6000 年 [M]. 上海：上海人民出版社，2011.

[2]　编纂委员会 . 上海水利志 [M]. 上海：上海社会科学院出版社，1997.

[3]　满志敏 . 黄浦江水系形成原因述要 [J]. 复旦学报，社科版，1997.

[4] [英] 贝尔 . 水文明的崩溃 [M]. 罗红，译 . 北京：金城出版社，西苑出版社，2012.

[5] 陈茸 . 剖析上海开埠前历史与成为国际都市的根基 [J]. 建筑学报，2010，S2，10-13.

[6] 李卉卉 . 从填浜筑路看上海中心区的河道变迁 [D]. 上海社会科学院，2006.

[7] 张锋 . 国内外城市滨水区发展趋势分析 [J]. 港口经济，2008.

[8] 孙施，王喆 . 城市滨水区发展与城市竞争力关系研究 [J]. 规划师，2004，08.

[9] 上海闵行区图书馆历史地图 [OL].http://www.mhlib.sh.cn/Dsn/index.asp.

[10] nyc-bridge-traffic-report-2015

[11] 其他互联网公开信息

3　产业与商业共融的新趋势

陈焯宾

【摘要】近年由于互联网及手机功能的发展，工作及消费模式有着翻天覆地的改变，因此传统办公及消费场所亦随着时代而转变，传统的功能（办公、商业、居住）之间的界线日益模糊。伴随着国家政策鼓励双创以及“90后”、“00后”对生活及工作环境的追求，传统的甲级写字楼、五星级酒店、一站式大而全的购物中心已无法满足更高层次的需求，复合式空间应运而生。

以全国首创的文创产业园上海8号桥为例，作者伴随着项目的打造及成长，从2005年至今，见证着上海文创产业的兴起、百花齐放、优胜劣汰、升级转型等多个阶段，同时近年来商业与产业之间发生了微妙的变化，除了传统的办公及零售性商业，亦出现了复合型的功能，如展示式办公、办公式商业等。本文旨在分析现象背后的原因，并对商业空间未来发展的走势，提供更多的可能性及建议。

3.1　城市产业升级及商业模式的演变史

随着退二进三的社会发展趋势，于21世纪初开始兴起以“8号桥”“红坊”“1933”为代表的厂房活化、创意产业园发展项目。经过五年的酝酿，上海市授牌的创意产业园已过百个。从最初的简单改造空间再利用，到行业甄选和集聚，再到平台打造产业链整合及孵化，城市文创和科创产业从空间要求到平台整合，亦在不断升级换代中。

商业方面，随着消费者的生活水平提高，20世纪90年代起经过20多年的转化，商业已从最初的沿街商铺、百货公司，转化为一站式购物中心、特色主题街区，体验式商业，一方面满足消费者更高层次的需求，另一方面亦结合移动互联网及O2O的发展，商业不仅仅是购物的场所，亦已延伸成为产品展示、科技体验乃至工作和休闲共融的互动空间。

3.2　90后、00后新一代白领的工作和消费模式

由于成长的环境不一样，我们现在都习惯每10年称为一个年代，“90”后及“00”后逐渐成为劳动和消费的新力量。从互联网搜索“90”后和“00”后的关键词（图2-3-1、

图 2-3-2），不难发现不管是自我认知、价值观、消费模式、出游模式等与传统的社会骨干 70 后及 80 后，都有着明显的差异。

图 2-3-1　90 后关键词

来源：黑马家具·微观察。

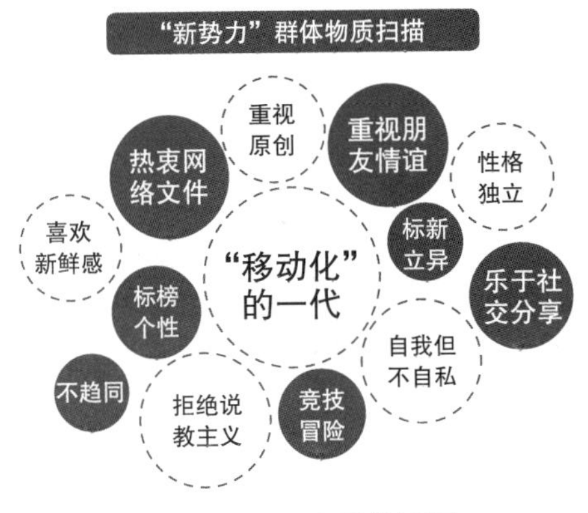

图 2-3-2　00 后关键词

来源：CNGgame。

以工作为例，年轻人普遍视野宽广，对个性生活模式也有着更大的向往，选择工作时公司名气、工资及发展潜力已经不是他们选择工作的惟一考核标准，对于工作环境的满意度，工作内容的满足感等等，显得非常重要。近年兴起的共享办公（图 2-3-3、图 2-3-4），除了受到大家熟知的微小创业公司的青睐外，原来不少总部设在近郊的大型企业，也会把创作部门独立设于市中心的共享办公空间内。据了解，由于地理位置偏远，工作环境刻苦，尽管比市场愿意支付更高的工资，亦难以吸引新一代的工作者。

另一方面，商务活动传统模式中，公司所处物业的地段、级别，公司规模以及必须面对面交流的模式，从前被视为评价商业合作伙伴的重要因素，而如今现代人不断追求高效发展，个性化空间更彰显创意公司的品位，小而精的公司规模更具市场竞争力，微信及视频会议代替面对面交流等，已逐渐被新一代的职场工作者所接受。

图 2-3-3 We Work 上海威海路店

来源：陈焯宾。

图 2-3-4 裸心社上海新天地店

来源：陈焯宾。

商业消费方面，由于90后及00后成长环境中与手机及互联网密不可分，根据《2016年度90后移动生活报告》数据指出25岁以下的都市青年，每天使用移动互联网端超过3h，平均每月网上消费为453元，与过往70后及80后的传统购物观念完全不同。在传统购物观念中，购物需要到实体店接触商品，来往不同店铺进行价格和质量的比较，现场支付及提货，物品损坏及退换货等都遵循着一系列固有的模式，但近几年这些固有模式已发生翻天覆地的变化，且中国已成为世界最领先国家之一。新一代消费者对品牌认知度更高，互联网消费平台进行店铺的信用体系以及消费者投诉和评分的机制，更发达和低成本的物流，无理由退换货等服务，使实体商业场所从原来的商品接触和交易，慢慢转变为产品展示和体验的空间。不难发现，现在办公室的前台，每天都堆放着员工们大量的各式各样网购的货品！而且值得注意的，根据网购及网络平台以打赏主播等消费行业非官方统计指出，由于三四线城市的消费类别和选择较少，包括电竞消费等行业，该等城市的网上消费比例反而比一二线城市高出不少，反过来看，一二线城市消费者更愿意为实体经济和体验埋单。

3.3 移动互联网及电商影响下传统工作和商业空间的困局

随着社会的发展、科技的进步以及消费和工作模式的改变，工作再不需要传统高大上的环境，更需要与同类公司的共享，产业链的整合，与消费者及同业的互动。商业交易不再依赖实体的场所，实体店空间变为展示和交流的空间，消费者更有个性和目的性，大而全的一站式购物场所只能满足中等基础消费的需求。因此近年各大开发及营运商各出奇谋，希望在传统空间格局中杀出一条血路。

在求新求变的过程中，不难发现近年来的一些现象，以办公空间为例，从过往的云石大堂、森严的保安系统作为高大上公司落户首选，到互联网及创意公司更喜欢的个性空间、完善配套、共享空间和平台以及自由的氛围，从过往创意产业园只受初创和租金承受能力低的公司进驻，到行业世界500强及新兴行业如互联网金融等进驻，租金水平从过往的2 ~ 3元/m^2/天（以上海为例）到8 ~ 10元/m^2/天以上的市区优质园区，以上种种均可反映市场需求的改变。这些和城市各产业结构的改变亦有着密不可分关系，根据行业统计（图2-3-5、图2-3-6），2016年上海市场新增租赁办公空间，从传统的金融业转变为零售及专业服务业，加上科技/媒体和电信业成为主导，已可见端倪。

商业方面，近年的商业空间大量引入体验式业态，在购物场所内进行体育竞技类活动，再到吸引眼球的复合文创书店、片区式DIY个性街区等，不同的营运商都在“尝新”。在商业实体空间，成交量已不再是惟一考核标准的前提下，新型的内容在选择空间时，成交额已不再是惟一的考核标准，他们对空间，如单店面积、层高、无柱空间、机电配置等都有着更高的要求。过往空间设计提供的标准店铺物业条件已能满足后期的招商要求，到近年设计和招商必须同步互动，可见趋势。

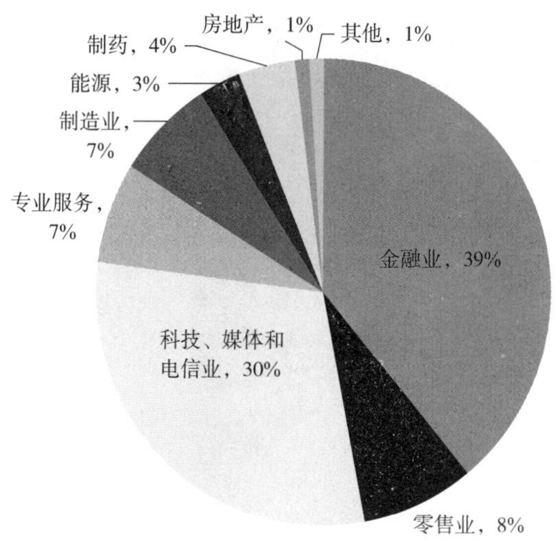

图 2-3-5 2015 年办公租赁成交面积分析

来源：戴德梁行。

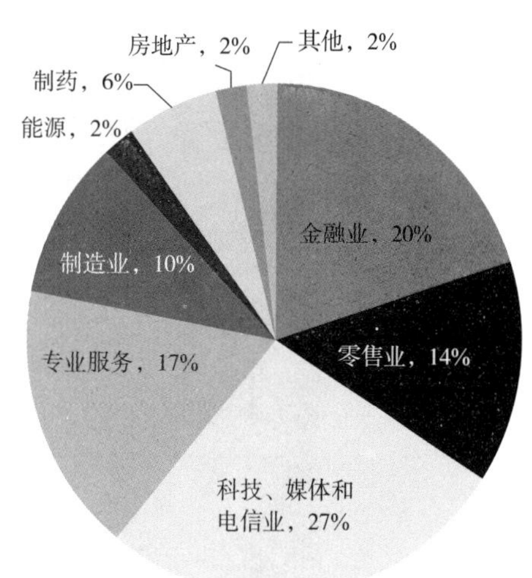

图 2-3-6 2016 年办公租赁成交面积分析

来源：戴德梁行。

与此同时，各营运商亦在“试错”，面对困局不断“尝新”，部分商业需加强其体验性，引进文化内容，比如小剧场、体验式书店（图 2-3-7、图 2-3-8）、艺术主题咖啡厅等，但由于该等物业投资巨大，以纯商业角度衡量，极少数项目能真正专注发挥其文化内容，都是以文化作为招揽的主题，并且文化空间难以和商业空间的租金承受力相比，因此预计过了这一浪盲目追捧后，文化业态或许将受到重新审视和优胜劣汰的局面，市场会进行净化，重新思考什么才是商业空间在互联网影响下的求生之道。

图 2-3-7 方所（成都太古里店）

来源：陈焯宾。

图 2-3-8　钟书阁

来源：视觉中国。

3.4　产业与商业共融的新趋势

就笔者的观察和尝试，从价值观上产业（办公场所）与商业的物业价值在非核心地段需要调整期望值，人流、商铺所处的楼层和位置，商业和办公的租金差异不再是以传统的模式来评判。从源头做起在设定期望值时，通过对新兴行业的需求进行空间度身订造，了解消费模式的转变，从而制订更合理的期望值给予该等业态健康成长的土壤。

另一方面正如前述，现在的工作和消费模式在转变，两者之间的空间再不是传统的分割，传统综合体以购物中心作为裙楼，加插五星级酒店和甲级写字楼作为塔楼的模式已不合时宜，两者的空间和活动共融，更有利 B2C、B2B、C2B（以客户需求主导的个性化订制）、C2C（营造环境供客户端分享和互动交流的平台）、D2C（设计师直接面对消费者进行互动和提供服务）的复合式发展。近年市场上已出现类似的空间构成，比如 3D 打印主题的咖啡馆（图 2-3-9、图 2-3-10），咖啡及蛋糕配以 3D 打印的技术增加体验感，同时空间亦作为商品和技术展示，促进公司主营业务的发展，以及与消费者的交流互动，相信类似的模式将会是市场的新趋势。

因此在业态规划、空间设计的时候，设计师们亦应该与时俱进，更了解这些内容的需求。空间的专业营运亦变得更为重要，单纯的空间出租亦难以提升商户对空间的黏性，平台的打造，产业链的整合，针对性客群的培育和圈层，将会成为未来产业及商业空间制胜之道。

图 2-3-9 乐塑空间 3D 体验中心

来源：陈焯宾。

图 2-3-10 乐塑空间 3D 体验中心——3D 打印产品展示

来源：陈焯宾。

4 肆城记——伦敦、巴黎、纽约、东京，城市及其剧院区①

程愚，翁晓红，徐春芳②

【摘要】伦敦、巴黎、纽约和东京，在“全球城市”排名中长期名列前茅，并都以其独特的“文化体验”产生全球影响力。观察这些城市发现：其主要戏剧空间也是和城市中央商务区、中央活动区协同发展的，观察这些城市戏剧空间发展的历程和现状，可以从政策和理念层面获得启发，如何将城市功能向商业、文化、艺术和旅游休闲等方向拓展，如何传承优秀传统文化、打造文化自信和软实力，甚至将戏剧作为推动文化发展社会进步的力量。

4.1 前传

西方戏剧源于古希腊的“酒神祭”。公元前 5 世纪，古希腊戏剧家埃斯库罗斯创作了大量悲剧，用来歌颂崇高壮烈的英雄主义精神。在雅典观众免费看戏，露天剧场建造在山坡上，大的可同时容纳数万人，观众可清楚地看到演员、歌队以及剧场周围的风光；罗马时期，观赏戏剧是当时平民和贵族社会生活的重要组成部分，现今残存在罗马大大小小的露天圆形剧场，是曾经的黄金时代的印记。

公元 476 年～公元 1453 年，欧洲中世纪天主教教会势力掌握政权，强制灌输世人生而有罪，须通过教会向上帝忏悔赎罪的观念，文艺必须也只能歌颂上帝。这阶段教派纷争，战乱频繁。在长达千年的时间里，宗教改革呼声从被压制到力量壮大，富裕的平民和世俗知识分子，开始追求世俗人生的乐趣，并向古代希腊、罗马文化寻找艺术创作的灵感，创造出人类历史上辉煌灿烂的“文艺复兴”时代，从此科学理性和人文精神发展壮大，直到 17 世纪，较为稳定自信的西欧文明得以形成。文艺复兴时期，从佛罗伦萨发展起来的意大利歌剧（opera），力图恢复古希腊戏剧，综合了歌唱、舞

① 注：本文初次发表于《华建筑》杂志第 10 期，2017 年 2 月出版，已获杂志同意转载，转载时有少量文字修订。

② 作者简介：程愚，同济大学建筑设计研究院（集团）有限公司，高级工程师，arch_ch_cheng@163.com；
翁晓红，同济大学建筑设计研究院（集团）有限公司，高级工程师，gc11wxh@tjad.cn；
徐春芳，同济大学建筑设计研究院（集团）有限公司，高级工程师，4wxh@tjadri.com。

美和乐队，全部剧情皆以歌曲交代，以序曲、合唱、宣叙调、咏叹调等段落表达，曾经风靡欧洲并和各国本土戏剧形式结合产生出许多分支。但在现代观众角度，其用意大利语和美声唱法（bel canto）演出，弱化戏剧元素为音乐表达让路的演出形式，通常被看作是古典音乐（music）而不是戏剧（drama）的范畴。

莎士比亚（William Shakespeare，1564 ~ 1616）是文艺复兴巅峰时期最重要的剧作家。约 1587 年，青年莎士比亚怀揣梦想从家乡小镇来到首都伦敦，从剧院杂役学徒做起，模仿改编别人的旧剧本或编年史开始创作，开启了“自由创作者”（the Freelance Writer）生涯，以一系列历史剧如《亨利六世》《查理三世》等获得了名望，多次被伊丽莎白女王宣召进宫演出。1594 年开始，为“内务大臣供养者”（the Lord Chamberlain’s Man）剧团时期，该剧团由宫廷大臣供养，莎士比亚拥有股份，因剧本创作优势成为最好的剧团。1599 年新建了自身掌控“环球剧场”（Global Theatre），此时莎士比亚即是股东，又是管理者，还兼编剧、演员于一身，期间创作包括《哈姆雷特》《仲夏夜之梦》等一大批广受欢迎的作品，在他的全力运作下，“环球剧场”盛名经久不衰。1603 年新国王詹姆斯一世授予莎士比亚的公司皇家特权，开启“国王供养者”（the King’s Man）剧团时代，平均每月进宫演出，期间创作了《李尔王》《麦克白》《奥赛罗》等经典悲剧，由于故事的传奇和演出的传神，给剧团带来巨大声誉和经济效益。至退休后 1616 年终老故乡，莎士比亚独立创作或与人合作的戏剧超过 40 部，广为流传，被同时代作家盛赞到，“（他）不属于一个时代，而属于所有的世纪”（Not of an age，but for all time）。

随后数百年，英格兰通过海上霸权实力崛起，发展为世界强国，并用国家行为将英语和英国文化传播至全世界。

4.2 伦敦，戏剧王国

伦敦城（City of London）始建于罗马帝国时代，是英国首都大伦敦（Great London）33 个郡（borough）中最古老的一个。狭义的“伦敦”概念指的就是大伦敦的核心地区，包括伦敦城（City of London）和威斯敏斯特自治市（City of Westminster）。伦敦地理上处于北纬 51°，常年受西风带影响，伦敦古城西部是上风头，这里可躲避拥挤城区飘来的烟尘，因此王公贵胄聚集城西端建设豪华宫舍、商店、剧院和旅馆。在今天威斯敏斯特和卡姆登的几个街区，聚集了大量古老建筑、旅游景点、商店和剧院，是现代伦敦市中心区的核心部分，被习惯地称为“西区”（West End）。

早期剧团是在旅店的露天大院里演出，这些“剧场”由客房的楼廊围合成庭院，楼梯通向楼层。住店的绅士、淑女们坐在楼座，院落当中则形成廉价的站票席位。1576 年第一所职业剧院在伦敦建成，剧场建筑逐渐向专业化发展。莎士比亚的“环球剧场”代表了当时剧场的典型式样，为三层楼高开放式露天剧场，平面呈环形，舞台成为固定构筑物。电灯尚未发明之前，演出都靠日光照明，一般在夏季的下午进行，天黑前结束。看戏是真正的娱乐活动，贵族和平民会到同一剧场看戏，普通观众向储钱罐投币入场，贵族可以从后台进入包厢。观众进场后就开始吃喝，剧场里小贩巡视兜售，平民多手抓苹果，吃牡蛎，喝廉价的麦芽酒，贵族在包厢里则享用精美点心。演出中间充斥着演员的大声叫喊；观众的笑声、悲叹声和开酒瓶的声音也混杂在一起。这场景，正如莎士比亚所言，“世界是个大舞台，人们都是演员”（All the world's a stage，and all the men and women merely players）。

历经400多年发展，如今西区已经是实至名归的“剧场之乡”（Theater Land），现在伦敦剧院分为“西区剧院”（West End Theater），“外围剧院”（Fringe），其中一些也被称为“西区外剧院”（Off West End），“国家剧院”（National Theatre）和“莎士比亚环球剧场”（1987年在泰晤士河南岸仿古复原）。“西区剧院”特指在市中心方圆不足1平方英里区域内聚集的，由伦敦剧院协会（The Society of London Theatre）的会员管理、拥有、使用的49个剧院群，其中7家是非商业性“国家级剧院”，主要通过政府资金扶持和赞助维持运营，另42家是商业性剧院，必须通过商业化运作获得发展。很多艺术水准较高的剧目，都是先由国家剧院上演成功后，再转入商业剧院进行数年持续不断的循环商演。西区剧院票价最高通常80英镑（特别高端的150英镑），视线差的打折票可低至15英镑。被称为“西区剧院”的容量从250左右到2000多座；“外围剧院”许多是酒吧剧院，座位容量约40 ~ 400个左右，价格远低于西区剧院。外围剧院的小剧场化使观众更加接近演出，有更加密切的舞台互动体验。

19世纪的英国，用英语流行音乐取代意大利语和美声唱法，逐步求得了音乐、舞蹈和戏剧的结合，创造出“音乐剧”（musical）这一形式，其独特的艺术魅力及巨大的亲和力，赢得了观众的喜爱并风靡全球。戏剧产业化成功，源于多年形成和传承下来健全的经营管理制度，制作人、剧作家和演员们都遵循版税利润分成制，知识产权法律保护。著名作曲家韦伯（Andrew Webber）是著名的剧作家兼制作人，他控股的“真有用”（Really Useful Theatre Company）集团业务广泛，包括音乐剧制作、唱片制作发行、音乐剧录影制作发行、剧电影制作、音乐剧巡演机构等；他还投资购买、实际控制伦敦西区的多家剧场约11000多个座席。这些剧场多数在排演他的著名音乐剧作品，如：《猫》《歌剧魅影》等。

伦敦剧院协会《2015年票房数据报告》显示，旗下剧院群观众1474万人（与上年持平），平均每周吸引观众28.4万人次，吸引人数最多的一周达到43.2万人次，年度销售总额6.34亿英镑（较上年增长1.66%），上缴税收1.06亿英镑。

4.3　巴黎，艳丽花都

巴黎的市中心就是“小巴黎”（Paris），指大环城公路以内用数字编号的 20 个行政区（arrondissement），总面积约 105km^2，人口 200 多万人。巴黎作为法国首都已有 1400 多年的历史。传统的第 2 区被称为“剧院区”（theatre district），可以发现十多个古老剧院，在靠近蒙马特区的街角，沿着狭窄人行道随处都是带拱廊的商店和小咖啡馆，历史、时尚和文艺混合的迷人气息，使这座城市享有花都的美名。

传统上巴黎的中央商务区（Quartier Central des Affaires，QCA）由第 1、2、9、16 和 17 区组成。巴黎第 9 区拥有 19 座地铁站，交通极为便利，1875 年建成的加尼叶歌剧院（l'Opéra Garnier）和现代的奥林匹亚音乐厅、电影院等众多文化艺术空间，让第 9 区成为文化活动聚集地。1989 年落成的巴士底歌剧院（l'Opéra Bastille）建造在第 12 区，它与加尼叶歌剧院同是巴黎国家歌剧院（Opéra National de Paris）指定的歌剧演出场所。法国歌剧作为法兰西民族骄傲的戏剧形式广受欢迎，歌剧院也成为巴黎日常生活中最重要的社交场所。

法国在中世纪是以拉丁语为官方语言、罗曼语为民间语言的天主教国家，存在着宗教剧和世俗剧两种戏剧形式。在早期君主专制时期，平民喜爱通俗喜剧，宫廷崇尚芭蕾歌舞，观赏习惯差异无法调和。这个特点跟在英格兰，贵族与平民同场看同样戏剧的习惯有很大区别。法国戏剧杰出人物莫里哀（Moliere，1622 ~ 1673），是古典主义芭蕾舞喜剧的创建者，其剧团叫“皇家剧团”，专门为皇室和贵族演出。他同时是出色的导演、造诣极高的演员，奉献生命推动戏剧的发展，去世后留下三十部喜剧，是法国古典主义文学，以及欧洲文艺复兴运动的杰出代表，被认为是“法兰西精神”典范。1812 年拿破仑签署法律确定了法兰西喜剧院（Comédie-Française）与国家的隶属关系，建立了剧院内部的管理准则等，并沿用至现代，政府用纳税人的钱通过投资文化反馈给社会，文化事业是公益性事业，特别是民族的、传统的、严肃的艺术必须有政府的扶持才得以生存、发展，已成为法国社会的共识。

现今法国剧院组织由三大部分构成：第一部分是公立机构网络，即：国家级剧院（共 5 座），戏剧中心（共 39 座），国立剧场（共 69 座）；第二部分是庞大的“独立公司”、场所、专业组织及庆典组织团体；第三部分为私人剧院（50 座）。其中，公立机构，完全由国家资助，院长由总统任命。2009 年，法国文化部对国家级剧院的总资助预算为 7.11 亿欧元，其中柯林国立剧院获得 9400 万欧元，法兰西剧院获得 2.59 亿欧元。这些补助平均占到上述机构预算的 78%。私人剧院所有权归政府、企业、协会或个人，由企业或个人承包经营。上演节目的类型各有所侧重。比如巴黎歌剧院以上演歌剧、芭蕾舞为主，香榭丽舍剧院以交响乐、室内乐为主；国际会议中心剧场以演出法国民歌、流行歌曲和音乐剧为主；这些剧院共同特点，就是以高质量的节目、适当的票价，最大限度地满足普通百姓的文化需求，因此可以得到各级政府的财政补贴。在巴黎区域内，全法国家级剧院共 5 个中 4 个位于巴黎。全法 50 个私人剧院，48 个在巴黎，加上更多的商业演出空间，在城市中心区形成戏剧演艺场所聚集发展的局面。

巴黎日常上演的戏剧包括歌剧、芭蕾舞、幽默剧、杂技等；城里的很多夜总会也每天有歌舞剧演出，为迎合游客和观众常有一些艳俗表演。近代法兰西戏剧流派纷呈，

图 2-4-1　从伦敦西区眺望泰晤士河南岸

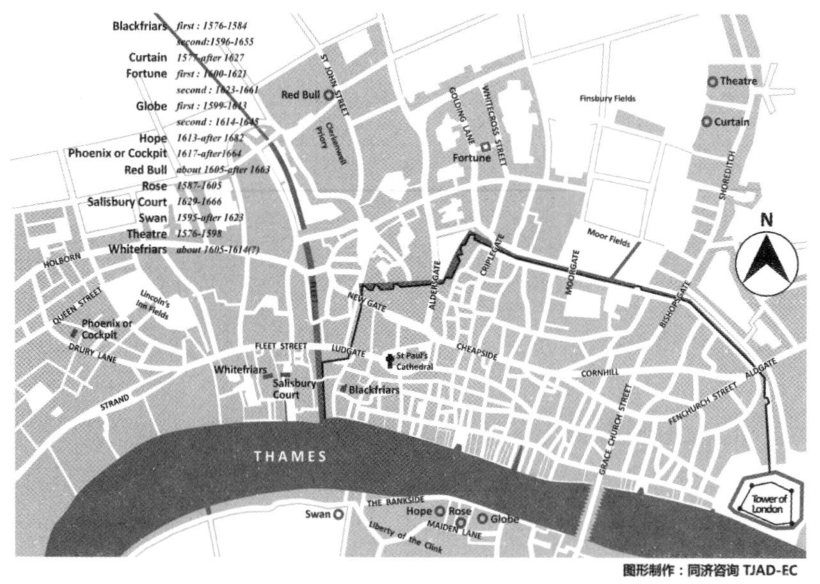

图 2-4-2　莎士比亚时代伦敦剧院分布图

竞相争艳。针对戏剧多样性，法国文化部荣誉戏剧总监伍尔兹（Jean-Pierre Wurtz）曾如此评价：一边是茶余饭后的娱乐消遣，甚至是用以打发时间的肤浅恶俗，一边是带有教育启蒙意图的严肃趣味，自 19 世纪中期以来，法国戏剧生活就一直在这两大极端之间摇摆。

环球剧院

1599–1613 景象

（根据 Walter Hodges 猜想复原图编绘）

索引

AA　主入口
B　内院，站票席（1 便士入场）
CC　下层环廊入口（再加 1 便士）
D　通向楼梯和楼层的入口
E　服务于中间层环廊的入口
F　中间环廊（2 便士房间）
G　女士洗手间 / 绅士洗手间
H　舞台
J　悬挂在舞台周边的围挡（有些舞台是固定的）
K　舞台底下的"地狱"
L　通过"地狱"的入孔
MM　舞台通向后台的门
N　帷幕
O　舞台上空的环廊，有时供乐手使用，有时供观众使用，常常是戏中的部分（比如罗密欧与朱丽叶）
P　后台区（化妆室）
Q　后台区的门
R　道具服装室
S　仓库和储藏室
T　罩住机器的房间，"神仙"从这里下凡到舞台
U　天堂的门口
W　剧院旗帜

图 2-4-3　莎士比亚环球剧院想象复原图

1. Adelphi
2. Albury
3. Aldwych
4. Appolo
5. Arts
6. Cambridge
7. Comedy
8. Dominion
9. Drury Lane
10. Duchess
11. Duke of York
12. Fortune
13. Garrick
14. Gielgud
15. Haymarket
16. Her Majesty's
17. London Coliseum
18. London Palladium
19. Lyceum
20. Lyric
21. New London
22. Palace
23. Peacock
24. Phoenix
25. Piccadilly
26. Playhouse
27. Prince Edward
28. Prince of Wales
29. Queens
30. Royal Festival Hall
31. Royal Opera House
32. Savoy
33. Shaftsbury
34. St Martin's
35. Strand
36. Vaudeville
37. Whitehall
38. Wyndham's
39. Young Vic

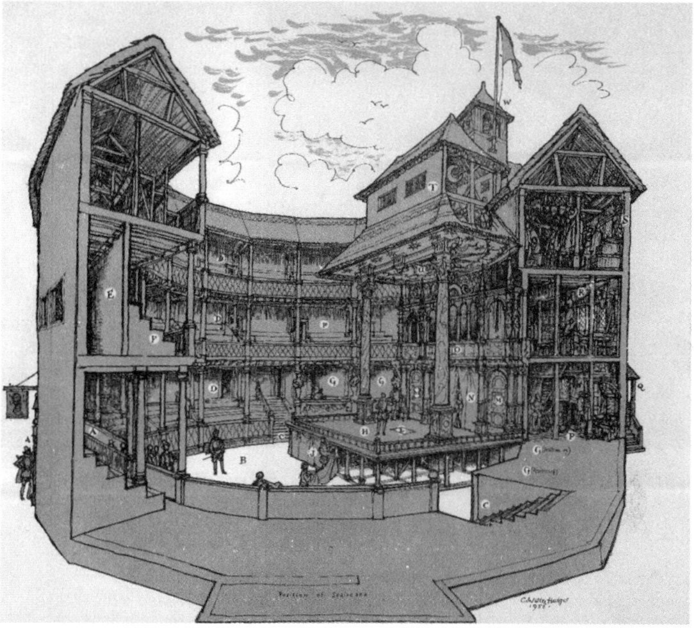

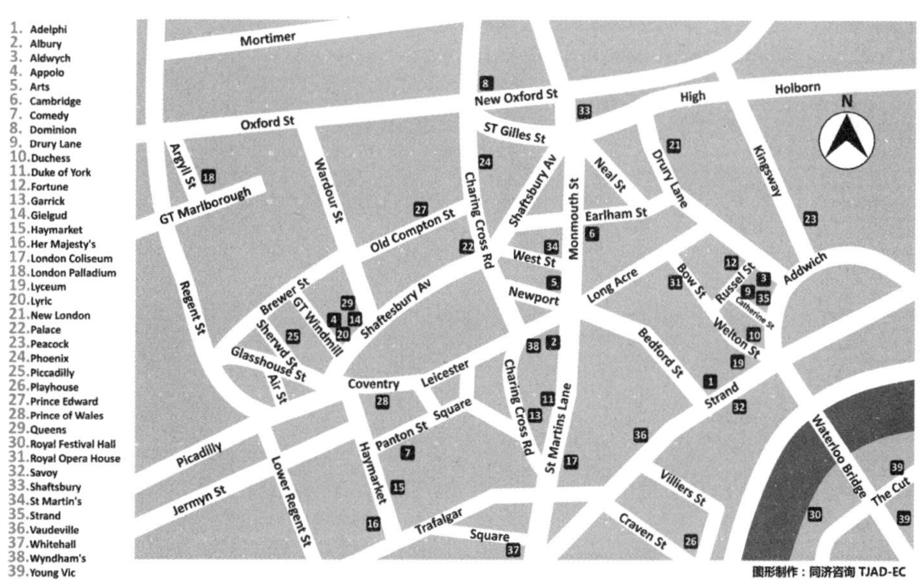

图 2-4-4　现代伦敦西区剧院分布图

图 2-4-5　伦敦西区女王陛下剧院夜景

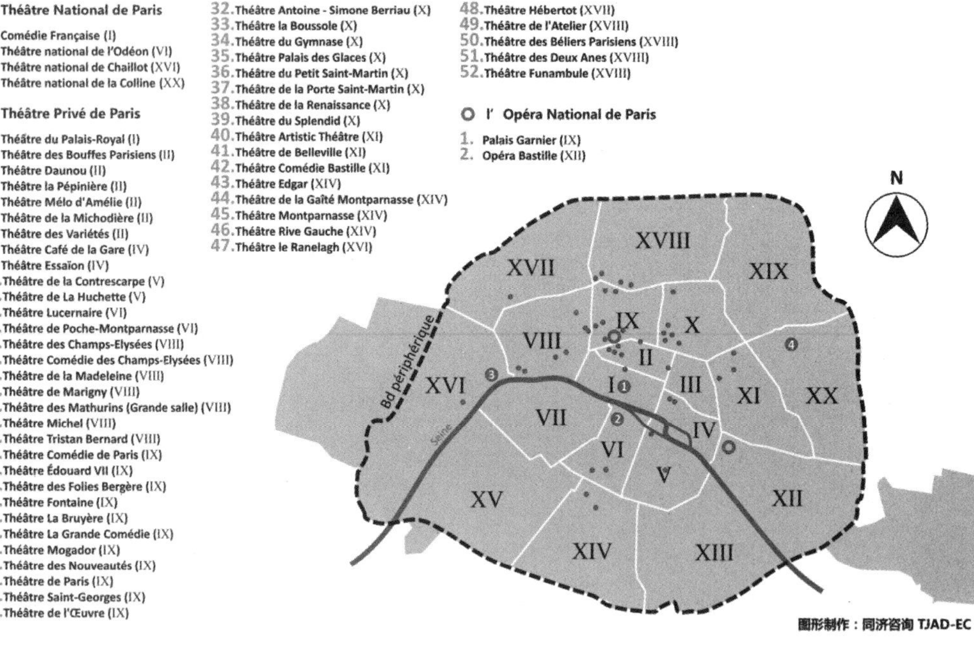

图 2-4-6　巴黎国立、私立剧院分布图

图 2-4-7　从圣母院顶楼眺望巴黎夜景

4.4　纽约，新世界中心

纽约市（City of New York）是美国最大的城市，曾在独立后短暂时间作过美国首都，全市有 5 个郡（borough），最古老的城区在曼哈顿岛，这里在 1664 年以前叫“新阿姆斯特丹”，哥伦布发现美洲新大陆后这里形成贸易繁忙的自由港。英格兰成为海上霸权后，取代荷兰人获得这块土地，将其重新命名为“新约克郡”（New York）。当时市中心仅在曼哈顿岛下城区（downtown），三面环水，北侧修了一条 12 英尺（约 3.6m）高的土城墙，用以防御印第安人。1685 年英格兰人沿着城墙造了一条街道称为“墙街”（Wall Street），就是今日横贯曼哈顿，长约 540m 的华尔街。殖民地时代，规划工作很多都是由测量工程师执行，仿照欧洲的城市格局划出土地网格。美国独立后在 1811 年通过的“行政长官规划”（Commissioner’s Plan 1811），首次将向北扩展的部分街道采用横平竖直的网格式布局，街道名大多以数字编号；为便于销售，地块一般为矩形网格，面宽 200 英尺（约 61m），道路宽约 60 英尺（约 18m）考虑马车通行需要。这次规划，百老汇大街（Broadway）被幸运保留其原有走向，南北斜向穿整个曼哈顿岛，与东西向街道交汇处出现许多不规则斜三角形地块，正好形成街角开放空间，这一规划网格沿用至今。

今天纽约市区 781km^2，人口约 855 万人，中央商务区所在的曼哈顿岛面积约 59km^2，耸立着超过 5500 栋高楼，其中 35 栋超过了 200m，是世界上最大的摩天大楼集中区。第五大道沿途有帝国大厦、洛克菲勒中心、纽约公共图书馆、大都会艺术博物馆及中央公园等，在 60 街到 34 街之间聚集了几乎所有一线奢侈品专卖店，是全球零售业租金最贵的区域。百老汇大街在中央公园附近有林肯中心、茱莉亚音乐学院等经典音乐机构；向南在百老汇大街与第七大道和 43 街交叉点就是著名的“时代广场”，附近 12 个街区内集中了 36 家剧院。资料显示，在百老汇剧院观演是到纽约最受欢迎的旅游活动，有 20% 以上的剧院门票被游客买去。

1810 年的帕克剧院是现今纽约百老汇剧院的始祖；1930 年成立了行业协会“百老汇联盟”（Broadway League）提供营销方案、协调演职人员、政府和媒体关系，以及行业研究和档案管理服务。如今，在曼哈顿地区拥有 500 个以上座位的 40 个专业剧院才能叫“百老汇剧院”（Broadway Theater），百老汇的演出代表了全球最高水平的商业和艺术结合的成就。

联盟每年 5 月发布统计信息，2015 ~ 2016 年演出季在门票销售和入场人数两项上都取得了历史最高业绩。门票销售额超过了 13.73 亿美元，入场人数则超过 1330 万人次。百老汇的演出以商业化音乐剧为主，美国的音乐剧的直接源头就是英国轻歌剧（musical comedy），从伦敦传入纽约后，加入了美国本土的爵士乐等流行音乐元素，通过商业营销的创新，将音乐剧这一形式发扬光大，再通过美国文化和价值观的输出影响到全球。

图 2-4-8　纽约百老汇联盟剧院分布图

随着百老汇戏剧的商业化成就走向巅峰，其艺术创新追求也受商业利益制约趋向保守。商业演出总是将一部成熟的剧目在同一剧场连续数年不间断演出，求得商业效益最大化，演员们很多会因此对表演失去激情。加之曼哈顿的高房价导致高剧场租金、高制作成本。20 世纪 50 年代开始，一批追求创新的艺术家离开百老汇，前往纽约市周边，利用旧教堂、废仓库、半地下室来排演创新剧目，由此诞生 20 家"外百老汇"（Off Broadway）戏剧空间。20 世纪 60 年代再次外迁，形成 300 余家"外外百老汇"（Off-Off Broadway）戏剧空间。这些小型戏剧空间，除了票价低廉，场场演出的艺术效果要比大规模的剧院演出效果更好。

真正的纽约人往往喜欢去外百老汇剧场看剧，因为他们懂得什么样的戏剧值得一看。也许外百老汇的艺术追求，真正体现了纽约人的那种不屈不挠的创新精神。

图 2-4-9　纽约时报广场夜景

4.5　东京，亚洲先行者

东京（Tokyo）在 1868 年明治维新后成为日本首都。如今东京的概念有多个圈层："东京都区部"常称为"东京 23 区"（23 wards）或"东京特别区"，是狭义上广泛使用的"东京"所指范围，面积 600 多 km^2，2016 年人口 926 万人；其中"东京都心"亦称"都心 6 区"，指中心区域最主要的六个区：千代田区、中央区、港区、新宿区、文京区、台东区并称的区域，是人口活动尤为集中的区域。"东京首都圈"则更大，总面积 2155km^2，2016 年人口超过 3600 万人，是当时世界上最大的城市群，人口密度最高，房价、租金最贵。

19 世纪 60 年代，欧洲戏剧传入日本称为新剧（即话剧）。1906 年早稻田大学设立演剧学校，1911 年毕业公演了莎士比亚的著名悲剧《哈姆雷特》。如今的东京没有形成伦敦西区或纽约百老汇那样的戏剧聚集区，这和日本因“二战”损毁的影响有关，也和日本当代舞台表演艺术多样性有关。日本在引进西方舞台艺术形式方面积极努力，同时对自己民族的传统演艺形式也完整保留，持续演出，并结合现代化手段包装，在电视等媒体中播放，有着大量的观众基础，演出空间的普及和多样化形成了自己的特色。当代日本经济高度发展，政府也持续对文化投入。1990 年设立了“艺术文化振兴基金”，资料显示，到 2009 年该基金约有 642 亿日元（国家出资 530 亿日元，民间捐款 112 亿日元）。2016 年该基金净资产 2400 多亿日元。基金成立了特殊法人“日本艺术文化振兴会”（日本芸術文化振興会は，Japan Arts Council），进行基金的管理、利用和剧场运营。

东京中心区有一条轻轨“JR 山手线”串联都心 6 区，环行大约 1h，以日本皇宫为中心区间面积不到 $100km^2$ 左右（和巴黎环线内相当）。沿山手线周边振兴会运营管理 29 个剧院，包括国立剧场等，演出类型包含新剧、音乐会和日本传统戏剧“能乐”（noh）、“狂言”（kyogen）、“木偶戏”（bunraku）、“歌舞伎”（kabuki）等。除了国立大剧场外，许多商业空间都会建戏剧空间甚至户外剧场，企业赞助表演艺术会获得减免税收。例如著名的六本木新城商业综合体，设计了椭圆形顶棚的户外剧场，把演出和商业活动密切结合起来。

日本秉承的“工匠精神”在戏剧团体运营、西方戏剧的引进学习、传统戏剧的保护挖掘、先锋戏剧的探索创新等方面都有许多独到之处：首先，对西方商业剧的引进和学习。话剧、歌舞剧从伦敦、巴黎或百老汇直接引进，或模仿这种商业模式创作新主题，这些都会建设专用剧场，一部音乐剧可进行长期公演，观众可达几十万人次，商业上取得了相当成功。例如引进《狮子王》等，也有早年引进西方演出模式，后来改进发展创造出有日本特色的新的典型流行戏剧，例如创建于 1913 年并至今风靡日本的著名的宝冢歌剧团（Takarazuka）。其次，对日本传统戏剧形式传承保护竭尽努力。将传统戏能乐、歌舞伎等，原汁原味传承下来，其优秀演员享有国宝待遇。同时作为日本特色文化，向本国青少年、国际游客宣传，对于国际观众，很多剧场都设有翻译器租用，缩小语言文化障碍。第三，对现代戏剧风格充满探索想象。后现代的日本，戏剧家细心观察社会，用戏剧描画社会情境，用独特的舞台呈现形式触动观众心灵，很多实验剧追求实验性和“小剧场化”。

2009 年起每年举办的“东京国际剧场艺术节”（Festival/Tokyo），旨在通过戏剧多方面的诉求，超越民族、年龄、价值观和艺术风格，开拓新的可能性。显示出东京在现代戏剧探索发展上走到了亚洲前列。

1. 帝国剧场
2. 东京国际会议中心 C 厅
3. 日生剧场
4. 东京宝塚剧场
5. 银座剧场
6. 新桥演舞场
7. 歌舞伎座
8. 四季剧场 [春]
9. 四季剧场 [秋]
10. 四季剧场自由剧场
11. 电通四季剧场 [海]
12. 文化村音乐厅
13. 文化村剧场
14. PARCO 剧场
15. 青山剧场
16. 蓝塔能乐堂
17. 明治座
18. 新国立剧场
19. 新国立剧场
20. 新国立剧场
21. 国立剧场
22. 国立剧场
23. 国立演艺场
24. 国立能乐堂
25. 猫剧场
26. 新宿 Koma 剧场
27. 苹果剧场
28. 天王洲银河剧场
29. 东京全球剧场

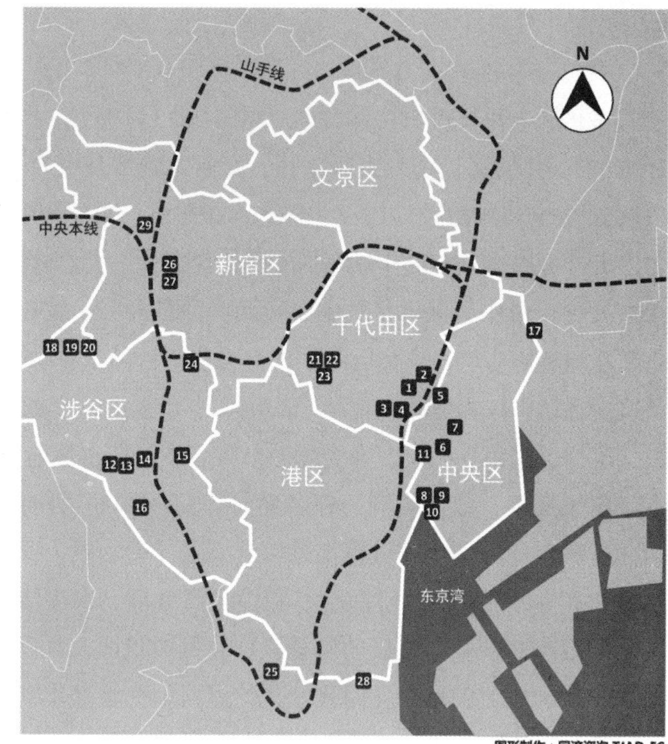

图 2-4-10　东京都心区 JAC 剧场分布图

图 2-4-11　东京闹市街头的歌舞剧广告

4.6 后记

最新批准的《上海市城市总体规划（2016-2035）》提出：上海城市愿景，是成为“卓越的全球城市”。并要将传统中央商务区、商业区城市升级为“中央活动区”。中央活动区（Central Activities Zone，CAZ）概念，最早在2001年由伦敦中心威斯敏斯特市议会规划委员会提出，在2008年颁布的《伦敦规划——大伦敦空间发展战略2004》中，把这概念扩展到伦敦中心区，是集中了金融、商务办公、文化、旅游、创意产业等多种主体功能并配套酒店、公寓、休闲娱乐的混合中心区域。伦敦的戏剧之乡——“西区”，恰好就是这一区域引以为傲的灵魂。

伦敦、纽约、巴黎和东京，在全球城市排名中长期占据前四位，它们的商务活力，人力资本，资讯交换，政治影响力都名列前茅；并都以其独特的“文化体验”产生全球影响力。这四个优秀的全球城市都是以政府主导大力投入文化设施建设，社会企业投入戏剧文化产业；主要戏剧空间也是和中央商务区、中央活动区混合协同发展。观察和思考这些城市戏剧空间发展的历程和产业发展状况，可以从政策和理念层面获得启发，针对互联网时代和后工业时代文化特点，如何将城市功能向商业、文化、艺术和旅游休闲等领域拓展，如何传承优秀传统文化、打造文化自信和软实力。

他山之石，可以攻玉——在城市商业更新的运动中，戏剧空间的建设促进了城市文化的发展，文化则是推动社会进步的力量。

（项目研究协助：姚雪蝉、莫璐怡、丁思枫、周子敬；图形绘制：莫璐怡。）

参考文献

[1] 莎士比亚百科 [M]. 徐嘉，鲍忠明，于军琴，译 . 北京：电子工业出版社，2016.

[2] 尼尔・麦克格雷格 . 莎士比亚的动荡世界 [M]. 范浩，译 . 郑州：河南大学出版社，2016.

[3] 慕羽 . 伦敦西区音乐剧产业结构分析 [J]. 北京舞蹈学院学报，2008.9：69-77.

[4] 向世海 . 法国剧院管理概况 [J]. 演艺设备与科技，2004，5：70-74.

[5] 赵敬 . 冷战后日本文化发展战略简析 [J]. 日本学刊，2010，6：84-95.

[6] 孙晓星 . 日本戏剧新的线索 [J]. 上海戏剧，2016，1.

5　零售业态变化与感官体验发展特点分析

黄海燕[①]

【摘要】商业更新中零售业态循环互动，由综合化到专业化再到综合化的循环往复，专注于满足顾客体验需求的专业化集成业态竞争力不断增强。从上海购物中心业态的变化来看，总体呈现购物比重下降，休闲娱乐类占比上升，即有形产品的消费比重下降，无形体验的消费比重上升的趋势。越来越多走在市场前沿的商业零售企业通过提升消费者五官感受体验去取悦目标客户群。其中嗅觉体验因为新颖、奇特以及与顾客情绪紧密结合的特点而成为各商业零售企业提升自己品牌形象的新宠，在市场上掀起嗅觉体验的探索之风。未来感官体验，尤其嗅觉体验，将成为商业更新中推动业态创新发展的重要内容。

5.1　零售业态变化规律分析

纵观商业发展历史，零售业态发展呈现出一定的规律性，由综合化到专业化再到综合化的循环往复；随着零售价值链方向的变化，专注于满足顾客体验需求的专业化集成业态竞争力不断增强。

5.1.1　零售业态发展的循环互动规律

零售业态发展过程显示，零售商创新与消费者需求呈循环互动的过程。商品种类从综合化到专业化再到综合化循环往复，商品系列从注重深度到注重宽度再到注重深度循环往复。零售业态发展史上，食品、电器、化妆品、家居和服装等各品类逐渐从全品类的百货业态中分离出来，以专业化经营方式，专注于满足目标顾客需求，以差异化经营方式，通过连锁经营模式日益壮大。如美国的零售业发展，20 世纪 60 年代，零售业界采取综合型营运模式，以百货公司、大型综合零售方式为主；70 年代，零售业进入专门化的发展阶段，以专门店、连锁店、超市、便利店、自助家庭用品中心、DIY 等业态为主；进入 80 年代，大型购物中心在世界范围内兴起；90 年代则朝细分化发展，单品店、生活题材馆、无店铺销售、郊外大型专门店、产地直销及家庭购物等兴起。

① 作者简介：杭州墨绿工坊贸易有限公司总经理，hhy_mlgf@163.com。

进入 21 世纪，满足目标顾客需求的电商业态和专业业态快速扩张。

5.1.2 体验型专业化业态竞争力增强

零售企业的价值实现有价值转移和价值创造两个维度。传统的零售价值链是从上游的生产商、经销商到消费者的价值转移和创造；新型的零售价值链则是从消费者到上游生产商和经销商的价值转移和创造。

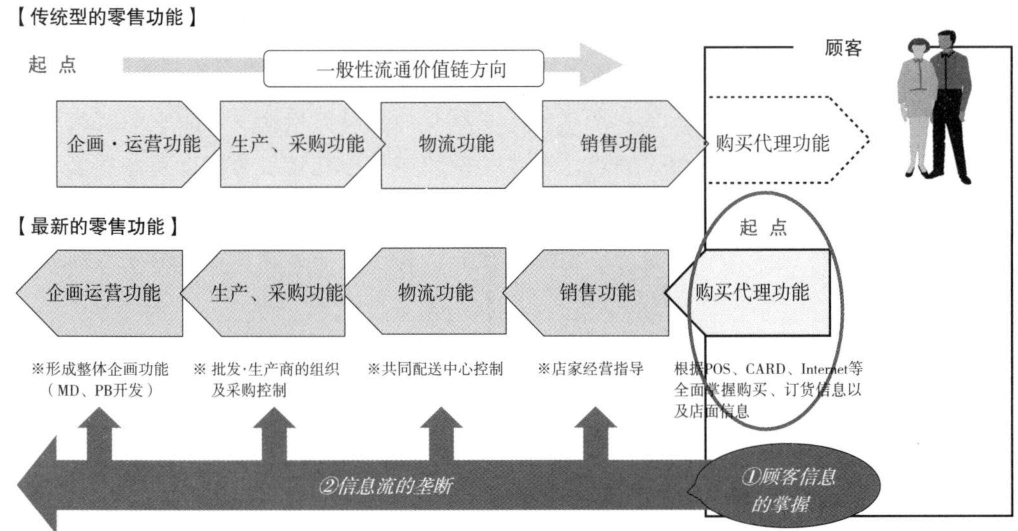

图 2-5-1 两种不同的零售价值链方向

资料数据来源：野村综研。

在传统的零售价值链中，零售企业的价值创造方式，主要是利用有形资产降低自身运作成本，如通过集中采购、缩短供应链、改变交易方式等降低采购成本；通过建立统一应用管理标准降低营运成本；通过建立物流中心、采用先进物流技术降低物流成本等。在新型的零售价值链中，零售企业的价值创造方式，主要是关注消费者的需求，不断提高消费者满意度。零售商不断满足消费者在功能和心理上的个性化的需求，持续提高消费者生活品质，与消费者建立长期稳定的关系，从而详细掌握顾客信息，进而获得在销售、物流、采购等环节的话语权。

尤其是继农业经济、工业经济和服务经济之后，人类进入第四个经济生活发展阶段，即体验经济阶段。成功的零售商需适应“体验型购物”逐渐代替“需求保障型购物”的变化，专注于消费者生活，集合产品和服务，大力发展专业化集成的购物中心或其他生活方式集合店，满足消费者的生活体验。因此，专注于满足顾客体验需求的专业化集成业态竞争力不断增强。

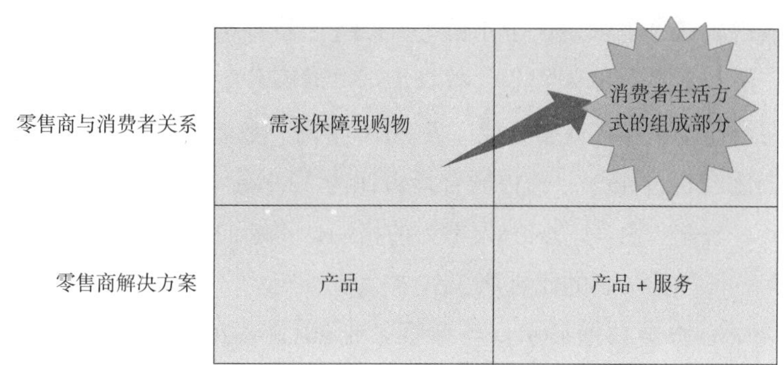

图 2-5-2　零售商与消费者关系及零售解决方案

5.2　购物中心业态变化特点

一般来说，购物中心经营业态按功能可划分为购物、餐饮、娱乐休闲、服务四大业态。从上海购物中心四大业态的变化对比可见，总体呈现“购物业态比重下降、休闲娱乐类业态比重上升”的趋势，即有形产品的比重下降，无形体验的比重上升。具体呈现出以下特点。

5.2.1　购物比重逐渐下降，体验业态逐渐上升

根据上海统计局数据，2005 年上海购物中心中购物占比 84.8%，2006 年占比 85.11%，如图 2-5-3 所示。

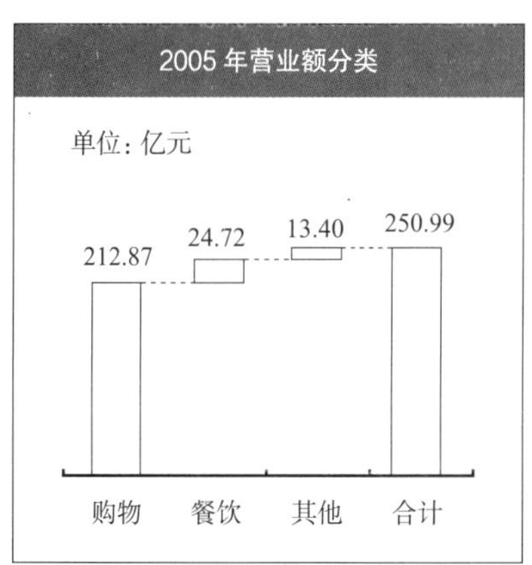

图 2-5-3　2005 年和 2006 年上海购物中心各业态销售占比

数据来源：上海统计局。

而十年后上海市商务发展研究中心（上海市商业信息中心）《上海城市商业综合体发展情况报告（2016 ~ 2017）》却给了我们截然不同的一份数据：2016 ~ 2017 年各大

型商业综合体内餐饮、电影院、游乐游艺、KTV、教育培训、健康养生等服务商户数量显著增加，消费者进行休闲娱乐、教育培训、健康养生等无形体验服务业态占比大幅增加，特别是餐饮业和其他服务业二者2016年商户数量和经营面积在大型商业综合体中的合计占比均超过43%，销售额合计占比为32.9%。以上海日月光中心为例，原本由电子产品、餐饮、百货“三分天下”的格局，不断向餐饮和娱乐倾斜，调整后的餐饮和娱乐业在日月光中心的比重从30%扩大到60%。

上海购物中心协会数据显示，新型服务业2011～2016年的复合增速为33.6%，服务类为15.9%，文化娱乐为14.7%，远高于百货、超市和其他零售业态的增速。

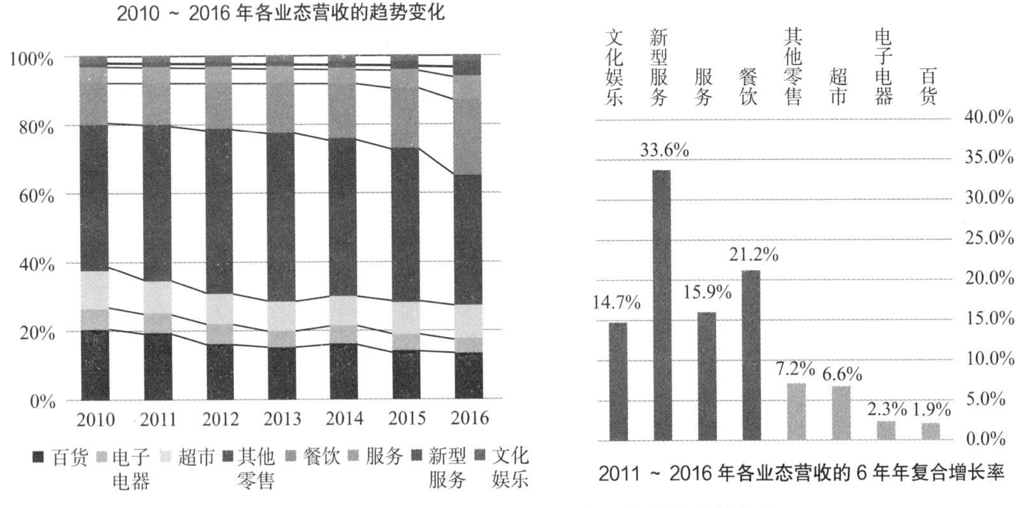

图2-5-4　2010～2016年上海各业态营收趋势变化

数据来源：上海购物中心协会。

与国际相比，国内购物中心的业态结构中，娱乐休闲、服务等“无形”消费业态未来将继续保持增加的态势。根据前瞻产业研究院的数据，目前国内购物中心各功能性业态的比重分别为：零售64%、餐饮20%、休闲娱乐12%、服务5%。与东南亚购物中心的业态构成（零售52%、餐饮18%、娱乐休闲20%、服务10%）相比，目前国内大型购物中心零售业态的比重与国际标准相比高12%。娱乐休闲、服务业态与国际标准相比分别低8%、5%，如图2-5-5所示。

5.2.2　五官体验业态增多，生活服务增长明显

购物中心在“靠内容提升竞争力”的存量时代，具有较强人流导向性、内容融合性的休闲娱乐业态，满足年轻用户群体的娱乐消费需求，成为商场“新体验”的有力补充。

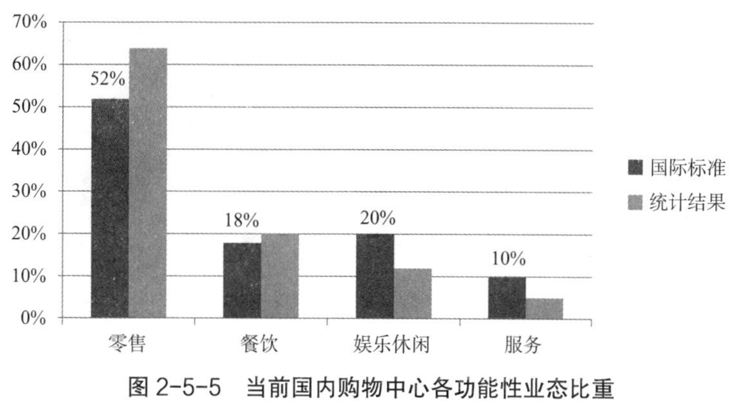

图 2-5-5　当前国内购物中心各功能性业态比重

数据来源：前瞻产业研究院。

RET 睿意德发布的 2015 年《新兴业态研究报告》显示，包括保龄球馆、高尔夫球馆、艺术展览、医疗诊所等新兴业态，正在带动一些领先的商业地产项目朝多元方向发展，成为购物中心新元素。同样，赢商大数据中心 2016 年《全国 24 个重点城市购物中心新兴品牌引进分析报告》中显示，在 510 个样本购物中心中，生活服务业态新兴品牌进驻率高达 27%，仅次于休闲娱乐业态（39%）及餐饮业态（32%）。在新开业的购物中心中，这一数字上升到 45%，充分说明近年来生活服务新兴品牌的消费潜力正被挖掘，生活服务细分业态新兴品牌进驻率最高的前三位分别是：宠物、摄影、医疗。

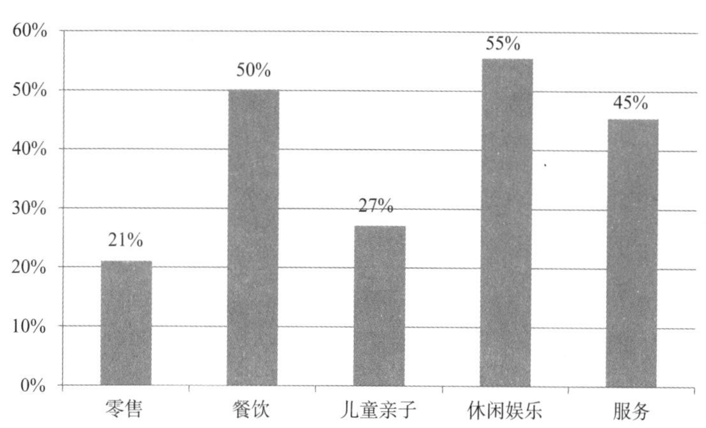

图 2-5-6　2016 年开业的购物中心各业态新兴品牌进驻率

数据来源：赢商大数据中心。

新型购物中心越来越重视顾客体验感受，无论是“文艺三宝”——花店、书店、咖啡馆，还是医疗、宠物、摄影、花艺四大服务业态“潜力股”，都是在大力营造能带来五官享受的购物空间，提供放松舒适的场所，将购物中心打造成城市生活服务平台。

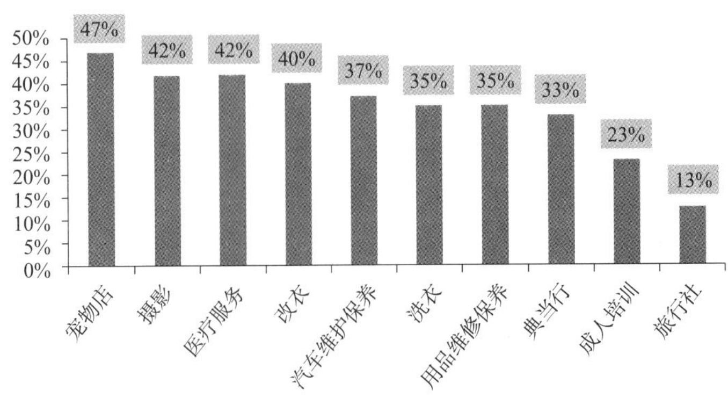

图 2-5-7　服务细分业态新兴品牌进驻率

数据来源：赢商大数据中心。

5.3　消费体验发展趋势分析

人的感官具有与生俱来的记忆天赋，会主动地感知这个世界并决定对事物的看法，因此调动人的五种感官，成为体验经济下吸引消费的重要手段。体验经济是服务经济的延伸，并把体验作为独特的经济提供物，以商品为道具，以消费者为中心，吸引消费者参与。越来越多走在市场前沿的商业零售企业将注意力集中到如何提升消费者五官感受体验去取悦自己目标客户群，其中嗅觉体验因为新颖、奇特以及与顾客情绪紧密结合的特点，成为商业零售企业提升自己品牌形象的新宠，在市场上掀起嗅觉体验的探索之风。未来感官体验，尤其是嗅觉体验，将成为商业更新中推动业态创新发展的重要内容。

5.3.1　投入“五感”，全方位满足顾客需求

视觉营销过去已被运用得淋漓尽致，对产品包装、色彩、象征符号、品牌广告和公司形象等因素都科学的系统性设计，带给消费者一目了然的视觉记忆。如今，有大量的商业企业在商业过程中，开始注重“五感”体验，开展以色悦人、以声动人、以味诱人、以情感人的情景体验，让消费者得到视觉、听觉、味觉、嗅觉、触觉的全方位满足。“五感”体验方面已有很多比较成功的案例。

（1）视觉体验案例——QVB（维多利亚女王大厦）

QVB 坐落于悉尼市中心最繁华的乔治大街上，旁边是悉尼市政厅和圣·安德鲁教堂，由当时苏格兰著名的设计师乔治·麦克雷（George McRae）设计，为罗马风格结构。其最有特色的是顶端中央耸立着精致的大圆形拱顶，直径为 20m，周围还有 20 个小的圆顶；大厦中心圆顶的外层是铜架，内层以及建筑侧面都是华丽的彩色雕花玻璃，还有细密的木头镶板，建筑内部收藏了众多的皇家画作。著名时装设计大师皮尔·卡

丹赞美它是“世界上最美丽的购物中心”。

（2）听觉体验案例——迪拜购物中心

迪拜购物中心是由埃玛尔地产（Emaar Properties）在阿拉伯联合酋长国迪拜建设的商业街，曾经是中东地区最大的购物中心，由于迪拜经济商贸发展迅速以及开放度和国际化，它几乎成了整个中东海湾地区甚至欧亚非三洲许多高端消费者的购物中心。为了弥补因地处干旱少雨的热带沙漠地区自然气候及风景先天缺陷，迪拜购物中心非常注重营造凉爽宜人的内部绿化环境，强调空间与景观的交融、人与景观的互动，借助各类花圃园艺、阳光顶棚及喷泉水池等室内景观，渲染自然惬意的消费购物氛围。其最大的亮点是音乐喷泉，伴随着阿拉伯及来自世界各地的歌曲，喷出的水柱有1000多种变化。每一场使用的音乐、舞姿都不同，喷洒的水柱像是在人们面前跳着优雅的舞蹈，让它成为中东地区最亮的焦点。

（3）触觉体验案例——美国摩尔购物中心

世界八大购物中心之一的美国摩尔购物中心（The Mall of America），又称美国商城，每年吸引至少4000万游客到此观光游览，现已成为明尼苏达州布卢明顿市的热门旅游胜地，吸引来自达科他州、爱荷华州甚至远至加拿大和其他国家的游客蜂拥而至。该购物中心集购物、娱乐、休闲、美食于一体，内设大型室内主题公园，游乐设施多达25项，其中包括全尺寸的过山车和激流勇进等项目。鲨鱼漫布的水族馆容量为120万加仑（约5455m^3）。此外，还有520多家品种齐全的商铺，50家特色餐厅和酒吧等，可供来往游客吃喝玩乐。美国摩尔购物中心是触觉营销上做得非常成功的典型，为消费者留下舒适或兴奋的触觉感受。

（4）味觉体验案例——上海尚嘉中心

著名的“靴子大楼”尚嘉中心位于仙霞路遵义路交叉口，与虹桥友谊商城、虹桥万都中心和虹桥上海城相拥。上海尚嘉中心，对味觉营销的成功运用，吸引和保持了一大批顾客。有多家在日本和我国香港大排长龙的店，首次在上海开分店即入驻尚嘉中心。它已经华丽转变成浦西美食地标。

（5）嗅觉体验案例——北京APM（新东安广场）

北京APM所属香港最大地产公司之一——新鸿基地产，一向以优质的顾客服务著称。2010年打出“中国首个香薰商场”的旗号，创先例引进香薰系统。踏入商场，空气中弥漫着沁人心脾的白茶花清香，让人感到心情舒畅。

（6）感官体验案例——上海K11

K11是感官营销做得最成功最全面的购物中心之一，以艺术和现代的眼光，从消费者的五官角度，打造全方位的体验感受，将“五官”体验渗透到商场的各个角落。一是视觉。K11力求让消费者在每一处，不断看到新的东西。外立面建筑设计，就已成为消费者眼中的风景。33米高壮观的水幕瀑布墙、趴在瀑布墙旁的美丽蝴蝶，及最具特色趴满蚂蚁的透明地下建筑屋顶，都是其别具风格的标志。在商场所有重要通道、各个楼层、主要商家门口都摆放了艺术品，还有专业导览人讲解艺术路线，也可以拿着地图做 DIY 体验。通往地下艺术馆的手扶电梯周边是不规则的几何状，极具未来感，回廊里的琴键过道和艺术走廊则给消费者带来更多的艺术欣赏。

二是嗅觉，K11 有自己专属的香草味味道，被认为能挑逗起消费者的购物荷尔蒙。消费者在商场停留的时间更长，使得 K11 有更多的渠道可以和消费者互动。

三是听觉，K11 在每个楼层都安装了音乐系统，针对不同时间、不同楼层、不同业态、不同品类来选择背景音乐。比如一楼是国际品牌，听到的是经典音乐；在三楼、四楼餐饮楼层，听到的是有助于胃口大开的音乐；在一楼中庭广场，听到的是大自然的声音，有动物的声音、风和水的声音。

四是味觉，K11 在餐饮招商方面，除本国外，还引进来自意大利、日本、泰国、西班牙、美国等超过 20 间食肆，部分是首次登陆中国，所有的食肆沿袭当地美食文化，消费者在此可品尝到真正的异国风味，在味蕾上给消费者带来不一样的感受。

五是触觉，K11 有很多互动体验的地方，比如有一个复古照相馆，配合现在的动漫展，消费者可以拍一些复古的照片。K11 有很多艺术品，它们是互动的，鼓励消费者和艺术品进行亲密接触。部分屋顶车库改造成“都市农庄”，准确地抓住了都市人对田园生活的向往与渴望，并极富创意地抓住了顾客的情感需求。

5.3.2 重视“嗅觉”，突破消费体验关注点

总体来看，目前国内在“五感”体验方面，对嗅觉体验作用的认知度不高，探索范围也不广，在上海、北京等一线城市的商业体等开始嗅觉体验，但在有些领域、有些城市尚处于缺失状态。而嗅觉体验在国外品牌商业场所使用较广，覆盖领域包括酒店、汽车展厅、CBD 商业中心、办公大楼、电影院、银行、咖啡厅、餐馆等，并在车辆、皮包等商品营销方面大量使用嗅觉体验元素。随着国内商家对消费体验的重视度提高，嗅觉体验相对其他感官体验的特别之处将会进一步发挥。

（1）嗅觉促进感觉刺激的工作原理

科学家通过对人脑记忆的生理机制进行研究分析，了解到人脑记忆功能在嗅觉感觉刺激下得到强化。研究者通过对人类基因库的对比研究发现，人类有嗅觉受体（OR）基因，这些 OR 随机分布在鼻腔嗅觉上皮细胞的嗅觉感觉神经元上。最初的气味感知是 OR 决定的，每个 OR 可以认知多个有气味的东西，不同的气味的察觉和编码是不同的 OR 共同作用的，通过基因家族编码，使气味的察觉和编码联合作用。气味分子通过吸嗅进入鼻腔，被弥散于鼻黏膜中的 OR 识别并结合，产生动作电位，启动嗅觉信号传导。当特异性气味受体通过中枢突与嗅球内嗅小球建立突触联系，对信号进行编码与放大，通过嗅觉通路传递到初级嗅皮质的嗅前核、梨状前皮质、下丘脑、杏仁

核、内侧嗅皮质，再由嗅中枢的次级嗅皮质传至海马，这样形成了嗅觉感受和传导路线，在大脑皮质进行更高级的分析和综合，最终产生认知、情感和身体上的反应。

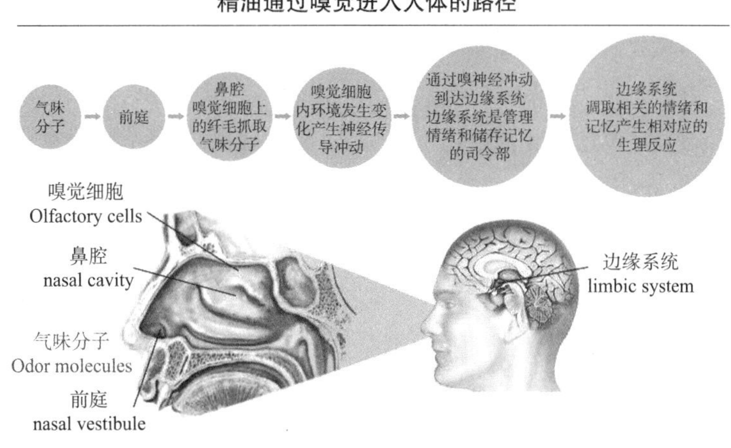

图 2-5-8　嗅觉通路图

（2）嗅觉有利于塑造品牌形象

全球首席品牌营销大师马丁·林斯特龙（Martin Linstrom）研究指出：人的情绪有 75% 是由嗅觉产生。回想 1 年前的气味准确度为 65%，而回忆 3 个月前看过的照片准确度仅为 50%。消费者心理学家杰若德·查尔曼（Gerald Zaltman）表示：一旦某种香味被嵌入大脑里，即使是视觉的线索，都可以让它苏醒，甚至让人再次感受到它。

由于嗅觉最能促动人的潜意识，产生记忆、喜爱、舒适度、幸福度等各种情感状态，所以通过嗅觉形象识别，建立特定气味吸引消费者关注、记忆、认同以及最终形成对企业品牌的忠诚度。站在品牌高度去看待嗅觉，设计专属的代表品牌独特性格内涵的气味，找到品牌与消费者之间的情感纽带，找到品牌触动消费者情感的共鸣点，就能让消费者在意识层面建立起消费者对品牌的认知、记忆及情感联结。能够认识并掌握嗅觉营销的技巧并将其整合到现有的感官营销系统中去，是企业在未来商业竞争中抢占优势的一大关键。

全球已有很多公司意识到气味的强大力量，将气味作为品牌的高效“附加元素”。墨绿工坊提出的嗅觉识别系统，将气味设计为企业 CI 系统中重要组成部分，让气味与视觉元素一样成为企业品牌形象识别的要素，将气味作为自己与同行业其他公司区别的重要标志。

越来越多的品牌企业注重专属的嗅觉品牌建设。香格里拉在 2001 年开发了“香格里拉专属香氛”，气味清新淡雅，能起到安抚情绪和舒缓心情的作用，受客人的喜欢。目前，几乎所有国际高端酒店都有它们的专属香气，不同的酒店都根据自己的市场定位来选择香型，如福朋喜来登酒店雨后清新自然的风车味“Pinwheels in the Breeze”，威斯汀酒店的白茶味，朗廷酒店的野姜花味，都是利用嗅觉识别元素，让顾客通过对酒店气味的回忆，回想起入住酒店的愉快经历，并把对酒店气味的认同转化为对酒店品牌的依赖和信任。

国际顶级航空公司德国汉莎航空利用客机里的每个座位散发蜂蜜、香草、热面包和母乳的混合香味，使乘客忘记飞机升降产生的不适和旅途疲劳。英国航空、新加坡航空及法国机场等，也使用嗅觉营销来增加客户对自己品牌的忠诚度。

Abercrombie & Fitch 是第一批把气味作为其品牌文化重要组成部分的品牌之一，店员就在店内喷涂带有刺激性木质香味的男士古龙水，后来在通风系统中加入香氛精油，使气味更均匀地扩散在店铺内。

（3）嗅觉有利于促进购买行为

心理学家皮特·阿兹和斯蒂芬·杰里尼克经研究提出，气味会在潜意识上影响人类的感觉、判断及行为，并把这个现象称为“内隐气味记忆”。这一研究结果支持气味是消费者购买、收集或使用某件商品的决定性因素，人的嗅觉受到刺激后其心智会发生变化，使购买行为从被动变为主动。美国摩内尔化学香气中心（Monell Chemical Senses Center）研究指出：“消费者如果身处宜人气味的环境，像是充满了咖啡香或饼干香的空间，不但心情会变好，也可能让他们的行为举止更为迷人，甚至出现利他的友善表现。”

经过对消费者生理、心理特征和消费行为的分析发现，感官营销对儿童、女性、老人更为有效。科学研究表明，一个普通儿童的整体感官机能是成年人的两倍，儿童的嗅觉灵敏度甚至是中年人的 200 倍。在产品的选择上，儿童对色彩、声音、味道十分敏感，在这些方面有特色的产品通常会得到儿童的喜爱。很多商业企业 / 场合利用嗅觉促进销售。

奢侈品店：世界著名奢侈品 LV 在旗舰店使用国际调香师为之调配的专属 LV 香味，结果表明在购物环境中加入企业香型的芳香气味，不但能够提醒客户或帮助客户记住品牌，同时有助于提高成交的机会，顾客在这种环境中购物，由于气味独特，驻留时间更长，就有更多可能多选购些物品。

汽车厂商：2007 年德国法兰克福国际车展，宝马在自己的展厅内放置了旁源型扩香设备并选择宝马设计的香型，很多客人先闻到香味，然后找到了宝马的展厅，嗅觉营销达到了吸引人气的目的。1965 年，劳斯莱斯银云香型已成为劳斯莱斯在全球中保持领先奢华轿车品牌之名的撒手锏，配方包含 800 种不同的元素，在每辆劳斯莱斯汽车出厂之前，这种独特的气味都会被加进座椅下面，以让消费者感受到经典重现。凯迪拉克打造品牌专属气味，成为每一辆凯迪拉克轿车的一部分“Nuance”（色调）。

其他商业品牌 / 场合：全球知名连锁咖啡店星巴克，采用特色的香气营销，通过一些扩香手段，吸引了大量忠实客户，实现了品牌与香气名片的完美结合。可口可乐将一种香料装到具有自动感应功能的机器里，放置在巴士站亭里，当人经过时味感器会自动喷出香味。麦当劳曾在早餐时间，候车亭广告牌自动播放麦当劳早餐的声音广告并喷发出香味。英国的伍尔沃斯超市也在节日期间，引进一种结合了葡萄酒和圣诞大餐的气味。内衣品牌“维多利亚的秘密”也有专属的混合香型，为他们的产品提高了辨识度。伦敦中心区的 Superdrug 药妆店在情人节当天使用了巧克力香味。欧洲最大的报刊集团 WH 史密斯，也在圣诞期间使用过松针的香气。伦敦主要地铁站里都有一种叫“玛德琳”的香水味,使 300 万上班族在辛苦地挤地铁时也感受到一份清新和活力。

气味无处不在，未来将会有更多线下店仔细设计自己的气味，在顾客都没有意识到的时候,极大地影响着消费体验。或许早上路过一家面包店,远远闻到了蛋糕的芳香,只是经过扩香机扩散的香气；也或者在电影院闻到爆米花香味而去购票时，并不知晓那是影院人工喷洒的味道；但顾客却感觉到莫名的开心和“物有所值”。

“多数可遗忘，偶尔特漂亮”（Mostly forgettable and occasionally remarkable），好口碑往往来自一个特别好的体验。消费体验，尤其是嗅觉体验，无疑将是商业更新中推动业态创新发展的重要内容。

6　历史风貌保护建筑在城市商业更新改造中的应用和创新

孙健[①]

【关键词】新商业[②]，历史风貌保护建筑

6.1　历史商业建筑曾经的上海商业帝国

上海中西融合的商业历史建筑风格具有强烈的海派文化特征，曾经代表着我们商业辉煌的历史和文化精神。重整历史风貌保护商业建筑的历史文脉、中西合璧传承、提升商业历史文化内在价值、增强商业综合竞争力，其意义重大，影响深远。

上海原有优秀历史建筑 2142 幢，加上刚公布的第五批 426 幢，共有 2568 幢，其中有大量的历史保护建筑和近代商业风貌区，包括永安百货、西施百货、南京路、淮海路、北京路、四川路、豫园商业街、外滩大量的建筑群等等。上海知名品牌都与这些保护建筑的历史有关，保护好历史文化传承的著名品牌同时也是对历史建筑风貌的保护与传承。

上海商业之前的繁华离不开历史商业建筑的根基、离不开发生在历史商业建筑内外的一切。城市商业建筑沿革更新和旧城改造改善民生的现实需要是城市发展的永恒主题，也是一项长期、艰巨而复杂的系统工程，涉及政府、社会、经济和公众等方方面面的综合性工作，其中就包括对历史保护建筑和近代商业风貌的商业地位重新定位，其任重而道远。

6.2　新商业运营模式的问题与痛点

现在如果一个年轻人手机上安装了 40 个 app、基本上生活所有东西都可以在 app 上完成，可以不用带钱、不用带银行卡，买东西、买餐、订餐、看病、订药，统统都在手机上操作。而且共享单车、共享汽车、共享酒店等的兴起，带来的共享经济的商业模式，正在暴风骤雨般地改变我们的生活方式。

---

① 作者简介：孙健，上海东亚联合建筑设计（集团）有限公司、上海东亚历史建筑更新利用研究中心，高级工程师，研究员，914053165@qq.com。

② 本文所指是新商业包括新零售、新商业、现代服务业、物联网等所有的文化商业模式。

在过去几年间，电商、代购、微商等平台异军突起，实体商业受到了极大地冲击，厂家产品同质化严重，终端实体商户客流减少，房租、人工成本提高，环境的裂变倒逼着线下实体转型创新，线下实体在多元化趋势、跨界融合以及经济增速持续放缓的市场环境下，孤军奋战已然不可能突出重围，我们的商业必须整合寻找创新思路，当“新联网”时代到来的时候，更大的共享即将在未来产生，我们传统的商业体如何生存？

6.2.1　政策环境

未来在很多很大的经济领域里面，包括城市商业体更新改造创新，真正的应该看不到“政府”两个字，取而代之是数据监管、用户监管，这才是经济真正的发展和进步，只有政策环境不断优化，法律法规的滞后的问题得到解决，城市商业体更新改造创新才有真正意义上的春天。

6.2.2　环境尚需优化

创新者需要政府的数据库向他们开放公共数据，这样会更好地支持创新者的发展，这里面包括个人征信报告、企业诚信、利用数据等等。

6.2.3　政府的公共服务有待创新

最近，关注到广州政府已经批准投入 2000 亿城市商业更新基金，我们上海是不是落后一大截？目前土地的性质限制了房屋的性质，房屋的性质限制了工商局对空间使用的性质的要求，盘活国有体制下的资源限制（大量的问题都会产生于此），让经营者负有更大的权力，包括银行可以对经营者提供资金（或利用更新基金）。所以，城市规划问题，也成为阻碍共享经济发展的重要障碍。

6.2.4　允许改建商业房屋用于租赁

2016 年 5 月 17 日国务院办公厅印发《关于加快培育和发展住房租赁市场的若干意见》，万众瞩目的第 12 条允许将商业用房等按规定改建为租赁住房，土地使用年限和容积率不变，土地用途调整为居住用地，调整后用水、用电、用气价格应当按照居民标准执行。

2018 年 1 月 5 日，上海市召开的促进房地产市场健康发展联席会议表示，要着力推进租赁住房规划建设，完善租购并举的住房制度。推进租赁住宅成为上海 2018 年房地产市场的重要工作之一。从上海政策看，商办类物业允许改成纯租赁型住宅，土地性质都变了，这将会为商住公寓带来极好的机会。未来一线城市的大量商住物业包括历史商业建筑可能会被大型国企及相关运营机构整体收购，先改规划成为租赁型住宅，然后再进行长租公寓的出租运营，炒高租金再发行 REITS（房地产信托投资基金），从而获得高额利润。

我们觉得这是一个具有前瞻性的历史转折契机，至少给我们的城市商业模式多了扩展的翅膀。当我们看到被物联网冲击下的商业空间、商业闲散空间的利用率大大减少，这些空间经过盘整以后，可以进行各种各样的服务赋能，再一次分配给创新者，使其迸发出强大的生产重组的力量。这个就需要我们用创新的思维面对传统封闭的体制……在共享经济的时代里，建立城市商业体更新基金、盘活国有体制下的资源、开放共享概念、共享商业空间、共享商业办公、共享商业运维管理，做到共享百花齐放，这就是共享经济推动下创新资源的不断流动。

6.2.5 新旧业态碰撞

在未来十年里，中国会产生庞大的自由职业者群体。研究世界其他地方空间产业跟空间创新的时候，发现在伦敦有各种各样的创新空间，里面的使用者是大量的 C 端的人，而中国是 B 端的人比较多，在 2.84 亿的新中产和未来还有 1.67 亿左右的“00 后”的加入之后，中国恐怕是世界上拥有最多的自由职业者的国家。

实际上，现在谈功能性消费、实质性消费的意义已经越来越小了，他要的 IP，要的是精神性消费、互动性消费。在消费理念重大变化的前提下，人们更注重个性化消费的体验和自我价值的实现。随之而来的是商业模式的更新，品牌植入、品牌服务、跨界融合与沉浸式互动等等。

6.3 石库门历史建筑注入全新生命商业更新改造

谈到上海历史商业建筑必须要认真地回顾一下上海在商业建筑历史中不可或缺的建筑——石库门建筑。上海曾经有近 60% 的人居住在石库门里，世世代代繁衍生息，包括市民生活、商业活动。在上海新天地的项目中被盘活成为上海最贵商业建筑群，改变了石库门原有的居住功能，创新地赋予其商业经营功能，把这片反映了上海历史和文化的老房子改造成集国际水平的餐饮、购物、演艺等功能的时尚、休闲文化娱乐中心。其陈列馆，保留原有的砖、瓦作为建材，使之增强历史感以及沉浸式的体验。

新天地以中西合璧、新旧结合的海派文化为基调，将上海特有的传统石库门旧里弄与充满现代感的新建筑群融为一体，创建为既具传统风貌，又具现代化功能设施的大都会商业旅游景点。与豫园明清建筑群、外滩金融建筑群、南京路百货公司建筑群等交相辉映，同为上海都市旅游景观。

石库门商业部分的规划定位主要经历了三个阶段：

第一阶段定位为综合性，如何能够将餐饮、娱乐、购物、旅游和文化等全部融合在一起。

第二阶段的定位，是将其建成为上海市中心最具有历史文化特色的都市旅游景点，成为外地人到上海的必到之处。

第三阶段的定位，是将其建设成为一个国际交流和聚会的地方。

如今她已成为时尚的代名词：不仅是个休闲娱乐的社交场所，也是各大商家推广新产品、召开新闻发布会的地方。

6.4 历史商业建筑更新改造提升商业价值的必要性

曾经的上海商业如何重整启航？上海历史保护商业建筑和近代商业风貌街，如何与新商业融合，让老建筑焕发青春，新天地、田子坊、建业里是比较成功的历史风貌改造案例。国际上保护商业建筑常采用的做法是保留建筑物的表层，用热水瓶换胆的方式将传统与现代融合，而历史建筑内部由于年代久远，必须做彻底的修缮，可以用超一流的设计使新与旧交融，在装饰上融合多元素，并结合传统文化元素，使其拥有浓厚的商业、商务氛围，便于集聚城市中最有活力的人群。

旧城改造是改善民生的现实需要，更多的体现了历史文化的中西合璧、兼容并包。从保护历史建筑的角度、城市发展的角度以及建筑功能的角度作多方面考虑，把新的生命力注入这些旧建筑，使其符合 21 世纪消费者的需求。整体规划强调保留下来的旧建筑需各呈特色，整体风貌仿佛似一座座历史建筑的博物馆。从 2017 年开始，由“拆、改、留”并举调整为“留、改、拆”并举，历史商业建筑以保留保护为主，更加注重了历史风貌和历史建筑的保护工作，以更好地传承历史文脉，留住城市记忆。

正确处理好历史商业建筑更新与历史风貌、历史建筑遗产保护之间的关系。历史风貌保护和历史文脉传承，是提升城市商业的内涵和品质，增强城市综合竞争力的必然要求，意义重大，影响深远，必须不折不扣地执行和落实好。

6.5 保护建筑商业空间 BIM 建筑模型信息应用

BIM（Building Information Modeling）建筑信息模型技术在保留历史建筑改造中能得到高应用。相比过去传统技术，BIM 技术的应用能够更加有效地保留及修复历史建筑。建筑的信息集成化程度大大提高，应用到文物建筑物在进行保护的全生命周期中，在上海城市商业体更新中，对商业区域进行改造，使之重新获得繁荣，使其文化历史价值再现。

BIM 运营维护即将 BIM 技术与运营维护管理系统相结合，最终实现设备运行管理、能源管理、安保系统管理、空间管理、设施管理、隐蔽管理、应急管理等、公共商业建筑作为人流聚集区域，突发事件的响应能力非常重要。BIM 技术在运营维护管理阶段的应用也迎来一个新的发展阶段。

另一方面，可以为全球经济的复苏提供技术动力，并引入到商业建筑全生命周期的运营维护管理阶段，其将带来巨大的经济效益、社会效益。BIM 技术能让保护建筑再辉煌一个世纪，同时需要再创新，在修缮保护中发挥其价值，使其反过来服务于文物建筑保护工作。

6.6 历史建筑商业体智慧运营的发展应用

我们有着接近 9 亿的 4G 用户，有着 10.5 亿部智能电话，移动支付用户在 2016 年 12 月超过了 5 亿人，移动支付交易额是美国的 50 倍。在大众创业、万众创新的前提下，更加激发了很多利用共享经济理论而不断产生的新的模式和新的技术，也更进一步地激发了数字共享经济在中国的发展。

在伴随着人工智能、大数据、云计算、生物智能的产生，互联网将来会到处都是基于人和空间的互通。由于信息化需求与技术发展，特别是物联网商业概念，需要把智能建筑中的物联网建立成一个统一的城市及物联网集成平台，将单栋楼、建筑群（社区、商业综合体等）与物联网互联互通。

智慧商业、智慧销售、数字商业经济，新一代信息技术充分运用到城市的各行各业中，智慧商业充分应用物联网、云计算、大数据、社交网络、地理空间、信息系统集成等新一代信息技术，营造有利于创新的生态环境，实现全面透彻、互联互通、智能融合的应用。

智慧城市、智慧楼宇、智慧商业、智慧校园、智慧零售、智慧社区等新型智慧城市，不是单纯的城市信息化，而是城市智慧化发展方式不断迭代演进的过程。目前的智慧商业建设已经覆盖各个方面，或将继续加大社区综合服务，包括保障基本民生、发展养老服务、提高社会治理能力和水平、积极开展应对人口老龄化行动，全面建成以居家为基础、社区为依托、机构为补充的模式。对于立体的商业综合体，无法预知何时何地，在何种环境下会遭遇颠覆性创新，只能保持开放包容，密切关注技术和市场变化，为未来可能的不期而遇做好准备。

7 既有商业建筑绿色更新改造的标准和关键技术

汤民，徐子涵[①]

7.1 既有商业建筑的背景现状

我国既有建筑面积已经超过 600 亿 m^2，且大部分既有建筑的建设受当时技术水平与经济条件等原因的限制，导致约有 30% ~ 50% 的建筑出现安全性失效或进入功能退化期，加之城市规划的更新、建筑结构和部件的老化、建筑维护不及时等原因导致建筑拆除比例较高，不仅浪费了宝贵的资源，还造成了大量的污染。此外，我国建筑在使用阶段的碳排放量基本占自身全生命周期碳排放量的 80% ~ 90%，量大面广的既有建筑的高排放给我国生态环境的承载力带来了很大的压力。相对于趋向平稳的新建建筑的完工速度，对大量业已存在的既有建筑开展绿色改造无疑会给我国的绿色建筑行业创造另一个重要的支柱和更加可观的效益，从未来一段时期来看，新建与既改并重推进将成为我国建筑行业发展的“新常态”。不难看出，对既有建筑进行绿色改造将成为解决我国当前所面临的资源与环境问题的重要途径和关键环节，也将有力地缓解我国节能减排潜力日益缩减的困局。

随着我国经济的增长，商业建筑面积占建筑总面积的比例不断扩大。据统计，我国大型公共建筑年耗电量约占全国城镇总耗电量的 22%，其中以大型商场为代表的公共建筑高能耗问题日益突出，每平方米耗电量是日本等发达国家同类建筑的 1.5 ~ 2 倍，约是我国普通居民住宅的 10 ~ 20 倍、宾馆建筑和办公写字楼的两倍。随着人们生活水平的不断提高，人们对商场购物的需求也就越来越大，既有大型商业建筑人员也就显得比较密集，室内环境问题突出。很多大型商业建筑的室内空气质量都存在 CO_2 含量过高、室内温湿度分布不均等空气品质问题。调查研究表明，室内空气品质问题可以归为通风不当和室内新风量问题引起的，不良的室内空气环境，不仅使人产生各种不适症状，甚至造成疾病的传播。

---

① 作者简介：汤民，中国建筑科学研究院有限公司，高级工程师，34109308@qq.com；
徐子涵，中国建筑科学研究院有限公司，工程师，xzhwangyi@163.com。

7.2 既有商业建筑绿色改造的实践进展

我国在“十二五”规划期间已经对大型商业建筑绿色节能改造做了许多的研究，考虑到大型商业建筑拓展和改造的场地受限，同时其中的人流量和灯光产生大量室内余热，故以节地和节能为重点进行展开。研究的内容主要包括大型商业建筑功能提升与环境改善关键技术研究、大型商业建筑能源系统提升与节能关键技术研究、大型商业建筑绿色化改造节地关键技术研究、大型商业建筑绿色化改造节材关键技术研究、大型商业建筑绿色化改造工程示范等方面。

我国已编制《既有建筑绿色改造评价标准》GB/T 51141—2015、《健康建筑评价标准》T/ASC 02—2016，该标准立足我国既有建筑发展现状，对现有的既有建筑改造相关政策法规和技术要求进行了系统梳理，并结合《既有建筑绿色改造技术指南》的指标体系，为既有建筑的节能改造提供了相关的指导。

除此之外，目前也完成很多具体工程的节能改造，以上海 K11 改造工程为例，本项目所在地淮海中路，随着石库门里弄改建成功，带动整个街区的商业建筑展开了一轮改建升级热潮。K11 引入了“艺术、人文、自然”的品牌核心价值观念，对商业裙房进行了更新改建。

既有建筑的绿色改建设计最大的挑战在于各方协调，一方面要考虑对淮海中路建筑风貌的尊重和原有大厦主体的保护，另一方面 K11 则期望新颖的造型和完美的空间享受，设计需要在不突破原大厦各项技术经济指标和主体框架的前提下，既要改善建筑空间的使用效率和品质，又要满足当时实行的消防节能等现行规范，甚至还要考虑改建施工时不影响办公大厦的正常使用。另外，一系列新造型的设计、新材料、新技术的运用也充满挑战，自由形态的透明玻璃顶棚为了在有限的高度和面积条件下达到最大的透光效果，所有框架和每个节点都单独计算、设计和定制；亚洲最大高度的中庭室外水幕，在不利的气候条件下，风力和温控系统可以自动调节或关闭水流，实现完全自动运转，绿植的选用和搭配使得大面积的垂直绿化墙在不同季节气候条件下均可生机盎然。

项目设计之初制定了双重建筑绿色节能目标：满足国内建筑节能规范要求和国际 LEED 金奖目标。项目着重从建筑节能材料选用、室内外种植墙、自然光利用等方面入手，在设计、施工、维护运行等各阶段控制设计和施工质量。通过建筑材料、构造设计、施工管理和使用维护管理等方面实现绿色节能建筑设计目标，设计通过上海相关部门节能设计审查，并在 2013 年 6 月获得国际认可的绿色建筑体系 LEED 认证金奖。与此同时，高性能的节能设施与绿色环保的建筑环境、室内外绿色植物墙、自然采光中庭、水幕和屋顶花园等设计也极大提高了大厦的使用品质及舒适度。

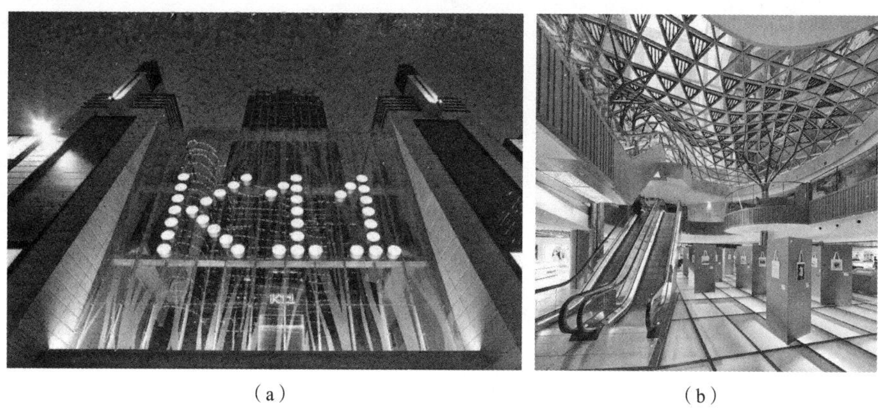

（a）　　　　　　　　　　　　　　　　　　（b）

图 2-7-1　上海 K11 改造工程

图 2-7-2　上海 K11 绿色改造工程

7.3　既有商业建筑改造的标准和关键技术

7.3.1　既有商业建筑绿色更新改造的标准

国外绿色商店建筑评价标准的起步较早，目前比较成熟的绿色商店建筑评价标准主要有英国建筑科学研究院的（Building Research Establishment，BRE）“环境评价法”（BREEAM）体系中的 BREEAM Retail、美国绿色建筑委员会（USGBC）的“领先能源与环境设计建筑评级体系”（LEED）中的 LEEDRetail、澳大利亚绿色建筑委员会（GBCA）的“绿色之星”Green Star-Retail Center V1，以及日本建筑物综合环境评价研究委员会的“建筑物综合环境性能评价体系”CASBEE 等。其中以 BREEAM 和 LEED 标准体系最为完善，目前在世界各国的建筑环保评估、绿色建筑评估以及建筑可持续性评估中最具有影响力。因此，本文主要介绍英国和美国的绿色商店建筑评价标准 BREEAM Retail 和 LEED Retail。

《绿色商店建筑评价标准》GB/T 51100—2015（以下简称为《标准》），分设计和运行两个阶段进行评估，适用于新建、扩建与改建的商店建筑群、单体商店建筑或复合多功能建筑中的商店区域等的评价。《标准》在广泛调研各类商场建筑案例、参考借鉴国内外相关标准、吸收国内外有关科研成果的基础上编制完成。经审查会专家组审查，认为该《标准》技术内容合理，技术依据充分且成熟，与国家标准《绿色建筑评价标准》GB/T 50378—2014 等相关标准的衔接协调性好，具有科学性、适用性、可操作性和创新性。

绿色商店建筑各类评价指标权重　　表 2-7-1

	节地与室外环境 w1	节能与能源应用 w2	节水与水资源利用 w3	节材与材料资源利用 w4	室内环境 w5	施工管理 w6	运营管理 w7
设计评价	0.15	0.35	0.10	0.15	0.25	—	—
运行评价	0.12	0.28	0.08	0.12	0.20	0.05	0.15

注：表中”—”表示施工管理和运营管理两类指标不参与设计评价。

7.3.2 既有商业建筑改造的关键技术

在既有商业建筑改造的过程中需要使用相关的技术，多种技术相结合，实现建筑的节能和室内环境的健康，以下总结了商业建筑改造过程中的相关关键技术：

（1）使用新型绿化技术，营造良好的室外环境，提升建筑品质；

（2）进行人性化空间改造，与被动式技术相结合；

（3）完善建筑围护结构，加固和保温相结合；

（4）合理选用空调系统，实现低能耗灵活控制；

（5）采用能耗监测，实时监测能耗并进行优化管理；

（6）布置室内环境监测系统，实时监测并控制室内环境，达到人体健康要求；

（7）因地利用可再生能源，进一步节约能源；

（8）设置雨水收集回用系统，节约水资源；

（9）实现废旧材料再利用，节约材料，保护环境。

7.4 总结

随着商业建筑改建的热潮不断升级，加之近年来通信、物联、AI 技术的不断发展，人们的生活观点日新月异，每个传统的商业公司都在深刻地思考生存发展之道。同时，老旧商业的设计与建造已不能满足绿色建筑的要求和如今人们对室内健康舒适环境的向往。由此可知，对老旧商业建筑的更新改造是大势所趋，在更新改造的过程中，既要引入先进的设计理念，注重以人为本，突出文化思想，又要合理地选取相关的绿色健康技术，为营造良好的健康空间提供技术支撑，完成绿色健康理念与人文艺术理念完美融合。

参考文献

[1] 王军亮，王清勤，王晓飞等 .《绿色商店建筑评价标准》(GB/T 5100—2015) 内容解读 [J]. 标准规范，2015，33 (12) .

[2] 王俊，王清勤，叶凌等 . 既有建筑绿色化改造关键技术研究与示范 [J]. 住宅产业，2012，07：57-58.

[3] 陈明中，黄坤耀，李静，等 . 大型商业建筑绿色化改造关键技术研究与示范 . 既有建筑绿色化改造关键技术研究与示范项目交流会 [C].2013.

8 开放与创新：大湾区新格局中的舟山发展新思考

周建军 [①]

全面实施大湾区建设是省第十四次党代会做出的重大决策部署，也是推动浙江省高质量发展的必经之路。大湾区事关浙江全局，事关浙江未来。在全省大湾区建设大会上提出，加快落实大湾区行动计划确定的各项任务，早日把大湾区建设成为区域高质量发展的新引擎、全国现代化建设先行区、全球数字经济创新高地。舟山群岛新区作为浙江大湾区中独特区位，独特战略功能和独特海洋特征必将发挥独特的国家战略作用，贡献独特力量和创新实践样本，进而成为新一轮湾区格局中经济发展的新引擎、改革开放新高地，高质量发展的新亮点。

8.1 以最大开放姿态，促进舟山在接轨大上海和融入大湾区中再出发，发挥独特作用

舟山新区是国家第一个以海洋为主题的国家级新区，同时又是国家江海联运中心，国家自由贸易试验区等，新区设立以来一大批如波音亚洲交付中心，绿色石化、中澳现代产业园等国家重大项目落户舟山，开启舟山从封闭海防小岛走向开放世界新征程。但由于原地区起点不高、底子薄、人才缺，交通不便和资源有限等制约，盛名之下，难副其实。因此，对封闭的舟山群岛而言，开放更显紧迫和必要，开放带动甚至成为第一要务，必须进一步解放思想，加快加大开放步伐，走出去，引进来，借船出海，借势出岛。不求所有但求所在，所用，所为，敞开大门和胸怀，欢迎一切有利舟山发展的人财物等集聚舟山，服务舟山，发展舟山，把党中央和省委省政府的重大战略高质量高水平落实好，实施好，争当开放先行者和排头兵。

舟山地理区位独特，位于杭州湾大湾区的最东部，北与上海海上一衣带水，具有世界罕见的深水良港群。南与宁波相连，与纽约湾区新泽西港组合港和旧金山湾区奥克兰港有相似之处。通过教学和实地考察发现这两个湾区有以下共同特点：一是大枢纽——依托两大湾区的大城市、大港口，形成大物流集散和资源配置中心，是连接世

① 作者简介：周建军，浙江舟山新区，总规划师，教授，zjj9588@126.com。

界的综合枢纽；二是大智慧——两个湾区都是海陆空铁构成的立体综合的现代化综合功能大港区，是高效集成的智能大港；三是大开放——两大湾区为均是世界最开放地区，吸引全世界高端移民，精英人才，引领世界高新技术革命的动力引擎和策源地，是吸引全世界优秀人才创业的最佳宜居地。从上启示，舟山必须加快全面开放开发步伐，加大北连上海、南融宁波的开放步伐，发挥长三角和太平洋两大扇面综合区位优势，面向世界和未来，跳出海岛，跳出舟山，依托长三角大湾区高质量一体化，面向太平洋，瞄准世界前沿，大胆创，大胆先行先试，走出符合舟山实际的开放跨越之路。尤其要加快融入长三角和大湾区大通道建设：**一是要加快建设大通道**。加快湾区大通道建设，构建“30、60、90”交通圈。重点加快谋划建设沪舟甬北向大通道，加快建设甬舟铁路，加快甬舟30分钟、杭舟60分钟和沪舟90分钟同城交通圈；超前谋划建设宁波联系舟山六横大桥工程（甬舟南部通道）；超前谋划宁波高铁站经北仑到舟山临城（高铁站）城市轨道交通通道（甬舟中部通道）及水上快速通道规划；**二是加快构建大网络**。加快构建高效便捷绿色“四网”综合立体网络体系；**三是要加快形成大枢纽**。建成海陆空铁绿色综合立体交通枢纽体系，真正做到舟山成为长三角及杭州湾大湾区中心重要枢纽城市，实现与**“融入湾区，协同竞合，上海一体，宁波同城”**新格局中为舟山实现重大国家战略打下坚实大通道大配套等公共服务新体系，为中华民族海洋梦而贡献舟山力量和实践样本。

8.2 以最大创新勇气，促推舟山在大湾区新格局中抢占先机，贡献独特力量

湾区经济是区域经济的高级形态，是当今国际经济版图的突出亮点，是世界一流滨海城市显著标志。美国的纽约湾区（金融湾+）、旧金山湾（高科技+）和日本东京湾（高端制造+）各具特征和专业，并不断推陈出新，动人澎湃，活力四射，都具有开放性、创新性、宜居性和国际化最为重要特征，发挥着引领创新，聚集辐射的核心作用，已成为带动全球经济发展的重要增长极和引领技术变革的领头羊。在旧金山湾区，给人最大的领悟和感受：创新、创意和创造是旧金山湾区的灵魂，集世界最强大脑，大资金大企业之大成，知识产权及法制体制机制规范保障，创新生态十分优良，前沿新科技革命风起云涌（数字经济、区块链、人工智能等）令人感慨和惊叹！旧金山大湾区作为世界高新科技的策源地，到处充满创新创业引领世界科技前沿发展动力和活力，湾区分别以斯坦福、加州、伯克利名校构成南湾（传统硅谷），聚集了苹果，微软，facebook，Google等几千家世界著名的高新科技研究院所、企业和风投公司，集中了全美三分之一的风投资金；北湾旧金山和南旧金山新硅谷是城市CBD和TOD区，科技总部和科技金融、特别是米逊湾是世界最著名的健康医疗和生命科技中心（世界

五百强健康和生命科技企业有 300 多家聚集此处）；东湾奥克兰（伯克利——科研教育）、艾默威尔——城市服务、奥克兰—港口物流、优质生活居住；总之，旧金山湾区 1.84 万平方千米，9 县、101 城镇，约 800 万人口，2015 年湾区经济 GDP 高达 7855 亿美元，仅次于世界 18 位的国家，是世界上最重要的高科技研发中心之一，象征着 21 世纪科技精神，是世界最重要的科教文化中心，同时是美国西海岸最重要的金融中心。总结起来旧金山湾区之所以有以上世界影响力创新成就，主要体现了以下五个方面：

①**宜居**——最佳宜居生活地和最优工作创业地；

②**人才**——最佳人才聚集地；

③**创新**——最新创新力的活力之都；

④**资本**——最富有的风投资本聚集地；

⑤**多样性**——最具文化开放包容多样性综合环境五大优势和特征，从而实现了吸引全球最富创造力和想象力的人才、资本和环境的高地的大聚集和大融合和大创新，形成世界高新科技教育创新之都。

浙江省第十四次党代会将建设大湾区写进党代会报告，提出瞄准世界级“数字大湾”重大战略，舟山作为浙江大湾区中的重要节点城市，既有独特优势，更有许多短板和面临巨大挑战，一是产业能级低、标准低、产业单一、技术落后、布局散，效益低、产出低、密度低、竞争差，亟需转型升级，培养战略性新兴产业，走向高端化和高价值化；二是缺乏先进支撑性，特色化，引领性的高新科技企业引领，资金短缺、人才奇缺、缺乏竞争力；三是城市能级低，生活环境和现代化国际化服务配套和水平差距大，缺乏人才吸引力硬环境；四是创新氛围缺乏，创新生态不良观念陈旧滞后，制度壁垒和运作机制僵化，缺乏创新动力，创新生态系统尚未建立；缺乏吸引资本、企业和人才的软环境；五是人才奇缺，与国家新区、自贸区和江海联运中心建设差距巨大，人才结构性问题十分突出，匹配性差，难以适应国家发展战略和跨越式发展的新要求。为此，舟山新区应以更加超前的眼光，更加开放的胸怀和更具创新自觉突破的旧观念，旧樊篱，创新举措和新行动，进一步谋划和落实国家和省大湾区战略的舟山新方位，重点突出抓好以下突破口：①**尊重企业创新主体**——突出抓招引先进性，引领性龙头企业带动作用，以商招商，突出海字特色，形成产业集群（链），构建产业生态和服务配套；②**发挥市场决定作用**——政府放手、放松、放开，突出营商环境营造，最大限度市场配置资源的决定作用；③**改善和优化创新环境**——鼓励创新，尊重创新人才，营造创新氛围，保护知识产权，宽容失败；④**打造全方位开放的新平台**——提供独具吸引力的公建共享共赢的创新平台；⑤**引进和出海共建跨境创新中心**——如在上海张江科技园、新加坡、美国纽约和旧金山湾区建立舟山创新中心，或引进世界著名科技企业落户舟山建立高新科创园区（飞地高新科技经济园区），如上海张江舟山高科技园区、浙大舟山国家大学海洋校区（国家级海洋大科学实验室）、新加坡舟山自贸港区、上海虹桥舟山产业园等，实现面向世界的全方位深度双向开放互动创新中心。只要有利舟山创新发展，不拘一格，并结合舟山海洋经济特点及产业要素特征，优先打造国家海洋科创平台（或中心）；⑥**加大人才招引力度**——纵观旧金山湾区发展证明，全世界创新人才聚集是决定性因素，舟山必须千方百计以最好环境，最优服务和最宽松灵活的体机制招引富有创新力的高端人才，企业和资本，不仅如此，也必须为人才能在 舟山创新创业创造最优的一流条件。人才是第一资源，旧金山硅谷集聚世界顶级一流人才，才会有不断地创新动力和创新成果以引领世界高新科技的发展，这同样是浙江大湾区需要面对的共同问题和巨大挑战，事关成败，决定未来。

8.3　以最佳人居范例，加快舟山建设高品质国际化海上花园城，追逐独特梦想

美国旧金山湾区四季如春、气候宜人、环境优美、城市功能完善，现代化国际化水平高，设施齐全，教育先进发达，包容丰富多样，高效、绿色、共享，具有很高的开放性和国际化，具备吸引全世界优秀人才创新创业的一切条件和可能。旧金山是世界最重要的科教文化中心之一，拥有五个世界级的研究型大学，如伯克利分校、斯坦福大学、加州大学旧金山分校（世界顶级医学中心）；是近代自由主义和进步主义的中心之一；湾区内有五个国家级研究中心，该地区文化丰富、专业的网络和高质量的资金获取将吸引有才华和雄心勃勃的全世界优秀人才，因此，旧金山湾区既是世界最佳创新高地，更是世界高端创新人才首选居住地。

舟山优越区位，四面环海，绿水青山，天蓝气净，物产丰富，具有良好的吸引人才起底条件，但在文化教育、城市能级和公共服务、科创环境、医疗卫生条件与吸引高端人才所需条件相差较大，更不具有国际化水准、能力和吸引力。全球宜居城市应根据治安、基础建设的配套基础和公共服务，医疗水平、文化与环境及教育等指标体系综合测评。舟山第七次党代会提出建设群岛型、高品质、国际化海上花园城市的战略部署，在浙江大湾区、大都市圈、大通道、大花园建设中具有独特魅力和潜力，建设现代化国际化海上花园城市，吸引更多的人才、企业及资金集聚舟山，在舟山创新创业和发展。因此，加快提升城市能级和公共服务能力，加快提升城市软硬环境更是基础和前提，重点突出“一二三四五六”，即：突出“一条主线”，舟山城市发展必须始终围绕高水平高质量建设“自由贸易，港，海上花园城”一条主线；坚守**“两个坚定”**，即坚定以人民为中心发展思想和五大发展理念，坚定走海洋、海岛特色的新型城镇化道路；**“三园”**，规划将舟山建设成最佳宜居的绿色花园、创新乐园、生活家园；**“四高”**，即高度发达的物质文明，高效便捷的基础设施，高品质的公共配套和服务，高度和谐的生态文明；**“五城”**将舟山规划建设成为生态和谐的

绿色之城，以人为本的和谐之城，有机开放的包容之城，独具文化特色的魅力之城，永续发展的智慧之城；**“六个坚持”**在城市规划建设和管理上坚持产城融合，坚持品质提升，坚持绿色生态，坚持人文关怀，坚持千岛共荣，坚持开放创新。

总之，舟山新区按高起点规划、高标准建设、高水平管理，在城市规划建设上坚持精心、精品、精细、精准的原则和要求，海纳百川，追求卓越，向着现代化、国际化、高品质、高水平的海上花园城市跨越迈进，为吸引高端创新人才和优秀创新企业创建最佳宜居之城，梦想之岛，让生活更美好，创新更自由，让舟山成为大湾区中最佳宜居之城，创新之城，魅力之城，幸福之城。

（2018.7.17 于美国旧金山，2018.8.1 修改于舟山）

第三篇　技术篇

1　商场综合节能改造技术应用

瞿燕，刘羽岱[①]

当前，在上海市建筑节能各领域中，既有公共建筑节能改造依然是当前建筑节能工作的主要内容之一。截至 2017 年 10 月 31 日，接入到上海市国家机关办公建筑和大型公共建筑能耗监测中心平台的公共建筑有 1565 栋，总建筑面积 7151.3 万 m^2，其中机关办公 187 栋，总建筑面积 378.6 万 m^2；大型公建 1378 栋，总建筑面积 6772.7 万 m^2。此外，上海市于 2005 年前建成的公共建筑有 2 亿多平方米，其中 70% 以上为办公、宾馆、商场建筑。这些建筑至今已运行 10 年以上，设备的老化及当时尚未执行节能标准等因素都造成运行能耗大，造成商场等公共建筑的运营成本不断攀升。为了促进既有公共建筑节能改造工作的开展，上海市相继出台扶持政策，大力推动既有公共建筑节能改造的示范。

随着社会的发展，商场建筑由最初的功用型向商业型转化，其内部设施的功能更加综合，商业建筑的规模也朝着大型化和复合化的方向发展，随着商业建筑的蓬勃发展，近年来商业建筑电耗量也呈明显上升之势，大型商业建筑的建筑能耗为普通规模不采用中央空调的公共建筑能耗的 3 ~ 8 倍。因此，商业建筑的用能量大，节能减排的潜力和降低运维成本的潜力也是巨大的。

本章节涉及的商场综合节能改造技术分析数据源自《关于组织申报上海市公共建筑节能改造重点城市示范项目的通知》（沪建交联〔2013〕311 号）的示范项目以及长宁区完成的公共建筑节能改造示范项目。在这 100 个完成综合节能改造的示范项目中，商场建筑总共有 15 栋，其总建面积达到 69.37 万 m^2，可以分为超市类商场和购物中心类商场。其中，超市类商场有 10 个，购物中心类商场有 5 个。二者数量及面积分布如图 3-1-1 和图 3-1-2 所示。

从商场建筑的建造年代来看，主要分布在 2006 ~ 2010 年之间建造，占到示范项目商场建筑总数的 73%，如图 3-1-3 所示。

① 作者简介：瞿燕，华东建筑设计研究院有限公司，高级工程师，yan_qu@acplus.com.cn；刘羽岱，华东建筑设计研究院有限公司，工程师，yudai_ai_liu@arcplus.com.cn。

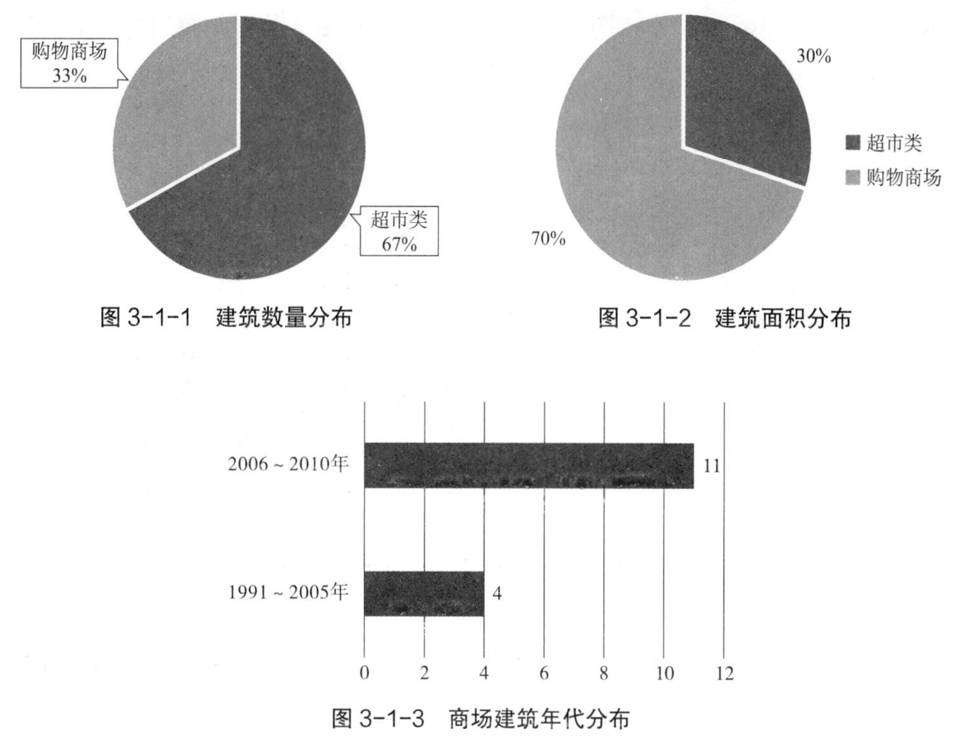

图 3-1-1　建筑数量分布

图 3-1-2　建筑面积分布

图 3-1-3　商场建筑年代分布

1.1　商场用能结构

在商场类建筑中，能源消耗形式有电力、天然气、煤气、燃油等。电力主要用于空调、照明、插座等，也包括超市类建筑专门的冷藏冷冻设备，同时也是主要的耗能形式。天然气、煤气、燃油等其他燃料主要用于供暖、热水和炊事等。某大型购物中心商场建筑消耗能源种类为电力和天然气，天然气主要用于热水锅炉的冬季供暖。建筑面积为 287124m^2，全年消耗电量 48555500kW·h，消耗燃气 377396m^3，折算成等效电为 51253127kW·h。由图 3-1-4 可以看出，电量消耗占总能耗的 95%。

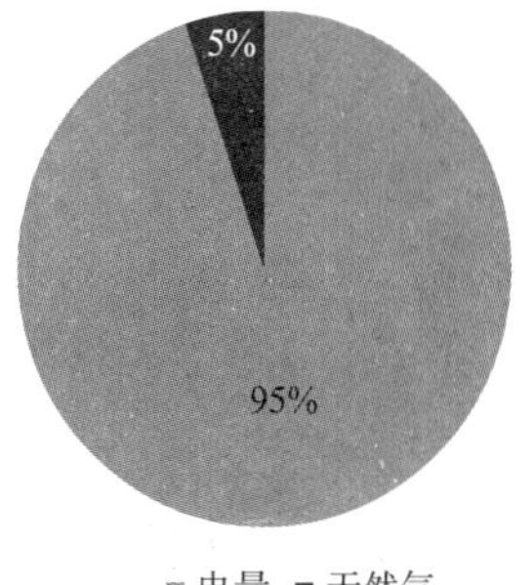

图 3-1-4　某大型购物中心商场能耗组成

由图 3-1-5 可以看出，该商场用电高峰出现在 7 月和 8 月，此期间为夏季空调供冷主要时期，室外气温高，室内空调冷负荷高，空调系统耗电量较大。

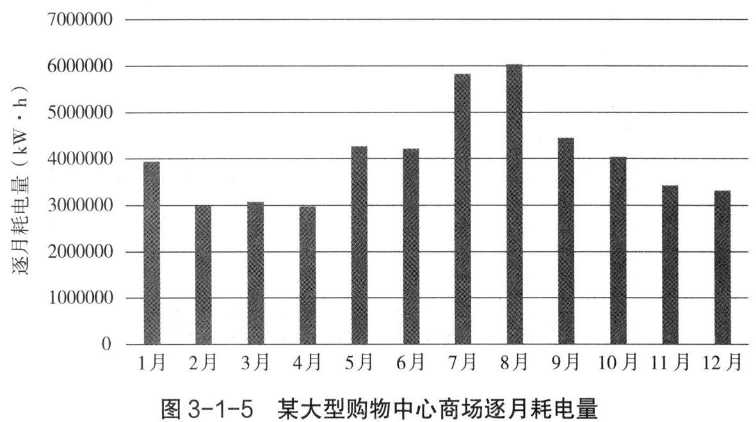

图 3-1-5　某大型购物中心商场逐月耗电量

由图 3-1-6 可以看出，该商场用气高峰出现在 12 月、1 月和 2 月，此期间为冬季空调供暖的主要时期。

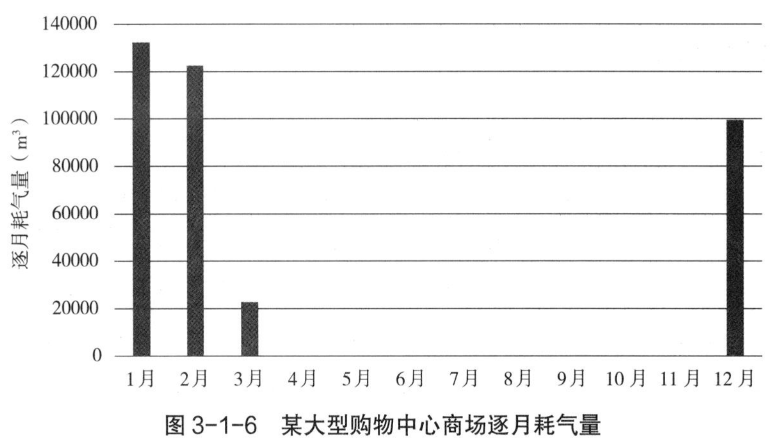

图 3-1-6　某大型购物中心商场逐月耗气量

1.2　商场用能系统

商场建筑的能耗，一般可分为空调能耗、照明能耗、插座能耗、电梯和给水排水等综合服务设备能耗以及其他能耗。从图 3-1-7 的商场建筑主要用能系统改造的频率分布可以看出，商场建筑的用能系统改造主要集中在空调、照明系统和其他。其他主要措施包括自动扶梯入口处安装人体感应装置、冰柜加盖和增设能源管理系统。

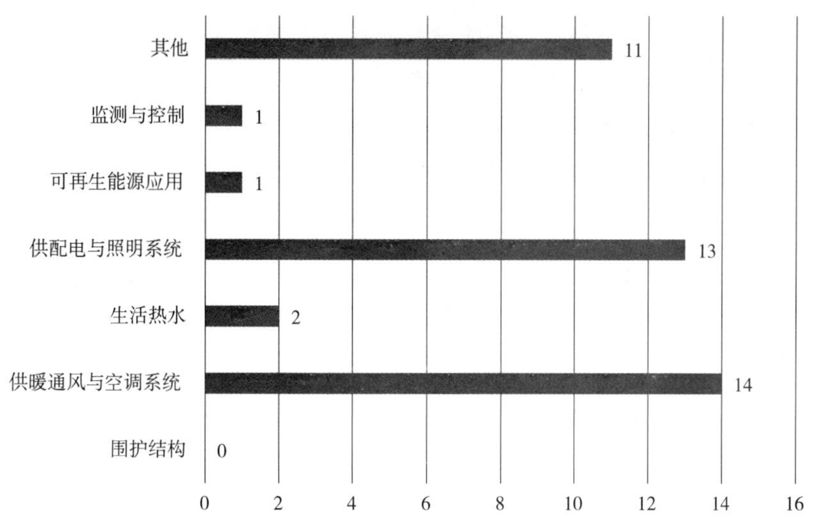

图 3-1-7　商场建筑主要用能系统改造分布的频率分布

1.3　商场用能特点

与办公建筑相比，商场建筑在能耗方面有以下特点：

（1）商场建筑体量较大，人流密度大，照明能耗较高，室内发热量大，围护结构对建筑能耗的影响较小。商场建筑室内发热量大，可充分利用自然通风降温，减少空调箱风机和其他空调系统设备的开启时间。但现有的商场建筑设计，大多难以实现自然通风；若依靠新风机提供大量新风，则风机电耗巨大。

（2）照明电耗较高，这一方面是由于商场建筑绝大部分是内区需要人工照明，另一方面则是照度普遍偏高，以较高的照度、合适的色温来展示商品、吸引顾客，照明设备单位面积功率较高。另外，商场的照明设备难以实现“部分空间、部分时间”开启，只要是在营业时间，考虑到对销售业绩的影响，照明基本全部开启，因此照明设备开启时间长。降低商场照明电耗的途径，一是选用更高效的节能灯具；二是在公共走廊等区域可以适当采用自然采光，以减少人工照明。

（3）空调系统能耗高。这是由于商场面积大，产生热量的设备多；另外，由于商业建筑人员密度大，对比同面积的办公和酒店，商业的人员多，对应的需要的新风量大，而且需要处理的人员产生的人体散热和散湿的冷负荷就大。与同样面积的办公和酒店相比，商场单位面积的制冷量在 120 ~ 160W/m^2，办公的冷负荷在 85 ~ 100W/m^2，酒店的冷负荷在 80 ~ 90W/m^2。从以上数据对比可以看出，商场的空调能耗高于同为商业建筑的酒店和办公。此外，早期设计的商场大部分都采用的是定风量空调系统，风机和水泵定频，导致空调输配系统的能耗占比较大，风系统输送效率较低，而商场建筑室内发热量大、需冷量也大，因此空调箱风机电耗是商场建筑空调系统中最重要的部分，也是节能潜力最大的部分。最直接的途径就是空调箱风机变频，在部分负荷情况下调低风机转速，风量随频率线性下降，风机功率则随频率的三次方下降，节能效果巨大。此外，就是在相对独立分隔的商户区应用风机盘管系统、在共同区域应用全空气系统，这样商户可以自行决定风机盘管的开启，也减少了全空气系统的比例。

（4）商场运行时间长，一般每天运行 12 个小时以上，而且不分工作日、休息日。

（5）动力能耗较高，商场耗能数量多是由于两个原因引起的：一是由于商场的面积大导致需要的设备数量多；二是由于商场的业态多导致需要的设备多。以 5 万 m^2 商场的电梯数量为例：5 万 m^2 的办公大约会配置 12 ～ 14 台电梯，而对于 5 万 m^2 的商场，根据使用功能的需求，除配置 8 ～ 10 台直梯外，还需要配置 28 ～ 32 部左右的扶梯。仅电梯一项，商场能耗就至少一倍以上于办公的能耗。

（6）耗能设备种类多。耗能种类多是由于商场业态的多元化导致的。对文中提及的商场类型，多数会包含服装、珠宝眼镜、餐饮、儿童、超市、电影院等多个不同业态，对不同业态需要配备不同的设备。以餐饮业态为例，餐饮需要配置常规的空调末端、灯光照明，除此之外，餐饮厨房需要为专业的厨房设备提供用电，需要提供排油烟设备及对应的补风设备，需要配置隔油处理设备。以上的特殊设备在办公建筑和酒店建筑中不会应用或少量应用，但在商场建筑中会大量应用，因而造成能耗的增加。超市类商场建筑的冷藏冷冻设备电耗大，需要通过专门的技术来降低其能耗。

上海市 15 栋商场建筑改造前和改造后的单位面积能耗分布，如图 3-1-8 和图 3-1-9 所示。

从节能率来看，商业建筑改造的节能率平均值为 26.19%，如表 3-1-1 所示。

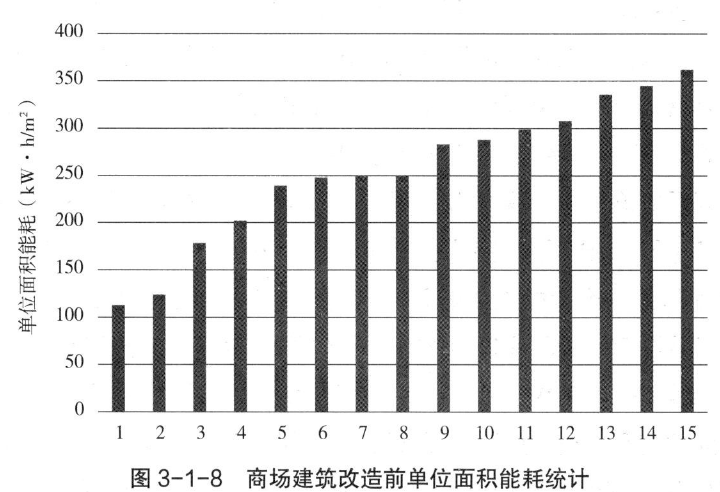

图 3-1-8　商场建筑改造前单位面积能耗统计

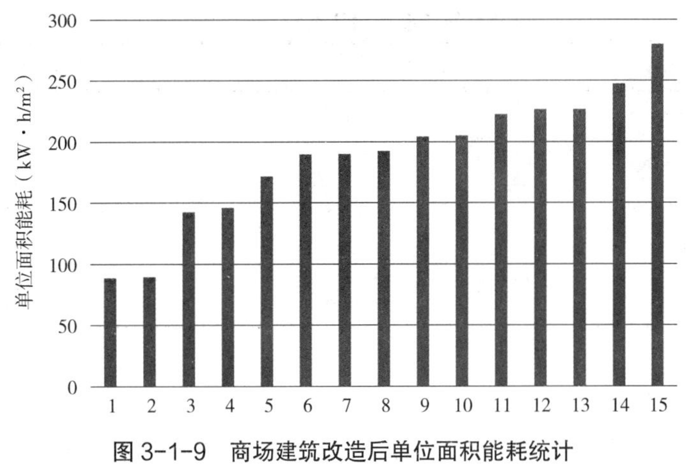

图 3-1-9 商场建筑改造后单位面积能耗统计

商场类示范项目基础数据对比　表 3-1-1

（kW·h/m²·a）	最大值（kW·h/m²·a）	最小值（kW·h/m²·a）	平均值（kW·h/m²·a）
改造前	362.10	112.96	255.06
改造后	279.58	88.91	188.25

1.4 商场节能改造措施技术经济性评价

1.4.1 评价方法

商场建筑节能改造受到建筑本体特性、用能特点、系统复杂程度、系统节能潜力、投资回收期、改造技术可实施性、建筑产权性质等多因素的制约，实际改造项目中，往往简单直接、见效快、收益良好的节能改造技术措施更受青睐。其中，空调系统、照明系统、冷热水输配系统的改造等是当前示范项目中应用频率最高的技术类别。本章节对示范项目节能改造技术的应用效果主要从三个维度来评价，分别为节能效果、经济性和维护成本。

1. 节能效果指标

采用节能率对示范项目及节能改造技术措施进行评价。节能率指项目改造后统计报告期能耗比改造前基期能耗降低率，用百分数表示。计算公式为：

$$\xi_c = \frac{e_{jc} - e_{bc}}{e_{jc}} \times 100$$

式中

ξ_c——节能率（%）；

e_{bc}——改造后统计报告期能耗；

e_{jc}——改造前基期能耗。

本研究采用的等效电与标准煤折算系数如表 3-1-2 所示。

等效电与标准煤折算系数　　表 3-1-2

能源名称	折等效电系数（kW·h）	折标准煤系数（kgce）
电力（kW·h）	1	0.3
天然气（m^3）	7.148	1.2997
人工煤气（m^3）	3.578	0.54286
柴油（t）	7831	1.4571
市政蒸汽（t）	305.98	0.1080

2. 经济性评价指标

采用以下指标体系作为建筑节能改造项目的技术经济评价指标：

（1）财务指标：单位面积投资成本、投资静态回收期、投资动态回收期；

（2）节能指标：节万度等效电投资、单位面积节能投资。

评价采用费用效益法，即通过费用和效益的比较来评价项目。根据“费用与效益口径一致性”原则，费用和效益通过节能项目改造前后或者“有”“无”项目数据比较。为了突出项目节能活动的效果，节能效益以节能量评价数据为依据。

3. 经济性指标计算方法

经济分析是运用经济学理论，采用经济费用效益分析方法，在对项目所消耗的资源和产生的效益进行测算后，从合理配置资源角度，分析项目投资的经济效率和对经济社会产生的贡献，评价项目的经济合理性。

通常应根据项目特点，选择合适指标组成指标体系后进行综合评价，《建设项目经济评价方法与参数》中表 A《建设项目经济评价内容选择参考表》给出了具体意见。建筑节能改造项目一般具有以下特点：

（1）项目绝大多数情况下属于改扩建项目。

“有无对比”是计算改扩建项目增量数据的方法。以建筑“有项目”状态下的相关数据与“无项目”状态下的数据相减，得到增量数据。这个增量数据序列，反映的是项目投资为业主产生的效果。根据增量数据进行有关财务指标的分析和计算，据以做出投资决策。相对新建项目，增加“无项目”状态下的数据，加上建筑项目由多项不相关措施组成，大大增加了数据的取得。

（2）项目以节能为收益，不同于生产经营性和非生产经营性投资项目情况。

（3）为评价项目节能效果，一般会进行节能量相关指标的分析。

建筑节能改造项目经济评价指标计算公式在《建设项目经济评价方法与参数》中有详细的介绍，适用于各种类型的项目，但便于操作，下面给出适用建筑节能改造项目的计算表达式：

①静态投资回收期

静态投资回收期，是指以投资项目经营增量净现金流量抵偿原始增量投资所需要的全部时间。它有“包括建设期的投资回收期”和“不包括建设期的投资回收期”两种形式。其单位通常用“年”表示。不包括建设期的静态投资回收期计算公式为：

静态投资回收期 Pt =（累计净增量现金流量第一次出现正值的年份 -1）+ 该年初尚未回收的投资 / 该年净增量现金流量

或为：

静态投资回收期 Pt= 累计净增量现金流量第一次出现正值的年份 - 该年累计净增量现金流量 / 该年净增量现金流量

对建筑节能改造项目，若竣工后净增量现金流量为收益，并每年相同，计算公式简化为：

静态投资回收期 Pt= 增量投资 / 年收益

决策准则：计算出的静态投资回收期应与行业或部门的基准投资回收期进行比较，若小于或等于行业或部门的基准投资回收期，则认为项目是可以考虑接受的，否则不可行。

对设备更新性质的节能项目，上述的接受和不接受是针对更新时采用的节能措施部分而言，建筑设备更新的必要性则通常根据设备状况决定，更新时是否采用节能设备则取决于节能技术经济分析结果。这一原则也适用于其他指标的决策准则。

②动态投资回收期

动态投资回收期是把投资项目各年的净现金流量按基准收益率折成现值之后，再来推算投资回收期，这就是它与静态投资回收期的根本区别。动态投资回收期就是净现金流量累计现值等于零时的年份。不包括建设期的动态投资回收期计算公式为：

动态投资回收期 P’t =（累计净增量现金流量现值出现正值的年数 -1）+ 上一年累计净增量现金流量现值的绝对值 / 出现正值年份净增量现金流量的现值

或

动态投资回收期 P’t = 累计净增量现金流量现值出现正值的年数 - 该年累计净增量现金流量现值 / 该年份净增量现金流量的现值

决策准则：

计算出的动态投资回收期应与行业或部门的基准动态投资回收期进行比较，若小于或等于行业或部门的基准动态投资回收期，则认为项目是可以考虑接受的，否则不可行。

③节万度等效电投资

节万度等效电投资指节约 1 万度等效电的投资成本，单位为万元 / 万 kW · h。计算公式为：

$$EP = \frac{\Delta E}{\Delta Pt} \times 100$$

式中

EP ——节万度等效电投资；

ΔE ——综合能耗节约量；

ΔPt ——增量投资。

1.4.2 商场建筑节能改造技术频率排名

图 3-1-10 是商场建筑节能改造技术使用频率 Top10 排名。从图中可以看出，对于商场建筑，照明能耗占比大，非节能灯具更换为 LED 灯具的使用频率最高，所有商场类示范项目均采用了此技术。除此之外，10 个超市类商场建筑均采用冰柜加盖这种节能技术措施来降低冷藏冷冻系统的能耗，超市类商场建筑还大量采用了冷藏冷冻制冷系统冷凝热回收技术。此外，过渡季节新风免费供冷作为低成本技术也在商场建筑中得到了广泛使用，可以降低空调制冷系统能耗。风机增加变频装置使用频率高，也可以有效降低空调风机能耗。

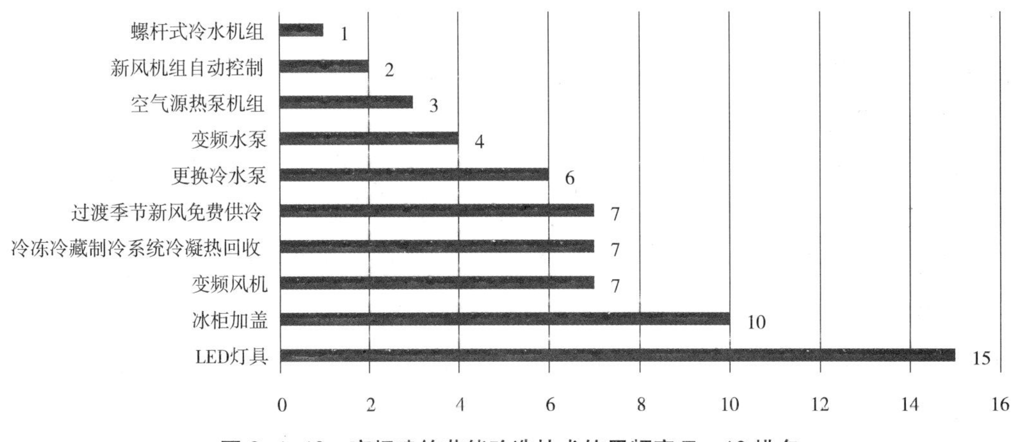

图 3-1-10 商场建筑节能改造技术使用频率 Top10 排名

1.4.3 商场建筑节能改造技术节能率排名

图 3-1-11 是商场建筑节能改造技术节能率 Top10 排名。从下图中可以看出，对于商场建筑，大部分时间处于部分负荷工况下运行，螺杆式冷水机组有着上佳的性能表现，节能率达到了 19.2%。紧随其后的是 LED 灯具、离心式冷水机组变频和空气源热泵机组。值得注意的是，冰柜加盖和过渡季节新风免费供冷这类低成本技术也进入了商场建筑节能率前 10 的排名。

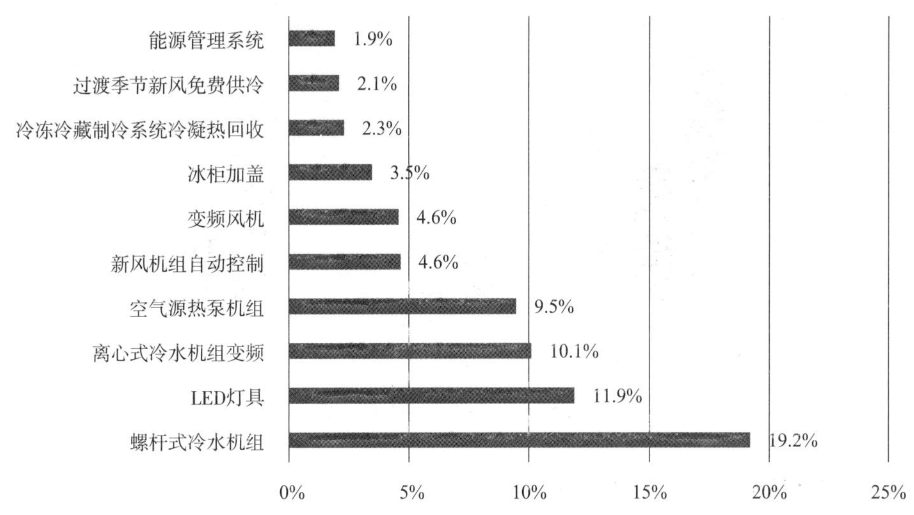

图 3-1-11　商场建筑节能改造技术节能率 Top10 排名

1.4.4　商场建筑投资成本排名

根据对商场建筑节能改造总投资统计，最大值为 778.35 万元，最小值为 128.87 万元，平均值为 282.5 万元。商场建筑示范项目节能改造投资分布，如图 3-1-12 所示。

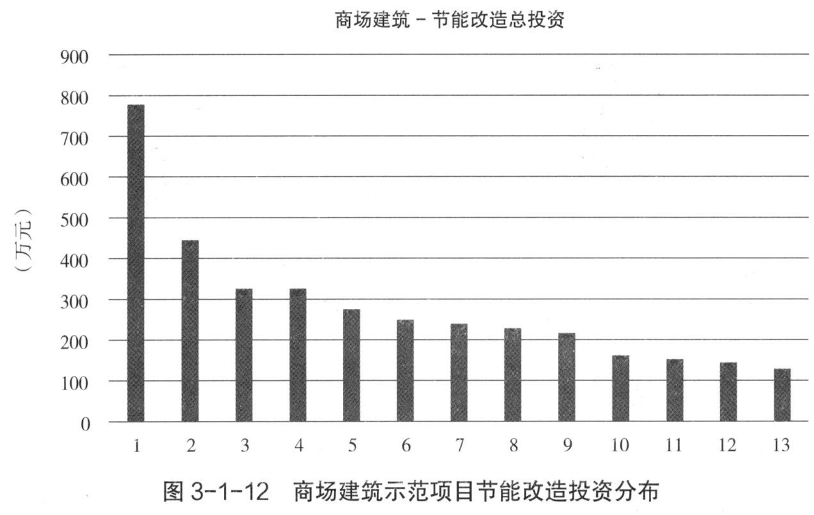

图 3-1-12　商场建筑示范项目节能改造投资分布

1.4.5　商场建筑节能改造静态回收期

100 个示范项目的静态回收期平均值为 3.56 年。办公、宾馆和商场建筑的静态回收期最大值、最小值和平均值对比分析如图 3-1-13 所示，商场建筑静态回收期平均值最低，仅为 2.12 年，节能潜力最大，经济效益最好。

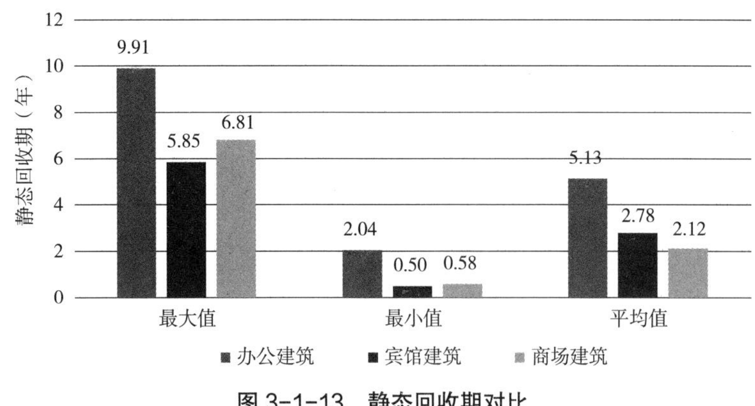

图 3-1-13　静态回收期对比

1.4.6　商场建筑节能改造动态回收期

100 个示范项目的动态回收期平均值为 4.11 年。办公、宾馆和商场建筑的动态回收期最大值、最小值和平均值对比分析如图 3-1-14 所示，商场建筑动态回收期平均值最低，仅为 2.60 年。

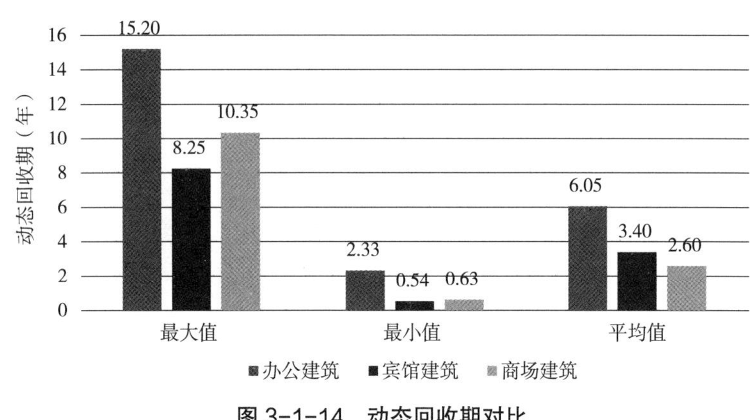

图 3-1-14　动态回收期对比

1.4.7　商场建筑节万度等效电投资

商场、办公、宾馆节万度等效电投资额如图 3-1-15 所示，商场节万度等效电投资仅为 1.9 万元 / 万 kW・h，这也反映了商场建筑的节能效果较好，技术的投资回收效益更好。

1.4.8　商场建筑节万度等效电投资额技术排名

商场建筑节万度等效电投资额技术排名如图 3-1-16 所示。相比于宾馆建筑和办公建筑，商场建筑各项节能措施节省 1 万 kW・h 等效电的投入成本较低。离心式冷水机组变频、变频水泵、太阳能光伏发电系统以及冰柜加盖这四项技术节省 1 万 kW・h 等效电的投入成本均小于 1 万元，性价比较好。

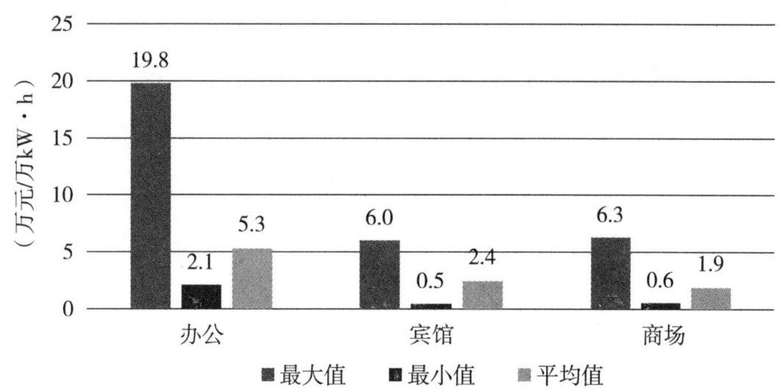

图 3-1-15　节万度等效电投资额对比

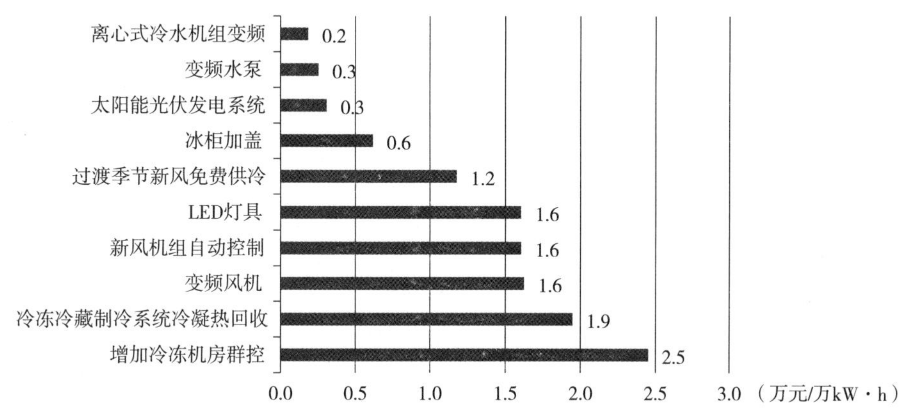

图 3-1-16　商场建筑节万度等效电投资额技术 TOP10 排名

1.5　主要节能改造技术措施维护成本

通过分析研究整理，节能改造技术措施维护成本汇总结果如表 3-1-3 所示。

主要节能改造技术措施维护成本　　表 3-1-3

技术措施类型		节能改造技术措施	应用规模表征	实施难易程度	更换周期（年）	维护成本
围护结构		屋顶保温	屋顶面积（m^2）	较易	25	0%
		屋顶绿化	屋顶绿化面积（m^2）	较易	—	3%
		外墙保温	外墙面积（m^2）	较易	25	0%
		外窗单玻改双玻	外窗面积（m^2）	较易	25	0%
		可调节外遮阳	外窗面积（m^2）	较难	15	0%
空调系统	冷热源机组	更换为冷水机组	容量（kW）和数量	易	15	1%
		更换锅炉	容量（kW）和数量	易	20	1%
		冷凝热回收	回收热量（kW）	易	15	1%
		机组变频	台数、容量	难	15	1%

续表

技术措施类型		节能改造技术措施	应用规模表征	实施难易程度	更换周期（年）	维护成本
空调系统	空调水系统	水泵更换	台数、容量	易	15	1%
		水泵变频	台数、容量	易	15	1%
		冷却塔更换	台数、容量	易	15	1%
		冷却塔运行控制	台数、容量	易	15	1%
		水侧免费制冷	台数、容量	易	15	1%
	空调风系统	末端更换	台数、容量	易	15	1%
		末端变频	台数、容量	易	15	1%
		全热回收新风机组	新风量（m^3/h）	较易	15	1%
		风侧免费供冷（全新风）	风量（m^3/h）	易	15	1%
		CO_2 与新风机组联动控制	传感器（个数）	较易	15	1%
	控制与维护	机组清洗	套数	较易	10	1%
		机房群控	套数	较易	6 ~ 10	3%
照明系统		灯具更换	总功率	易	10	0%
		光导管	光导管数量	较易	50	0%
可再生能源系统		太阳能热水	热水系统集热器面积（m^2）	易	15	3%
		太阳能光伏	光伏系统装机容量（kWp）	较难	25	1%
其他		能源管理系统	数量（套）	较易	6 ~ 10	3%
		分项计量系统	数量（套）	较易	6 ~ 10	3%
		BA 系统	BA 监控点位数（个数）	较易	6 ~ 10	3%
		能源管理系统	数量（套）	较易	5 ~ 10	3%
		分项计量系统	数量（套）	较易	5 ~ 10	3%
		BA 系统	BA 监控点位数（个数）	较易	5 ~ 10	3%
		节能电开水器	台数、容量	较易	5 ~ 10	1%
		节能与智能插座	个数	较易	15 ~ 20	0%
		冰柜加盖	套数	易	15 ~ 20	0%

1.6 商场建筑节能改造重点技术措施介绍

1.6.1 空调系统冷热源

由于商场建筑全年绝大部分实际运行工况都是在部分负荷工况下运行，因此如何提高空调主机冷热源在部分负荷工况下的效率，对于商场建筑节能来说至关重要。商场建筑常采用的高效机组包括离心式冷水机组、螺杆式冷水机组、磁悬浮离心式冷水机组等，其特点介绍如下。

1. 更换为离心式冷水机组

离心式冷水机组是利用电作为动力源，制冷剂在蒸发器内蒸发吸收载冷剂水的热量进行制冷，蒸发吸热后的制冷剂湿蒸汽被压缩机压缩成高温高压气体，经水冷冷凝器冷凝后变成液体，经膨胀阀节流进入蒸发器再循环，从而完成制冷循环。

在相同冷量的情况下，特别是在大容量时（如制冷量超过 2110kW 冷量），与螺杆压缩机组相比，省去了庞大的油分装置，机组的重量及尺寸较小，占地面积小；容易实现多级压缩和多种蒸发温度，容易实现中间冷却，使得耗功较低，且调节方便。定频离心式冷水机组可在 30% ~ 100% 内无级调节，增加变频装置后可以实现 10% ~ 100% 内无级调节。离心式冷水机组在接近 90% ~ 100% 负荷区间时，性能系数较高。

单级压缩离心式冷水机组在满负荷时运转平稳，在低负荷时会出现“喘振”现象。当运行工况偏离设计，工况较大时，离心式冷水机组效率下降明显。某示范项目改造采用离心式冷水机组如图 3-1-17 所示。

图 3-1-17　离心式冷水机组

离心式冷水机组适用于大型公共建筑，可以通过台数控制和机组容量大小搭配等方式来保证大部分运行时间内离心式冷水机组处于 90% ~ 100% 负荷区间高效稳定运行。当采用冷水机组作为冷源的大型公共建筑，机组效率衰减至额定效率 80% 以下，而且机组更换的静态投资回收期小于或等于 8 年时，可以将冷水机组改造为离心式冷水机组。

2. 更换为螺杆式冷水机组

螺杆式冷水机组因其主要构成部件使用了螺杆式压缩机故名螺杆式冷水机组。其制冷原理与离心式冷水机组相同，也是采压缩→冷凝→膨胀→蒸发这样一个周而复始的卡诺循环过程。

螺杆式冷水机组结构简单，低负荷运转时无“喘振”现象，压缩比变化范围大，可在 10% ~ 100% 范围内无级调节，尤其是部分负荷工况下效率高，节能效果明显。螺杆式冷水机组单机容量比离心式冷水机组要小，转速比离心式低；润滑油系统较复杂，耗油量大；大容量螺杆式冷水机组噪声比离心式冷水机组高。

螺杆式冷水机组由于其部分负荷工况下效率较高、运行稳定等特点，特别适用于中小型公共建筑或在大型公共建筑与离心式冷水机组大小搭配使用，如办公、酒店、商场等。某项目冷水机组更换为螺杆式冷水机组如图 3-1-18 所示。

图 3-1-18　螺杆式冷水机组

3. 更换为磁悬浮离心式冷水机组

在传统的制冷压缩机中，机械轴承不仅产生摩擦损失，润滑油随制冷循环而进入到热交换器中，在传热表面形成的油膜成为热阻，影响换热器的效率，过多的润滑油存在于系统中，对制冷效率带来很大的影响。磁悬浮离心式冷水机组制冷原理与其他冷水机组相同，其核心部件是磁悬浮无油压缩机。磁悬浮压缩机大致可分为压缩部分、电机部分、磁悬浮轴承及控制器、变频控制部分。磁悬浮轴承是一种利用磁场，使转子悬浮起来，从而在旋转时不产生机械接触、机械摩擦，不再需要机械轴承和润滑系统。这种新型的压缩机无需润滑油，无油化设计不仅排除了油污染对制冷效率的影响，同时也减少了油热器、油泵、油分离器、油过滤器等配件。

磁悬浮变频冷水机组可以实现 10% ~ 100% 的负荷条件下稳定运行，综合部分负荷性能系数 IPLV 较高（通常可在 10 以上），部分负荷工况下节能效果明显，振动较小，维护成本低。同等容量下的冷水机组，磁悬浮机组的体积更小、质量更轻，可节省安装空间，小容量的磁悬浮变频机组还可以直接通过电梯进行运送，方便在改造过程中的搬运和安装，非常适用于公共建筑的节能改造，如办公、酒店、商业等。相对常规冷水机组，磁悬浮冷水机组的造价相对较高，对于较小容量需求的公共建筑可以直接采用磁悬浮冷水机组；对于大型的公共建筑，磁悬浮冷水机组可以搭配大容量冷水机组组合运行，保证整个建筑物的冷源系统在不同负荷条件下能高效运行。某示范项目采用的磁悬浮无油变频离心冷水机组如图 3-1-19 所示。

图 3-1-19　磁悬浮无油变频离心冷水机组

1.6.2　输配系统变频

输配系统变频是指通过采用变频技术改变集中空调系统水泵和风机转速，调节管道流量，以取代阀门调节及旁通方式。

空调冷水泵、热水泵都是根据最大流量设计选型的，同时还留有一定的余量。建筑实际运行工况，由于天气变化、客流量变化、使用情况变化等引起冷负荷、热负荷需求变化，存在“大马拉小车”的现象。风机、水泵等设备传统的调节方法是通过调节入口或出口的挡板、阀门开度来调节给风量和给水量。在没有使用变频调速的系统中，水泵全年在定频状态下全速运行，其输出功率大量地消耗在挡板、阀门的截流过程中，效率低下，造成电能的大量浪费。长时间处于低负荷运行的水泵和风机，适合采用变频控制技术。

图 3-1-20 和图 3-1-21 为空调系统一次冷冻水泵变流量变频示意图和变频节能量示意图。

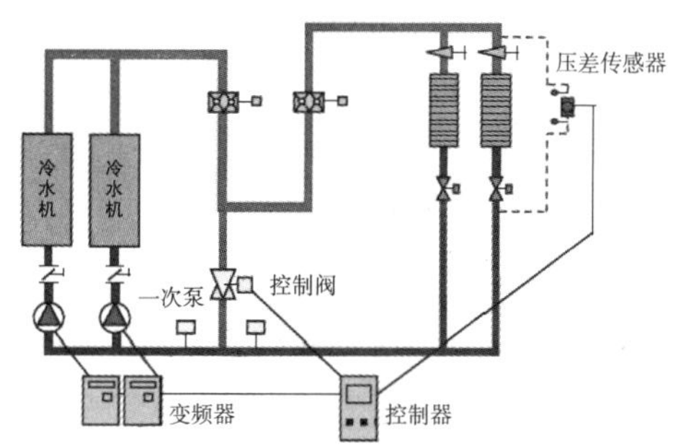

图 3-1-20　一次泵变流量系统示意图

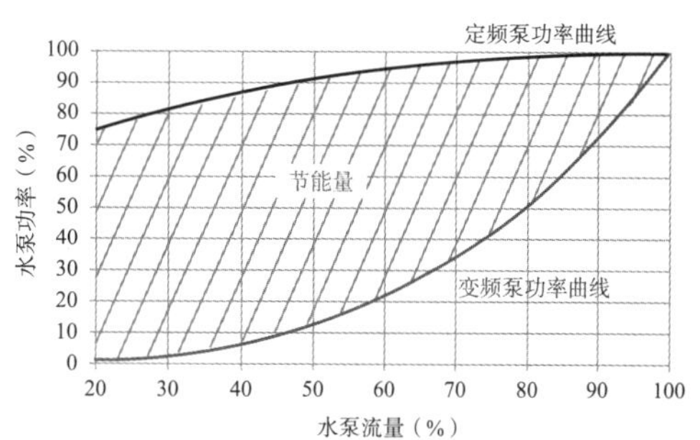

图 3-1-21　水泵变频节能示意图

某示范项目空调冷水泵变频改造如图 3-1-22 所示。

图 3-1-22　空调冷水泵及变频装置

1.6.3　冷却塔变频

冷却塔变频是指根据冷却塔的出水温度通过冷却塔风机变频器调整风机的转速，实现冷却塔的节能运行。风机是冷却塔机械通风的关键设备，通常都采用户外立式冷却塔专用电机，具有效率高、耗电省、防水性能好等特点。水从冷却塔滴下时，冷却风机使其与空气有较充分的接触，将热量传递给周围空气，使冷却塔的出水温度接近于室外湿球温度。冷却塔的冷却能力，受室外空气湿球温度的影响。风机变频运行后会导致冷却塔出水温度升高，从而导致冷水机组的效率有所下降，增大机组能耗。冷却塔风机变频运行，需要综合考虑冷却塔能耗降低与冷水机组能耗升高之间的优化和平衡。

（a）冷却塔

（b）冷却塔变频器

图 3-1-23　冷却塔及冷却塔变频器

由于冷却塔的设备容量是根据设计冷负荷选定的，然而在实际设备运行中，由于天气、人员变化等因素都决定了机组设备经常是处于部分负荷的工况下运行，冷却塔风机如果定频运行会导致不必要的能耗浪费。在部分负荷工况下，风机变频调节比风机台数调节对提高冷却塔的运行效率更为有效。但当变频频率过低时，则建议采用台数调节的方法。

1.6.4　排风热回收

排风热回收指一种含有全热交换芯体的新风、排风换气设备。其工作原理是：设备工作时，室内排风和新风分别呈正交叉方式流经换热器芯体，由于气流分隔板两侧气流存在着温差和蒸汽分压差，两股气流通过分隔板时呈现传热传质现象，引起全热交换过程。夏季运行时，新风从空调排风获得冷量，使温度降低，同时被空调风干燥，使新风含湿量降低；冬季运行时，新风从空调排风获得热量，温度升高，同时被空调排风加湿。这样，通过换热芯体的全热换热过程，让新风从空调排风中回收能量。通过换热器，夏季新风的温度会降低，冬季新风温度会升高，减少空调负荷，适用所有的空调箱。排风热回收原理如图 3-1-24 所示。

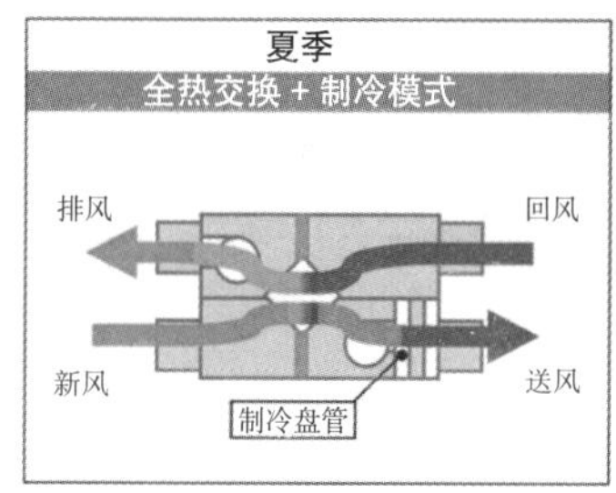

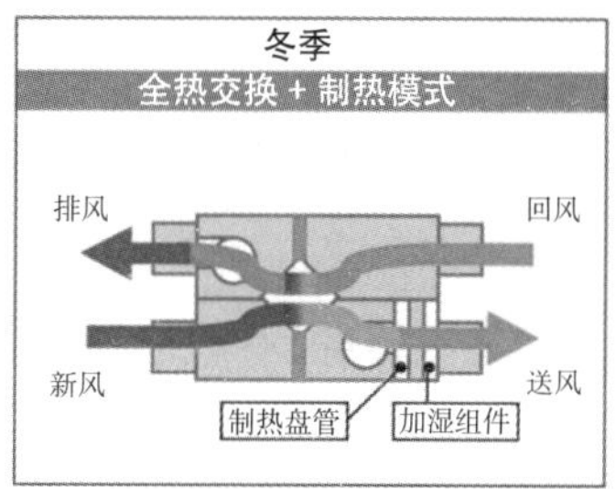

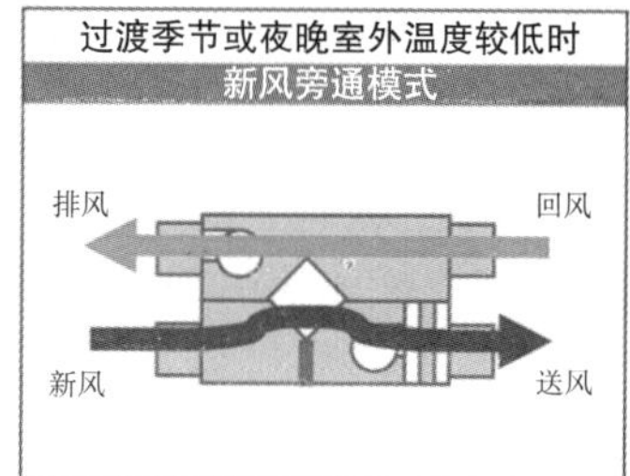

图 3-1-24　排风热回收原理

排风热回收技术分全热回收和显热回收两种。显热回收方式仅能回收排风中的显热，而全热回收方式能同时回收排风中的显热和潜热。排风热回收技术适用于室内外温差（超过 15℃）或焓值较大的全空气系统以及有独立新风系统的建筑，节能效果明显。大型商场建筑采用全空气系统，人员密度大，新风量大，采用排风热回收技术可有效降低新风能耗。

1.6.5　免费供冷

免费供冷（Free Cooling）是指在室外湿球温度比较低时，通过相应的技术手段将室外冷源引入建筑内，将热量带走，以达到降温的目的。目前，免费制冷主要有两种方式：冷却塔免费供冷和新风免费供冷。

1. 冷却塔免费供冷

冷却塔免费供冷技术，可分为直接免费供冷和间接免费供冷两种形式。其中，直接免费供冷方式通过阀门转换，将冷却塔出水直接供入原冷水系统和用户末端，形式简单，供冷效率高；但冷却水易受大气等污染，造成水系统管路腐蚀或结垢。间接免费供冷方式通过阀门转换，经换热器冷却水系统，供冷效率低于直接免费供冷，但可以保证冷水系统不受污染，可避免各换热设备和切换正常供冷模式时冷水机组蒸发器的换热能力恶化。因此，目前间接免费供冷在工程中应用更普遍，运行中可大量减少冷水机组的清洁和维护内容。

公共建筑的内区由于无法开窗通风，在过渡季节往往也需要供冷。若能充分利用冷却塔免费供冷技术，则可减少冷机的开启时间，节省全年运行能耗。冷却塔免费供冷示意图如图 3-1-25 所示。

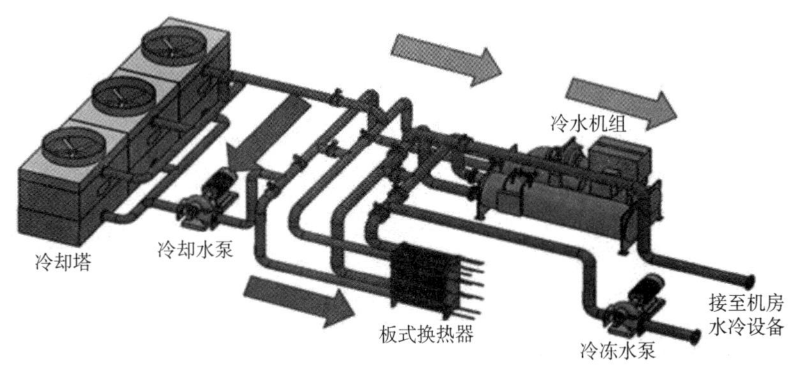

图 3-1-25　冷却塔免费供冷示意图

冷却塔免费供冷技术适用于过渡季或冬季仍需供冷的商场、酒店、办公等建筑，尤其是对于采用空调冷水机组作为冷源，空调末端以风机盘管系统为主的建筑，无法利用新风免费制冷时，采用冷却塔免费供冷更加适宜，节能效果显著。

2. 新风免费供冷

新风免费供冷是指在过渡季节或冬季直接引入室外新风，利用室内外温差消除室内多余热量，提升室内舒适环境和空气品质，产生明显的节能效果。但为了实现全新风，新风管径和新风口尺寸需匹配，而且对机房面积和层高的要求较高。

新风免费供冷适用于过渡季节或冬季有制冷需求且采用全空气系统的公共建筑，如商场、办公等。对于内区以全空气系统为主的建筑，采用新风免费供冷技术，就可基本解决过渡季节和冬季供冷的问题。采用新风免费供冷的空调系统新风、送风、回风、排风联动控制，根据室外温湿度调节新风量比例，无需开启制冷机组。新风免费制冷原理如图 3-1-26 所示。

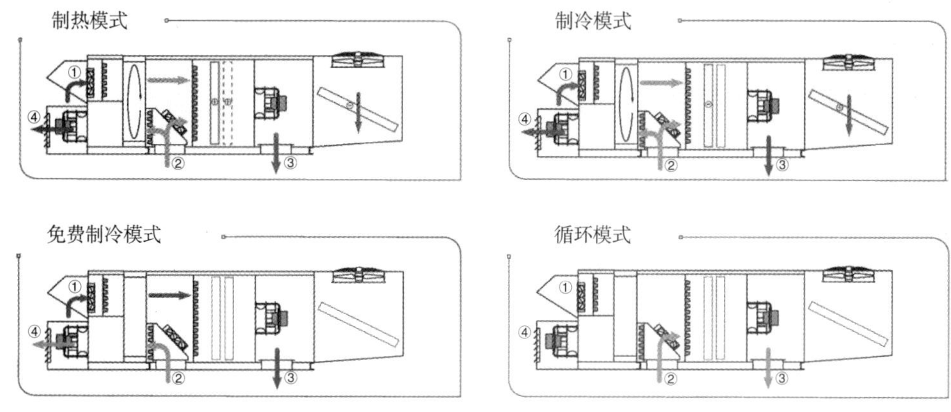

图 3-1-26　新风免费制冷

①—新风；②—回风；③—送风；④—排风

1.6.6　照明灯具

LED 是一种半导体固体发光器件，利用固体半导体芯片作为发光材料，在半导体中通过载流子发生复合放出过剩的能量而引起光子发射，直接发出红、黄、蓝、绿色的光。在此基础上，利用三基色原理，添加荧光粉，可以发出红、黄、蓝、绿、青、橙、紫、白色等任意颜色的光。LED 灯具就是利用 LED 作为光源制造出来的照明器具。不同类型的 LED 灯具如图 3-1-27 所示。

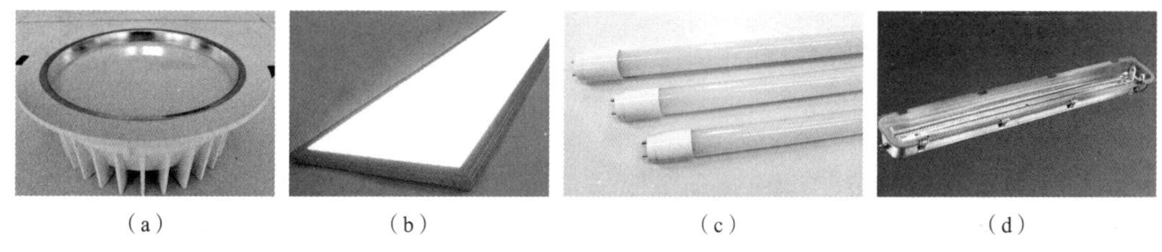

（a）　（b）　（c）　（d）

图 3-1-27　LED 灯具

LED 照明有以下特点：

（1）绿色环保：由无毒材料制成，不像荧光灯含水银会造成污染。同时，LED 也可以回收再利用。光谱中无紫外线和红外线，眩光小。

（2）节能、经济：在同等照度的前提下，与常规日光灯管相比节电约 60%，同时照明灯具维护成本低。

（3）使用寿命长：一般 LED 的寿命会超过 5 万小时，是一般光源的几倍。

（4）无噪声：不使用镇流器，因而没有镇流器噪声问题。

（5）多类型结合：可采用直流低压供电、交流电供电，也能与太阳能结合使用，例如景观照明或路灯可利用太阳能集电板将光能转换为电能，充分发挥 LED 灯环保节能的优点。

（6）通用性好：可采用与传统灯具尺寸一致的 LED 灯具产品，或与传统光源（如球泡、荧光灯泡、白炽灯泡）性能参数一致的 LED 光源进行直接替换。

15 个商场示范项目中，全部采用了 LED 灯具改造技术。LED 灯具平均单位规模成本为 14802 元 /kW。LED 灯具节能率分布如图 3-1-28 所示，与其他建筑相比，商场建筑 LED 灯具的节能效果最佳，平均节能率为 11.89%。这主要是因为商场建筑照明能耗比重大，照明灯具使用时间长。办公建筑能耗中，照明能耗比重同样较大；而宾馆建筑中，照明能耗比重相对较低。

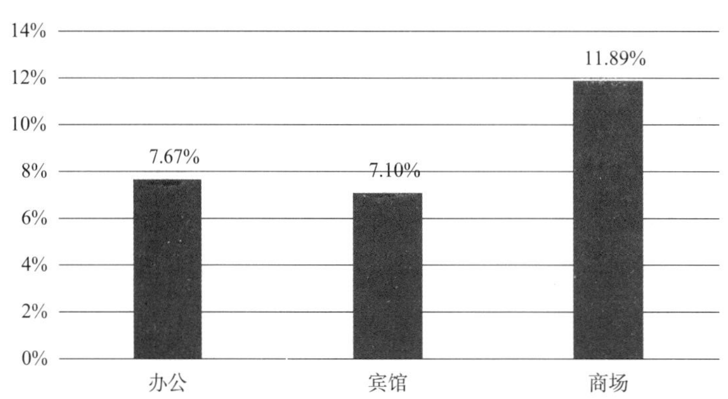

图 3-1-28　LED 灯具节能率比较

1.6.7　其他节能改造技术措施

1. 电梯能量回馈

通过能量回馈装置将电梯制动电阻能量进行回收，并逆变转化为交流电进行并网从而实现节能效果，同时可以节省机房空调和降温设备的耗电量。对提升高度超过 35m 或额定运行速度超过 1.75m/s 的电梯，并且轻载上行或满载下行次数占总上下次数比例较高的适用安装能量回馈装置。某示范项目采用的电梯电能回馈装置如图 3-1-29 所示。

2. 扶梯启停与变频

在原工频控制系统的基础上，加装变频器、光电开关、扶梯变频运行专用控制器以及其他必要辅助元件后组成的新控制系统。采用变频变压调速（VVVF）作为调速方式，无乘客使用时采用自动停止运行或减速运行的功能，自动进入待运行状态。

3. 更换为高效炉芯

对于商场内的餐饮，建议将灶具更换为高效炉芯，可有效降低燃气使用量。高效炉芯的主要工作原理是调整燃气和氧气的最佳混合配比，使燃气能够更充分地燃烧，

（a）

（b）

图 3-1-29 电梯电能回馈装置

大幅度降低 CO 的排放浓度，提高燃料的利用率。同时，配合使用聚能盘，可把热量反复反射到锅底，一次热能多次利用，不但燃料充分燃烧，还能保证热量不散失。高效炉芯通过自动控火系统，使火力均匀、迅猛，可大幅度提高菜品质量和出品速度，同时降低了厨房环境温度，有利于改善厨房的工作环境。高效炉芯的主要技术特点如下：

（1）一氧化碳和氮氧化物排放量远低于国家相关标准。

（2）噪声比普通炉芯降低约 30% ~ 50%。

（3）采用了火焰对流加热与辐射加热双结合的加热模式，把炉膛温度提升到了 1300℃以上，热利用率得到了有效地提高，提高炒菜速度。

某项目节能灶具改造前后对比如图 3-1-30 所示。

图 3-1-30 节能灶具改造前后对比

4. 冰柜加盖

冰柜加盖是指针对敞开式冷藏柜加装透明盖，既不影响消费者选择商品，又可减少冷藏柜冷气外逸，可有效降低设备能耗。冰柜加盖是目前超市类建筑节能改造中操作难度低、节能效率明显的技术措施之一。冰柜加盖适用于超市等类型的公共建筑。冰柜加盖实物图如图 3-1-31 所示。

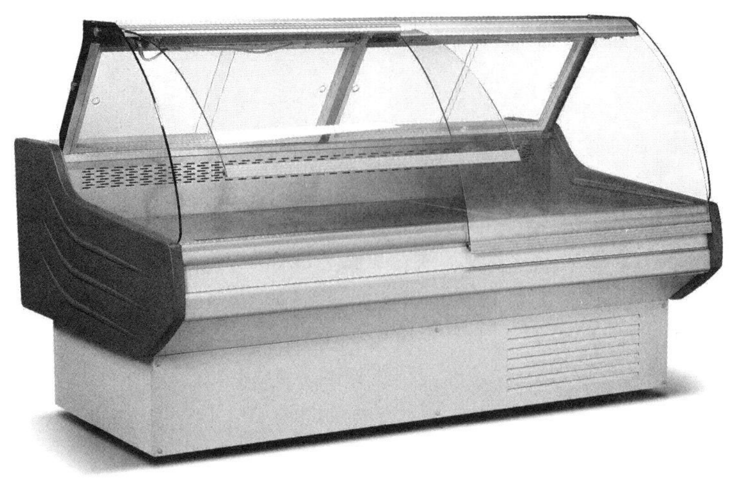

图 3-1-31　冰柜加盖

1.7　减排成本曲线

国际早期编制成本曲线的研究咨询机构有美国的劳伦斯实验室和德国 GOPA 咨询公司。2007 年，麦肯锡公司发布了全球温室气体减排成本曲线。麦肯锡公司在全球 10 个领军企业和组织的支持下，开发出一个全球温室气体减排数据库。该数据库包括了至 2030 年的时间范围内，对 10 个经济部门和全世界 21 个地区的 200 多种温室气体减排机会的潜力和成本的深入评估。麦肯锡公司绘制全球温室气体减排成本曲线，为各国减排决策者（如果他们选择采取行动的话）提供各种可能的减排方法的重要意义和成本。

全球减排成本曲线对全球温室气体减排有积极的贡献，它揭示了把全球平均温度的上升幅度控制在与前工业化时代相比，不超过 2℃的水平是有潜力的，但极具挑战性，需要及时采取行动。它为各国及行业企业愿意采取行动的决策者提供了各种可能减排方法的重要意义和成本，它为各国各行业减排探讨提供了一个量化基础，还对不同地区和行业提供了相对重要性的认识。但是，它并不能回答低碳实践区怎样制定目标策略采取行动的问题。

2012 年 8 月，上海市被列入全国第二批公共建筑节能改造重点城市，要求在 2014 年 8 月前完成 400 万 m^2 公共建筑节能改造降耗 20% 的目标任务，每个公共建筑节能改造项目可享受 20 元 /m^2 的国家财政补贴。为全面完成上述各项目标任务，上海明确了由市城乡建设交通委会同市发展改革委等相关部门，依照各自职责共同推进全市公共建筑节能改造工作。2014 年 8 月示范项目顺利完成，共完成 400 万 m^2 各类公共建筑 80 幢。示范项目实施时有严格、规范的管理流程，积累了从能源审计、改造方案、项目验收、节能量评估等一系列文档。对这些文档中的信息进行深度挖掘，例如开发动态的上海市公共建筑减排成本曲线，可为上海市相关部门为进一步开展建筑节能改造的目标制定、政策研究，提供扎实的基础。

根据示范项目 80 幢和长宁区世行项目中的 20 幢公共建筑的资料，通过整理、识别，建立了上海市公共建筑节能改造项目数据库，开发了上海市公共建筑减排成本曲线（以下简称建筑减排成本曲线）。

减排成本曲线 X 轴表示操作年减排能力（或潜力），Y 轴表示单位减排 CO_2 的成本。在成本曲线中最重要的要素是柱状框，每个柱状框表示一项技术措施（对应某种技术或产品）。柱状框横向（X 轴方向）宽度表示技术措施的年减排量大小，柱状框纵向（Y 轴方向）高度表示技术措施的单位减排成本高低。减排量计量单位可用吨二氧化碳 / 年或吨二氧化碳当量 / 年（在有其他温室气体排放的情况下），单位减排成本计量单位可用元 / 吨二氧化碳或元 / 吨二氧化碳当量。

所有柱状框按单位减排成本从低到高，从左到右排列。一般情况下，柱状框的顶端（非 X 轴上的一端）会形成一横向 S 的形状。这就是用“曲线”命名的原因。

成本曲线为决策者提供了以下重要信息：

（1）本区域内适用的减排技术，以及每一项技术所具有的减排潜力大小，其单位减排成本的从低到高排序，哪些技术可依赖市场的推动、哪些技术应由政府给予额外的关注。

（2）最大化的减排潜力（技术潜力），这将是减排目标的极限，根据区域节能或减排潜力曲线进行不同低碳情景的假设分析，用于分析不同模式下节能低碳目标。

（3）核实通过自上而下制定的减排目标的实施可能性。一般根据减排目标可计算出其中通过技术进步取得的减排量，若该减排量位于单位减排成本零点的左方，那该目标基本可通过市场机制就可能实现；若要位于右方，表明该目标需政府有额外的推动，才能得以实现。该目标对应的技术的减排成本可视为政府在额外推动时所需的成本。若额外成本很高，政府无法安排高额费用，那么目标实现的可能性将降低。

（4）项目的实施难度给出了实施时更多的决策信息。有些节能减排技术有一些重要的但效益无法量化的附带功能，但从成本决策会造成一些偏差。实施难度会为科学决策提供的重要信息，可进行节能措施实施决策分析。因此要特别关注曲线 X 轴上方实施难度不大的技术。

（5）对应曲线有相应的一个综合数据库，涉及大量信息，涉及与各项技术有关的投资成本、运行成本、寿命、节能率以及能效变化等基础数据，通过对该综合数据库的深度分析，可得到更多有价值的信息。

建筑减排成本曲线所对应的排放对象是上海市完成节能改造的 100 幢公共建筑，排放对象不是对应一个具体的地区，具有一定的特殊性。同时减排量不是该技术的减

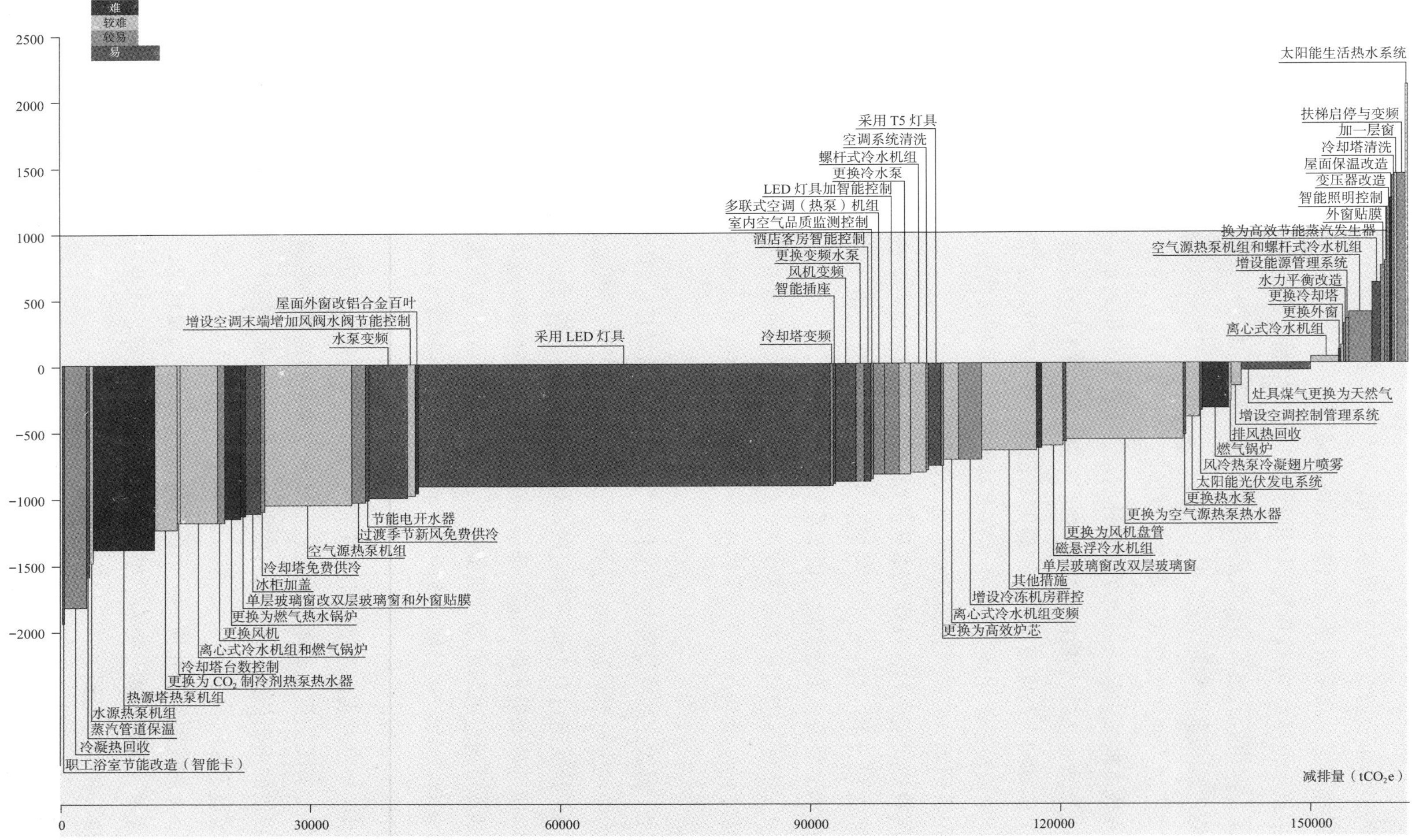

图 3-1-32 上海市公共建筑减排成本曲线

排潜力，而是实际形成的减排能力，但以上几点不同并不影响解读成本曲线的基本方法。

解读建筑减排成本曲线：

（1）建筑六大类节能减排技术

成本曲线涉及的63项节能减排技术分为六大类：围护结构改造、供暖制冷和热水系统改造、电气和照明改造、再生能源利用、监测和控制措施、动力设备改造。

曲线显示，得到最广泛实施的高效照明贡献了40%的减排潜力。LED替换普通荧光灯（包括紧凑型荧光灯）平均减排率达到50%。因此尽管照明能耗在建筑中低于供暖制冷和热水系统，但由于该技术的高节能率和实施的容易程度，照明改造的节能减排潜力在所有技术中名列前位。

供暖制冷和热水系统在建筑能耗占到40% ~ 50%，曲线也显示该系统改造总减排量高于照明改造。供暖制冷和热水系统的设备经济寿命期通常在15年以上，远大于荧光灯（通常2 ~ 3年），在2000年前建造的建筑，现在是进行节能改造的最佳期。预见在照明改造全面完成后，该系统的改造将为首位重要的节能减排技术。

（2）建筑节能减排不需额外的成本付出

全球温室气体排放成本曲线显示在较乐观的情况下，全球减排平均成本为4欧元/ tCO_2e，为此全世界每年需要付出的减排成本可能会达到2000亿 ~ 3500亿欧元。这些数据传递的信息是减排需额外的成本付出，这与曲线用“减排成本”命名的内涵十分符合。

麦肯锡在“2008中国绿色革命”研究报告中指出：“该部门（注：指建筑）具有最好的经济效益。分析显示，拥有经济回报（即负成本）的技术贡献了本部门70%的减排潜力。”

上海建筑减排成本曲线显示，拥有经济回报（即负成本）的技术贡献了90%的减排量。63项全部技术的加权平均减排成本为 −903元/CO_2。这些数据支持了麦肯锡的上述观点：建筑减排不需额外的成本付出。我们的结论则更进一步：建筑减排具有相当可贵的经济效益。

具有良好的经济收益，这是示范项目的最重要示范意义，它告诉业主节能改造值得投入，提醒合同能源公司在关注工业节能项目的同时，不要忽视建筑节能改造项目。

实施上述技术新增投资5.7亿元，这在为业主创造效益的同时有效地拉动了合同能源公司业务，合同能源公司得到市场磨炼，快速地成长为建筑节能改造的市场力量，也将十分有利于未来的推广。

（3）机会和挑战同在

根据曲线数据，建筑节能改造项目平均节能率高达22.19%，100个项目平均财务内部收益率（FIRR）为20.48%，远高于房地产行业的平均水平。无论从业主还是合同能源公司角度看，建筑节能改造均是值得投资的一个领域。从政府角度看，100个建筑仅占上海2000幢建筑5%，按单位建筑面积减排25kgCO_2/（m^2·a）的潜力计算，建筑减排潜力高达240万tCO_2/a。对成本曲线研究更突显出了这一机会。

但要完成上海全部建筑节能改造，仍存在巨大的挑战。通过SWOT方法分析，建筑节能改造推进过程中存在许多市场缺陷，这些市场缺陷形成了一些障碍，导致具有良好财务和经济效益的建筑节能改造项目在2013年前少有人问津。这些障碍有：业主对建筑节能技术的生疏，现有能源审计的深度不够，改造项目的投资和收益分离，合同能源公司市场开拓的能力不足，项目融资难度大等等。示范项目能成功实施完成，得益于探索出一些方法克服了上述障碍。这些经验有利于未来的推广，但未来障碍依然存在，因此如何更有效地克服障碍的挑战仍存在于未来推广过程之中。

（4）政府建筑节能改造扶持政策制定的参考依据

示范项目中政府建筑节能改造财政扶持标准为35～40元/m^2。2016年颁布的《上海市建筑节能和绿色建筑示范项目专项扶持办法》规定公共建筑单位建筑面积能耗下降20%及以上的，每平方米受益面积补贴25元；公共建筑单位建筑面积能耗下降15%（含）至20%的，每平方米受益面积补贴15元。上述财政扶持标准都基于实际数据制定。

（5）曲线应用的局限性

由于研究对象、方法、目的、采用的数据不同，不同的曲线都有其适用的情景，即对存在相应的局限性。建筑减排成本曲线的研究对象为示范项目，采用了自下而上的方法，编制的依据为项目实际数据，其结果可作为进一步推广的技术路线图。但基于实际的数据无法揭示一些具有发展潜力的技术未来的表现，故曲线数据不能直接用于减排策略。但动态的曲线数据在策略制定中应仍有一定参考价值，至少它给出了现有技术所拥有的减排潜力和相应的一些重要信息。

图3-1-33为商场建筑的减排成本曲线。可供参考。

1.8 小结

从整体上讲，商场建筑的节能改造具有良好的技术经济性，投资回报最佳，市场选择也证实了这点。商场建筑每个项目节能改造的平均投资额为282.5万元，单位面积的投资为105元/m^2，静态回收期仅为2.12年。商场建筑单位面积用能强度大，节能改造潜力大。

对于商场建筑，LED灯具、超市类商场建筑的冰柜加盖和冷藏冷冻制冷系统冷凝热回收技术、过渡季节新风免费供冷和风机增加变频装置等均具有较好的节能效益性价比。这些节能改造技术措施技术成熟、维护成本较低，在示范项目中得到了广泛应用。

对于既有商业建筑节能，应该推广合同能源管理制度；实行用能定额管理，梯级

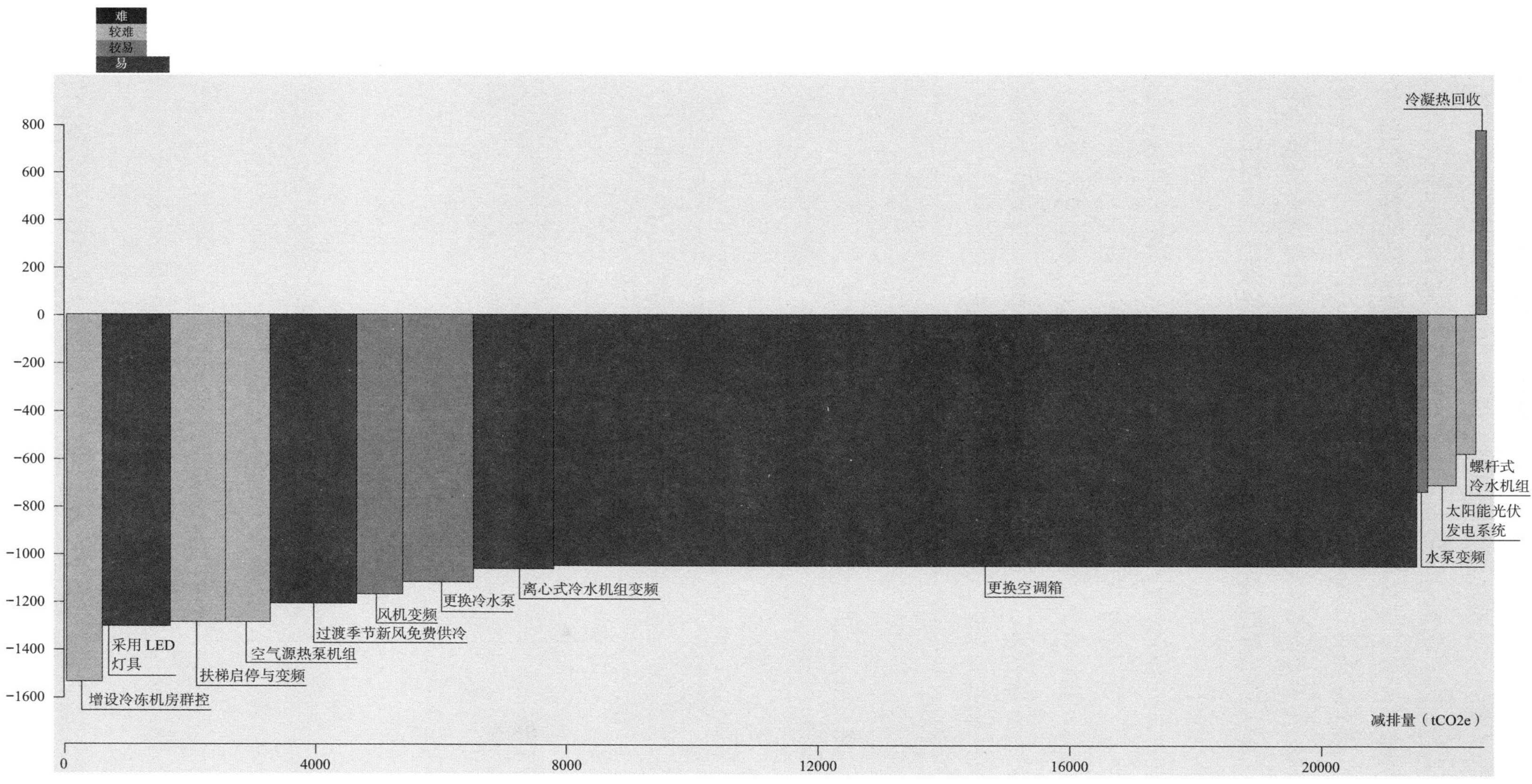

图 3-1-33　上海市公共建筑（商场）减排成本曲线

电价。此外，在实践过程中，可以通过对外围护结构、新风供应、照明系统、空调冷热源和输配系统、通风系统以及各类用电设备、供配电系统的现场测试、能源审计然后判断并解决问题，实现对既有商业建筑由工程实施阶段和运行维护过程中的各类问题的解决方案。此外，商场的业态和日常的运行也对能耗有着不小的影响。物业管理对能耗的影响主要体现在两个方面。一是物业管理人员的自身的业务素质。对机电系统的管理和操作不是简单的开关和记录，需要对其工作原理有基本的了解。目前大部分的物业工作人员并不具备专业知识，只是机械的开关设备，而不是有针对性的和科学的对设备的运行和反馈的数据进行分析并采取合理的运行策略。二是管理制度并不完善。没有对人员工作流程的教育，也没有要求工作人员对能源的消耗进行及时的记录，或即便有记录，但记录错误或不完整。全面、正确的数据才会有助于对系统的运行进行分析，以便不断调整系统的运行策略。随着科技的不断进步，大部分的数据可以通过设置监测系统来完成，只需要在电脑上导出数据即可。这就需要物业管理的人员不断地提高自己的业务水平，才能对节能起到促进作用。

2 商业建筑结构改造流程与技术介绍

李承铭，唐小辉，方林[①]

从近代中国开埠以来，上海商业始终走在中国前列，特别是在改革开放之后，上海在引进外资，发展新兴商业业态方面更是取得令人瞩目的成就，并引领整个中国商业的大发展。但是近年来随着国内经济增速放缓、居民消费行为及消费结构发生变化、商业物业租赁价格不断上涨等的因素影响，导致目前商业发展遇到一些新问题，不得不经历一场全面深刻的转型与升级。

上海商业的转型升级主要聚焦在以下几个方面：传统商圈向智慧型商圈转型；加强体验型消费；深度融合线上线下消费；以品牌经济时尚产业等作为升级动力；创新发展新业态模式等。这些方面除从政府角度加强顶层设计、发挥政策的引导作用外，重点商圈的自身改造与提升必不可少。这些改造从硬件角度包含：建筑空间、外立面、内外部流线、内部装修与环境、绿色化、信息化、设备等的改造内容。因篇幅所限，本书仅从商业建筑中土建改造的角度来介绍商业建筑的改造流程与技术。

2.1 商业改造加固的实施流程

商业改造实施的流程主要如下：可行性研究→建筑方案设计→检测与鉴定（地质勘测）→加固改造设计→加固改造施工→工程竣工验收。

2.1.1 可行性研究

根据项目所处的商圈及商业定位，有针对性的进行商业升级研究，这部分应重点投入，多方面考证，务必使得研究成果能够指引正确的改造方向。

2.1.2 建筑方案设计

根据可行性研究的商业升级的定位及方向，进行初步的建筑方案设计。建筑方案不仅需要契合商业升级改造的内涵，而且需要从这个项目的自身情况入手，争取以尽

---

① 作者简介：李承铭，华东建筑设计研究院有限公司，教授级高级工程师，chengming_li@arcplus.com.cn；唐小辉，华东建筑设计研究院有限公司，高级工程师，xiaohui_tang@arculus.com.cn；方林，华东建筑设计研究院有限公司，高级工程师，lin_fang@arcplus.com.cn。

可能少的投入来获取商业更新利益的最大化。

2.1.3 检测与鉴定

对于既有商业建筑的改造，都需要对原结构现状质量进行评估。这需要委托专业的检测单位进行资料搜集、现场调查，并对结构的外观质量、构件损伤、裂缝、锈蚀情况和结构变形等进行全面检测，调查使用环境与荷载，以及结构中是否存在有害介质作用，以及实际荷载是否超标等，并按相关规范对检测数据进行综合分析判断，对抗震设防区内的结构抗震性能进行综合评定，并给出评定结论及处理建议。上海地区属于 7 度抗震设防区，正常情况下的商场改造均应进行抗震鉴定。

2.1.4 地质勘测

当原商业建筑改造加固设计涉及基础改造或地基处理时，例如新的方案增加荷载；基础形式发生变化（由天然地基变为桩基）等，必须对相关部位的地基进行地质勘测，为后期的基础加固提供设计依据。

2.1.5 加固改造设计

根据检测鉴定及地质勘测的结果和相关的改造加固规范，对商业建筑物进行加固改造设计，包括建筑、结构、机电的改造，加固设计方案、扩初及施工图应报送审查，部分改造还要进行结构抗震加固方案的专项审查。

2.1.6 加固改造施工

由有资质的施工单位根据加固设计图，进行加固改造施工，包含土建及内部装修施工，由监理单位进行过程监督，对加固施工质量进行现场检测。

2.1.7 工程竣工验收

按加固工程的施工验收规范，由建设方、设计方、监理方及施工方等各方对加固改造工程进行竣工验收，竣工验收通过后方可投入使用。

2.2 商业更新改造中的结构改造方式

商业建筑在更新改造中包含两大类：一类是一般的装修改造，这类改造中不涉及结构构件的破坏，对于这类改造，可根据商业建筑功能的调整，对原结构进行计算校核，因使用荷载变化一般不大，一般不需对结构进行加固或仅对个别楼板进行局部加强即可；另一类是需要改变原有的结构，特别是有些甚至要改变结构体系。后者加固又细分为三种类型：（1）在既有结构上进行改造加固；（2）在原结构中局部引入新结构体系；（3）取消原承重结构，由新结构替换。

2.2.1　在既有结构上进行改造加固

这类改造是最常规的，占有很大比例，主要是对个别结构构件进行加固改造，例如商业用途调整后个别房间的使用荷载增大（例如，原来是办公用房改为商场），这就需要对相关部位的楼板、梁、柱及基础进行计算校核分析。如果原有的结构构件的承载力不能满足新的情况，则必须对这些构件进行加固，以满足后期使用。

还有一类情况是原结构设计年代较早，不满足现行的设计规范。例如，上海在20世纪80年代以前的建筑是不考虑地震作用的，所以很多结构构造不满足现行的抗震规范的要求，这类结构即使后期商业功能不变，往往也需要进行加固。

另外一种情况是新的商业要求需要局部空间扩大，需要对个别梁、板、柱、墙等结构构件进行拆除，这就导致结构传力途径会发生改变，导致周边构件很可能受力不满足要求。这类情况往往需要结构整体分析，通盘考虑，尽量避免结构出现薄弱部位及失稳问题。

2.2.2　在原结构中局部引入新结构体系

对于很多由工业建筑改为商业场所的改造，在原结构中局部引入新结构体系很常见。由于工业建筑内部空间普遍很高大，可以在内部增设结构夹层（图3-2-1），或者在相邻的建筑之间增设采光顶棚及连廊（图3-2-2）又或者在结构外部增设门厅或加装楼梯、电梯等（图3-2-3），这类结构多依附在原有的结构上，因此往往采用钢结构比较轻巧，布置也比较灵活。

图3-2-1　内部增设钢结构夹层

图3-2-2　两幢建筑间增设采光顶棚

图3-2-3　外部增设钢结构楼梯图

新增结构如依附在老结构上，有部分荷载会传到老结构上，就需要对老结构上的相关构件的承载力及稳定性进行验算，不满足则需要加固；另外一种情况是新结构与老结构设缝脱开，自成一体，则底部应新增基础来独立承重，以防止新老建筑沉降差过大，但新增基础应考虑与原有基础的关系，尽量减少对老基础的扰动，同时应复核新增荷载在老基础地基中的应力叠加问题。

2.2.3 取消原承重结构，由新结构替换

这类改造往往是由一些有历史保留价值的建筑改造为商业建筑，由于原有建筑的内部空间不满足当前商业建筑的使用需求，或者是原有老建筑的结构由于年代久远而严重老化等原因，但为了保留其原有历史风貌，不能拆除重建。这类建筑常常把内部原有的结构替换成新结构，而原有的外立面的承重墙体则作为非承重构件依附在新结构上，只作为外立面的装饰墙。上海外滩很多建筑就采用这类手法进行改造（图 3-2-4）。

这类改造基本上原有内部结构（甚至基础）都要拆除替换重做，工程量大，而且在新老结构替换过程中还不能拆除外表皮，因此施工周期长、成本高。

图 3-2-4　上海外滩源建筑外立面

2.3 上海特色商业建筑改造简介

上海商业建筑更新改造有特色的主要有以下三种：一类是里弄改造，这类主要是针对上海很多有历史保留价值的街区里弄的更新改造，这些里弄建筑一般为多层的砖混结构；另一类是老工业厂房改造为商业建筑，近代以来上海工商业发达，各个时期的工业建筑散布在城市各个角落，特别是在黄浦江及苏州河两岸尤其多，这些建筑普通特点是有大空间，大型厂房结构多为混凝土排架结构，跨度大的厂房屋盖采用钢屋架或混凝土屋架；还有一类是上海后世博会的展馆改造为商业建筑，如世博轴改造为世博源，浦西的城市最佳实践区的商业改造等，这类改造结构形式较多，例如世博源

就是在原有世博轴下的混凝土结构改造而成，此外世博会的很多展览建筑是由原址上的老建筑改造而成，世博会后这些保留建筑面临二次改造更新，而这次改造很多是商业化更新改造。

2.3.1　里弄建筑改造

上海独有的石库门里弄建筑是中西合璧的产物，石库门门框上欧式的花纹、屋顶、排联式的结构，都是西方文化的延续。里弄建筑改造一开始就不单单是商业改造，还包括历史风貌的留存与修复。这类改造最为典型的有上海的新天地（图 3-2-5）、建业里等的改造。里弄建筑多是砖混结构或者是砖木结构，由于原先是作为居住建筑，开间及层高较小，作为商业活动场所空间不佳，因此改造多采用“保留建筑外皮，更新内部结构”的改造方式，例如新天地就对建筑内部结构进行重建，原来建筑上拆下的旧砖、旧瓦等材料，继续使用到改造中的石库门建筑中，以保证改造后的建筑更具历史感。对于建业里，原本以保护性修缮为主的改造，但是在商业化开发的背景下，“原样原修”这样精细的历史建筑改造工程，施工成本及施工难度远高于推倒重建的成本，因此原有的建筑被全部推倒重建，只保留建筑外观，内部结构同样使用现代的钢筋混凝土结构。

图 3-2-5　上海新天地实景图

2.3.2　旧工业厂房改造

旧工业建筑作为工业时代的产物，记载了城市工业文明发展的历程。旧工业建筑类型包括：厂房车间、仓储类用房、服务用房、厂区附属办公楼、水池、码头、船坞、烟囱等。旧工业厂房建筑的高大特征为其改造成为商业建筑提供了自由的空间和可能性，同时由于工业建筑往往都具有坚固、耐久的主体结构，结构受力简单明了，便于安全可靠地进行改造，因此改造建设周期短，成本较低，见效快，投资风险相对较小。

旧工业建筑在上海的改造案例很多,例如上海卢湾区泰康路视觉创意设计基地（田子坊）、上海卢湾区建国中路“八号桥”（图 3-2-6），上海城市雕塑艺术中心（红坊）、M50（莫干山路 50 号）、上海国际时尚中心（原上海第十七棉纺织总厂）等等。工业厂房根据工艺要求，结构形式也不同，对于重型工业厂房，空间较高，跨度较大，一般采用排架结构或框架结构,带牛腿的柱采用混凝土柱或钢柱,屋顶多采用钢结构屋架、桁架或拱架，屋面板铺设混凝土预制板或彩钢板，有些屋顶还设有采光天窗；对于一般的厂房车间，通常采用钢筋混凝土框架结构，也有采用混凝土无梁楼板结构；对于厂房内一些附属建筑或办公区域，以混凝土结构或砖混结构为主，早期的结构部分采用砖木结构。

旧工业建筑空间可塑性强，为建筑师留下的自由的想象空间更大，结构改造可使用多种方式来满足建筑功能的需求，如内部空间增设钢结构夹层、原有的结构混凝土柱增大截面加固、砖墙承载力加强、局部基础增设锚杆静压桩加固及增设阻尼支撑进行整体抗震性能加强等。

图 3-2-6　上海“八号桥”厂房改造后实景图

2.3.3　后世博建筑改造

后世博建筑改造中比较典型的，如世博轴在世博会结束后改建成超广域型综合购物中心“世博源”（图 3-2-7）。“世博源”项目总建筑面积达 33 万 m^2，改造完后的商业业态包含零售、餐饮、娱乐和其他配套设施。因原有的世博轴建成时间较短，结构构件承载力退化程度很轻，所以不需要对整体加固，只需对个别区域个别构件因功能需求改变进行加固，因此结构加固改造成本较少，改造流程较短。

图 3-2-7　世博源改造后内景图

2.4　商业改造涉及的结构加固技术

2.4.1　修缮加固技术（裂缝修补）

商业建筑物竣工后经过一段时间的运营使用，由于各种自然或人为因素的作用，建筑结构上会有裂缝产生，裂缝的产生会对结构承载力及耐久性产生影响，也会对人的心理造成一定的不适，在老建筑的商业化改造过程中对于裂缝的修缮、加固必不可少。

结构常见的裂缝原因主要包括地基不均匀沉降裂缝、温度裂缝、承载力不够引起的受力裂缝、施工质量问题导致的裂缝及设计构造不合理引起的裂缝等。

常用的结构裂缝修补方法有表面封闭修补、压力灌浆修补、局部补强或替换、夹壁墙或扶壁柱加固及其他裂缝加固法。

1. 表面封闭修补

表面封闭修补主要是修补由于热胀冷缩引起的结构构件表面面层的裂缝，或者是由于建筑隔墙门窗洞口角部应力集中而产生的裂缝，这类裂缝宽度较小，不会危及结构安全，主要是影响美观。

表面封闭修复，一般先清除裂缝周边的松散物，对于宽度较窄的裂缝，周边清洗干净后，可采用水泥砂浆中掺入 108 胶等聚合物进行表面封闭处理，用勾缝刀或刮刀等工具将其填入裂缝内；对于较宽裂缝，可将裂缝两侧局部面层凿开，铲除空鼓层，再用高等级水泥砂浆填缝修补。

2. 压力灌浆修补

压力灌浆一般用在裂缝宽度较大而可能影响到结构整体性能的情况下。压力灌浆工具有自动压力灌浆器、手动注入枪或者空气压缩机等，灌浆材料可选用强度等级较高的水泥砂浆、环氧树脂砂浆、掺 108 胶的水泥砂浆或其他化学浆液。

根据裂缝宽度及裂缝状态选用不同的灌浆料：对于裂缝不再开展的情况，当宽度小于 0.3mm 时，宜先采用环氧胶泥封闭后，再采用低黏度的环氧树脂浆液灌注；宽度在 0.3 ~ 1.0mm 可采用环氧树脂浆液直接灌注；宽度大于 1.0mm 可采用环氧树脂浆液和水泥浆液灌注。对于裂缝仍在开展的情况，可采用柔性发泡环氧树脂等柔性材料进行灌注。

压力灌浆一般施工工序：裂缝处表面处理→埋设灌浆器→封闭裂缝，形成密闭空腔→密封检查→灌浆施工→表面处理。

3. 局部补强或替换

当裂缝宽度较大且对结构构件的承载力影响较大，如数量不多，可局部采用补强措施，例如沿着裂缝走向，隔一段距离在灰缝中埋入垂直向的短钢筋，两端弯钩锚入灰缝中，或者隔一段粘贴钢板条或碳纤维布，两端用螺栓或碳纤维条固定。

当裂缝较为集中时，也可对局部裂缝砌体砖墙采用抽砖重砌的方式，砌筑材料采用较高等级的砖和砂浆补砌，或者采用设置素混凝土补砌等措施。

4. 夹板墙或扶壁柱加固

当裂缝较多，原砌体墙体的砂浆强度较低而影响墙体结构承载力、抗震性能或墙体稳定性，或由于稳定性不足引起的水平或竖向贯通裂缝时，可采用夹板墙或扶壁柱进行加固。夹板墙加固法，即先去除原粉刷层，两侧或单侧采用高等级水泥砂浆或钢筋网水泥砂浆进行加固。扶壁柱加固法顾名思义，即在砖墙一侧增设砖柱或混凝土柱，与原砖墙连为一体，提高墙体的抗侧力刚度及稳定性，从整体上来解决裂缝问题。

5. 其他裂缝加固法

其他裂缝加固法主要包括钢结构构件及木构件裂缝的加固。钢结构构件因荷载反复作用或材料、构造及安装不当等原因，会产生网状裂纹、分叉裂纹或局部破损和孔洞，可在裂纹处采用直接焊接封堵或采用补焊钢嵌板或盖板进行处理；木构件（柱、梁、屋架）出现干缩裂缝时，对于裂缝宽度小于 3mm，可直接用腻子勾抹填实，宽度在 3 ~ 30mm 可用木条嵌补，并用耐水性胶粘剂粘牢，宽度大于 30mm 除上述外还需做开裂处加钢箍 2 ~ 3 道。当构件裂缝较大，也可将此构件进行替换。

2.4.2 增强构件承载力的加固技术

此类加固是针对构件的承载力不足而采取的最传统的一类加固措施，在商业建筑的改造过程中，这类加固技术一般都会被采用，包括增大截面加固法、置换法、外贴加强法、间接法等。因老建筑结构构件本身处于受力状态，为了保证加固后构件能更有效地参与到整体结构受力中，一般加固前要临时卸荷，或采用千斤顶作用到周边结构构件，减少传到待加固构件上的作用力，等新加固的构件承载力达到设计要求后，方可重新加荷或拆除千斤顶。

1. 增大截面法

增大截面加固法是一种受力直接可靠、工艺较简单、加固费用相对较低的传统的加固方法。增大截面法不仅可以提高承载力，也会增大刚度改变结构的自振频率，如在混凝土梁柱构件周边包裹一定厚度的钢筋混凝土，通过一定措施使得新老混凝土粘结牢固，形成整体共同工作（图 3-2-8）。

对于混凝土构件，一般先要把原混凝土构件表面的建筑装饰层清除掉，然后在其表面凿毛，甚至还在连接面上植入抗剪短钢筋，以改善结合面的粘结能力。新增的混凝土内应配置纵筋和箍筋，钢筋应与原混凝土内的钢筋侧面焊接。对于砌体墙体，可在砌体表面增设钢筋网水泥砂浆或钢筋混凝土面层来加大截面，提高砌体墙体承载力及刚度。对于钢构件，可在构件需要加固的部位焊接钢板、型钢或外包混凝土来减少钢构架的应力，降低构件的长细比，从而提高钢结构构件的承载力和稳定性。

增大截面加固的缺点是占用一定的建筑使用空间，特别是柱截面加固，会使得加固后的建筑有效使用面积减少。商业建筑人流量大，对于走道等疏散区域有最小宽度要求，在加固此类区域时应特别注意，要满足建筑消防设计规范的强制性条文。

（a）

（b）

图 3-2-8 混凝土柱、梁增大截面法

2. 置换法

前述增大截面法加固的前提，是原结构构件强度不能削弱很多或者不能有严重缺陷；否则，就需要把不合格的构件置换掉，这就要采用置换法进行加固，可采用构件局部替换或整根构件替换。

对于混凝土构件，因受环境腐蚀、火灾损毁、地震或人为损坏而造成构件损伤或者是由于施工不合格而造成的蜂窝、麻面、孔洞等，需要将原混凝土构件中的破损、酥松的混凝土凿除掉，保留原混凝土密实部位，用高一等级的混凝土浇筑置换，并同增大截面法一样要保证新旧混凝土两者粘牢，以共同工作。对于混凝土构件中的锈蚀严重的钢筋，也应采用新的钢筋替换。对于砌体墙柱中的砌块或砂浆粉化，可重新砌筑新的砌块或者采用混凝土墙柱替换。对于钢结构中锈蚀严重的钢构架，也采用新的钢构件或钢板替换掉。对于木结构构件，可用新木材或者是钢拉杆来替换局部腐朽木材（图 3-2-9）。钢木新替换的构件应重新刷防腐防火涂料。

图 3-2-9　木结构梁腐烂图

置换法在施工时应确保构件及整体结构在置换过程中的结构安全问题。商业建筑在进行结构构件置换加固过程中，应尽量减少构件直接受力部位的荷载，如遇到改造过程中商业运营不能中断的情形，应设置临时结构支撑，确保施工过程安全。

3. 外贴加强法

外贴加强法即在混凝土构件的外侧增设钢板、型钢、碳纤维、钢丝绳等加强构件，这些外贴增强措施其实起到钢筋抗拉的作用，直接增设钢筋，需要外包混凝土进行包裹（即增大截面法），构件截面尺寸增大较多，对建筑空间影响较大，而采用上述外贴措施，截面尺寸增加不多，影响较小，适用于不需增大构件刚度而仅需要提高承载力情况下的一类加固方式。

这类加固方法包括外粘型钢法（即在原构件角部外包角钢加缀板并灌注胶粘剂，如图 3-2-10 所示）、粘贴钢板法（原构件外表面粘贴钢板形成一体）、粘贴碳纤维加固法（原构件表面粘贴碳纤维等与原构件形成一体，如图 3-2-11 所示）、钢丝绳网片聚合物砂浆外加层法（原构件表面增设钢丝绳网片—聚合物砂浆形成整体工作）、绕丝法（原构件表面缠绕钢丝使构件受到约束作用，提高承载力和延性）、外加预应力法（在原构件外侧增设高强钢绞线并施加预应力，提高承载力、刚度及构件抗裂性能）。

外贴加强法一般工艺简单，施工方便，施工周期短，占用空间小，另外新材料新技术的产生也不断产生此类新的加固方法。商业建筑改造过程中如对改造周期及施工条件要求较高，可采用此类加固方法，但其加固承载力提高一般控制在40%以内。如果超过上述范围，则应考虑其他加固方法。

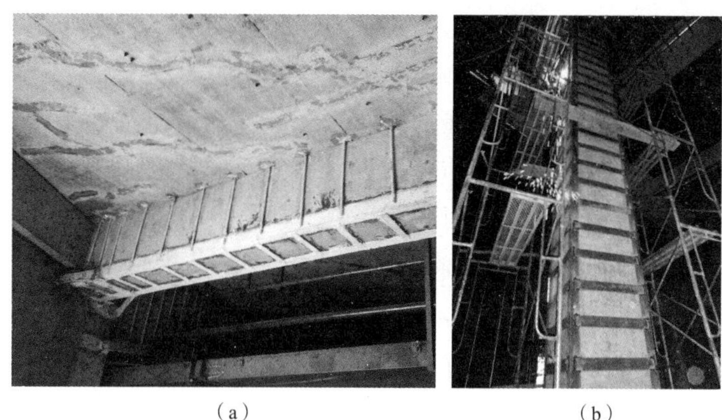

（a）　　（b）

图3-2-10　外侧增设型钢加固混凝土梁、柱构件

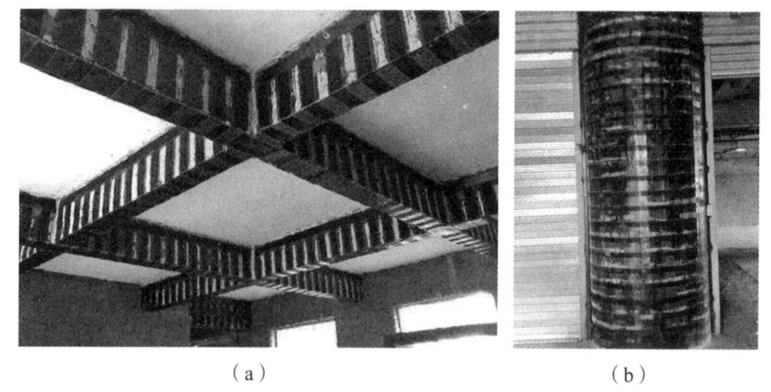

（a）　　（b）

图3-2-11　外贴碳纤维加固混凝土梁、柱构件

4. 间接法

间接加固法即不直接对构件进行加固，而是通过改变结构受力途径或受力体系，来达到加固结构构件的目的。常用的加固方法主要有增设支点加固法、增设构件法和托梁拔柱法。增设支点加固法，顾名思义，即在原结构增设支点，减少梁的跨度或减少柱的无支撑长度，从而改变受力状态、提高承载力、减少挠度等。增设构件法即在需要加固的构件周边增设新的构件，以分担原构件一部分的载荷，从而使得原构件承载力满足要求。托梁拔柱法即因建筑空间布局而对底部柱拆除，同时其上的墙柱仍旧保留，通过设置转换构件或加强底部框架梁来被动改变传力途径的一种加固方式，这种方法对分析和施工技术要求较高，必须要采取一定的安全措施。间接加固方法还很多，比如单向受力改为双向受力结构，构件端部由铰接改为刚接等。

商业建筑改造往往会对空间布局重新进行规划，采用间接加固法是一种比较灵活的加固方式，可以尽可能减少加固对商业建筑的影响，同时也可以根据商业建筑更新的需求，进行有的放矢的结构加固。

2.4.3 抗震加固技术

上海在 20 世纪 80 年代以前的建筑物是没有抗震设防的，而现行的中国地震动参数区划图规定上海为 7 度抗震设防，现在如对这类老的建筑物进行商业化改造，需要进行抗震加固设计。另外按最新的抗震设防规范要求，因大型商场的人流密集，对于大型商场同时满足一个区段人流不小于 5000 人、换算的建筑面积不小于 17000m^2 或营业面积不小于 7000m^2 这三个条件，则此商业建筑的抗震设防类别应划为重点设防类，原建筑物如果是一般的标准设防类建筑，则需要通过结构加固改造增强原有结构的抗震性能。

抗震加固技术包含结构抗震构造加固和结构抗震性能加固，其中抗震性能加固包含构件抗震性能加固与整体结构抗震性能加固，前者可采用前述各类方式进行加固，后者则需要从整体进行分析，通过增强整体结构的抗侧力刚度或采用消能减震、隔震等措施来满足现行抗震规范的要求。

1. 抗震构造加固

对于上海早期的砌体结构，很多都没有设置圈梁与构造柱，抗震性能较差。这类改造可在建筑物外侧增设圈梁与构造柱，或者在预制楼板中增设叠合层，或者在建筑物纵横向及竖向增设型钢拉杆，加强砌体结构的整体性。对于混凝土结构，常常是节点核心区不满足计算及构造要求，可在节点外侧粘贴钢板或碳纤维进行围套加固或者直接现浇钢筋混凝土围套加固。对于钢结构，例如网架结构，有些杆件的长细比不能满足抗震要求，可通过外套钢管等措施，来满足抗震构造措施要求。

2. 增设抗侧力构件加固法

增设抗侧力构件加固，有利于控制结构在水平地震作用下的侧移变形和扭转变形，通常采用增设抗震墙加固法。可在原有的框架梁柱形成的空间内增设墙体，或者把原有的隔墙拆除替换成剪力墙，或者封堵原有剪力墙中的洞口。新增抗震墙应设置在框架的轴线位置，与梁柱中线重合，并且应满足整体结构抗震墙刚度分布均匀，尽可能对称、分散在建筑周边的原则。提高结构侧向刚度也可采用钢支撑等措施。增设抗侧力构件在增强结构整体抗侧刚度的同时，也改变了原结构的刚度分布，所以应整体分析，避免由于刚度改变而造成新的薄弱部位。

3. 消能减震与隔震加固法

消能减震与隔震加固法均是通过间接方式对结构进行加固，消能减震加固是在地震作用下结构变形较大的位置布置阻尼器，加大整体结构阻尼，通过阻尼器的耗能来消耗输入结构的地震能量，从而减少作用在原结构上的地震作用，常用的阻尼减震装置主要有摩擦耗能器、金属耗能器及黏滞阻尼器等。基础隔震加固（图 3-2-12）则是在结构底部设置高阻尼、水平变形大且有效吸收地震能量的隔震支座（主要有铅芯橡胶隔震支座），使得上部结构的周期延长，从地面传递到上部结构的水平地震加速度减少，从而减轻上部结构的地震作用。这类加固方法着眼于从整体结构角度来减轻地震作用，只需要对与阻尼器相邻的节点构件进行加固，因而施工周期短且不改变原有的建筑风貌，特别是对于高烈度区的减震效果非常明显。

图 3-2-12　建筑底层增设隔震支座来消耗地震作用

2.4.4　地基基础加固技术

上部结构的荷载作用最终会传到基础上，然后再传至地基上。对于上部结构增加荷载，新增竖向承重构件，或者是由于地基基础损坏而导致上部结构倾斜裂缝等，都必须对地基基础进行加固改造，地基基础加固改造主要包含地基加固、浅基础加固及深基础加固。

基础埋在地面以下，属于隐蔽工程，一般前期的基础改造设计是依据原设计图纸或局部区域的基础检测资料，等地面开挖暴露基础后，才能进行最终基础尺寸及埋深等的确认。有些项目归档图纸资料与实际施工情况差别很大，就需要在后期重新进行地基基础加固设计；同时，地基基础加固涉及地基土层情况，因此需要业主方委托有资质的单位进行地基勘测。这些都是进行地基基础加固与上部结构加固的不同之处。

商业建筑改造注重投入产出比，而地基基础加固可选方案较多，造价差别较大，施工周期较长，应根据不同情况比较分析，选择最优的加固方案。另外，地基基础加固都需要对底层地面进行开挖施工，必然会影响到底层乃至整楼的商业运营，对于有些需要边加固边运营的商业建筑，应制定合理的施工次序，尽量减少不利影响。

1. 地基加固

地基加固是对基础下部的地基土进行掺入水泥砂浆或化学浆液等进行的加固处理，以提高地基承载力，改善其变形性能或渗透性能而采取的技术措施。地基加固法可采用注浆加固法、灰土挤密法、深层搅拌法及碱液法、硅化法等，可用于控制上部建筑物的沉降及倾斜。

上海多层建筑物的基础一般位于第 2 层地基土，这层土位于地面以下 1 ~ 2m 深，地基承载力约 80kPa，土厚度约 2m，这层土以下为第 3、4 层土，均是淤泥质土，土层工程性质差，压缩性高，不适合直接作为基础持力层。采用浅基础的 5 到 6 层的商业建筑，地基承载力已经达到极限，如再增加荷载，则必须对地基进行加固或采用基础加固等措施。

2. 浅基础加固

多层建筑结构基础往往采用浅基础的基础形式，浅基础一般是指独立基础、条形基础、筏板基础、箱型基础及壳体基础等基础。对于有些需要改建增层的商业建筑物，因基础面积不足而使得基础承载力不够、地基变形过大或沉降不均匀，或者是由于基础材料老化、施工质量等因素的影响，使得原有的基础已经不满足要求，一般可采用增大基础底面积或加强基础刚度等加固措施。

常用的浅基础加固改造有由独立基础改为条形基础、从单向条形基础改为双向条形基础、从双向条形基础改为筏形基础等。当筏形基础不够时，则考虑采用深基础加固，或者改变上部结构的传力途径等措施。

3. 深基础加固

深基础加固方法通常采用桩进行基础托换，桩基础对于控制建筑沉降效果很显著。在上海地区软土地基上使用较多的是采用锚杆静压桩进行多层既有建筑的基础加固（图 3-2-13）。锚杆静压桩法是在已有的建筑物的基础上开凿桩孔，旁边植入锚杆，通过锚杆把压桩架和基础拉结住，利用已有建筑物自重作为反力，借助于千斤顶将预制桩逐节压入土中，桩段之间的连接采用硫黄胶泥或焊接连接，待压桩力或压入深度满足设计要求时，可将桩顶与基础用微膨胀混凝土浇筑在一起。

图 3-2-13　采用锚杆静压桩进行基础加固

在商业建筑基础改造过程中，因锚杆静压桩每节桩长为 2 ~ 3m，不需要很大的压桩设备，场地占用小，净空要求不高，所以使用很普遍，特别是对于上海浅层土质多以黏土、淤泥土为主，一般不需要很大的压桩力就可以完成打桩施工。

2.5 新型加固材料应用

随着工程结构加固技术的研究、探索和实践，区别于传统加固材料，近年来加固市场上一些新型加固材料得到了普遍应用和发展，相关标准规范陆续颁布实施。新的加固材料的研发有利于改善传统加固方法及加固材料的弊端，使得商业建筑改造更加绿色环保、复合高效。

2.5.1 预应力碳纤维板

预应力碳纤维板采用主动加固技术，能有效提升被加固结构的承载能力。该种材料强度高、弹性模量大、耐腐蚀、耐老化、重量轻，施工时无需大型机械设备配合，适用于大跨度结构、厂房等建筑中钢筋混凝土梁预应力加固。预应力碳纤维板加固技术不同于传统的碳纤维非预应力加固方法，通过施加预应力充分发挥碳纤维材料的强度，增强结构的承载力和变形能力，同时能减少和封闭受力裂缝（图 3-2-14）。

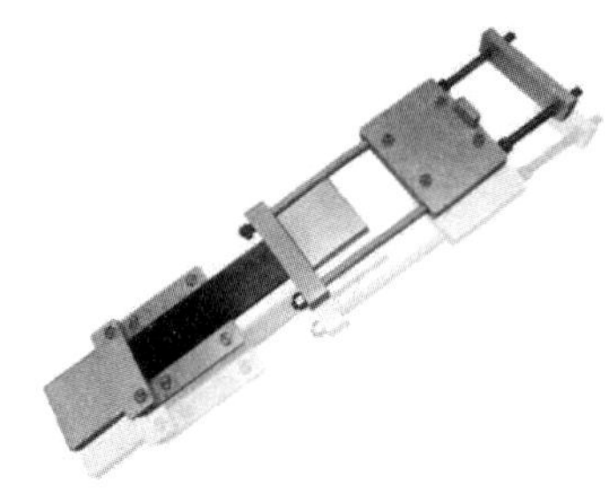

图 3-2-14 预应力碳纤维板

2.5.2 碳纤维网格

碳纤维网格加固技术采用先铺设碳纤维网格，然后使用含有活性成分的高质量喷射砂浆进行施工的工艺。通过对碳纤维网格特殊涂层处理，保证碳纤维网格与砂浆之间有足够的握裹力和锚固力。适用于潮湿表面及环境，具有良好的防火性能、透气性、耐久性、抗裂效果和粘结强度，施工简单、方便快速。当使用碳纤维网格加固系统时，无需对混凝土表面整平修复，整平修复和喷涂砂浆一次作业完成（图 3-2-15）。

图 3-2-15 碳纤维网格加固图

2.5.3 聚合物砂浆

聚合物砂浆主要采用聚合物乳液、纤维和干粉等有机高分子制品，与砂浆通过不同方式搅拌而成的复合材料，具备良好的工作性能、粘结性能、耐腐蚀性能、耐磨性、耐水性、抗渗性等，力学性能如抗折强度、抗拉强度、抗冲击能力比普通混凝土高，而弹性模量更低，广泛应用于混凝土结构加固工程中。绿色环保型、复合型等功能性聚合物砂浆，是未来的发展及研究方向。

2.5.4 高性能再生混凝土

再生混凝土是指将废弃的混凝土块经过破碎、清洗、分级后，按一定比例与级配混合，部分或全部代替砂石等天然集料（主要是粗集料），再加入水泥、水等配制而成的新混凝土。高性能再生混凝土主要对低品质再生骨料进行改性，适当添加高效减水剂和矿物细掺料，克服再生混凝土弹性模量偏低、干缩量大等缺点，同时提高自身的强度和耐久性，可适用于混凝土结构加固改造工程中。上海世博会城市最佳实践区“沪上生态家”改造工程中，整个建筑从基础到上部结构均采用了泵送高性能再生混凝土。

参考文献

[1] 中国建筑科学研究院 . GB 50223—2008 建筑工程抗震设防分类标准 [S]. 北京：中国建筑工业出版社，2008.

[2] 梁丰 . 砌体在建筑更新中的命运与前景 [D]. 天津：天津大学，2010：33-39.

[3] 管娟 . 上海中心城区城市更新运行机制演进研究 [D]. 上海：同济大学，2008：29-61.

[4] 黄琪 . 上海近代工业建筑保护和再利用 [D]. 上海：同济大学，2007：60-69.

[5] 黄兴棣 . 建筑物鉴定加固与增层改造 [M]. 北京：中国建筑工业出版社，2008：571-582.

[6] 杨艳平，黄晖皓 . 高性能再生混凝土在高层建筑结构中的应用 [J]. 上海建筑科技，2017.2：63-65.

[7] 陈大华，袁世刚，高盼，等 . 聚合物砂浆研究进展 [J]. 筑路机械与施工机械化，2016，33（2）：73-76.

[8] 关于促进商业转型升级情况的报告 [OL].[2016-1-19].http://www.spcsc.sh.cn/n1939/n2440/n2909/u1ai120886.html.

3 增强现实（AR）技术的释义及其在商业中的应用

方劲鹭[①]

增强现实（AR）技术，正逐步走入商业应用领域。截至2017年底，淘宝、支付宝、QQ、京东等知名APP，以及全家便利、招商银行、百联集团等行业标杆企业先后都曾做过各类AR方面的商业营销活动或者在自有APP中嵌入AR功能。由此可见，增强现实（AR）技术已经成为商业企业的战略技术储备之一。

3.1 什么是增强现实（AR）技术

3.1.1 增强现实（AR）技术的定义

增强现实技术（Augmented Reality，简称AR），是一种实时地计算摄影机影像的位置及角度并加上相应图像、视频、3D模型的技术，这种技术的目标是在屏幕上把虚拟世界套在现实世界上并进行互动。

3.1.2 AR与VR的异同

在原理方面，虚拟现实（VR）与增强现实（AR）同属于光电影像在特定场景及设备的作用下通过计算机处理生成的新影像组合的一种呈现模式。其区别在于，VR是在完全虚拟的空间场景通过遮目式设备进行完全沉浸式体验的技术。而AR则不同，它是基于真实场景环境下，通过智能设备，基于特定标识物上叠加出新影像的体验技术。

在设备拓展性方面，AR较VR有更广阔的拓展空间。目前AR所支持的设备有智能手机、平板、计算机、透明电视、智能眼镜等多种设备。VR则局限于专用的VR眼镜。

在应用场景方面，目前，VR技术较为成熟，世面已有大量硬件设备与应用软件问世，究其原因是VR的技术难度显著低于AR，行业门槛较低。VR设备主要应用在影音娱乐领域，如360°全景视频播放、第一人称游戏等，未来可扩展的新应用领域较为有限。相比之下，AR的用途更为丰富，将在工业、医疗、教育、零售、游戏等领

---

① 作者简介：方劲鹭，上海元云信息技术有限公司，联合创始人，fangjinlu@imetacloud.com。

域发挥重要作用。

在用户体验方面，AR 是全天候、室内外、随时体验，并且没有头晕等症状发生，相对较易被用户接受。VR 的体验一定是在固定时间、固定地点带上专门设备进行的，并可能引发头晕、呕吐等不适症状。

3.1.3 AR 的技术工作原理

增强现实系统一般具有三个主要特征：虚实结合、实时交互和三维配准（又称注册、匹配或对准）。近二十年过去了，AR 已经有了长足的发展，系统实现的重心和难点也随之变化，但是这三个要素基本上还是 AR 系统中不可或缺的。

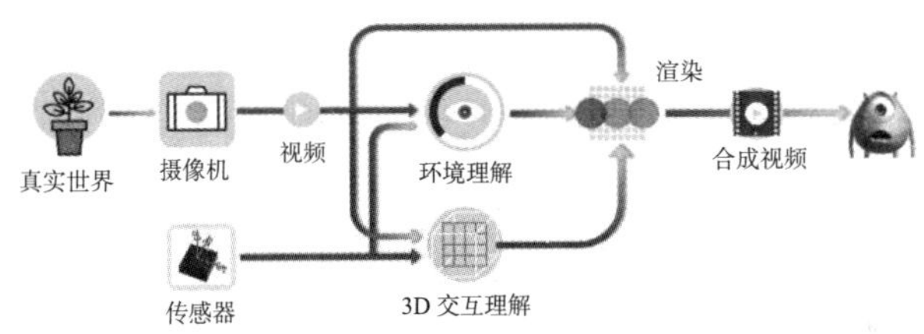

图 3-3-1 典型 AR 系统流程

图 3-3-1 描绘了一个典型的 AR 系统的概念流程。从真实世界出发，经过数字成像，然后系统通过影像数据和传感器数据一起对三维世界进行感知理解，同时得到对三维交互的理解。3D 交互理解的目的是告知系统要"增强"的内容。例如，在 AR 辅助维修系统中，如果系统识别出修理师翻页的手势，就意味着下面要叠加到真实图像中的应该是虚拟手册的下一页。相比之下，3D 环境理解的目的就是告知系统要在哪里"增强"。比如在上面的例子中，我们需要新的显示页和以前的看起来在空间位置上是完全一致的，从而达到强烈的真实感。这就要求系统实时对周围的真实 3D 世界有精准的理解。一旦系统知道了要增强的内容和位置以后，就可以进行虚实结合，这个一般是通过渲染模块来完成。最后，合成的视频被传递到用户的视觉系统中，就达到了增强现实的效果。

3.1.4 AR 的技术应用特点

AR 技术，不仅展现了真实世界的信息，而且将虚拟的信息同时显示出来，两种信息相互补充、叠加。在视觉化的增强现实中，用户通过智能设备，把真实世界与电脑图形多重合成在一起，便可以看到真实的世界围绕着它。不仅如此，AR 技术还包含了多媒体、三维建模、实时视频显示及控制、多传感器融合、实时跟踪及注册、场景融合等新技术与新手段，提供了在一般情况下，不同于人类可以感知的信息。

3.2 AR 整体的发展趋势

3.2.1 AR 的发展历程

在 1966 年，计算机图形学之父和增强现实之父萨瑟兰（Ivan Sutherland）开发出了第一套增强现实系统，是人类实现的第一个 AR 设备，被命名为达摩克利斯之剑（Sword of Damocles），同时也是第一套虚拟现实系统。这套系统使用一个光学透视头戴式显示器，同时配有两个 6 度追踪仪，一个是机械式，另一个是超声波式，头戴式显示器由其中之一进行追踪。受制于当时计算机的处理能力，这套系统将显示设备放置在用户头顶的天花板，并通过连接杆和头戴设备相连，能够将简单线框图转换为 3D 效果的图像。

在 1992 年增强现实（augmented reality）这一术语正式诞生。波音公司的研究人员汤姆（Tom Caudell）和他的同事都在开发头戴式显示系统，以使工程师能够使用叠加在电路板上的数字化增强现实图解来组装这个电路板上的复杂电线束。由于他们虚拟化了布线图，因此这极大地简化了之前使用大量不灵便的印刷电路板的系统。Tom Caudell 和 David Mizell 在论文 Augmented reality: an application of heads-up display technology to manual manufacturing processes 中首次使用了增强现实（Augmented Reality）这个词，用来描述将计算机呈现的元素覆盖在真实世界上这一技术。

进入 1994 年，AR 技术首次在艺术上得到发挥。艺术家 Julie Martin 设计了一出叫赛博空间之舞（Dancing in Cyberspace）的表演。舞者作为现实存在，会与投影到舞台上的虚拟内容进行交互，在虚拟的环境和物体之间婆娑，这是 AR 概念非常到位的诠释。这是世界上第一个增强现实戏剧作品。

到了 1997 年 Ronald Azuma 发布了第一个关于增强现实的报告。在其报告中，他提出了一个已被广泛接受的增强现实定义，这个定义包含三个特征：将虚拟和现实结合；实时互动；基于三维的配准。哥伦比亚大学的 SteveFeiner 等人发布游览机器（Touring Machine），这是第一个室外移动增强现实系统。这套系统包括一个带有完整方向追踪器的透视头戴式显示器、一个捆绑了电脑、DGPS、用于无线网络访问的数字无线电的背包和一台配有光笔和触控界面的手持式电脑。

仅过了一年，AR 第一次用于直播。当时体育转播图文包装和运动数据追踪领域的领先公司 Sportvision 开发了 1st & Ten 系统。在实况橄榄球直播中，其首次实现了“第一次进攻”黄色线在电视屏幕上的可视化。

需要铭记的是 1999 年，第一个增强现实软件开发工具包（SDK）的出现，带来了应用程序（App）的革命。奈良先端科学技术学院（Nara Institute of Science and Technology）的加藤弘一（Hirokazu Kato）教授和 Mark Billinghurst 共同开发了第一个 AR 开源框架：ARToolKit。ARToolkit 基于 GPL 开源协议发布，是一个 6 度姿式追踪库，使用直角基准（square fiducials）和基于模板的方法来进行识别。ARToolKit 的出现使得 AR 技术不仅仅局限在专业的研究机构之中，许多普通程序员也都可以利用 ARToolKit 开发自己的 AR 应用。早期的 ARToolKit 可以识别和追踪一个黑白的 Marker，并在黑白的 Marker 上显示 3D 图像。直到今天，ARToolKit 依然是最流行的 AR 开源框架，支持几乎所有主流平台，并且已经实现自然特征追踪（Nature Feature Tracking，简称 NFT）等更高级的功能。经过了 6 年的迭代升级，ARToolKit 与 SDK 相结合，可以为早期的塞班智能手机提供服务。开发者通过 SDK 启用 ARToolKit 的视频跟踪功能，可以实时计算出手机摄像头与真实环境中特定标志之间的相对方位。这种技术被看作是增强现实技术的一场革命，目前在 Andriod 以及 iOS 设备中，ARToolKit 仍有应用。

在 2000 年出现了第一款 AR 游戏。Bruce Thomas 等人发布 AR-Quake，是流行电脑游戏 Quake（雷神之锤）的扩展。ARQuake 是一个基于 6DOF 追踪系统的第一人称应用，这个追踪系统使用了 GPS，数字罗盘和基于标记（fiducial makers）的视觉追踪系统。使用者背着一个可穿戴式电脑的背包，一台 HMD 和一个只有两个按钮的输入器。这款游戏在室内或室外都能进行，一般游戏中的鼠标和键盘操作由使用者在实际环境中的活动和简单输入界面代替。仅过来一年，出现了可扫万物的 AR 浏览器。Kooper 和 MacIntyre 开发出第一个 AR 浏览器 RWWW，一个作为互联网入口界面的移动 AR 程序。这套系统起初受制于当时笨重的 AR 硬件，需要一个头戴式显示器和一套复杂的追踪设备。

8 年后的 2009 年，平面媒体杂志首次应用 AR 技术。当把这一期的《Esquire》杂志的封面对准笔记本的摄像头时，封面上的罗伯特唐尼就跳出来和你聊天，并开始推广自己即将上映的电影《大侦探福尔摩斯》。这是平面媒体第一次尝试 AR 技术，期望通过 AR 技术，能够让更多人重新开始购买纸媒。

到 2012 年，AR 硬件取得了里程碑式的进展——谷歌 AR 眼镜来了！ 2012 年 4 月，谷歌宣布该公司开发 Project Glass 增强现实眼镜项目。这种增强现实的头戴式设备将智能手机的信息投射到用户眼前，通过该设备也可直接进行通信。当然，谷歌眼镜远没有成为增强现实技术的变革，但其重燃了公众对增强现实的兴趣。

2014 年开始，AR 在教育和游戏领域开始发力。Osmo 是前 Google 员工 Pramod Sharma 和 Jerome Scholler 创立的一家生产 AR 儿童益智玩具的公司。它由一个 iPad 配件和一个 App 组成。Osmo 包含一个可以让 iPad 垂直放置的白色底座和一个覆盖前置摄像头的红色小夹子，夹子内置的小镜子可以把摄像头的视角转向 iPad 前方区域，并用该区域玩识字、七巧板、绘画等游戏。2014 年 5 月，Osmo 开始在官网众筹，当时预售价格为 49 美元，共计筹款 200 万美元。截至 2016 年底，Osmo 已经被全球超过 22000 所学校使用，累计融资金额达到 3600 万美元。成为首个获得成功的 AR 儿童教育玩具。2015 年，现象级 AR 手游《Pokémon GO》上线。《Pokémon GO》是由任天堂公司、Pokémon 公司授权，Niantic 负责开发和运营的一款 AR 手游。在这款 AR 类的宠物养成对战游戏中，玩家捕捉现实世界中出现的宠物小精灵，进行培养、交换以及战斗。市场研究公司 App Annie 发布的数据显示，增强现实游戏《Pokémon GO》只用了 63 天，通过 iOS 和 Google Play 应用商店在全球就赚了 5 亿美元，成为史上赚钱速度最快的手游。《Pokémon GO》目前也在苹果发布会上宣布，下载量已超过 5 亿次。

同在 2015 年，微软发布了 AR 头戴显示器 Hololens，被誉为目前已发布的体验最好的 AR 设备。但是它并不便宜，目前分为两个版本，开发版需要 3000 美元，商业版需要 5000 美元。

2017 年 6 月 6 日 WWDC17 大会上，苹果宣布在 iOS 11 中带来了全新的增强现实组件 ARKit，该应用适用于 iPhone 和 iPad 平台，使得 iPhone 一跃成为全球最大的 AR 平台。ARKit 的“World Tracking”使用的技术名为“visual-inertial odometry”（视觉惯性测程法）。使用 iPhone 和 iPad 的相机和动作传感器，ARKit 能够在环境中寻找几个点，然后当你移动手机的时候也能够进行保持追踪，构造出的虚拟物体会被钉在原处，即便你把手机移开，但当你再次对准原区域，虚拟物体仍然会在那里。此外 ARKit 还能够寻找环境中的平面，这能够使虚拟物体放在桌上的场景更加逼真。

3.2.2　AR 的主要应用领域

1. 远程指导

通过头戴 Google Glass 等 AR 设备，现场工作人员将眼前状况实时传送到远方的专家眼前，专家可以给予远程指导。

2. 建筑模拟

建筑师们在工地上时眼睛不停地在图纸和建筑之间切换，不仅消耗精力，可能结果还不够准确，AR 可以根据设计图稿在已完成部分建筑基础上模拟显示效果。

3. 教学 / 指导

学做菜的人往往一边对着 iPad 上的菜谱一边做菜，有些菜谱类应用可能还可以语音指导，但是 AR 能让学习过程更专注、不被打扰。

AR 也将提升教育效果。以消防等灾难教育为例，最早是以纸质媒介告诉大家遇到何种情况应如何应对，再往后是以动画、视频的形式模拟灾难，而 AR 可以将火情、烟雾投影到大家面前，提供了更加身临其境的交互方式，达到更好的教育效果。

4. 路线导航

出行导航方便了人们的生活，但是某种程度上也让用户成为某块屏幕的奴隶，不停穿梭于现实和屏幕之间。AR 将导航信息送到用户眼前，真正成为方便导航的工具。

5. 广告 / 本地信息

用户在到达某个位置时，不必手动输入位置，AR 可以根据 GPS 定位，自动将促销广告、本地生活所需信息投影到用户所到的位置。

6. 旅行游览

AR 让我们旅行时不止看到眼前的景色、建筑，还能看到相关信息，甚至重塑了某座建筑曾经的样子。如果借助 AR 眼镜能重返 20 世纪初的唐顿庄园，应该是很棒的体验。

7. 医疗健康

医疗行业往往有海量的参考资料，即使是最优秀的医生也没办法把所有资料完全记在大脑中，AR 则可以实时提供各种参考信息。

8. 零售业

在线商店给传统零售业带来了很大冲击，AR 可能能够挽救挣扎中的实体零售业，优化客户体验，让客户获得更加直观的商品效果预览。

家居也是 AR 零售业应用的一个主要部分，家居一般体量大，更换成本较高，非常适合应用 AR 的模拟效果。想象一下，不必真正搬运购买，就可以看到某件产品在自己家中的效果，这样就能更快买到适合自己的商品。

9. 娱乐游戏

此前的游戏是二维的世界，在一方屏幕里面，AR 以其三维立体的特点，为游戏开启了更多的可能。以前玩家完全依靠双手完成游戏，在 AR 游戏世界里，他们可以利用身体的位置移动、转换等等通过游戏关卡。

10. 军事领域

军事距离商业世界遥远，但是 AR 对军事领域的影响很大，我们无法略过不提。军事对精确度要求极高，而数字技术驱动的 AR 具有很高的可靠性，将成为军事领域重要的工具。

3.2.3 AR 的终极发展形态

1. 语义驱动

语义驱动在传统的几何为主导的 AR 中引入语义的概念，其技术核心来源于对场景的语义理解。为什么要语义信息？答案很简单，因为我们人类所理解的世界是充满语义的。例如，我们所处的物理世界不仅是由各种三维结构组成的，更是由诸如透明的窗、砖面的墙、放着新闻的电视等等组成的。对于 AR 来说，只有几何信息的话，我们可以“把虚拟菜单叠加到平面上”；有了语义理解后，我们就可以“把虚拟菜单叠加到窗户上”，或者“邪恶”地“根据正在播放的电视节目显示相关广告”。

相比几何理解，对于视觉信息的语义理解涵盖广得多的内容，因而也有着广得多的应用。广义地看，几何理解也可以看作是语义理解的一个子集，即几何属性或几何语义。那么，既然语义理解这么好这么强大，为啥我们今天才强调它？因为语义理解太难了，也就最近的进展才使它有广泛实用的可能性。当然，通用的对任意场景的完全语义理解目前还是个难题，但是对于一些特定物体的语义理解已经在 AR 中有了可行的应用，比如 AR 辅助驾驶和 AR 人脸特效。

2. 多模态融合

随着大大小小的 AR 厂家陆续推出形形色色的 AR 硬件，多模态已经是 AR 专用硬件的标配，双目、深度、惯导、语音等等名词纷纷出现在各个硬件的技术指标清单中。这些硬件的启用显然有着其背后的算法用心，即利用多模态的信息来提高 AR 中的对环境和交互的感知理解。

3. 智能交互

从某个角度来看，人机交互的发展史可以看作是追求自然交互的历史。从最早的纸带打孔到如今窗口和触屏交互，计算机系统对使用者的专业要求越来越低。近来，机器智能（AI）的发展使得计算机对人类的自然意识的理解越来越可靠，从而使智能交互有了从实验室走向实用的契机。从视觉及相关信息来实时理解人类的交互意图成为 AR 系统中的重要一环。这就好比 AI 技术是头脑，AR 技术是眼睛，二者缺一不可。

3.3　AR 在商业领域的应用

自从 ARKit 正式发布以来，业界对 AR 爆发了强大吸引力，各种类型的应用层出不穷。科技媒体称，AR 将给整个应用程序体系带来极大的冲击，甚至能产生颠覆效果。一方面，AR 可能会重新激起用户下载 APP 的兴趣；另一方面，它为一些新应用开发者创造了机会。

现在的智能设备的内置摄像头、处理器和运动传感器都可以为增强智能开发者所用，有助于实现高品质的 AR 体验。只要允许开发人员利用最新的计算机视觉技术，在现实世界的场景之上建立细腻和精彩的虚拟内容，用于互动游戏、沉浸式购物体验、工业设计等等。

为了不错过 AR 技术的趋势。谷歌在 ARkit 发布后不久也发布了 AR 开发者工具 ARCore，让增强现实功能入驻没有价格昂贵的专用硬件的 Android 手机，直接与苹果的 ARkit 叫板。

增强现实和虚拟现实技术虽然吸引了大量注意力，但应用一直发展不畅，始终停留在“炫技”的层面，没有一款落地实用的应用程序出现。但随着苹果和谷歌的双双发力，让一直遥远的增强现实技术终于开始主流化。那么除了游戏，增强现实对于商业意味着什么？从 B2C 到 B2B，整个商业体验到商业模式将被改变。

3.3.1　首先是更直接和个性化的购物体验

AR 最明显的应用是创建全新的货物展示方式来改善购物体验。从虚拟试衣间到空间投射，AR 应用程序将通过消除不确定性来提高转化率。比如服装品牌，虚拟试衣间将使用户轻松“试衣”，不必烦琐地穿脱。此外，耐克与米其林二星餐厅 Momofuku 合作推出联名款球鞋，并在一款名为 SNKRS 的 iOS 应用上为这双鞋制作了 AR 模型，用户扫描 Momofuku 餐厅菜单，这款球鞋就会出现，用户可以从各个角度看到鞋的细节并下单购买。与此同时，大量家具公司也开始使用 AR 进行空间投射。最著名的案例是宜家，它正与 Apple ARKit 合作，共同创建了一个 APP，将宜家产品覆盖到任何进入用户相机的空间如客厅的图像上。顾客可以使用 AR 技术来更好地想象产品对特定的空间和环境（包括尺寸和美感）的适合程度。

从个性化体验的角度来说，零售商利用 AR 技术可以进一步让客户沉浸在购买体验中，通过不断的虚拟调配和选择的组合让用户在购买的过程中提升个性化。使客户可以更加近距离地与产品互动并掌握主动权，体现出不同其他人的个人意志和自信，从而提升购买率和复购率。近期，美容行业 AR 应用提供商 ModiFace 开发人员利用 ARKit 开发了实时预览口红等化妆品效果的 AR 应用，女生们不用再跑专柜就能试遍各大品牌的唇彩。只要在镜头前，该应用就能够虚拟地在其唇部“抹”上不同颜色的口红。Modiface 还在寻求和各大化妆品牌合作，并将其各类化妆品集合进一个 APP 供用户试妆，目前已经上线支持 Android、IOS 和 Window phone 平台。

在注重体验和消费升级的女性消费市场包括服装、美妆、整形等领域，全球各地一大波的 AR 应用正在赶来。澳大利亚的 Mataverse Makeover 在 ARKit 之前就开发出一款 AR 美甲 APP，精心设计的交互效果和个性化的立体图案可以实时在用户的指甲上弹出和闪烁——比起传统美甲，试妆可重复且全程安全无毒。该公司的创始人称该应用目标群体是“热爱科技的现代女性”，希望“用科技鼓励年轻女性感到自信美丽，在虚拟和现实世界中都能展现自我”。来自美国的公司 Illusio 利用 AR 技术模拟整形手术后效果，帮助手术接受者想象术后的触感、尺寸及外观。该公司表示即将推出腹部整形模拟系统和开发鼻部整形以及颜面拉提手术预测系统。这些复杂系统利用一台苹果手机就能完成。

3.3.2 其次 AR 体验无处不在

苹果的 ARKit 和谷歌 AR 的 Core，将使支持 AR 的设备变得普及。人们将不再需要额外的设备和控制器。目前，苹果用户数量已超过 10 亿，其中在全球范围内使用的 iOS 设备（iPhone、iPad 和 iPod Touch）超过 8 亿部。随着越来越多的这些用户更新到 iOS 11，显而易见，大量的 AR 应用程序将被这些启用了 ARKit 的设备下载。对于零售商和品牌来说，这意味着一股 AR 应用程序的开发浪潮将马上到来。苹果设备为 ARKit 提供了极好的硬件扩展性和 CPU 配额，这从根本上优于其他 AR 应用或平台。苹果的电池表现虽然不够出色，但与其 AR 对手相比，ARKit 的耗电性也不错。

据 IDC 预计，到 2021 年智能手机的增长率将仅有 3% 左右，而 AR 和 VR 眼镜能够在 2020 年时达到 198% 的年增幅，将成为未来主流的硬件设备。

3.3.3　AR 让 B2B 插上翅膀并助力物流业升级

AR 不仅会改变零售和 B2C 行业，也会改变 B2B。B2B 电子商务销售预计到 2020 年将超过 B2C。同样，移动商务增长已经超过了桌面电子商务。综合起来，B2B 和移动商务增长为 AR 应用创造了 B2B 业务创新的完美风暴。无论是用于新的办公空间和室内空间规划，还是创建仿真产品来培训员工，AR 将数字图像覆盖于现实之上的能力将取代今天很多的人工流程。一个非常基本的例子是使用 AR 应用程序快速翻译其他语言。Google 翻译软件中的 Word Lens 功能，可以快速扫描包含文本的图像，并将其实时翻译成 30 多种语言。澳大利亚开发商 Joyce 利用 SketchUp 应用完成了一个古城的建筑模型，并将这个古城“建”在了一个公园上。Joyce 表示这类 ARKit 应用能使建筑师、开发商、室内设计师更高效地完成设计方案。

而且，随着仓库已经不仅仅局限于仓储设施和分销场所，内部结构也必须发生改变，与时俱进适应新的功能，例如：产品组装、贴标签等。使用 AR，可以全面规划新的仓库，更准确地提前测试展示空间使用和工作流程。在业务操作层面，分拣打包与最终交付都可通过 AR 技术来提高工作效率，降低工作强度。对于许多仓库，特别是在旺季，拣选服务由临时工完成。而 AR 技术可通过箭头导航你到相应的拣选货位，然后准确显示你需要拣选的数量，帮你完成拣选，非常简单高效。在操作上，它可以用于在仓库中模拟需要分拣的包裹内容，减少手动识别货物包所需的时间。一旦包装完毕准备运送，AR 工具可用于显示订单发货时间和到达情况。最终交付是物流快递企业最昂贵的一步。随着客户群体的增长和扩展，将产品低成本地运送到客户手中成为许多快递公司的优先事项。根据 CSI 报告，快递员大约要花 40% ~ 60% 的时间在卡车内找到那些要交付的包裹。对于许多人来说，这个过程依赖于他们对装车的记忆。AR 应用程序可用于简化和缩短发货和交货时识别和寻找包裹所需的时间。

随着增强现实（AR）技术的发展以及相关设备的不断创新，AR 技术在商业领域的各个细分领域的应用空间将不断体现和完善。作为企业，应当把 AR 技术作为战略层面的技术应用工具对待，并进行必要的投入研发，与各业务条线尝试融合，找到最佳契合点，使之成为企业降本增效的“超级武器”。

第四篇　案例篇

1　上海国际时尚中心商业更新案例

袁静[①]

1.1　概况

1. 区位：项目地处上海市杨浦区杨树浦路 2866 号，紧邻复兴岛，毗邻黄浦江畔，隶属东外滩最前沿。

2. 原有建筑情况：上海国际时尚中心原为上海第十七棉纺织总厂，其前身为裕丰纺织株式会社裕丰纱厂，系 1922 年日商大阪东洋株式会社在上海开办的早期纱厂。其锯齿型厂房、办公楼及附属配套设施等建筑由日本著名建筑设计师平野勇造设计。2009 年 3 月立项，占地 181.2 亩，建筑面积约 13 万平方米，保留了自 20 世纪 20 ~ 30 年代的历史建筑风貌。

3. 更新改造后的面积、功能：

（1）多功能秀场：建筑面积约 9000m^2，享有“亚洲第一秀场”的美誉，拥有包括序厅、主秀场、后场、报告厅等多个功能区块，举办了来自国内外上百场大型活动。

（2）时尚精品仓：建筑面积约 36000m^2，全为一层式店铺，共分三区，品牌主要设定为国际精品进口一、二线品牌及运动休闲商品等。

（3）时尚餐饮娱乐：建筑面积约 25000m^2，配套各类主题餐厅，休闲娱乐项目，品味时尚风情、人文景致，沿江景观一览无遗。

（4）时尚创意办公：建筑面积约 7000m^2，为各类时尚机构提供创意办公环境。

（5）时尚接待会所：建筑面积约 1600m^2，时尚名流聚集地，为社会各领域及境内外的时尚名流、精英人士、VIP 贵宾等提供尊享服务。

（6）设计师酒店式公寓：建筑面积约 22000m^2，是集办公与生活一体的创意天地。

（7）游艇码头：沿江约 300m 岸线，见证工业码头改造而成的奢华水上之旅。

4. 开发公司：上海纺织（集团）有限公司。

5. 开业时间：2010 年 5 月秀场投入运营 /2012 年 3 月精品仓试运营。

---

① 作者简介：袁静，华东建筑设计研究院有限公司华东都市建筑设计研究院总院，高级工程师、国家一级注册建筑师，jing_yuan@arcplus.com.cn。

1.2 周边条件

1.2.1 周边环境

（1）邻近电厂将进行经营转型，实际经营方向及调整日期待定。

（2）周边杨树浦路上海自来水科技馆（1883 年英式建筑，每周二开放参观）。

（3）复兴岛公园有定海桥轮渡站，可到对面金桥路轮渡站。

1.2.2 周边商业

（1）七巧国：距本项目 3km，以儿童社区型为主的小规模地铁型商业。

（2）滨江百联购物中心：距本项目约 5km，属传统定位的购物商场，进驻品牌无特色，经营成效不甚理想。

（3）渔人码头：部分项目已投入使用，部分在建中。

（4）定位为城市奥莱之悠迈生活广场（原五角场东方商厦），因建筑条件受限，影响商品布局，经营成效不佳。

1.2.3 交通条件

地铁、公交站点的设置距离，道路通行情况、停车条件等：

（1）轨道交通：12 号线爱国路站 3 号口出步行 1.3km。

（2）公共交通：135 路、577 路、60 路。

（3）停车场情况：约 1200 个停车位。

（4）主干道杨树浦路将于今年实施拓宽工程，工期约 3 年，届时将对本项目的经营绩效产生较大影响。

1.3 商业改造定位

1.3.1 目标人群

时尚中心精品仓从 2012 年开业至今，经由大数据分析，18 ~ 35 岁是主要消费人群，约占 50%；以性别划分，女性约占 60%，男性约占 40%；本项目后续商品调整及商场服务，将依大数据分析，针对经济中上的白领，追求时尚、个性自我的年轻客层，朝精细化、效率化的经营思路迈进。

1.3.2 商场定位

以 AAAA 级旅游购物环境，汇集国内外潮流名品、母婴玩具、运动休闲、时尚家居、互动体验之商品定位，目标年轻时尚客层是我项目的商场经营定位。

1.4 业态与品牌

1.4.1 品牌设置

现有主力店品牌：Esprit、Nike Factory、AdidasOutlet、GAPOutlet、玩具反斗城、IT Outlet、ZOTTER 巧克力剧院等极具引客力的主力大店。

品牌种类设定：以 70% 熟牌带 30% 新兴品牌，朝高端轻奢占 30%、时尚传统占 60%、个性小众占 10% 迈进。

1.4.2 业态设置

商业零售占 40%、主题餐饮占 20%、多功能时尚秀场占 5%、独立品牌办公室占 5%、文创生活集合占 5%、滨江亲水休憩占 10%、其他配套（含停车场）占 15%。

1.5 硬件改造

1.5.1 空间布局

项目前身为始建于 1921 年的裕丰纺织株式会社，新中国成立后更名为国营第十七棉纺织总厂，整个厂区的建筑布局被完整保留了下来。沿主轴线做了局部灰空间处理，打破了原来工业制造厂房街巷空间的呆板感，形成了更符合现代商业要求的趣味空间。

1.5.2 室内外环境

充分运用现代节能环保照明技术，使园区夜晚建筑廓形、中央步道、叠水景观、绿化造景等的景致更富层次感，重点突出建筑本身的历史风貌特色。结合春节、情人节、万圣节、圣诞节等不同档期的主题对室内外进行造景设计制作。加强对园区氛围的改造，利用视觉营销和嗅觉营销的手段，真正从消费者的角度出发，提供一站式休闲、舒适、便利的观感。运用高科技、多媒体的互动模式为消费者呈上不一样的购物体验，跨界各类艺术策展人、艺术机构、艺术家，引入艺术装置、雕塑、油画、水墨画、软雕、纸雕、涂鸦等。

1.5.3 立面改造

尊重建筑既有立面风格，对较好的部分尽量予以保留，对破损严重的则采用修旧如旧的手法。在适宜部位穿插点缀现代手法的小体量建筑，突出建筑的工业气质和肌理，映射出现代对历史的致敬和对话。为了增加北区餐饮品牌的到达率和宣传有效性，在一号楼辅楼南侧增设了广告 LOGO 墙，通过富有童趣的涂鸦手绘，增加了外部公共空间的艺术氛围，同时也为公司创造了一定的营收。而北侧一面则是通过与画廊和艺术家跨界合作，设计创作了一副巨幅涂鸦作品。

1.5.4 服务设施

为了完善消费者入园购物的满意度和舒适性，改造不断提升园区的各类设备设施和服务，设计开发了各类室内外智能导示导览系统，通过触控总平和 APP 还能快速便捷地搜索到各类店铺信息和定位。根据精品仓各馆不同的品牌业态和空间调性，区别化设计和规划了不同的休息区。各馆还分别配备了男女盥洗室和残障人员专用卫生间，另外园区专设了一个母婴室，里面配备了包括专用哺乳室、换尿布台能满足哺乳期妈妈和小宝宝的特殊需求。除此以外礼宾处和游客中心还配套了包括雨伞租赁、婴儿车租赁、残疾车租赁、急救箱、老花眼镜租赁等各种人性化的服务。

1.5.5 互动设施

（1）引入新型 O2O 图书馆借阅服务“书界”，读者可在自助服务点轻松完成“借、还、取、查”四大功能，让读者切身感受到了身边图书馆的便利，有效解决读者借阅图书“最后一千米”的难题。

（2）引入“我的生活 IN 记”，作为智能互动终端，可以为顾客提供免费相片打印、趣味 AR 互动等，受到 10 ~ 35 岁人群的普遍欢迎。

1.6 运营情况

1.6.1 客流现状

日均客流 8000 人次，其中平日日均客流约 5000 人次，周末及节假日日均客流约 1.5 万，年度总客流约 300 万。

1.6.2 营销策略

分析消费者属性、创新营销思路、引入新型营销模式、开发全渠道宣传资源、建立自主活动品牌，全年开展 10 ~ 12 档主题活动，做到月月有活动，周周都精彩，自主策划了包括睦邻节、时尚周末、啥玩艺等造节活动，通过跨界各类亲子、科技、手作、演出、培训等资源，增加消费者的购物体验。

1.6.3 会员服务

全园区累计办卡量（有效实体）近 15 万。

所有的会员消费都可以凭会员卡享相关礼遇——

* 购物积分：会员持卡人在精品仓消费凭卡可参与积分；

* 专享活动：提供会员享有不定期参与各类活动的机会；
* 定期直邮：享有最新活动讯息及促销优惠直邮专刊送达服务；
* 积分回馈：凭积分不定期享受上海国际时尚中心提供的精美礼品；
* 生日贺礼：会员享有专属生日礼物，当日消费积分翻倍。

1.7 商场更新特点总结与点评

上海国际时尚中心充分掌握时间维度和空间维度，利用丰富多彩的营销活动组合，在老建筑改造项目中树立标杆，为老厂房赋予时尚新生的使命。其商业经营模式的成功，呈现了以下 5 个方面特点：

（1）适度留白反创高回报：不同于高零售商业密集，在空间布局上，战略性的保留园区 40% 的面积作为商业以外的功能体验配套：主题餐饮 20%、多功能时尚秀场 5%、独立品牌办公室 5%、文创生活集合 5%、滨江亲水休憩 10%、其他配套（含停车场）15%。配套规划各具特色又不失整体管控，大大提高了顾客的入园频次与停留意愿。

（2）丰富优质商品，多维度品牌开发：三座精品仓各具优势，精准业种定位，招商战略清晰，A 仓主打时尚轻奢、B 仓主打潮流名品、C 仓主打运动休闲；运营期间采业绩扶持与固旧淘汰双重提升标准，持续引进特色且具市场差异化的口碑品牌，积极完善各业种之间的购物欲望及服务串联。

（3）沿袭文创产业 DNA，打造自有品牌：2013 年“M50+ 文创生活馆”正式亮相、2016 年“陈罐西式茶货铺”签订江浙沪独家代理。

“M50+”起源于集团产业之一——“上海市 M50 创意园”，品牌主张：从主体到客体，从实体到载体；汇集专业买手精选商品，建构全球新秀设计师平台，以“创意、时尚、文创生活”为核心价值的新 Life Style 升级版空间。2015 年投入运营至今，年均营业额成长 12%。

陈罐西式茶货铺上海首家旗舰店，品牌主张：以西式的饮茶方式和文化来推广传统的茶饮品味。2016 年投入运营，首月营业额突破近 20 万人民币。

（4）精准营销，时尚话题聚集地：围绕“时尚、创意”原动力，基于商业、科技互联技术等多领域共生的新兴经济业态，创新策划数场联合一线明星、法国领事馆、国家体育总局电子竞技赛事、区文化局等全城泛娱乐 IP 盛事，成功举办种类繁多、领域各异的最具市场话题的焦点活动，打造上海又一新时尚地标。

（5）集成全球资源，产城高度融合：长期开展与意大利、法国、美国、日本、韩国等国际的资源互动与合作，让时尚的内容更绚丽多彩；提高对周边区域和内陆省市的辐射力；具备国家 AAAA 级以上旅游景点资质的同时，与市民生活形成深度交互，让上海国际时尚中心成为城市生活与工作中“美”与“享受”的一部分！

2　上海五角场合生汇商业更新案例

蒋慧 ①

2.1　概况

上海五角场合生汇坐落于上海市五角场商圈内由翔殷路、黄兴路、国定路围合的地块，为整个五角场商圈的收官之作。五角场全称“江湾—五角场”，周边区域高校林立，人口密集，发展至今周边规模化的商业、金融、办公、文体、研发及居住融为一体，是上海四大城市副中心之一。五角场商圈是杨浦的传统商业商务中心，由邯郸路、四平路、黄兴路、翔殷路、淞沪路五条发散型城市大道及周边众多大型商场、商务楼围绕下沉式人行交通景观广场发散布局。翔殷路中环贯通后，2007 年建成五角场下沉式广场上方的标志性彩蛋提升了五角场商圈的辨识度和艺术、商业氛围。2006 年底至 2007 年万达广场、百联又一城购物中心等相继开业，将五角场商圈品质带入现代体验式商业的新阶段。

上海合生国际广场——合生汇由合生创展集团有限公司开发建设，2008 年项目开始时即确定建设为超大型复合功能的城市商业综合体，定位为五角场商圈的中高档商业中心和时尚风向标，涵盖超高层办公、五星级凯悦酒店、大型购物中心。总建筑面积 36 万 m^2，包括一幢五角场最高地标性建筑——180m 超高层办公、一幢 100m 酒店及高层商业裙房。商业裙房地上四到七层，地下四层，其中商业总面积 16 万 m^2 的，布局地下二层至地上局部六层。地下三四层停车场提供近 1800 个车位。建筑纵横向体量大，高度变化多、设计空间格局变化丰富。合生汇占据上海五角场商圈最后的黄金角，其地理位置优越，交通便捷，2010 年地铁 10 号线开通后，人流量大大增加，商圈日趋繁华成熟。

2.2　周边条件

2.2.1　周边环境

五角场商业商务中心区以环岛下沉式广场为中心，与徐家汇、淮海中路、中山公

① 作者简介：蒋慧，华东建筑设计研究院有限公司华东都市建筑设计研究院总院，高级工程师、国家一级注册建筑师，hui_jiang@arcplus.con.cn。

图 4-2-1 五角场合生汇实景图

园等商业中心齐名，是上海中心城区东北部最大的知识贸易商务区和综合性商业商务中心。随着现代化商务设施、交通、生态等的不断发展，区域整体优势随之完全凸显，已发展成为北上海商圈乃至整个上海最繁华的地段之一。

围绕五角场下沉式广场的大型中高端商业设施有东方商厦、苏宁电器、万达广场、百联又一城等。

2.2.2 周边发展①

随着总体规划被定位为提升上海城市副中心地位，五角场将打造知识与产业联动发展的智慧型城市副中心，以商业、科教为特色，以国际化为标准将是五角场的未来发展方向。其南部主推商业商务，建设高档的购物中心，以满足高层人士的生活消费需求；中部是以创智天地为主，主要定位是国际化的公共服务中心和文化交流中心；北部是国际高科技商务广场，高科技研发、设计、金融、文化为一体的国际高科技商务广场将会吸引国际的知名企业进入。

2.2.3 交通条件便利

杨浦区已规划并逐步建设地下空间综合工程，其中五角场商圈地下步行通道规划长度 5km 左右。横穿上海核心商业地段的轨道交通 10 号线在五角场设置两个站点，分别是五角场站和江湾体育场站，距离不足 1km。已建成的地下通道将两个轨道交通站点连接起来，并与五角场下沉广场连通，形成大型地下交通枢纽，使该区域商圈和

① 参考引用百度百科“五角场”词条的部分内容。

周边办公区交通连成一片，出行更便捷。从创智天地及地铁江湾体育场站，通过地下步行通道可直接走到五角场下沉广场，经由 5 号口进入合生汇地下一层、二层。地铁及完善的地下步行交通体系为商场带来巨大的客流。

翔殷路中环线横跨五角场中心区域，设有国定路出口、黄兴路出口，商圈南部通过黄兴路 5min 直达内环高架，快捷高架交通带来大量自驾车流。区域地面公共交通极为发达，翔殷路、黄兴路、淞沪路位于下沉式广场周边，设有几十条繁忙的公交和长途线路。通畅便捷的地面交通将五角场与相邻浦东新区、黄浦区、虹口区、宝山区乃至外省市紧紧联系在一起，输送大量的客流。

2.2.4 目标人群

五角场合生汇是合生创展集团开发的第一个大型高端商业综合体，并由此开始系列合生汇商业广场品牌的发展。当下国内消费升级，大量新中产消费者应运而生，他们对业态丰富度，环境、服务体验的要求更高、需求更多，五角场城市副中心的定位及发展现状使得周边聚集了大量城市精英人群、年轻活力时尚客群、中产家庭，这部分有巨大消费潜力的客群正是合生汇商业服务的目标消费者。

2.2.5 商场定位

合生汇的商场定位即是为城市精英、新中产家庭及具有活力的年轻时尚群体服务的中高端定位，能与其活力时尚潮流精神相契合的商户品牌及商业消费服务是其引入的重点。

2.3 业态与品牌

2.3.1 品牌设置

契合其活力、时尚、潮流的定位，引入的商户品牌基本以时尚、潮牌、特色品牌为主，功能涵盖吃、穿、行、动、娱乐、休闲等各方面生活。如北上海最大的 APPLE 店、北欧风格设计师品牌“OCE”、高端时尚主题 KTV“星聚会”、新鲜刺激的超感观鬼屋“暗黑魔盒 Dark Container”、创意主题书店“大众书局”、美式整体家居品牌“Harbor House”、中影影院、星际传奇游乐园、威尔士健身等品牌分布各层，地下一、二层则集中了生活服务、各式餐饮、精品超市“blt”、CITY MART 城市市集、家居生活馆等。

商场还引入了周边商圈稀缺的国际品牌，如 VivanWestwood，MaxMara Weekend 等国际一流品牌；以及西班牙 Inditex 集团旗下时尚品牌 Massimo Dutti，Bershka，GAP 集团旗下品牌 GAP、OLD NAVY；I.T 集团旗下品牌 i.t.、CHOCOOLATE、B+AB、Izzue；意大利时装品牌 iBlUES；美国时尚品牌 COLE HAAN；法国时尚领先品牌

URBAN REVIVO；日本女装品牌 MAJESTIC LEGON；英国潮牌 TCH 等等。

餐饮类品牌极为丰富，除大量品牌中式餐饮外，还有各式世界美食，如美国牛排馆“Outback Steakhouse”；顶级泰式美食“Simply Tai”；新加坡美食“星怡会”；极受欢迎的咖啡馆“Zoo Coffee”等。

2.3.2 业态设置

主要业态涵盖零售、餐饮、娱乐、家居生活：包括快时尚轻奢服饰、化妆品、饰品、书店、电影院、KTV、电玩、电器数码、餐饮、精品超市、家居生活等。其中 B1 层、B2 层布局时尚生活、服饰、餐饮、精品超市，一层为高端品牌，二层为时尚品牌，三层以亲子和儿童品牌为主，四层以上主要布局电影院、特色餐饮。餐饮约占百分之三十，主要分布于 B1、B2 层及四层以上，其余楼层少量布置。四、五层为中影国际影城，设有 6 个大小电影厅，并引入有三倍于 IMAX 银幕大小的巨幕电影厅。零售约占百分之 50%，分布在 B1 至七层，其余为设置在中高区的娱乐、文创商业服务等。

2.4 空间布局及流线设计

2.4.1 空间布局

由于开发容积率的限制，平面设计采取集中式布局，对于东西跨度近 300m、南部最长 200m 的集中式布局的超大尺度商业内部，必须合理切割商业区块，并形成明晰、适宜步行的透气的动线。商业内部通过东西向和南北向不同尺度的六处中庭链接整个商业裙房，形成大十字形的环形商业动线，西端接五角场下沉广场环形通道，将源源不断的客流引入商业，东端接酒店及下沉式小广场，形成完整的城市客流流线及商业动线环。竖向则通过多处中庭和自动扶梯的设计，达成合理顺畅高效的交通流线。沿主入口及主动线节点处，布局主力店、次主力店，其余分割为中小型作为商铺。一层、二层设计以东西向围绕中庭的主动线环，三层以上在主动线边加设环形的次动线，以满足平面商铺的划分。

多个阳光中庭让自然光线充分进入，提供了更大的公共空间配比，可以灵活举办各种商业和展陈、集市活动。商业空间的塑造为契合年轻化、时尚化、社交化的特点，以水的概念为基础，通过一连串变化尺度曲线的中庭及连廊，形成曲线形优雅的内部商业界面及张弛有度的空间节奏，并在十字环形动线中形成了几处重要空间节点，赋予公共空间多重属性。

叠落式屋顶为商场补充了一条透气的室外商业空间流线。经过屋顶退台，四五层商场屋面可连接通至六七层的东侧酒店室外空间，屋面被充满休闲商业氛围的绿色空间串联起来，形成舒适的室外休闲绿化空间。

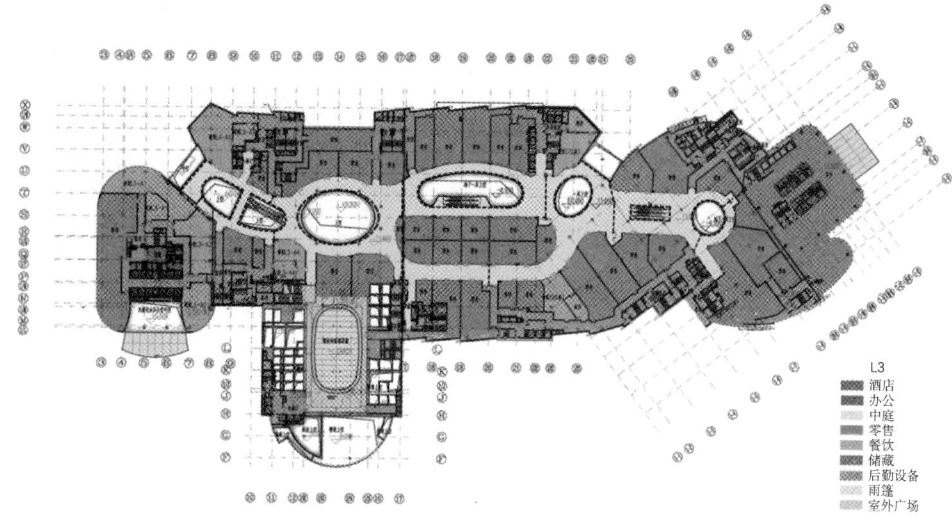

图 4-2-2　平面布置图

2.4.2　室内外环境

设计构想源于水的概念，因此无论从室内室外，在建筑形态、空间环境中都加以自然流畅的曲线来表现。室内中庭平面是各种尺度的圆形、椭圆形，之间以弧线形公共通道作为店铺划分及联系，行走其中感觉到各种曲线中庭串联的空间是舒缓柔和的节奏。面向五角场下沉广场室外主入口雨篷也以波浪造型呈现。

围绕中庭的公共空间主要以白色、浅色的明亮淡雅色系为主，柱、门等细节局部辅以暗金属色为对比。阳光中庭的屋顶天窗引入自然天光，整体上扩大延伸了中庭及周边公共空间的视觉空间感。点缀其中的店铺的装饰则与品牌定位相呼应，灯光、材质与色彩元素丰富，突显其时尚活力及高端品质。

图 4-2-3　室内中庭效果图

2.4.3 立面设计

立面设计的重点是考虑项目超长的商业界面和超高层办公、高层酒店对于城市街道界面造成的影响，以及从五角场下沉广场看到的视觉形象。综合分析后，总体布局为180m超高层办公塔楼占据基地西侧，从五角场下沉广场、中环道路上可以明显地看到这栋五角场的地标建筑及制高点，标示了项目整体形象，凯悦酒店位于基地东端相对安静而隐蔽的区域。高层商业中心则沿翔殷路在东西塔楼之间展开布局，横跨近300m。因此，在体量处理和沿翔殷路的界面上采取了切割和化整为零的设计手法，通过将三处主入口凹入使体量打断，每一段再做石材和玻璃幕墙的不同划分和衔接。长长的实墙体通过平面锯齿形的处理，使得立面巨大的石材幕墙产生轻快的韵律变化，又隐藏了功能需求的消防救援窗、通风百叶等设施。外墙石材和玻璃幕墙在立面上各式分段交替，夜间室内灯光通过玻璃幕墙的透射衬托出商场时尚多变的商业氛围。

图4-2-4 外立面效果图

2.4.4 服务设施

在公共中庭空间周边提供了艺术化的休闲座，明亮木本色的曲线型木质条凳，既可以提供休闲座位，其暖色调及流线型的设计也为商业公共空间带来一抹亮色。

2.5 运营情况

2.5.1 客流现状

2016年底开业以来，得益于五角场商圈的位置优势、项目本身的后发优势、周边快速的发展，五角场合生汇的客流及销售一直处于稳步增长中，商户的租赁需求也持续增加，目前已在部分公共空间、中庭空间设置中岛铺位以满足需求。

2.5.2 营销策略

合生汇通过举办多种主题商业场景及活动来吸引客流，营造商业氛围。地下层引入日本主题街市场景的“樱花大道”与文创、餐饮业态相结合，创造出新的商业亮点。针对不同的客群，引入不同的商业场景业态，如年轻人喜爱的“暗盒魔盒集中营”，家庭客群喜爱的全球垂直度第一的“室内探索滑梯”以及巨幕电影厅等。

当下市场对于文化消费的需求越来越多，文化消费已经走出博物馆进入寻常商业中心，让文化体验与市民联系更紧密。合生汇紧跟时尚，提供灵活使用的文化展演活动场地。通过举办多场大型国际性的文化旅游项目——美国梦工厂的“马达加斯加”秀、环球乐园中的“芝麻街乐园”把一种全新的体验文化带入到传统商业中，2017 年 6 月举办法国“印象莫奈：时光映迹艺术展”，提供一场流动的视觉盛宴，顾客购物休闲的同时也可沉浸到文化艺术的体验中，满足多层次需求。

2.5.3 线上线下互动服务

合生汇着眼于“创新的智慧城市体”，打造了全国首个虚拟现实社交购物平台“合生树”及线上的“合生通”互联网服务。

“合生树”立在一层中庭，由环状的 LED 屏组成巨大商业智慧社交“树”，顾客可以在此进行刷脸、游戏、社交、寻友等一系列活动，并上传到社交网站，游戏获胜的玩家可以赢取到优惠券或小礼品等奖品。“合生通”是为合生汇品牌打造的微信公众号和 APP，为消费者网上提供包括商场活动信息、停车缴费、室内导航，积分活动、线上排队等资讯和快速高效的服务。合生通还特别推出了免费送货的购物免提活动，顾客购物后可通过消费满额及参与游戏活动获得便利的免费物流服务。

2.6 商场更新特点总结与点评

作为一个新创立的商业品牌，五角场合生汇一年多的运营业绩、客流的增长除了先天的位置优势，得益于其精确的定位、创新的线上线下设计、有力的运营，尤其和合生汇紧跟商业市场消费升级的商业视野有关。从 2008 年设计到 2017 年商业竣工，期间国内电商飞速发展，传统实体商场受到极大冲击，项目设计也在此期间进行了较大的调整，如商业动线调整、业态的大面积调整，包括餐饮面积的增加以及取消大型主力店、溜冰场等，餐饮业态在各楼层布局更均匀合理，对于人气的集聚、人流的拉动作用非常明显；提供创新的线上购物社交平台，整合网络和实体商业服务，增加了全面的智能化网上客服服务，旨在最终提供综合体验极佳的商业服务是项目成功的关键。未来合生汇智慧商业计划研发及引入的技术包括物联网、机器人、无人商店等，这些将帮助商户及顾客提高购物效率及零售体验。

参考文献

[1] 第二章“周边环境”、“周边发展”参考引用百度百科“五角场”词条的部分内容。

[2] 第三章“品牌设置”部分品牌介绍来源于网络。

3 金茂大厦商业局部更新改造案例

刘超[1]

3.1 概况

1. 项目区位：金茂大厦位于上海市浦东新区世纪大道 88 号。

2. 建筑概况：金茂大厦占地 23611 平方米，建筑面积 292475.2m^2，主楼为 88 层，建筑高度 420.5m，是上海第三高的摩天大楼（截至 2015 年）、中国大陆第 9 高楼、世界第 20 高楼。大厦于 1994 年开工，1999 年建成，有地上 88 层，若再加上尖塔的楼层共有 93 层，地下 3 层，现已成为上海的一座地标，是集现代化办公楼、五星级酒店、会展中心、娱乐、商场等设施于一体，融汇中国塔形风格与西方建筑技术的多功能型摩天大楼，由著名的美国芝加哥 SOM 设计事务所的设计师阿德里安·史密斯设计。

3. 开发公司：金茂大厦由中国金茂（集团）有限公司开发建设，公司成立于 1995 年 6 月，由中国中化集团公司等大型国企集团出资创办。

4. 开业时间：金茂大厦于 1999 年 8 月全面开业。

3.2 周边条件

3.2.1 周边环境

金茂大厦位于小陆家嘴核心区域，与上海中心、上海环球金融中心呈鼎立之势，成为上海“三高”，周边甲级写字楼及各大银行总部林立。虽然地处金融办公区，但除写字楼外，也有东方明珠、海洋水族馆等旅游文化景点。为土地的综合利用和避免 CBD 区域在夜间成为空无一人的“鬼城”，在统一的规划下，周边建设有汤臣一品、盛大金磐、仁恒滨江园等高档次高容积率以高层建筑为主的住宅小区。金茂大厦所在区域高星级酒店齐全，除金茂大厦内的君悦酒店外，周边还有柏悦、四季、丽思卡尔顿等酒店品牌。区域临近黄浦江，有文化氛围浓厚、环境优雅的滨江绿带。在规划之初，大手笔留出占地达 10 万平方米的“陆家嘴中心绿地”也已成为该地区重要的公共空间元素和休闲场所。

① 作者简介：刘超，中国金茂（集团）有限公司工程技术部总经理，一级注册建筑师，高级工程师，1799581882@qq.com

3.2.2 周边商业

金茂大厦建成开业之初，周边几乎没有成规模的商业设施，经过迄今为止约 20 年的发展，周边购物设施已比较齐全，规模化商业包括正大广场、国金汇在内的大型高端商业设施。

（1）正大广场：

由泰国正大集团投资兴建、由美国捷得国际建筑师事务所设计的大型国际化都会购物中心，总建筑面积约 25 万 m^2，地上 10 层、地下 3 层。于 2002 年竣工开业。

2013 年，随着陆家嘴商圈的升级和自身市场定位的调整，正大广场启动了自开业以来的最大规模改造，从设计、品牌、营运、业态等方面进行全面调整，以“家庭娱乐消费中心”作为新定位，调整之前正大广场的购物比例达到 80% 左右，调整后购物比例占 55%，休闲娱乐与餐饮类占到 45%。调整后的正大广场业态更多元化，品牌档次更接地气，设计更合理，经营情况大逆转，表现良好，且租金增长态势迅猛。

（2）上海国金中心商场：

上海国金中心是包括甲级写字楼、酒店、公寓及商场的综合体项目，由新鸿基地产开发，为上海浦东陆家嘴国际金融区的地标级建筑。上海国金中心商场的建筑设计由国际知名的美国建筑事务所 Pelli Clarke Pelli Architects 操刀，并由英国 Benoy Architects 负责室内设计。

上海国金中心商场总面积超过 11 万 m^2，目标是成为集购物、娱乐、休闲、饮食、艺术于一身的高端一站式消费目的地，打造成为国际高端品牌入驻数量最高的国内商场，已汇聚全球超过 100 家国际奢侈品牌旗舰店。

3.2.3 交通条件

金茂大厦周边公共交通便利，乘坐地铁 2 号线至陆家嘴站下，步行三百多米即到。

在公交方面，公交 82 路、85 路、314 路、795 路、798 路、799 路、971 路、992 路、陆家嘴金融城 4 路至陆家嘴地铁站下，沿世纪大道往东步行三百多米即可到达。此外，都市观光旅游 2 线、陆家嘴金融城 2 路可以直达金茂大厦站。

3.3 商业改造定位

3.3.1 目标人群

金茂大厦作为一幢超高层综合体建筑，含办公、酒店、商业多个业态，商业位于大厦裙房，商业总建筑面积约 23000m^2，规模不大。

3.3.2 商场定位

2003年初，根据当时香港顾问团队的建议，金茂大厦裙楼整体定位为主要以奢侈品品牌零售为主；但当时陆家嘴的整体发展状况尚不成熟，且受限于原有建筑条件的不足，奢侈品零售的招商并不理想。

2004年，经过深入调研，最终将裙楼的整体商业定位为商务配套型、服务型的生活中心，以满足陆家嘴CBD地区的白领、商务财智人群的商务、社交与生活等需求为主要目的。引入生活配套型服务品牌，比如医疗机构、健身中心、私人护理等。对整个商场进行了一系列匹配商业经营的设计改造，并以J·LIFE命名，在2005年9月开业。

3.4 业态与品牌

3.4.1 品牌设置

商场以满足陆家嘴CBD商务财智人群的商务、社交与生活等需求为主旨。作为陆家嘴区域第一家商务零售商业中心，项目坚持以体验型品质商务生活服务业态为组合路线。目前，该项目引入了儿童教育品牌蒙雅蒙特梭利（Mengya Montessori home）；健康护理业态如：德视佳眼科（Euroeyes Eye Clinic）、科瓦齿科（Kowa Dental）、百汇医疗（Parkway Health）、美丽田园等；引入珠宝奢侈品牌沃尔弗斯（Wolfers）；引入餐饮品牌成隆行蟹王府；引入运动健身品牌威尔士。通过上述国内外一大批知名品牌的入驻，商场已经成为上海陆家嘴CBD区域首屈一指的集购物餐饮、健康护理、运动社交、国际教育等为一体的高端体验式商业。

3.4.2 业态设置

业态包含购物餐饮、健康护理、运动社交、国际教育等，其面积占比约为4∶3∶2∶1。

3.5 硬件改造

3.5.1 空间布局

金茂大厦裙房一、二层原为酒店会议室及音乐厅空间为主，后因商业运营需要，将音乐厅改为分割出租的商业空间，目前的业态有奢侈品、儿童教育等。酒店会议空间仍然保留。

裙房3～6层为商业空间，设有通高的中庭空间，商业围绕中庭空间展开，空间中也引入和体现了中国元素，如曲折的玻璃“九曲桥”和拱形的“金水桥”。运用了大量的不锈钢和玻璃材料，体现了设计的现代感。

因为空间相对规整简单，动线也不复杂，室内靠近一楼入口是视觉尺度较夸张的至二楼的自动扶梯，但二楼以上的扶梯退在中庭后部，衔接较弱。楼上商业空间围绕中庭展开，中庭尽端设置螺旋楼梯连接各层，在中庭中部适当位置跨越中庭设连桥联系两侧的环廊。

3.5.2　室内外环境

金茂大厦作为一个标志性综合体建筑，功能以写字楼和酒店为主，商业空间位居其次，室外空间的营造以简洁大气为主，空间布局规整，景观元素也采用了规则的几何图案。绿化以花坛和灌木展开为主，在外围布置高大乔木。硬质景观以耐久的花岗岩铺地为主，浅色的花岗岩铺地搭配黑色的景观水池，裙房立面以浅灰色黄岗岩石材配合不锈钢装饰条。大厦主楼以“笔”为意向，裙楼则似一本打开的“书”，因此整个立意文化范实足，相对的商业气氛就较弱，裙房从色彩和造型上都庄重有余而活泼不足。

在室内空间尤其是通高的中庭空间，由于大量不锈钢的和玻璃材料的使用，在色彩的运用上以灰色和白色为主，使得空间宏大而高冷，目前招商的业态有不少也属于低频消费，且多为分隔封闭空间，直接对外展示较少，因此，整个商业空间感觉色彩及商品展示不够缤纷活跃，商业气氛偏弱。为了打破这种略显沉闷的感觉，局部也使用了大面积亮色的色块点缀。二楼中庭的共享交流空间，摆了不少的沙发和座椅，人员聚集都较高，但在布局和功能上更加偏向办公和商务。

目前商业空间除了音乐厅功能的变更外，公共区域的装饰风格基本维持和延续了建成时的样貌，只是各出租的单元随着业态的更新做了相应的变化。

3.5.3　立面改造

外立面的改造较少，除了在立面明显位置设置大型广告显示屏外，外立面基本维持了原状，一层部分店铺的外立面装修也比较简洁，颜色以金属色、灰、白色为主。

3.5.4　服务设施

金茂大厦商业空间不大且较规整，又有三个联通的中庭空间，布局较为方整简单，其标识引导系统也比较简单。因为商业入口退进用地边界较多且不够明显，为了增加导引功能，在室内一楼入口靠近主自动扶梯附近新增了服务台。二楼中庭的共享空间是楼内白领工作之余的交流和放松空间。此外在中庭回廊也设置了少量共享的座位可供人小坐。

3.6 运营情况

3.6.1 客流现状

目前金茂商业日均客流 6000 人次，年总客流约 220 万人次。

3.6.2 营销策略

在营销策略上，建立会员系统，并为会员提供 VIP 服务。在商场内推出周年庆活动；结合传统节日，举办相关营销活动。此外还与旗下其他商场联动，资源共享。

与媒体资源深度合作，如 2017 年 1 月，由东方卫视主办、商场携手亦携母婴用品租户共同承办的《妈妈咪呀第 5 季》商场专场在 2 楼成功举办。活动现场吸引了超过 1000 人次的观摩。

与政府资源嫁接，上海坐标城市定向挑战赛自 2011 年首次举办至今，已经持续举办 7 年，具备广泛的影响力，被上海市政府列为重点的明星赛事之一，与上海马拉松齐名。2017 上海坐标城市定向挑战赛参赛人员共计 2 万人。2017 年 5 月 20 日，商场作为 2017 年上海坐标城市定向挑战赛重要合作方，迎来了 100 组参赛队伍纷纷涌入商场。针对比赛需求，与多家租户联动，使本次活动在商场圆满顺利完成！

陆家嘴金领驿站服务于陆家嘴金融贸易区 30 万白领，是陆家嘴 CBD 片区内具有较高影响力的平台组织。2017 年 7 月，商场与陆家嘴金领驿站联手举办了金粉课堂“鸿磨坊精讲《琥珀》”会员沙龙活动。通过该次活动，为新租户收集潜在客户资源，提升区域知名度。

针对在金茂大厦写字楼办公的白领，开展多场品牌推广活动。除了帮助商户把控对外宣传的效果及质量外，商场企划与商户联手推广，整合商户人力物力，助力项目推动会员体系；同时，帮助商户在各宣传平台上针对单次活动进行推广。

3.6.3 会员服务

商场建立了线上会员卡系统，通过关注金茂上海时尚生活中心官方微信公众号，并绑定手机，即可注册成为商场的会员；会员可享受由商场提供的各类专享服务和优惠活动。而且商场的会员系统，还将与金茂商业的大会员系统相连，可享受大会员系统内的更多权益和服务。

3.7 商场更新特点总结与点评

金茂大厦商场在建设之初，整个陆家嘴地区尚未开发，因此对于商业设施的设计考虑得并不十分深入，金茂大厦裙楼只是作为大厦及酒店的配套会议及服务中心，其内部结构和形态上更像是一个展厅。原设有近400座的音乐厅，并设有专门的出入口。在后期的运营中，在2004年对于整个商场进行了重新定位，并以J·LIFE命名，于2005年9月开业。重新定位开业至今，又已有十多年过去了，在这个过程中，在秉承原“商务配套型、服务型的生活中心”的基础上，在招商方面不断进行微调，包括引进共享办公空间等新业态。由于其原定位和设计以及周边交通的限制，如没有一般商场外向的标志明显的主出入口，服务于金茂大厦的内向型的布局比较明显；商场西侧临绿地方向展开面比较长，也较开阔，但所邻为内部道路，且设计时后勤及车库出入口均居于该侧，失去了商业使用价值，在这些先天基础之上，商场的改造基本满足了定位的要求，但也决定了它与一般商场的区别。也正是由于商场的特殊条件和定位，它在2018年4月荣获了赢商网“金坐标——年度优秀商业地产运营项目”奖项。

4 上海静安大悦城商业更新案例

蒋慧[①]

4.1 概况

上海静安大悦城综合开发地块位于苏河湾核心区域，是中粮集团在上海市中心区域的第一个大型旧改开发项目，占地 12 万 m^2，提供涵盖一期商业中心区、二期高端住宅区——中粮天悦及超高层办公区、室外商业街区等综合功能街区。整个综合开发地块西邻西藏北路，北至北横通道海宁路、南至曲府路，东至河南北路，项目距离苏州河、人民广场、南京路外滩步行可达，西、北侧均为城市快速交通干道，交通便利，位置极为优越。其中大悦城商业中心区域是典型的围绕地下轨道交通等公共交通中心进行开发的项目，地铁 8 号、12 号线直达大悦城商业中心一期南楼商业地下一层。建成后的静安大悦城由南楼和北楼两座独立的高层商业体通过三层以上的跨街连廊联系

图 4-4-1　静安大悦城效果图

① 作者简介：蒋慧，华东建筑设计研究院有限公司华东都市建筑设计研究院总院，高级工程师、国家一级注册建筑师，hui_jiang@arcplus.con.cn。

为一体，其中一期南楼商业为收购改造项目，于2010年底开业。其后全新设计的一期北楼商业位于整个地块的西北侧，跨七浦路与一期南楼商业地上、地下连为整体，东临整个地块二期高层高端住宅及超高层办公、室外商业街区域，于2015年底建成开业。北楼商业占地面积：12894m²，建筑规模：95136m²，其中地上建筑面积：65800.19m²，地下建筑面积：29335.56m²。地下共三层，其中B1为商业，B2、B3为车库；地上九层商业，通过地下一层、地上三、四、七、八、九层天桥连廊与南楼商业连接，整体商业面积达到16.3万m²。

4.2　周边条件

4.2.1　周边环境

上海静安大悦城选址于区位优势明显的苏州河北岸的城市中心区域——苏河湾区，比邻四行仓库及多处苏州河岸工业文化遗迹，距离上海火车站2km，距市中心人民广场、南京路步行街1km。区域周边历史文化氛围浓厚、公共设施充足，居住氛围成熟，环境逐步改善，且与南京路商圈接壤，可与其对周边人群形成叠加引流效应。该区域城市更新开发较晚，也具有高起点高定位的后发优势。

4.2.2　周边发展

因处于得天独厚的城市中心位置，独特的城市湾区与历史文化的积淀使得区域发展起点亦高。未来的苏河湾核心区域，根据苏河湾CBD发展规划，还将承接南京东路城市中央商务区的溢出效应，形成国际商务商贸、商业、居住为主要功能的复合功能中心区域，而之前苏州河北部区域内并未有大型的城市商业体，静安大悦城的出现弥补了该区域商业中心的空白，并且由于起点定位高端，周边的天然高端客群叠加历史文化、公共设施的充足完善带来的吸引，为商业高端定位及未来发展提供了有力保证。

4.2.3　交通条件便利

上海地铁网络已全面覆盖城市交通生活，通过8号、12号线可直达静安大悦城一期南楼商业地下一层，还可以迅速引流周边地铁1、2、3、10、13号线覆盖的区域人流，而项目西临城市主干道西藏北路、北接城市重要交通线——北横通道海宁路，带来大量自驾车的客流，因此整个南北楼商业中心共设计了2400余辆机动车位，来充分满足节假日高峰自驾客流。此外多条公交车线路站点设置于周边主干道，直达一层商业多处出入口，更好地满足选择地面公共交通的客流。

4.3 商业定位

4.3.1 目标人群

大悦城是中粮集团旗下商业中心的自创品牌，取义近悦远来，从最早的北京朝阳大悦城开始发展至今已逐渐成熟，并形成独特的品牌魅力。品牌定位为年轻、时尚、潮流、品位，其核心精神是满足有独特时尚潮流品味的年轻群体的消费需求，引领时尚消费潮流，所以客群清晰定位于 18 ~ 35 岁心理年龄的追求时尚潮流的年轻白领、潮流达人、时尚品质生活爱好者，来源是周边生活圈以及苏河湾区域的年轻高端客流利用便利的轨道交通，快速可达的市区客流以及为城市工业文化遗迹吸引观光游客。

4.3.2 商场定位

大悦城品牌确定了其商场定位是为年轻时尚群体服务的中高端定位，能与其年轻时尚潮流精神相契合的商户品牌及商业消费、体验服务是其引入的重点。

4.3.3 契合定位的独创设计

作为一个年轻但已经趋于成熟的定位清晰的商业中心品牌，大悦城有其敏锐独特的商业服务创新意识。最早摸索出了一条将文化创意类体验式商业服务引入商业中心的道路，并在天津大悦城骑鹅堡文创艺术街中获得了成功。在本项目中，也需要找到符合品牌定位的独创设计特点，形成吸引区域客流及辐射更大范围乃至吸引城市的旅游客流的“魔力”，同时能将进入整个高层商业的人流循环流动起来，解决商业中心高

图 4-4-2 屋顶布局实景图

层区域客流不足的情况。最终的设计精心策划了一个大胆创新的商业形象和概念——SKY RING，利用顶层、屋顶花园广场设置了偏置于屋顶外墙上直径 60m 的摩天轮，辅以屋顶巨型大喇叭造型的爱情传声艺术装置，给年轻时尚人群创立一个标志性的浪漫潮流场景，成功将新的静安大悦城定位为魔都爱情新地标。在摩天轮之下的八层引入了独特场景化的轻艺术体验街区——魔坊 166，将带有艺术创意的室外场景搬到室内，设置了富有艺术工匠气息的体验作坊区——手作人街、空间变幻丰富有趣的夜市餐饮区——霓虹街、屋顶广场上半室外酒吧区——未央街等主题街区板块。创新性地大胆设计，使摩天轮和其下的场景式主题街区像磁石一样，源源不断地将人流吸引到八层及九层屋顶，再向下输送发散。

4.4 业态与品牌

4.4.1 品牌设置

起源于 2007 年的大悦城品牌已经具备了比较成熟的与商户品牌的合作经验，服务其年轻、时尚的定位，基本以时尚、轻奢、创意品牌为主，既有成熟的轻奢品牌作为消费保证，也引进新锐创意时尚设计品牌。如 Michael Kors，GUESS，GANT，Hilfiger Denim，JUICE，Kate spade，G-STAR，EA7，BLOVES，Godiva，GAP，MILLIES，CK UNDERWEAR，NEAR WHITE，O'blu，MUJI 等位于一至五层，六层引入创意体验品牌，如手工大师、西西弗书店、海马体摄影、万物想、毛线街、小设计等，八层集结了手工作坊类的全爱工匠、色彩社、Cookie 9、气味图书馆等。地下一层则集中了各色中西日式餐饮及快餐、blt 精品超市、家居生活馆等。

4.4.2 业态设置

相对于一期南楼餐饮占据较大比重的业态布局而言，北楼的业态更趋于均衡，涵盖零售、餐饮、娱乐等，并创新引入了文化创意类体验业态。其中餐饮约占 31%，主要分布于 B1 及七层以上，其余楼层零星少量布置；零售约占 50%，分布在 B1 至五层。六层的创意体验品牌，包括各色手工设计制作体验等，吸引了不少都市青年及亲子家庭来体验已在日常生活中消失的传统手工制作；七层为传统餐饮业态；八层设置了屋顶摩天轮 SKY RING 入口，结合魔都爱情地标的定位，配置了爱的信物馆等，吸引年轻情侣；八、九层是着重打造的独特场景化的轻艺术体验街区：手作人街、霓虹街、未央街等主题板块。手作人街以提供 DIY 手工作坊体验为主，包括纸语工房、全爱工匠、作物、不二陶社、毛毡共和等；霓虹街以餐饮为主，模仿了繁华的香港都市街道夜生活中霓虹闪烁的场景，有集装箱烧烤、彼此的茶、三町目的回忆等；九层屋顶花园广场上围绕大喇叭造型的爱情传声装置设计的未央街，以酒吧西餐为主，服务夜间聚会的客人，营业时间相应延长。

2017 年八楼新增八吉岛二次元空间，成为吸引喜欢动漫文化的年轻潮人的补充业态。

4.5 空间布局及流线设计

4.5.1 空间布局及流线

北楼的空间组织形式主要是以南北向的中庭为核心组织，引入商场周边三条主要道路的客流，在一层平面形成 Y 字形交通空间，并在中心汇集为宽敞的中庭空间及南北主动线大通道，连接一层南北入口。对应的二层以上楼层则在中心节点处形成不规则四边形、长梯形的焦点中庭空间，两端布置了垂直自动扶梯。平面围绕南北向的三组中庭形成可回游的宽敞的主动线，并且三层以上通过跨街连廊与南楼主动线贯通。中庭空间及走道空间都以直线、折线等几何形式呈现，最好地体现了交通的效率。中心节点的中庭空间在垂直方向上被打断，形成上下两处中庭，提供了更多的公共活动空间。

二层平面以围绕中庭空间的东西商铺布局，商铺面积较大，三层缩减了中庭西侧商铺进深，加宽了公共空间，形成变化灵活的区域，布置了舒适的休息区，也可以做展陈、花车等设置。四层以上在西侧较大块的面积中再穿插一条辅助的次动线，与主动线曲线连通产生新的环通动线，并将次动线区设计为形式色彩统一的主题区，形成有趣的空间变化体验，也划分出适合中高楼层区域租户的中小商铺面积和进深。

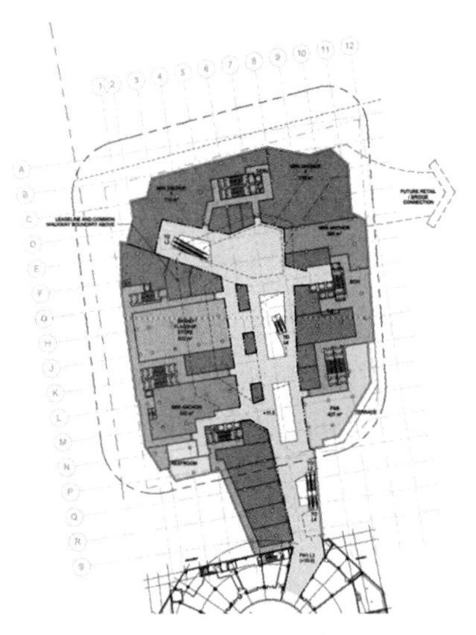

图 4-4-3　二层平面布局图

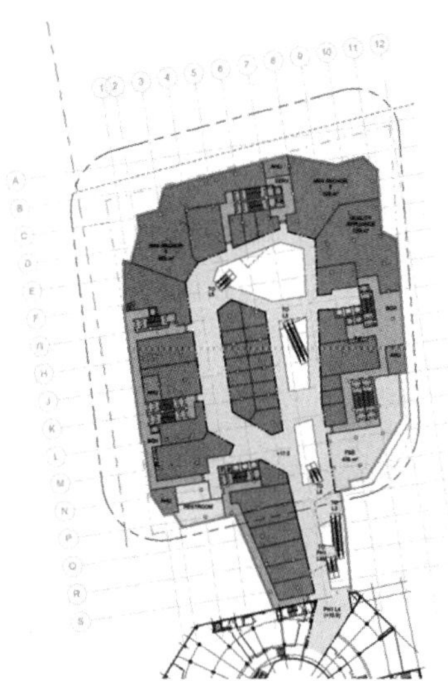

图 4-4-4　三层平面布局图

五层连接南北楼的跨街宽连廊处理为两层高室外休闲景观大平台的形式，减少了大跨度跨街封闭连廊对城市街道空间的压迫感，既是封闭室内空间的释放延伸，也是室外休闲停留观景的好地方。

图 4-4-5 五层的跨界连廊

位于八、九层的文创主题商业区域是另一种空间塑造的重点，八层的霓虹街模仿热闹喧嚣的都市街道夜景，因此在室内利用错层、不同方向高度的窄钢楼梯连接的平台和通道重塑出复杂交错、变幻流动的复式室外街市空间，使人游走在其中而景致变化无穷，提升了对空间的美学体验。

九层屋顶花园广场和未央街的设计，是休闲、浪漫和活力并存的空间。带室外露天座位区的西餐、酒吧街提供悠闲的下午茶和午晚餐，巨大的摩天轮 SKY RING 白天轻盈地浮在空中旋转，夜色中则像发光的指环般流光溢彩，浪漫的气氛吸引着年轻时尚的人群在这里驻足停留、举办小型婚礼等。

4.5.2 室内外环境

围绕中庭的主要公共空间以浅白色的明亮的色系为主，长梯形中庭的屋顶天窗引入自然天光，整体上扩大延伸了中庭及周边公共空间的视觉空间感。中庭柱及二层围护栏板采用与南楼一致的菱形镜面不锈钢材质，反射周边环境增加了空间进深感。点缀其中的店铺的装饰则与品牌的定位相互呼应，四、五、六层次动线主题区设计了不同的材质与色彩，以红砖、钢框架、水泥墙面等工业风元素装饰，与高区艺术体验街区衔接，突显了时尚活力及艺术气质。

手作人街、霓虹街、未央街是独特场景化的轻艺术体验街区，室内设计带有独特浓郁的艺术气息，随处可见各种艺术小品及装置。手作人街提供木作、陶作、金属饰品等各种手工作坊体验，店铺内自然的手工材料和传统的手工制造机械散发浓郁的古朴风格，隔着透亮的大面积玻璃，组成了商场的一道室内风景。霓虹街的独特在于它于室内成功地塑造出怀旧的街市夜景，工业风格的红砖外墙、水泥抹灰、钢楼梯、铁艺的装饰及灯具等处处渲染出过去的年代氛围。未央街也延续了同样的工业风格，但增加了西式的休闲餐饮店面、遮阳篷、室外座椅等，又是一番不同风味。

室内各层设置了很多非常人性化的休息区域，地下一层美食街中庭处设有集中休息圆圈凳，从一楼可以方便看到。三层以上沿中庭周边布置极具视觉设计感的各式口红、化妆盒造型的休息凳，或黑白几何线条装饰的条凳。四五层在次动线区中心设计了休闲书吧，按摩椅，顾客可以在此安静地看书、休闲、等候。休息区及卫生服务区还设计了大量的垂直绿化墙面，让自然气息引导顾客放松身心。

图 4-4-6 室内中庭

4.5.3 立面改造

静安大悦城的外立面造型也以几何形为主。北楼需在接近方形的基地建设九层的高层商业，基本形成了近 50m 高的巨大长方形体。为了削弱巨大的体量对于城市空间带来的压迫感，并且与南楼的转角屋顶大斜面造型相呼应，在长方体体量的四个角边不同高度均做了斜向的切角，同时呼应南楼立面，以横向的线条为主装饰外立面，并且在三层处设计横向的大平台以缩减整个长方体的体量感。外墙浅色金属、玻璃幕墙以及条形窗的开窗形式均与北楼相同。通过对几何形体量的切割处理、长短横向线条、材质、色彩的搭配，形成现代时尚利落且变化丰富的立面风格。建成后的北楼、南楼风格和谐，室内外均形成一个统一整体。

4.5.4 服务设施

各楼层导引标识设计中也体现出其年轻、创意的特点，从 B1 楼到八楼楼层标识分别为乐活族、美学家、拜物教、时装精、潮流军、混血儿、创意师、都市客、摩坊166。地下地上各层设置了不同位置不同形式的休息区及座位等，有热闹中庭边的各式艺术装饰座凳，也有安静内部区域的书吧，还有按摩椅等，满足不同顾客的需求。

4.6 运营情况

4.6.1 客流现状

2015 年底开业以来，静安大悦城的客流一直稳步增长，租售率及租金相应增高。

4.6.2 营销策略

商场的客流销售增长离不开强有力的营销手段。静安大悦城在各时段及节假日举办了各种主题展、IP 快闪：魔兽展、CANDY CRUSH、LINE FRIENGS 等快闪，将潮流热点引入商场，吸引其粉丝；高迪展，吸引喜欢艺术的人群及亲子家庭；白色情人节告白、摩天轮薰衣草田园，吸引喜欢浪漫的年轻人群。通过各种展陈活动，带来不同客群，并以展览带动商场人气及销售。

新开出八吉岛二次元空间，也成为吸引喜欢动漫文化的年轻人的潮流之地。

创办“大悦疯抢节”活动。2017 年 9 月，大悦城第四届“大悦疯抢节”九城联动，会员消费占比达 54.8%，静安大悦城销售同比增长超过 70%，消费盛况场面空前。

4.6.3 线上线下互动服务

静安大悦城通过自身的微信公众号提供超便捷的各种服务，可以在网上方便快速地了解商场的各种信息，包括近期举办的活动、品牌折扣、新开潮店，及在线领取优惠券、购买摩天轮套票等。网上会员中心可以查询券包、积分、办理地库优惠停车、享受生日特权等，还可以开通电子支付 JOY PAY。由此线上的快捷便利与线下的丰富体验全面完整地融合到一起，将普通客流变为会员并升级，牢牢地吸引并发展为商场的忠实客户。“大悦疯抢节”通过联合多家网络平台，营造线上线下疯抢节狂欢。

4.7 商场更新特点总结与点评

品牌精确的定位、创新的设计、强有力的运营是静安大悦城成功的保证。巨大的摩天轮 SKY RING 和其下的摩坊 166 无疑已成为静安大悦城的商业符号与名片，而这是需要在设计之初就确定下来的重要构想和定位，尤其摩天轮的结构设计必须前置，是后期改变所不能弥补的。直径 60m 的摩天轮偏置于外墙的悬挑式设计，设计荷载及位置对于结构是极大的挑战，但它带来强烈的外立面视觉形象，尤其夜间绚烂璀璨的灯光设计使其能被远远地观望，牵引着覆盖沿街远距离大范围的步行以及车行中人流的视线，吸引人们进入其中感受它时尚浪漫的形象。加以各种线上线下渠道的推动，其广告宣传效应无疑是巨大且成功的。

参考文献

[1] 【理论撷粹】关于大悦城的几点思考，20170907，胡肖扬，AAAPLUS.

5 上海大世界商业更新案例

傅正伟，倪江涛[①]

5.1 概况

1. 项目区位：上海大世界（下文或简称大世界）位于西藏南路、延安东路、宁海东路、云南中路所围合而成的地块中，西北侧紧邻上海人民广场文化商业圈，区位极佳。

2. 原有建筑情况：

大世界始建于1917年，由商人黄楚九创建，并在1925 ~ 1929年通过几次加建、改建最终定型，功能定位为城市游乐场，以上演全国各地戏曲为主。1931 ~ 1952年一直在青帮头目黄金荣的管控中，但不得不说，中华人民共和国成立前的大世界，是其百年历程中最为辉煌的一段时期，“不到大世界，不算去过大上海”是当时流传的一句话，也是对这个时期盛景的最好诠释。

1955年，大世界易名为“上海人民游乐场”，因持续的国内外艺术团体演出而保有声誉。后来大世界更名为“东方红剧场”，自此门庭冷落，后被用作外贸仓库。1974年，改名为“上海青年宫”正式对外开放。后又在1987年再度恢复原名“大世界”，并重新加入了杂技、魔术、吉尼斯擂台等百戏杂陈的内容，重现往日荣光。1989年，大世界主体建筑被上海市人民政府公布为“上海市优秀历史建筑”。但是从2003年“非典”开始停业改造，并于2017年重新对外开放。

3. 更新改造后的面积、功能：更新改造后的大世界在规模体量与功能定位上较最初略有差别，总建筑面积约为16626m^2，功能定位为非遗展示体验中心。

4. 开发公司：上海淮海商业集团大世界文化运营有限公司。

5. 开业时间：2017年3月31日。

5.2 周边条件

5.2.1 周边环境

上海大世界位于上海中心城区，西北侧紧邻的人民广场是上海的行政、商务、

① 作者简介：傅正伟，华东建筑设计研究院有限公司华东都市建筑设计研究院总院，国家一级注册建筑师，zhengwei_ei_fu@arcplus.com.cn；倪江涛 Gensler 美国晋思建筑咨询（上海）有限公司，工程师，njt719@hitmail.com。

文化、商业娱乐等多功能的中心区域，所处地段的周边建成环境与基础设施相对完善且复合。

功能方面，周边包含居住建筑、办公建筑、文化公共、行政等多类型的建筑群，可以提供多类型多时段的客流量。

基础设施方面，公共交通系统方便快捷，停车位较为局限。

环境氛围，紧邻人民广场、南京路、淮海路、金陵路，兼具新老上海中心城区的浓厚氛围。北侧紧邻延安路高架，视线受到一定影响，但跨路口的人行天桥可以提供绝佳的打卡摄影视角。

5.2.2　周边商业

南京路商圈，代表商业：来福士广场、久光百货、永安百货、恒隆广场、中信泰富广场。

淮海路商圈，代表商业：上海九海百盛广场、巴黎春天淮海店、K11 艺术购物中心。

特点：趋于高端化、白领化，但差异性、多样性略显不足。

5.2.3　交通条件

周边地铁线路：8 号线大世界站（1 号口），1、2 号线人民广场站（1 号口）。

城市公交：01 路、71 路、311 路、324 路、454 路、455 路、457 路、782 路、783 路、934 路等。

周边道路系统完善，延安路、西藏路均为城市主干道，宁海路、云南路受制于道路宽度与沿街仍保留的石库门街区，相对拥挤。

停车空间较为紧张，无公共停车场。可利用的周边社会停车场：港陆广场、东海商业中心和兰生大厦停车场。建议搭乘公共交通、绿色出行。

5.3　商业改造定位

5.3.1　目标人群

包含本地市民散客、游客、学生与团体等的国内外参观人群。

5.3.2　商场定位

改造后上海大世界的功能定位不能称作严格意义上的商业建筑，并未把盈利放在运营管理的首位，而是通过“非物质文化遗产”主题的带动下，在公益性与市场性之间实现平衡。

5.4 业态与品牌

5.4.1 品牌设置

上海大世界在非遗内容为核心的前提下，设定了包括展演联动、传习交流、美食配套等功能，突出互动参与、休闲体验。共设置了非遗展览、非遗表演、非遗传习、数字非遗、非遗美食五大功能。同时确保每月、季均有突出的主题。并考虑增设新的品牌活动，包括：根据二十四节气，每季度举办 2 ~ 4 周的节气非遗嘉年华，如春节的“阿拉过年”、端午节的“端午嘉年华”和“中秋来团圆”等节庆嘉年华等；同时在现有基础上，保留原戏曲版块演出的同时，增加戏曲导赏、服饰展示、大师沙龙等专业板块；并根据市场反馈，保留扩大了“大世界魔术杂技节”“大世界城市舞台”；新增了“大世界沪语节”等特色版块。并将大世界衍生产品作为持续开发重点。

通过同一主题下的展演联动、传习交流、衍生品推广，扩大主题的丰富性、参与性和专业性。使大世界成为旅游观光、学生和家庭休闲互动的必选之地。

5.4.2 业态设置

从大世界 4 层楼层来看，一层为基础功能区，二层为非遗体验区，三层为非遗传承区，四层为跨界创新区，屋顶设置花园。从区块划分来看，大世界主体建筑侧重非遗展演与传承、文宴楼南秀楼侧重非遗美食文化。在各业态之间通过室内外空间留有休闲体验空间。

具体来看，一层包含入口导引、哈哈镜厅、内院大舞台、临展区、非遗衍生产品展示等功能，非门票区域的沿街还有各类文化展厅与店铺；二层包含戏曲茶馆、数字非遗、非遗园生态、中华非遗美食；三层包含非遗传习教室、非遗书院、非遗再设计、国际非遗美食；四层包含非遗剧场、VR 非遗体验、丝绸之路非遗主题文化展、民俗文化展区。

5.5 硬件改造

5.5.1 空间布局

上海大世界建成之初，通过沿街的建筑体量，形成了“U”字形的围合布局，各楼层通过单走廊串联各类功能房间，之后通过盘旋在内院的室外天桥，形成交通的串联回环。该模式能够极好地利用有限空间，同时保证流线在室内外空间不断切换，避免单调乏味，因此笔者所在的设计团队在改造设计之初就确定了沿用既有空间布局模式的指导思想。

同时，因为大世界建筑特点突出，建筑界面沿街较长，中庭特殊结构，与历史遗留问题，二至四层有效运营面积仅 5830m^2，体量有限，接待能力有限；建筑结构影响大舞台使用，对演出项目引进和分散客流造成巨大影响；建筑层高和单厅面积的局限导致部分专业演出、中大型展品引进受阻。因此，因地制宜的空间策略势在必行。

在空间组织形式上，建筑室内的单走廊与重新修复的内院室外天桥形成了回环的交通流线，串联走廊沿线的各功能房间与位于内院的室外舞台。

在中庭设置上，通过在原有内院架设顶棚，形成一个半室外的类中庭，结合舞台空间，相映成趣。

在流线设计上，利用面向内院的单走廊组织水平流线；利用垂直楼梯组织竖向交通，同时增设 4 部电梯满足无障碍等的需求；内院中的天桥回廊形成了模糊垂直与水平交通的特殊流线，既可以从高楼层通过天桥到达低楼层，也可以在天桥平层游走，欣赏内院景观与舞台表演。

在空间特色上，内院在天桥回廊、室外舞台、天棚顶盖以及夜景灯光的交相辉映下形成极具吸引力的内院景观；每层的功能房间均不相同，特色极为丰富，人群可以在走廊漫游中体验极具特色且丰富的非遗文化；紧邻主入口的哈哈镜厅中有 12 面哈哈镜，均为大世界建成之初流传至今的文物，与一旁经过改造修复的入口大楼梯，保有了入口大厅原汁原味的空间氛围与市民记忆。

5.5.2　室内外环境

室内空间氛围营造上，对于建筑室内格局及其功能，通过百年大世界的历史可以看到，其游乐性的各类主题空间，才是真正产生市民记忆与情感的精神内核。所以设计团队首先就市民心目中大世界曾经容纳的各类活动做了充分调研，并根据其受喜爱程度进行筛选，同时充分结合国际化、时尚化、数字化等因素，设置在各楼层空间中。

新开张的大世界定位为非物质文化遗产传承中心，非遗展览、非遗表演、非遗传习、数字非遗、非遗美食等五类功能业态，特别是位于一层的哈哈镜走廊，把大世界最具特色的“遗产”之一的 12 面哈哈镜重新陈列在市民面前。

内部整体装饰风格采用欧式古典石材与线脚，地面采用杂色马赛克拼贴做旧，整体氛围古朴大气典雅。

室外环境营造上，在延安路、西藏路、宁海路一层沿街均设有开敞店铺，过路市民与游客均可在欣赏大世界经典外观的同时，进店参观游览购物。

半室外的内庭院立面运用仿木铝合金门窗与重新修复的水磨石和斩假石，形成了室外空间氛围的另一种表情。

5.5.3　立面改造

在保护修缮原则的基础上，选取黄金荣时期的大世界（1931 ~ 1952 年）外立面作为改造修复的蓝本，同时也以这种方式重现大世界最具影响力阶段的历史记忆。

针对建筑外立面多处残损与不合理的加建，将其中没有文物价值的部分拆除，并修复其外墙代表性的水磨石（汰石子）与斩假石。同时，对大世界标志性的屋顶花园亭子、内院天桥也均按照历史图纸进行重建。

5.5.4 服务设施

导引系统：室内标识系统清晰便捷，来访人群可在现场领取宣传导引册。

休息设施：四个楼层均在靠近六角亭附近设有休闲区，部分展演厅中设有座椅，可供来访游客休憩。

配套服务设施：现场讲解、网络购票平台、微信公众号宣传等。

5.5.5 互动设施

1. 哈哈镜厅

12 面哈哈镜是大世界最珍贵的“遗产”，最简单直接有效的互动设施，来访者可以在或瘦长或矮胖的变形中找寻趣味。在二楼休闲区还设有电子哈哈镜，通过身体感应装置，把自己的滑稽造型拍下，现场打印成照片带回家，也可以通过扫描二维码，通过大世界微信公众号获取自己的电子相片。

2. 数字非遗互动体验

数字非遗厅的设置非常具有趣味性，长期为国际国内多样的非物质文化遗产，提供人机互动展示，适合家长带着小朋友来体验。首期推出的“24 节气绘画互动墙”与民俗场景结合，填色创造属于自己的民俗娃娃，通过投影仪即可上传到大屏幕与它欢乐互动。

而数字非遗厅的另一个互动项目是“民族服饰换衣镜”，站在电子展示屏前可以体验世界各民族经典服饰的趣味换装，打印带走充满异域风情的百变形象。

3. VR 展示厅

借助国际顶尖虚拟现实技术，来访者可带上 VR 眼镜穿越到百年前的街景中，置身历史时空，看场景、品文化。通过仿真漫游和虚拟交互两种体验相结合，定制独一无二的大世界 CAVE 厅。

5.6 运营情况

5.6.1 客流现状

受惠于百年重启这一大事件效应的客观情况，作为本土百年品牌，大世界知名度高、地理位置优越，大世界的重新开放对上海本地人群，尤其是老年人，具有较大吸引力，开业至今 60 岁以上老人占总参观人数达 30% 以上；节假日和周末家庭亲子观众比重持续增长。

上海本地年轻人群对大世界品牌认识，较大比例停留于长辈情感需求，造成品牌气质的历史感和陈旧感较重，对上海本地年轻人吸引力有限，同时因关闭了14年在周边城市年轻群体中知名度较低；宣传内容和平台需补充和完善。

5.6.2　营销策略

1. 突出品牌特点

根据首年项目市场反馈，在坚守非遗内容为核心的前提下，以大世界命名的展节活动，包括展演联动、传习交流、美食配套等功能，自年初全面启动，项目特点在保持专业性的同时，突出互动参与、休闲体验。在五大功能基础上，总体规划更系统、完整、规律。每季有重点、月月有亮点，主题突出、周期延长、规模扩大。突出民俗聚集、文化休闲的品牌新特点。

通过各季度节气嘉年华活动和大世界非遗专业活动的持续打造，逐步形成具有IP价值的专业品牌活动，形成大世界作为非遗传承和再生平台的新价值。

2. 保持项目热度

根据开业至今季节和人群参观规律，运营团队制定了精准的营销计划，本地散客、游客、学生和团队的客观分析和科学配比。春秋两季加大学生团、旅游团组的开发和销售，冬季加大直接客户销售和定向活动组织，力求旺季兴隆、淡季不冷。

根据工作日、周末和节庆不同时段的人群需求，合理调配、组织专业内容，满足不同人群，不同时段的参观需求。同时遵循市场先行的原则，加大线上平台、专业平台的合作，结合各季主题，在媒体合作、渠道选择和营销联动方面持续推进。

3. 加强国际交流

通过首年接待、访问、主办多类国际性交流项目和活动，目前大世界积累了一定的国际交流资源、经验和基础，通过节庆嘉年华活动的举办，外籍观众比例明显增加。未来着重在针对驻沪外籍人士和传统文化走出去两方面继续加强推进。

规划每年的上下半年，针对驻沪外籍人士各举办专题活动一次，组织对象为驻沪领馆、文化和商务机构、外资企业等；国际夏令营对接和计划中；同时，相应针对中华文化走出去的号召，在2018年秋季，大世界主办中华文化走出去——海派艺品生活为主题的欧洲主题展。

4. 紧密各省市联动

开业至今，以城市舞台和非遗原生态两个版块为核心，展开各省市联动和交流，取得了一定的成果，奠定了良好的基础。未来将在原有基础上，集中将大世界城市舞台打造成为与各省市联动的核心品牌，目前已确定包括青海、云南、四川等非遗大省，及山西、陕西、新疆等地省市级项目联动，以魅力排行、民族会演、衍生品销售等多种形式，持续在大世界推出和呈现，实现大世界联动全国、服务全国的总体目标。

5.7 商场更新特点总结与点评

5.7.1 商业空间的新模式

20世纪初以来，由空调系统、自动扶梯、电梯主导的可以无限扩大的室内商业模式——Shopping Mall逐渐成为商业空间的主角，但同时它也成了无聊、远离自然、隔绝室内外等的代名词。

在上海大世界的改造中设计团队希望提供另外一种可能性，运用既有的小尺度空间，人群可以在室内外之间切换自如，享受惬意的尺度与氛围。

5.7.2 建筑改造更新的新模式

通常的保护修缮建筑着重外立面的复原，而内部空间及功能大多完全变换，大世界的保护修缮除了外立面改造复原之外，内部的空间模式以及功能业态均相对完整地得以保留沿用。

5.7.3 历史的经验——孵化器模式

新中国成立前的大世界功能定位为以各类戏曲为主题的城市游乐场，收罗展演各地戏曲，比如锡、扬、甬、越、徽、绍剧等。但不久之后，大世界中诞生了诸如化妆弹词、南方歌剧、苏剧、魔术新戏等新剧种，它更像是一个戏剧的“孵化器”。

改造后的大世界也希望搭建这样的平台，为各类非遗展演传习的业态提供充分发挥特色的空间与氛围。

5.7.4 专业价值、市场需求与价值转化的平衡与探索

大世界中各类展演、传习、数字项目市场反馈，表现在不同年龄需求差异大，主要体现在戏曲类表演项目;中外观众兴趣差异大,主要表现在展览和工艺作品兴趣不同;广受欢迎的项目集中在海派民俗、杂技魔术表演、特色小吃和互动课程等简单易融的项目类型；同时，因专业内容常更常新、保护建筑维护成本高等客观原因，为实现公益性兼具市场性的运营目标，需在节源的同时，广开思路，在合作机制、收入模式等方面大力拓展，实现创新发展、价值转化。

6　上海 K11 购物艺术中心商业更新案例

古小英[①]

6.1　概况

1. 项目区位：

上海 K11 购物艺术中心（下文简称上海 K11）位于淮海中路 300 号，西邻马当路，东靠黄陂南路，北依金陵路，与中环广场、香港广场、太平洋百货等商业建筑毗邻而居，与东南侧的新天地商圈一并组成了淮海路黄金商业圈。淮海路原名霞飞路，是上海传统的国际时尚商业地带，浓缩了上海的百年历史，淮海路上现代化建筑林立，时尚名品荟萃，被称为“东方香榭丽舍大街”。

2. 原有建筑情况：

上海 K11 所在建筑为香港新世界大厦，始建于 2001 年，2003 年竣工，是淮海路上的地标式建筑，大厦总面积 130384.17m^2，楼高 58 层，由裙房和塔楼组成，其中裙房（含地下 3 层）为高档商场，塔楼为甲级写字楼。

上海 K11 所在写字楼运营情况良好，裙房高档商场，虽位于淮海路的黄金地带，但在改造前，由于商业定位不够明确，招商缺少整体考虑，没有形成独特的品牌价值，无法很好地聚集人流，经营状况并不理想。同时，经过十多年的使用，部分建筑设备老化明显，用能效率下降，建筑能耗较高，室内舒适性较差。

3. 更新改造后的面积、功能：改造后的上海 K11 从地下 3 层至地上 6 层，改造总建筑面积约为 3.8 万 m^2，地下 3 层至地上 5 层主要为商业和餐饮，6 层为停车库和空中花园。

4. 开发公司：新世界中国地产有限公司。

5. 开业时间：2013 年 6 月 28 日。

6.2　周边条件

6.2.1　周边环境

上海 K11 购物艺术中心位于上海繁华的淮海路，周边紧邻香港广场、力宝广场等商务写字楼，东南边靠近太平洋百货、新天地等商业娱乐区域，所处地段的周边建成

① 作者简介：古小英，上海市房地产科学研究院，教授级高级工程师，guxiaoying193@163.com。

环境与基础设施完善，商业氛围较好。

6.2.2 周边商业

淮海路商圈，代表商业：香港广场、太平洋百货、上海广场、金钟广场、大上海时代广场、亚龙国际广场。

新天地商圈，代表商业：新天地南里商场、新天地北里商场、湖滨路购物中心、新天地安达仕酒店、新天地朗廷酒店。

特点：高端化、白领化，主要服务于周边上班白领、游客、附近高档住宅住户。

6.2.3 交通条件

周边地铁线路：1号线黄陂南路站（3号口），8号线大世界站（3号口），14号线黄陂南路站（在建）。

城市公交：454路、146路、沪赵专线、沪海线、沪松专线、沪商专线、沪松专线、986路、36路、869路、933路、隧道八线、781路、932路、109路、581路。

周边道路系统完善，淮海中路、金陵中路、黄陂南路均为城市主干道，马当路由于沿街保留的石库门街区及道路宽度，相对拥挤。

停车空间较为充裕，上海K11所在的香港新世界大厦6～9层为停车场，其他可利用的周边社会停车场有：香港广场和金陵大厦停车场。

上海K11地下二层直接与地铁1号线黄陂南路地下通道相连，建议搭乘公共交通、绿色出行。

6.3 商业改造定位

6.3.1 目标人群

周边白领、住户以及包含本地市民、外地游客等的国内外游客。目标消费群体是25～50岁拥有一定经济能力，追求生活品位的消费者。

6.3.2 商场定位

K11率先把艺术、人文、自然三大核心元素融合，将艺术欣赏、人文体验、自然环保完美结合，对商场进行大规模的商业改造，重新进行商业定位包装，以期成为真正地服务于各层次顾客的商业地标。秉承品牌核心价值，上海K11全力打造最大的互动艺术乐园、最具舞台感的购物体验、最潮的多元文化社区枢纽，通过全年不间断的互动活动，令艺术欣赏、人文体验、自然绿化以及购物消费之间产生一体化且微妙的互动作用，为市民及旅客带来前所未有的独特五官享受。

6.4 业态与品牌

6.4.1 品牌设置

上海 K11 在艺术、人文、自然为核心元素的前提下，设定了包括艺术空间、艺术典藏、都市农庄等功能，打造了一个有文化内涵的购物中心。上海 K11 既是购物中心也是一个艺术游乐园，通过经常性展出国内外艺术家的作品，提供不同的多维空间以鼓励公众在他们购物和消闲的时间来欣赏艺术。在商场的休息处、电梯内、扶梯旁，随处可见设计师的创作，作为购物中心的新兴业态，K11 使艺术和商业以有趣和启迪的方式彼此融合，创造充满活力和有如舞台般的购物体验。

6.4.2 业态设置

上海 K11 地上有 6 层，地下有 3 层，其中 B3 楼主要为 3000m^2 的艺术空间，免费提供不定期艺术作品展览；B2 楼主要云集了世界各地创意潮流品牌，休闲、服饰、配饰、护肤品等一应俱全；B1 楼主要打造成女性生活馆，包含女性服装、配饰、美甲、美容等方面的国内外知名品牌；地上 1 ~ 2 层主要为国际一线品牌，如杜嘉班纳、博柏利、阿玛尼等；地上 3 ~ 4 层主要为餐饮，聚集了多个国家的料理，由于 4 楼餐饮多为复式双层，因此没有 5 楼，K11 的 6 楼即裙房的顶楼，主要是空中花园和停车场。

6.5 硬件改造

6.5.1 空间布局

不同于传统的购物商场，上海 K11 将艺术欣赏、人文体验、自然环保与购物消费完美结合，为城市生活和活动缔造一个崭新的空间，使都市生活与自然完美融合为一体。中庭部分不但拥有亚洲最高的户外水幕，同时有机形态的玻璃顶棚更直接与双层楼高的商场地下天井联结。K11 的 6 个楼层在视觉上透过位于中庭由地面展开的顶棚达到良好的联结及延续，由玻璃建造的有机形态顶棚总面积达到 280m^2，其独特的辐射三角状玻璃拥有极佳的透视性。

作为面向城市开放的一处绿色空间，K11 将垂直绿化与环抱中庭的建筑相结合，自然外景、建筑本身与城市风情相互映衬，各区域将自然色融合进来，与艺术欣赏、消费体验自成一体。

6.5.2 绿色改造

本项目主要改造内容包括外围护结构、立体绿化、空调系统、照明系统、电能监测与控制系统、给水排水系统。

1. 围护结构

全面对标节能标准，实施综合节能改造。2001 年大厦建设时公建节能标准尚未出台，此次改造针对节能标准要求制定围护结构节能改造方案。针对屋面、外墙、玻璃幕墙、架空楼板、中庭透明玻璃分别采取节能改造措施。屋面采用 120mm/45mm 厚防火酚醛复合夹芯板外保温系统和 165mm 厚玻璃棉内保温系统；外墙采用 80mm/65mm 厚岩棉板外保温系统和 70mm 厚酚醛板外保温系统；架空楼板采用 160mm 厚玻璃棉保温系统；主楼的透明幕墙采用断桥铝合金双层玻璃（8Low-E+12A+8），北大堂玻璃幕墙采用断桥铝合金双层玻璃（10Low-E+12A+10）；地下中庭屋顶透明部分采用断桥铝合金中空玻璃 [8Low-e+12A+6 透明 +1.52Pvb+6 透明]。

2. 立体绿化

上海 K11 艺术购物中心在六楼设置了屋顶花园，不同种类植物合理搭配，形成复层绿化，减少热岛效应。商场外墙建成了 1175m^2 的垂直墙面绿化，与屋顶绿化、中庭景观相互呼应，有效地降低热传导。

3. 空调系统

（1）冷水机组

4 台冷水机组自 2003 年投入使用以来，通常情况下，只开启一台，4 台机组轮流使用，当空调负荷较大时，同时开启两台冷水机组。由于制冷机组轮流使用，机组效率仍满足要求，可继续使用。充分利用原有设备，降低改造成本，提高改造的经济性和可行性。

从大厦低区（原有 4 台冷水机组）中划分出 2 台供本次改造范围内商场使用，空调冷冻水系统与原大厦系统明显分离，确保主机与水系统单独供改造范围使用。

（2）水系统

冷冻水泵、热水一次泵、热水二次泵均更换为高效水泵，水泵效率达到 83.6%。

冷冻水系统采用一次泵定流量末端变流量运行，通过压差旁通阀旁通多余水量，冷冻水循环泵输送能效比 0.0241；热水二次泵为变频变流量控制，最远末端装有压差传感器，负荷改变时引起末端压差改变，此压差变值作为空调热水变频水泵流量的调节参数，降低空调热水泵输送功率的能耗，热水二次泵输送能效比 0.00673。

大厦低区原有冷却塔 4 台，K11 改造区域冷水机组沿用原有冷却塔系统，冷却水供回水系统不单独改造，冷却水供回水温度为 32℃ /37℃。在空调冷却水系统板换二次侧供回水管接驳一路切换管道供 K11 商场内区使用。当室外湿球温度低至 8 ～ 10℃时，利用空调冷却水系统的低温对 K11 商场内区进行供冷，避免冬季及过渡季节商场内区需启动冷冻机供冷而达到节能目的。

（3）风系统

K11 首层办公大堂采用全空气空调系统，过渡季节加大新风量以实现节能运行。餐饮、商铺、购物廊 / 中庭及其他走道区域等采用风机盘管加中央处理新风的空调方式。新风与排风系统采用转轮热回收，节约运行能耗。

（4）排风热回收

新排风热回收空调箱根据新风管内压力变化变频控制，集中排风机与新风机联锁控制。过渡季节新排风通过跨接管，不通过转轮回收装置；非过渡季节，跨接管电动阀关闭，新排风通过转轮热回收装置，热回收率达 65%。

（5）室内空气质量监控

空调箱送风管设风管压力传感器，根据压力传感器调整风机转速，实现变风量功能；空调箱新风管上设定风量阀，冬、夏季为最小新风开度，过渡季节为最大新风开度；在排风系统中设置 CO_2 感应检测装置，根据检测排风系统中 CO_2 的浓度控制调节新风风阀开度，在满足较好空气质量的情况下通过调节新风量达到节能目的。

4. 电气系统

（1）高效照明灯具

将公共部位大量 T8 荧光灯管更换为 LED 灯和 T5 荧光灯；改造后，商场公共区域照明功率密度为 7.02 ～ 13.4W/m^2，走廊照明功率密度为 2.76 ～ 3.6W/m^2，卫生间照明功率密度为 5.81 ～ 6.1 W/m^2，公共区域照明能耗大幅度削减。

（2）照明节能控制

改造后，大厅、走廊、电梯厅由 BA 系统分时段控制；泛光照明及立面照明由 BA 系统分季分时段自动集中控制。

（3）能耗分项计量

上海 K11 设置有线远程计量系统，该系统由数据采集、数据传输、数据管理处理分析统计三部分组成，具体包括远传表、采集器、集中器、交换机、管理计算机和系统软件等部分。同时，K11 也安装了能耗分项计量设备，通过能耗监控管理平台，统计、分析各项能耗。

5. 给水排水系统

上海 K11 将装修范围内的洁具更换为节水型洁具，节水效果约 33%。

6. 节水灌溉

上海 K11 垂直绿化墙的灌溉系统使用了领先的环保技术，收集整栋写字楼洗手池下水，通过污水处理系统使之循环利用。

6.6 运营情况

6.6.1 客流现状

上海 K11 改造后，商铺租金大幅增长，月均客流量达 80 万人次。K11 主办的莫奈特展，单日客流量最高达 6000 人次，莫奈特展期间其日常营业额增长了 20%。

持续不断的各种营销活动和不断变换的活动主题，也是保证商场活力和人流量的重要因素。K11 平均每年举办十余场艺术展，以及近百场艺术讲座。

6.6.2 营销策略

1. 跨界运营

博物馆零售业态创新消费渠道，吸引人流。上海 K11 主打艺术购物中心的差异化定位，提出了博物馆零售业态，把美术馆搬到购物中心，包括艺术展等艺术形态都被纳入博物馆零售的范畴。除了博物馆的展览，附带的纪念品、咖啡厅同样能产生经营性收入。

用艺术品来克服消费者对购物中心的审美疲劳，既能突破艺术“被仰望”的格局，又让公众在购物休闲时不乏味。购物中心和文化艺术相结合可以进行差异化竞争，吸引消费者花费更多时间停留在购物中心。上海 K11 就将吸金砝码放在了艺术主题上，如 3000m^2 chi K11 艺术空间也定期举行向公众免费开放的艺术展览、工作坊、艺术家沙龙和教育讲座等。真正做到了艺术与商业的结合。

2. 五官营销

艺术品只是 K11“五官营销”的一部分，它属于视觉和触觉范畴。在听觉上，K11 找来专业团队针对不同时间、不同楼层、不同业态、不同品类选择背景音乐，另外还专门定制了室内香氛。

3. 特色经营

上海 K11 准确地抓住了都市人对田园生活的向往与渴望，并极富创意地将原先的部分屋顶车库改造成“都市农庄”，通过体验的方式抓住了顾客的情感需求。

4. 艺术交流

2014 年年初，K11 艺术基金年会与巴黎的东京宫（PALAIS DE TOKYO）签订了长达三年的合作计划，合作计划包括了多项艺术交流活动。

6.7　商场更新特点总结与点评

6.7.1　空间布局

在商业地产领域同质化严重的情况下，上海 K11 充分把艺术、人文、自然三大核心元素融合，打造了一个面向城市开放的绿色、艺术的中庭，不但拥有亚洲最高的户外水幕，将垂直绿化与环抱中庭的建筑相结合，同时有机形态的玻璃顶棚更直接与双层楼高的商场地下天井联结，在视觉上 K11 购物中心的 6 个楼层透过位于中庭地面的顶棚达到良好的联结及延续。

上海 K11 外立面部分 ART DECO 风格建筑予以保留，其余部分的改造与旧风格保持和谐一致。在 K11 商场内部，采用了构思巧妙的“想象之旅”，不仅实现了不同功能区之间平衡高效的客流分配，而且贯穿了建筑内部充满想象力的各种体验，如在 3 楼设立都市农庄，近 300m^2 的室内生态互动体验种植区，采用多种高科技种植技术在室内模拟蔬菜的室外生长环境，在生活元素和自然素材的点缀下，K11 的艺术展示区、公共空间和高科技错落交织在一起。

6.7.2 改造效果

K11 购物艺术中心结合地下室和室内装修采用了围护结构节能、屋顶绿化和垂直绿化、空调系统水泵变频、排风热回收、更换节能灯具、实施分项计量等一系列绿色改造措施，各项改造措施实施效果良好，具有很好的推广应用价值。

其中水泵输配系统中冷冻水循环泵最大输送能效比 0.0208，排风热回收效率达 65%，照度与功率密度满足目标值要求。经计算，该商业建筑改造部分全年单位面积能耗为 120.45kWh/m^2，满足《公共建筑节能设计标准》GB 50189—2005 的要求，单位建筑面积年综合能耗满足《大型商业建筑合理用能指南》DB31/T 552—2011 的要求。

6.7.3 可操作性和示范性

K11 购物艺术中心作为商业更新改造的成功范例，由于改造目标明确，定位准确，先后获得 LEED-CS 金级认证、上海市建筑节能示范项目、上海市既有建筑绿色更新改造铂金奖多项荣誉，起到了示范引领作用，提高了影响力和知名度。

K11 购物艺术中心转型升级后，不仅提升了建筑功能，更营造了良好的商业氛围，聚集了人气，是绿色改造与商业运营成功结合的典范。

改造后，K11 购物艺术中心，不仅是一座购物中心，更是一座艺术乐园、环保体验中心、主题旅游景点和展示人文历史的时尚创意新地标。

7　百联西郊购物中心简介

程之春[①]

7.1　概况

7.1.1　项目区位

作为上海市西区的一个重要的商业地标，百联西郊购物中心坐落于上海市长宁区虹桥仙霞地区的仙霞西路 88 号，东临新泾港哈密路、西至剑河路、南起仙霞西路，北接相邻办公及居住用地，如图 4-7-1 所示。

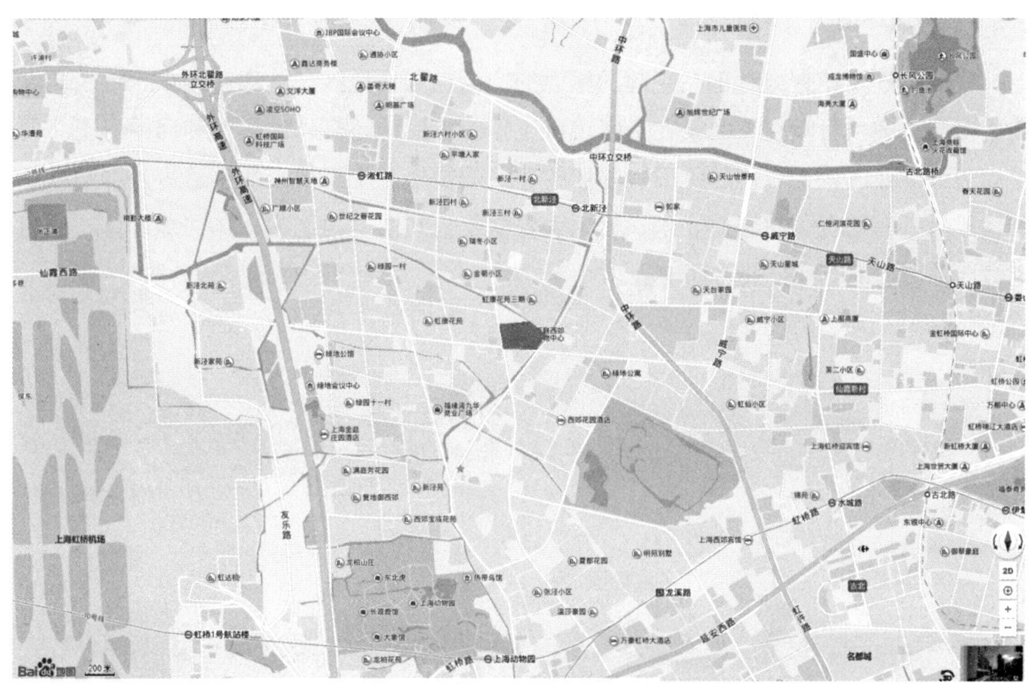

图 4-7-1　项目区位示意

7.1.2　面积、功能

基地面积 34153m^2，建筑总建筑面积 109768m^2，主体建筑高度 24m，地面以

① 作者简介：程之春，上海江欢成建筑设计有限公司，教授级高级工程师、一级注册建筑师，zhichun_chen@jiangs.com.cn。

上 4 层，地下 2 层。本项目是集购物、休闲、娱乐、餐饮等多项功能于一体的开放式社区型购物中心。

7.1.3 开发公司

建设单位：上海友谊购物中心发展有限公司，现运营单位：上海百联西郊购物中心有限公司。由美国捷得建筑设计事务所和上海现代建筑设计集团江欢成设计事务所合作承担建筑设计。

7.1.4 开业时间

2004 年 11 月 28 日，百联西郊购物中心举办了隆重的开业典礼，宣布商业航母百联集团的首个也是国内第一个开放式的社区型购物中心正式落成并对外营业。

7.2 周边条件

7.2.1 周边环境

项目所处区域是当时正在兴起的巨大的中高档居住地区，虹康花苑 1、2、3 期等周边多个住宅项目吸引了大量在上海市区工作的市民，还有外国居民和回国人士。但是周边的商业零售相对落后陈旧，与居住建筑的发展产生了很大的不适应。本购物中心建成后，其结合了商店、娱乐、休闲、餐饮及公共活动功能为一体的综合体，成为上海西部新的商业和公共活动中心。

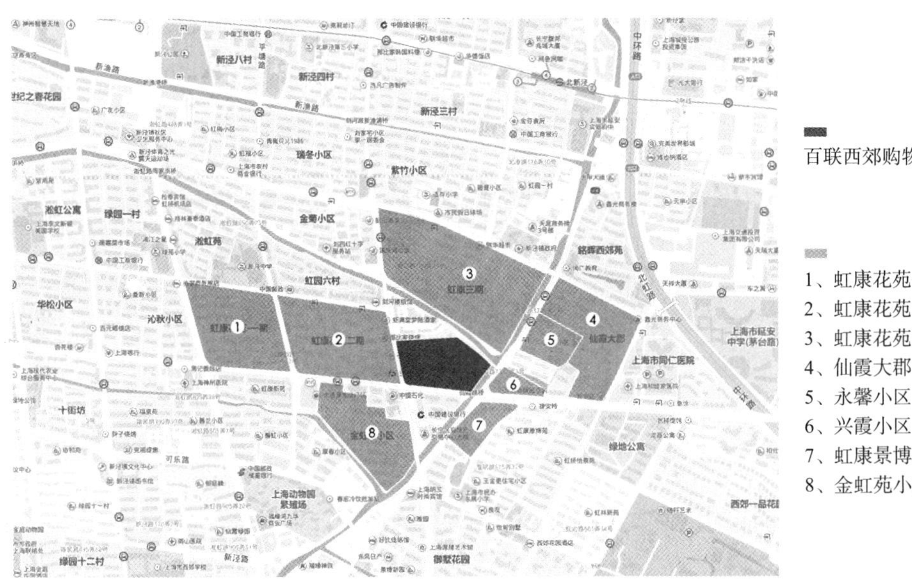

图 4-7-2 周边环境

7.2.2 周边商业

项目建设前周边无成规模的商业设施，仅有居住区配套的少量服务设施。本项目建成后，周边逐渐建设了一些中小型的商业服务设施，如西侧距约 370m 的仙霞西路大资源生活广场，西南方向距约 700m 的淞虹路福缘湾 · 九华商业广场，北侧距约 950m 的天山西路馥邦购物中心等。

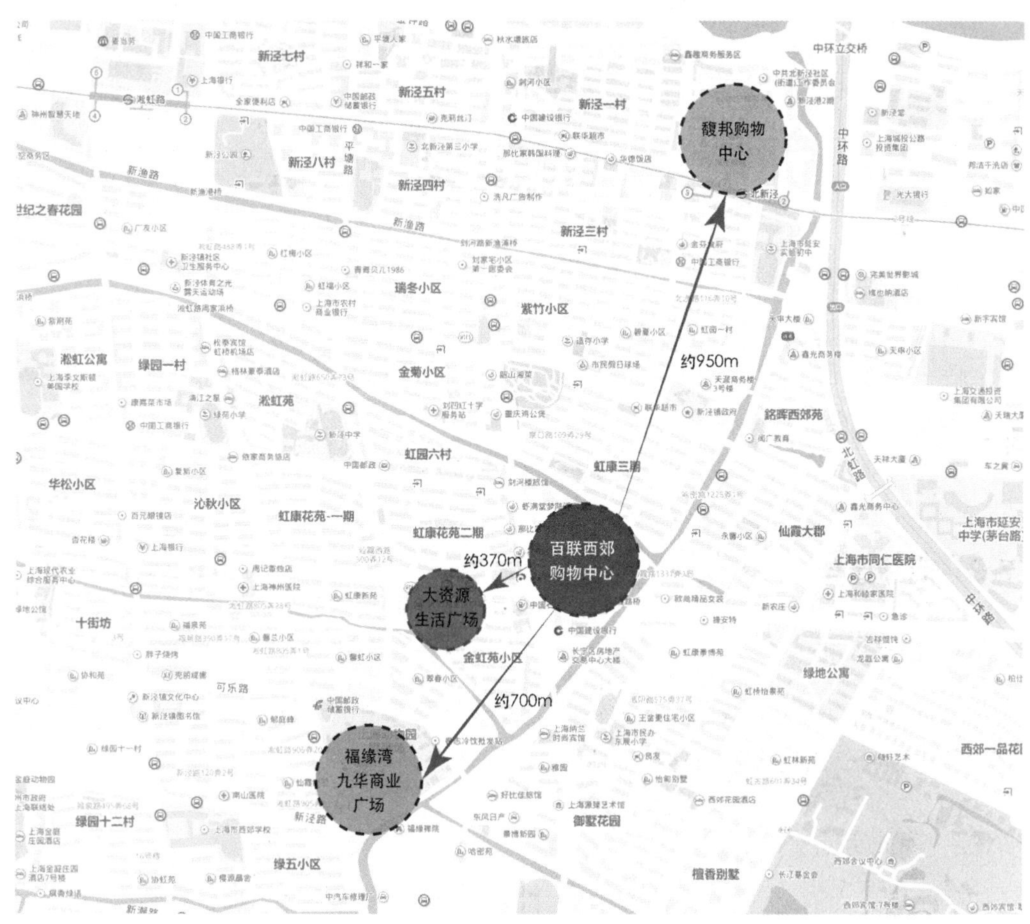

图 4-7-3 周边商业

7.2.3 交通条件

本项目周边城市道路为机动车双向行驶的东侧次干道哈密路、西侧次干道剑河路、南侧主干道仙霞西路，区域交通繁忙。

北侧距约 800m 为地铁 2 号线的北新泾站。周边 500m 范围内设有 54 路、88 路、91 路、196 路、739 路、807 路、836 路等多条线路的公交站点。本项目设置地下 2 层、地面及屋顶机动车停车位约 600 余个。

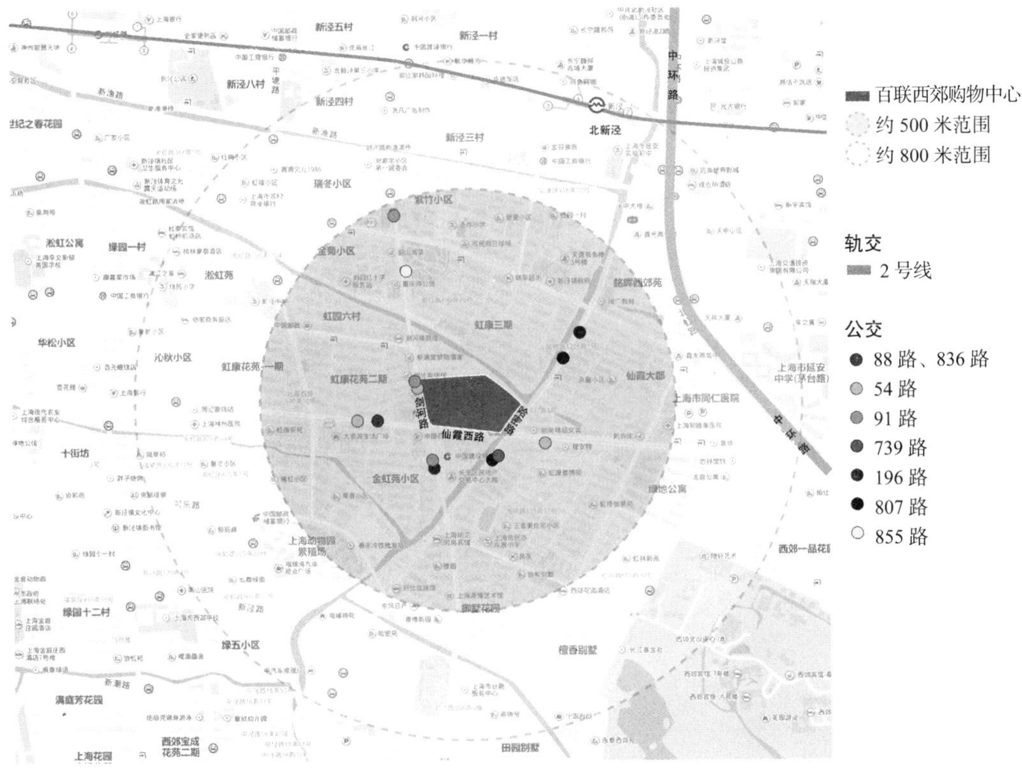

图 4-7-4　交通条件

7.3　商业定位

7.3.1　目标人群

百联西郊购物中心服务于周边社区，大部分顾客是中等收入的社区居民，其中包括港澳台人士，以及大量的日本、韩国、欧美等外藉人士。

7.3.2　商业定位

定位于社区型购物中心，满足周边居民的所有日常生活需求，成为其首选购物场所，力求为数十万居民提供一个温馨和谐的休闲、消费场所。

7.4　业态与品牌

7.4.1　品牌设置

品牌主流化，知名度高，符合社区居民的消费水平和消费观念。由于西郊百联的大部分顾客是中等收入的社区居民，所以在商品品牌的定位上，选择价格适中且具有广泛知名度的品牌，让顾客舍得消费、放心消费，几乎每一个品牌都能让顾客朗朗上口，倍感亲切。引进知名时尚连锁品牌店面，形成品牌聚集效应，满足居民更丰富层次的生活需求。

超市：世纪联华、迪卡侬、屈臣氏；精品百货：东方商厦；家居：大创生活馆；品牌专卖：耐克、阿迪达斯、GAP、优衣库；餐饮娱乐：望湘园、云海肴、西贝西北菜、小辉哥火锅、好乐迪 KTV、冠军溜冰场、一兆韦德健身、世纪仙霞影城等。

7.4.2　业态设置

业态上非常全面：大型超市、精品百货、家居用品、餐饮娱乐、品牌专卖、社区服务等等一应俱全，丰富的业态组合，给予消费者多样的选择，几乎可以满足周边居民的所有日常生活所需。

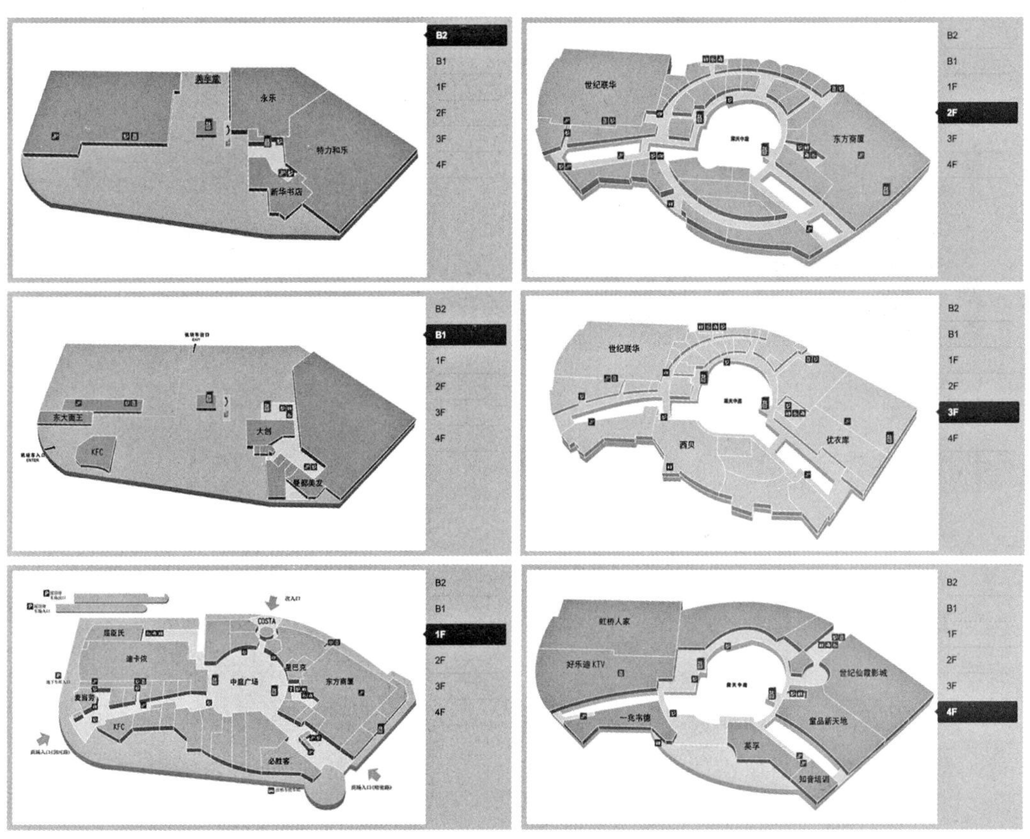

图 7-4-5　业态布局图

7.5　硬件设施

7.5.1　空间布局

采用了商业布局的经典形态——哑铃状布局，即两头为大型主力店，中间依靠中小型零售业连接。从上海最老的SHOPPING MALL——城隍庙开始，中国传统商业习惯于以一条步行街形式的商业布局，为此，本项目规划了一条露天的连接两端主力店同时也是直通建筑内院的步行街。来源于上海母亲河黄浦江的设计灵感，使弧线型步行街犹如黄浦江贯穿上海一样贯穿广场、中庭，沟通室内外，充分体现生活功能和商业氛围的延伸，更体现室外商业价值，在整体上具有高潮点和集聚点，营造出类似上海传统的繁忙的商业街道的气氛，如图4-7-6所示。

图4-7-6　空间布局示意

7.5.2　室内外环境

1. 总平面规划

主要车行出入口设置在沿剑河路的南北两端，主要人流区域控制在仙霞西路一侧，达到人车分流，使仙霞西路有一个相对较为安静、完整的步行区，减少车流对景观、流线、声音的干扰。

购物中心中央广场形成人流组织的中心环，位于建筑东南、西南、东北角3个人行入口及北部车流与城市道路自然连接起来，在商业内部空间的人流组织上，生成了明确的导向标识性。

特别在基地西南转角处设计了宽大的步行台阶。商业人流通过大台阶随商业动线进入购物中心内部。2m高差的大台阶成为整个购物中心的标志性入口和节庆活动的宣传舞台，又解决了基地东西两侧入口的地面高差问题，入口广场如图4-7-7所示。

图4-7-7　人行入口广场

2. 富有特色的建筑单体设计

为了营造一个充满活力的社区中心，购物中心把一系列大小不同的建筑单体结合起来，配以丰富的公共开敞空间、广场、街道、露天茶座和园林景观设计。其核心部分的绿化中心广场可以举行音乐会、展览、各种派对活动等。它被底层的零售店和上层的娱乐场所包围，餐厅、酒吧和层叠的露台为广场中的活动提供了丰富的观赏视角，成为购物中心自身的标志和视觉中心。

与室外商业街相交的是一条气氛更为亲切的环形室内购物街，把人们引进购物中心的内部。这条四层的室内购物街包括三个垂直中庭，有电梯、电动扶梯和楼梯上下相连。在一定的时段，商业街向中心广场开敞，为中心广场提供观景和流线空间。穿越购物中心，环形商业街为商家提供更多的人流和展示空间。建筑室内外商业街如图 4-7-8 所示。

（a）

（b）

（c）

（d）

图 4-7-8　建筑室内外商业街

7.5.3 空间景观特色设计

1. 空间的形态控制

沿剑河路、仙霞西路、周家浜路的三大建筑体块，对主要城市道路的环境诠释了西郊友谊购物中心的形象和识别性。

友谊西郊购物中心中央开敞的广场在东南、西南向城市开放，成为空间的延伸，广场两侧既可作为表演空间，也可作为商业促销空间用地及美食广场，景观上也可成为友谊西郊购物中心的标志和视觉中心。

2. 空间的丰富变化和融合

购物中心中央的椭圆形开敞空间和平台、走廊、天桥的穿插，建筑体量的进退使整个空间充满活力和气氛。

室内各种业态的商店均与中心开敞广场以不同形式产生空间上的联系，使得整个空间形成了商业街道的空间感觉，空间的流通使之成为室内外融合的整体。

一至四层餐饮区充分考虑景观视野，形成舒适的用餐氛围，并与中心开敞的广场空间相连通，如图 4-7-9 所示。

图 4-7-9 开敞广场与商业街

3. 室外景观空间的层次化和复合化

从道路转角的广场，沿着台阶与购物中心广场联系起来。室外步行街上的植栽与中心广场中的树林、水景、建筑、弧形走廊的结合，形成空间层次丰富、步移景异的景观空间。整个空间的丰富多样性成为城市空间的一个组成部分，与当地居民的生活融为一体。顾客在沿环型走廊逛街时，两边的商店和空间的大小变化，大大增加了顾客逛商店的趣味性。

4. 商业空间气氛的营造

采用虚实对比的手法，将虚的自然光、景观引入室内，将商业气氛扩展至室外。将实的建筑体作为背景，衬以大量广告及商业标志，友谊西郊购物中心的内外均产生强烈的商业形象。

控制竖向元素，以竖塔为视觉中心和重点，并辅以竖向的指示牌、广告牌、商业标志和灯柱，在友谊西郊购物中心的内部广场表明各功能区的形象和各专门店的形象。沿街 2 个转角处，依靠建筑形体本身及竖向的商业标志，在不同距离向外界表明百联西郊购物中心的形象，如图 4-7-10 所示。

（a） （b）

（c） （d）

图 4-7-10 商业空间气氛

5. 室内空间

购物中心广场的主要交通廊均处理为半室外空间，在为购物中心提供人流的同时，这个空间将成为室内商业与室外空间的过渡，既能扩大商业面积，又节省运营成本和能源，并有利环保。

对室内和沿中心广场各店面的空间和界面形态的处理进行控制，塑造街道的感觉，以符合购物中心的商业特点。

室内灰空间的处理，是在公共空间中布置摊售和商业区，以实的店面和虚的无实体隔断的商业空间来限定交通线的范围，使得交通空间层次富于变化，并大大增加了顾客随机消费的可能。

7.5.4 立面设计

立面设计把每个面都作为主立面来设计。强烈的色彩对比，不同材质之间的互相衬托，配合立面上的体量变化，使得整个建筑成为一个在这个地区的一个停留的汇聚点，欢迎人们从周围的街道步行进入。即使如此，整个建筑的用材在整个环境中并不显张扬。分段式的立面设计大大减轻了商场的大体量感给城市街道带来的压抑感，如图 4-7-11 所示。

图 4-7-11　分段式立面设计

7.5.5 服务设施

导购咨询、交通咨询、广播寻人、投诉接待、失物招领、应急药箱、便民复印、免费充电、服装熨烫、礼品包装、出借雨伞、针线包等。

在地下二层、地面及屋顶设置了机动车停车位约 600 余个。

7.5.6 互动设施

为公众提供了免费的 WIFI 及相应的网络信息服务，线上提供了百联集团旗下全渠道电商平台：百联网上商城 BL.COM 及 APP。

7.6 运营情况

7.6.1 营销策略

建立起经营连锁化、组织结构集中化、商业品牌自有化、经营管理信息化和网络化的现代商业企业形象，逐步打造现代流通产业总集成商。

充分利用百联集团连锁超市、精品百货的品牌与规模效应，线上线下融合，服务周边广大区域范围的社区人群。

7.6.2 会员服务

提供“百联通”VIP 会员服务体系，会员在百联旗下百货、购物中心、奥特莱斯、世纪联华、联华（华联）超市、快客便利或网上商城购物消费都可随时随地享受积分积累和会员服务。

7.7 商场特点总结与点评

作为国内最早的开放式社区商业中心，百联西郊购物中心采用开放式建筑风格，体现人性化设计理念，通过贯穿东西两侧出入口的步行街、室外与室内交替的环型走廊和天桥、开敞的园林景观中心广场，将三个区域的建筑有机地组合成一个整体，新颖的视觉效果，清新的绿化环境，处处彰显品位和情趣。这种空间形态从传统城市公共空间变化而来，注重室内外空间的丰富变化和融合，对于重塑仙霞地区的公共空间质量和社区中心商业氛围，起了非常重要的作用。购物中心的中央广场是百联西郊的主要建筑特色，广场中设置的露天舞台和娱乐设施，方便了消费者休息和娱乐，广场上空的白色风雨篷，既美观时尚，又遮阳挡雨，使广场成为社区商业文化活动的中心。

百联西郊购物中心建成后，常年成为周边各类社区公共活动的集中举办地，与购物中心的商业休闲功能成功融合，是目前国内最具备社区型特征、最大经营规模的社区购物中心，如图 4-7-12 所示。获 2005 年度上海市优秀工程设计一等奖。

（a）　（b）　（c）

（d）　（e）

图 4-7-12　社区购物中心举办公共活动

来源：图 4-7-3、图 4-7-8 来自于上海百联西郊购物中心微博相册，其余照片来自于现代设计集团摄影师。

8　思南公馆——历史文化风貌街坊综合保护改造案例

程之春 ①

8.1　概况

8.1.1　项目区位

思南公馆（原卢湾区第 47、48 街坊）位于上海中心城区核心的复兴中路、思南路地区，隶属于衡山路—复兴路历史文化风貌保护区，占地面积约为 5.1hm^2。其范围西起思南路西侧风貌别墅边界，东至重庆南路，南临交通大学医学院、北抵复兴中路，与复兴公园隔街相望，如图 4-8-1 所示。

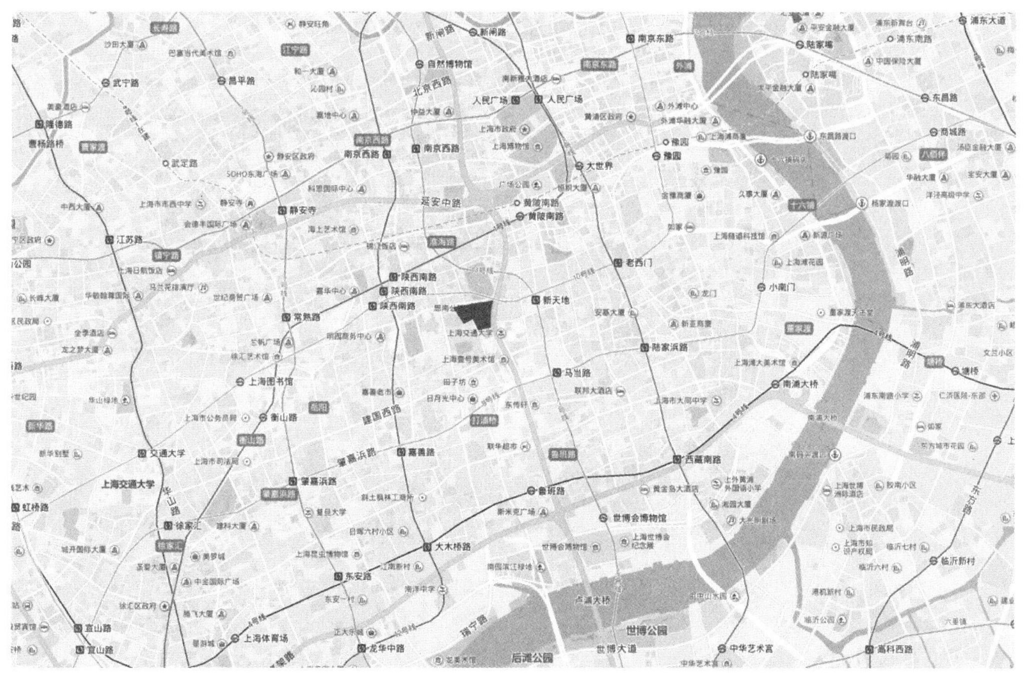

图 4-8-1　项目区位示意

① 作者简介：程之春，上海江欢成建筑设计有限公司，教授级高级工程师、一级注册建筑师，zhichun_cheng@jiangs.com.cn。

8.1.2 历史文化风貌街坊背景简介

该地区处于旧上海法租界 1914 年之后的扩展地带，一个比利时开发商为了给当时的中外居民提供住所，在 1921 年建造了一系列独立式花园住宅，形成了主要的居住街区。当时法国教会拥有大面积土地，在周边区域逐渐建立了一批公共设施，包括公园、医院和天主教堂，由此形成了一个完整的居住社区。

1937 年抗日战争爆发，难民蜂拥进上海租界，使得城市人口井喷。20 世纪 30 ~ 40 年代，地块内新建了上海里弄住宅和其他类型的高密度住宅来承载日益增多的人口。像这样，这一地块经历了有机生长的演变过程，提醒着人们上海城市历史和文化发展的不同阶段，东方和西方、穷人与富人共同生活在这一空间里，形成了国际著名并被认为是上海特色的海派文化。

这一地块同时也见证了中国历史的黑暗时期，见证了殖民统治和战争带来的创伤，但值得庆幸的是，这些历史并没有使这一地块拆除重建，而是作为具有重要的社会历史价值的遗产被保护起来。在其相对短暂却混乱的一个世纪的历史里，很多艺术界、政界赫赫有名、影响深远的中国重要人物都曾在此居住，包括周恩来总理（1946 ~ 1947）、京剧演员梅兰芳（1932 ~ 1958）等，他们提升了这一地块的社会文化重要性，关于思南公馆流传着一句话：“每一幢房子都有一段历史。”这是该风貌别墅区非常独特的风貌和人文景观。

其发展历程、规划保护和保留的建筑如图 4-8-2 所示。

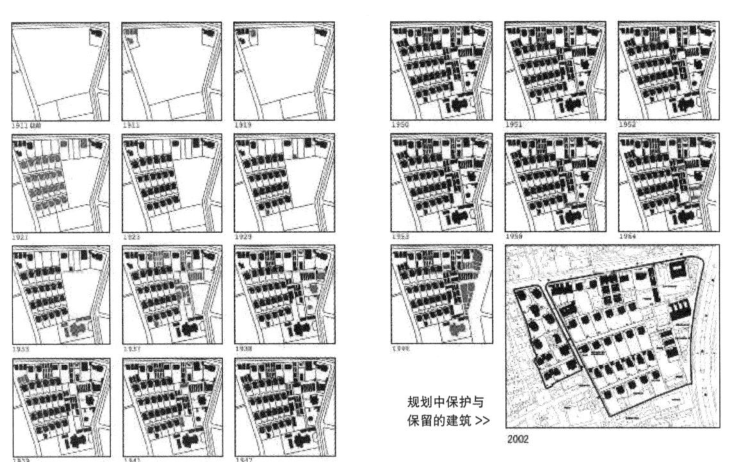

图 4-8-2 历史发展过程、规划保护和保留建筑

1. 建筑风貌特色

该风貌别墅区内有特色的近代西式住宅建筑大都建于 20 世纪 20 ~ 40 年代，其中思南路以东集中布置的 23 栋风貌别墅（其中周公馆所属的 2 幢不属于本项目开发范围）

是最具特色的部分，它们建设于 1921 年，建筑形式统一而有变化，多呈三层独立式住宅，花园较大，绿化完整，作为群体所形成的环境，尤其是多个花园形成的共享绿化空间是极为独特的，它比以后出现的花园里弄是远胜一筹的。

沿复兴中路还分布有 20 世纪 30 ~ 40 年代建造的新式里弄，规模不大但形态完整。复兴中路近重庆南路口还有一栋大型独立式风貌别墅，规模布局较大，装饰气派精美。街区内部还有若干栋花园里弄住宅、现代公寓式住宅、联立式风貌别墅、联袂式住宅等七种上海近代住宅建筑类型分布。在如此紧凑的用地中集中反映了上海近代住宅建筑的多样性，并成为中国近代革命运动和众多上海名人活动的场所，是该风貌别墅区非常独特的风貌和人文景观。

历史风貌建筑类型如图 4-8-3 所示。

图 4-8-3　建筑类型分类

2. 改造前用地状况

这片住宅区最初是经过精心规划和设计的。然而，抗日战争期间以及 1949 年中华人民共和国成立后，这一地块和其上建筑经历了严重破坏，一部分归咎于人口不受监管的涌入造成的过分拥挤，一部分归咎于缺乏维护导致的违章临时搭建。

改造前风貌别墅区内除了居住用地以外，还有零星办公、商业、工厂、医院等用地，如图 4-8-4、图 4-8-5，地块穿插零碎，这些用地的功能本身没有发展余地，同时严重

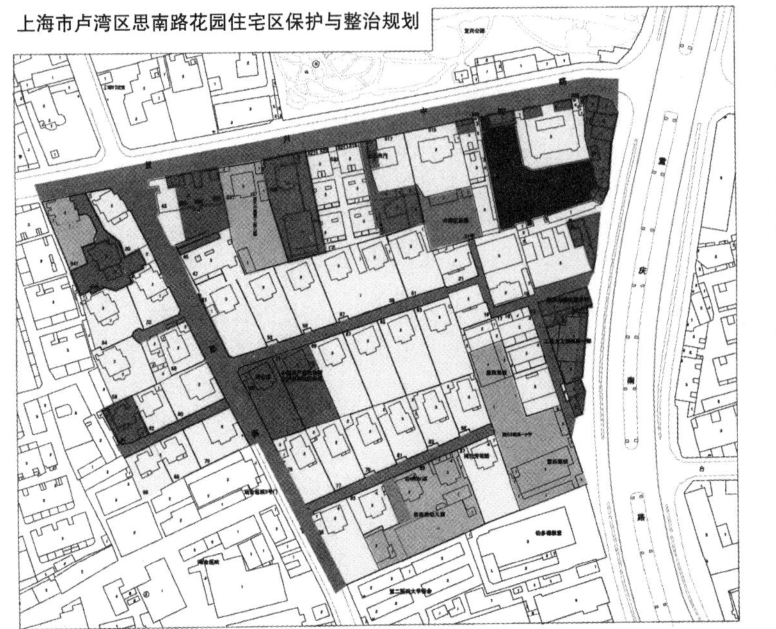

图 4-8-4　用地性质分类

图 4-8-5　建筑性质分类

影响了居住环境和历史风貌。在风貌别墅区内有各类简屋、临房、搭建和违章搭建的建筑侵占了花园绿地，如图 4-8-6、图 4-8-7，破坏了优秀近代建筑的外观。有的单位或者私人业主对其所拥有的近代建筑进行过度改造、装修，严重地改变了原有的使用功能，甚至有破坏性使用。沿重庆南路的界面由于重庆南路西拓而支离破碎，临时建筑的立面设计缺乏与整个风貌别墅区风貌的协调。

图 4-8-6　临时搭建的沿街商铺

图 4-8-7　违章搭建

3. 改造前使用状况

由于长时间的过度使用，以及近年来受城市基础设施建设与房地产开发的影响，该街坊遭受到相当程度的破坏。风貌别墅建筑室内地面标高较低，周边道路路面又不断加高，使多数住宅建筑的底层室内地面标高偏低。原先为单个家庭设计的风貌别墅难以满足现在多户居民的生活需要，犹如“七十二家房客”，导致原有的空间严重超载，居住面积拥挤，同时采光与通风条件也较差。基础设施虽然完善，但是破损严重；同时，通信、配电线网架设杂乱，存在很多隐患。建筑质量评价情况如图 4-8-8 所示。

图 4-8-8　建筑质量图

4. 改造前建筑状况

建筑外墙多以卵石装饰，红瓦屋顶，配以红色百叶窗，简洁大气，拥有独立式花园。建筑迄今有 80 年房龄，已处于“高龄”阶段，损坏情况较严重。不恰当地改变用途或非正常使用，加速了建筑主体结构及风貌损坏，主要反映在房屋处于高密度、超负荷使用状态。违章加建、改建，破坏了建筑的立面和装饰风格，建筑状况如图 4-8-9 所示。

8.1.3　更新改造后的面积、功能

这一地块原先是住宅区混杂了零星办公、商业、工厂、医院等空间上不协调的其他功能，而改造后则有着经规划空间协调的混合使用功能，包括居住（中高档住宅）、商业（办公、餐饮、零售、酒店）和公共设施（会展中心、美术馆）。像酒店、名店、餐饮、酒吧和展览中心这样商业和公共功能的引入提高了街区档次并使街区适应了当

图 4-8-9　改造前建筑状况

代城市生活需求，振兴了这片上海中心区并在经济上支持着保护和修复计划并形成可持续发展。

思南公馆保护和修复项目精心研究、分析和恢复了这一地块的历史特征和其不同的建筑，但不是生硬地恢复到原来的样子，而是基于对其有机生长演变过程的认知而进行的，突出那些有益于为这一地块增加历史或社会文化价值的方面。例如，拆除了不符合思南路特点的紧邻围墙的临时商铺和街道工厂和办公，而精品酒店的成立使不少独栋别墅重焕生机。

经保护与整治规划及建筑设计，保护了 47 号街坊列为上海市优秀历史建筑的原花园别墅 24 栋，共计 13761m^2，功能上改为思南公馆花园别墅式精品酒店。共新建 4 栋商业、配套公建，面积 7129.7m^2，3 栋公寓，面积 19034.4m^2，2 层地下室，面积：22182.5m^2。47 号街坊项目完成改造及新建总建筑面积 74627m^2。

48 号街坊改造总建筑面积 5310m^2，其中包括商业面积 1337.1m^2，企业公馆面积 3932.3m^2，物业设备用房 40.6m^2。

改造后的总平面、多种功能的分布如图 4-8-10、图 4-8-11 所示。

图 4-8-10　总平面图

图 4-8-11　功能总平面图

8.1.4　开发公司

本项目由上海城投永业置业发展有限公司开发建设。上海江欢成建筑设计有限公司负责建筑设计，夏邦杰建筑设计咨询（上海）有限公司和德国诺沃提尼梅纳联合整体规划有限公司为建筑设计顾问。

8.1.5　开业时间

本项目一期（47 街坊）于 2010 年 10 月投入运营，二期（48 街坊）于 2015 年投入运营。

8.2　周边条件

8.2.1　周边环境

地块西侧为里弄住宅复兴坊、花园坊，临近瑞金宾馆及文化广场，北侧复兴中路以北为复兴公园、历史风貌建筑米丘林公寓、上海文史研究馆，东侧重庆南路以东为历史风貌住宅重庆公寓、万宜坊，南侧为天主教圣伯多禄堂、上海交通大学医学院、瑞金医院。周边区域是衡山路复兴路历史文化风貌保护区及原法租界的核心区域，百多年积淀的历史文化氛围浓厚，是浓缩近代上海历史街区生活的典型地段，如图 4-8-12 所示。

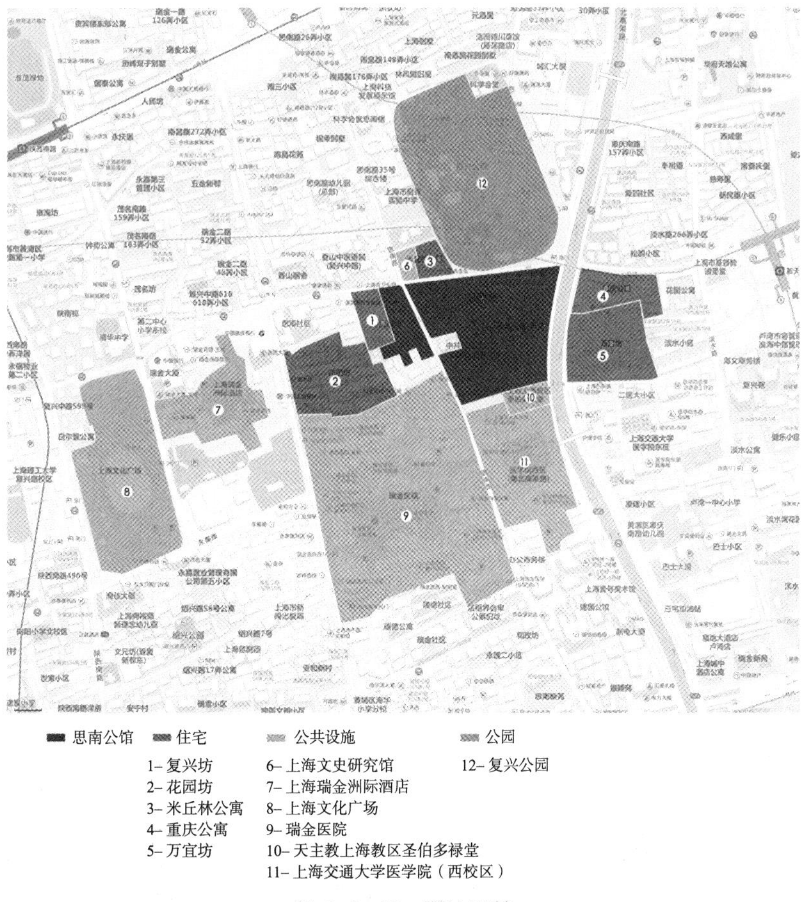

图 4-8-12　周边环境

8.2.2 周边商业

本项目周边近邻并无大型商业设施，但地块以北仅数百米即是淮海路商业街，东北方向数百米即是新天地时尚购物与都市旅游休闲区，向南数百米即是田子坊时尚创意与都市旅游休闲区、日月光大型休闲购物中心。周边相隔不远大多为知名的市级商业服务、文化娱乐设施，条件优越。而本地块区域又相对闹中取静，属于难得的高尚居住休闲之地，如图 4-8-13 所示。

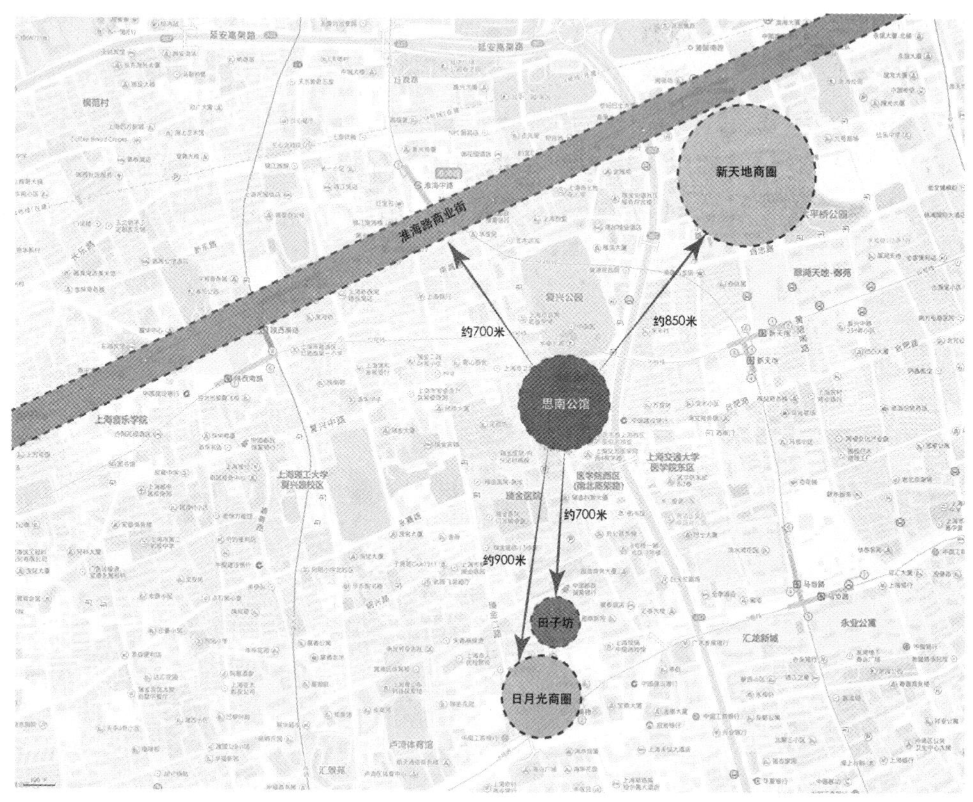

图 4-8-13　周边商业

8.2.3 交通条件

基地北侧的复兴中路为自东向西的双车道机动车单行线，西向东的非机动车单行线，宽约 10m，大型车辆及公交车较多，交通繁忙。偏西侧的思南路穿越基地，为自北向南的机动车单行线，南向北的非机动车单行线，约 7m 路宽，将项目分为 47、48 东西两个街坊。东侧的重庆南路为地面和高架双层道路，道路较宽，交通繁忙。

周边 1km 范围内有地铁 1、9、10、12、13 号线，设有新天地站、淮海中路站、打浦桥站、马当路站、陕西南路站、黄陂南路站等。500m 内设有 17 路、24 路、36 路、

41 路、96 路、780 路、781 路、786 路、869 路等多条线路的公交站点。本项目设置地下机动车停车位 320 个、非机动车停车位 120 个。交通环境，如图 4-8-14 所示。

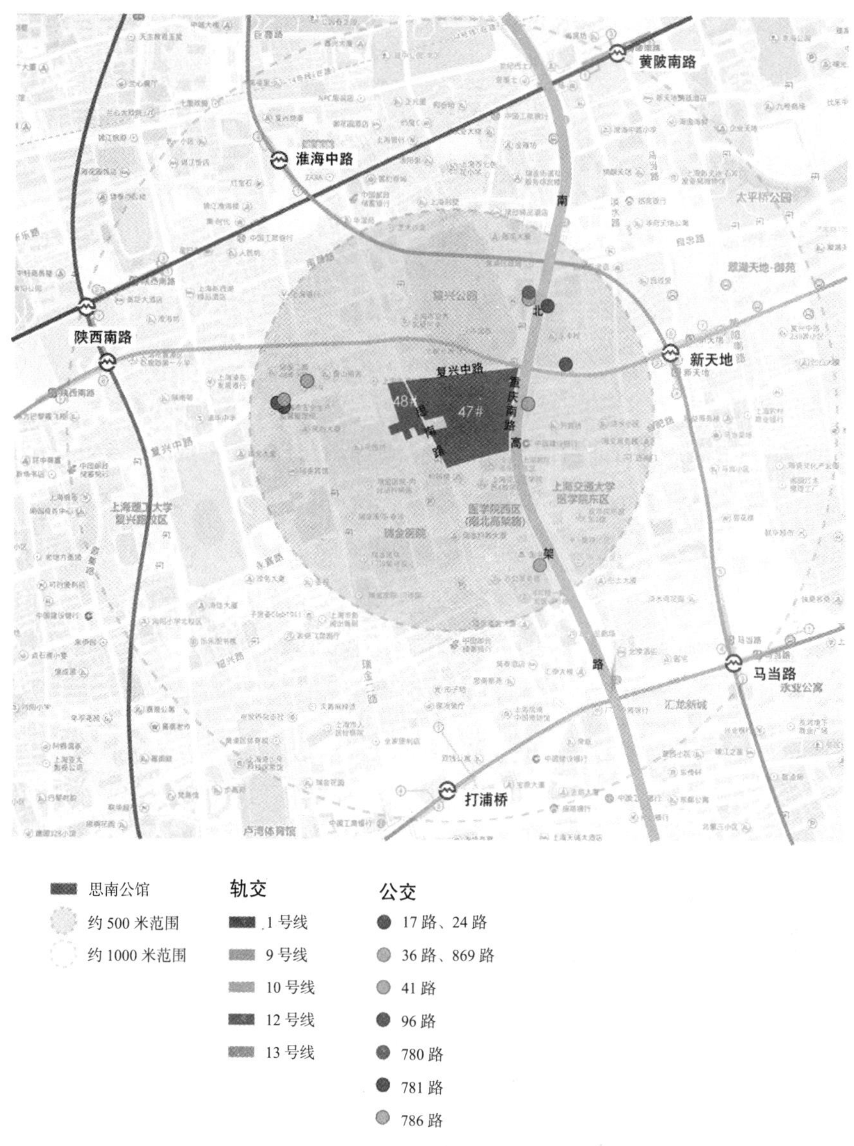

图 4-8-14 交通条件

8.3 商业改造定位

8.3.1 目标人群

对上海近现代城市历史与生活怀有深厚感情，怀念老上海的优雅与摩登，向往在喧闹的城市日常中体验高档而舒适的时尚生活、休闲时光的人群。

8.3.2 商业定位

高端精品酒店、文化会展、时尚生活精品店、多元文化休闲创意餐饮。充分理解本地块的历史文化价值，商业定位围绕着满足高档海派居住与休闲时尚消费结合的需求。

8.4 业态与品牌

8.4.1 品牌设置

精品酒店主打“思南公馆”自身独特的专属品牌，以高端婚宴、餐饮为特点，独特的带草坪独立式花园别墅成为时尚婚礼的理想地，精致优雅的整体环境也成为大量影视作品的拍摄地。

依托酒店住宿及休闲商业设施和项目自身独特的海派文化氛围，会展中心长年举办“思南读书会”、每周六举办“思南书集”露天书摊等高级别文化活动，每年上海书展期间的“上海国际文学周”分会场在会展中心举办，成为传承历史的知名文化品牌。会展中心所在的复兴中路 505 号成为思南文学之家，作为思南读书会、思南书集、上海文学周三大当代文学殿堂级活动的载体，不仅是一个地名，更是一个上海文化地标，是所有爱书人共同的生活方式，也是上海城市文化生态的亮丽风景，如图 4-8-15、4-8-16 所示。

图 4-8-15 思南文学之家

图 4-8-16　思南读书会、上海国际文学周

商业品牌以中外时尚生活和休闲餐饮为主，如哈曼音响、雅家时尚、蒲蒂花馆等高端艺术家居用品，晶浦会、慧公馆、西柏丽、拉普里奥、鱼藏等中外高端餐厅，拳击猫手工啤酒、安薇塔英式下午茶、修身堂、Spa 水疗等时尚生活体验地。以文化艺术及品质生活为核心内容的品牌设置如图 4-8-17、图 4-8-18 所示。

图 4-8-17　品牌设置

图 4-8-18　品牌名店

8.4.2　业态设置

配置的商业业态紧紧围绕优雅和时尚的主题，集中于家居生活用品及高端餐饮与生活方式体验等。

改造后崭新的思南公馆用东南西北四大区域诠释了优雅而独特的生活方式：东苑至尊府邸，南苑思南公馆酒店，北里特色名店以及西苑企业公馆，全方位满足宾客们的需求，如图 4-8-19 所示。

图 4-8-19　业态分析总平面图

思南公馆的人文特色在精品酒店极致挥洒，酒店提供独幢花园洋房作为客房出租，并配套多功能套房、客厅、餐厅、厨房、管家用房及专用车库；在休闲娱乐上，配置宴会厅、酒吧、娱乐室、蒸汽室、游泳池、健身房等设施，令人获得非同一般的舒适感受，如图 4-8-20、图 4-8-22 所示。

图 4-8-20　思南公馆酒店客房

图 4-8-21　思南公馆酒店宴会厅

思南公馆的丰富多彩在特色名店区尤显独特。游走在这个海派雅致的环境里，各色别致的中外餐厅、咖啡店、甜品店一应俱全：鱼藏的日本料理、慧公馆的精致点心、拉普里奥的法式西点等。全面改造后的思南公馆更专注于对文化艺术的结合，将特色艺术品和珍藏提供给顾客，糅合了文化艺术娱乐的推广活动，也为宾客们提供了一个雅俗共赏的欣赏平台，会展中心的思南文学之家，已成为上海的文化地标，如图 4-8-23、图 4-8-24 所示。

西苑企业公馆提供了独特的商务环境，共有 10 幢在 1930 年就建成的风格各异的洋房，单幢的面积达到 500 ~ 650m^2，为来此办公的境内外商务人士创造了优雅而静谧的工作环境。

最后东苑至尊府邸 118 套精美的全装修住房则为思南公馆的设计蓝图画上了完美的句号，同时也令思南公馆成为集合了餐饮、酒店、休闲、商务及居住等功能为一体的综合性社区，如图 4-8-25 所示。

图 4-8-22　思南公馆酒店餐饮、会所

图 4-8-23　北里特色名店

图 4-8-24　会展中心

图 4-8-25　东苑至尊府邸

8.5　硬件改造

8.5.1　空间布局

总体布局以历史风貌别墅群的位置和状态为基本骨架，因势利导添入新的建筑体量，共同构成几个功能区:时尚休闲商业区（特色名店）、花园别墅区（思南公馆酒店）、现代生活居住区（思南公馆公寓）、私密别墅区（企业公馆）。四个功能区相辅相成，既相对独立又不可分割，共同构成整个区域丰富的生活趣味。规划布局明确了整个地块内保护及保留建筑和新建筑之间不可分割的关系，从功能、景观、组团管理等多方面进行了细腻周全的分析和构思，使整个小区新旧结合，动静相宜。

以步行为优先考虑，避免机动车穿越街区的内部，组织车辆到达和进入地下车库以保障街区环境质量。规划结合步行体系，构筑区域内部序列公共空间。运用多种绿化手段，结合历史景观，突出该地区景观特色。在历史建筑和新建筑之间采用集中绿地进行分隔和过渡，在现代生活居住区中采取集中绿地的形式强化内部绿化。传承并发扬了该街区极为独特的多个花园形成的共享绿化空间。

复兴中路保留建筑间适当增加小体量的商业建筑，达到“新旧相融”的效果。建筑群底层平面呈流畅的曲线，在老建筑周围形成活泼舒适的步行空间。二、三层周边出挑，加强空间的通透感和实用性，简洁的平面有利于商业空间的灵活划分和组合，适应现代时尚的购物环境特点。

公寓紧贴重庆南路，通过长条状建筑体量形成围合的布局，利用辅助空间面向东侧，隔绝了城市干道噪声，形成内部共享的宁静庭院。靠近花园别墅的公寓由内向外升高，运用局部底层架空和平台等手法，使公寓内部庭院与花园别墅区的景观形成视觉和空间上的通透。

新建建筑包括餐饮、购物、娱乐、酒店会所、高级公寓等功能，重庆路 256 号外立面极富特色，改造根据总体规划需要，将其落架后旋转 90 度改造重建，正立面转向重庆南路，形成街坊的入口标志性建筑，成为思南公馆酒店的宴会厅，如图 4-8-26 ~ 图 4-8-28 所示。

8.5.2　室内外环境

1. 风貌保护的技术措施

（1）根据《上海市卢湾区思南路花园住宅区保护与整治规划》的要求，充分考虑现状和本区域特点，对思南路风貌别墅区提出具体的保护整治措施。

第一类：周公馆（思南路 71、73 号）是上海市文物保护单位，不属于本次开发的规划范围。本次改造确保周边环境要与其相互协调。

第二类：思南路 45 至 95 号（单号，除 71、73 号）：不改动建筑原有外貌，建筑内部在保持原结构体系的前提下，根据现代生活设施的需要作适当调整。

第三类：保留历史建筑的保护措施：在保持原有建筑整体风貌的前提下，对建筑的外部和内部作适当的调整，并适当地融入现代元素。其中重庆南路 256 号，在保留其特色立面的同时，对建筑的位置和体量作适当调整。

第四类：规划范围内的其他拆除建筑。对这些建筑采取拆除，原用地根据总体功能要求进行重新设计和规划，新建建筑或绿地。

图 4-26　插建于保留建筑中的新建商业及酒店会所

图 4-8-27　新建高级公寓

图 4-8-28　改造重建思南公馆酒店宴会厅

（2）新建建筑与历史建筑的关系

新建、扩建、改建建筑物、构筑物的使用性质、高度、体量方面与历史建筑相协调；在结构形式、立面、材料、色彩等方面与历史建筑相协调或对比；新建建筑沿重庆南路一侧限高 21.6m，沿独立花园北侧限高 12.5m。

（3）非建筑空间的保护与整治

保护独立风貌别墅庭院空间的完整性、私密性以及宁静、优雅的氛围；保留并整治沿复兴中路独立式、联立式风貌别墅的庭院空间；保护通道的断面形式、尺度、铺砌和设备，并且保证其通达性；保护界面的气氛、通透程度、连续程度、材料、尺度等；整治沿重庆南路界面为封闭连续，修补风貌景观断面，与重庆南路东界面相呼应。

新旧相融的历史建筑与空间环境风貌，如 4-8-29 所示。

图 4-8-29 “新旧相融”的历史建筑与空间环境风貌

2. 环境设施的保护与整治

思南路风貌别墅区严格控制广告的设置，招牌、指示牌、路灯、公用电话、果皮箱、消火栓等环境设施必须从形式、色彩、风格等方面符合历史风貌的特征。

3. 绿化景观特色

多层次的新旧绿化，极大地丰富了整体景观环境，高低错落的乔木、灌木加上极具特色的垂直绿化墙在美化环境的同时，也对建筑形成良好的遮阴效果，营造了舒适的街区小气候，如图 4-8-30 所示。

图 4-8-30 绿化景观

8.5.3　立面改造

历史风貌保护建筑的外立面从造型、材质、工艺等都维持了原有风貌。改造、加入新建建筑后，整体街区建筑体量丰富。

新建商业建筑讲究细部丰富而简洁现代的立面设计。商业建筑以钢和玻璃为主题，形成轻快通透的效果，配以木质或金属镂空的页板，使不同的体量间产生不同的虚实效果，与浑厚的旧建筑形成丰富的对比，而两者在精致的细部处理上形成呼应和共鸣。公寓通过跃层的错动，形成丰富的天际线，钢、玻璃和木材等元素创造出简洁现代的效果，石材墙面和砖墙与落地玻璃和通透的阳台形成强烈的对比，如图 4-8-31 所示。

图 4-8-31　立面改造与新建的对比

8.5.4　服务设施

本项目包括了精品酒店、商业、企业会所及公寓等多种业态，又属于典型的开放式街区商业，需要对公众提供全方位的导引系统。在东北角商业入口广场处的 1 号楼首层电梯厅附近设置了信息中心，在广场、人行通道的出入口及转角处，设置了多处图文指示公告栏。在思南路入口广场设置的大面积多媒体屏幕滚动播放了思南公馆相关的各类商业文化品牌宣传信息，如图 4-8-32 所示。

思南公馆精品酒店及公寓的入口都设置了相关的接待及会所服务。

沿思南路车行入口设置通往地下车库的导引标识，车库为各类业态提供了 320 个机动车位和 120 个非机动车位。

8.5.5　互动设施

项目为公众提供了免费的 WIFI 及相应的网络信息及公众号服务。

图 4-8-32　入口广场

8.6　营运情况

8.6.1　日常营运及客流现状

该项目的营运及管理由上海思南公馆商务管理有限公司承担，主要负责招商、日常物业管理、外墙清洗、保养和设施设备的维修，以及项目的品牌推广、文化传播等工作。区域维护资金来源于上海永业思南置业发展有限公司和营运收入，从而形成良性循环。

8.6.2　营销策略

主题：重现风貌、重塑功能、文化思南。城市空间：公共互动，开放包容。

围绕“思南文学之家”打造文化思南主题，举办“思南城市空间艺术节”、“夏至音乐日”、“摩登思南季”等系列活动打造艺术思南主题，为项目带来了持续的客流，如图 4-8-33 所示。

8.7　商场更新特点总结与点评

作为上海市中心惟一的以独立式花园洋房为特色成片保护改造的项目，思南公馆完成了规划制定的“保护与发展”的双重目标。

图 4-8-33　文化思南、艺术思南主题活动

首先，它致力于保护遗产。通过精心的整体街区改造建设，保护了优秀的历史文化遗产，保护了独具魅力的上海近代住宅建筑风格的历史风貌景观和居住文化，保护了中国革命运动和近代名人活动的历史信息，创造历史感与时代特征相融合的街区景观，建设品质高尚、文化内涵深厚的街区环境，成为上海市带有浓郁地域色彩和历史代表性意义的生活居住、休闲娱乐综合社区。

其次，它致力于可持续发展。探索历史环境保护的有效途径，走公益性保护与商业性保护相结合的道路，探索积极保护与合理再利用的适当方式。通过有文化底蕴的再开发，发展地区的文化产业和旅游业，走可持续发展的更新道路。

虽然处于如此快节奏的地区，虽然位于上海最贵的地块之上，虽然处于高楼高密度发展模式的浪潮之中，思南公馆依然保留了低层、低密度和高绿化覆盖率的空间模式，思南公馆通过提升优雅的文化环境创造了城市慢生活空间，使之成为上海的城市绿洲，为城市居民提供了环境和精神享受。

各种展览、诗歌朗诵会、新书旅行和音乐节等多项活动经常在此举办。和孩子一起欣赏这些历史建筑，在周末听听它们的故事，逛逛思南书局，在梧桐树下喝杯咖啡，这样的惬意丰富了上海市民的文化生活。思南露天博物馆是一座永远开放、永不落幕，却又日日更新的百年人文博物馆，它传承历史的方式，就是与上海市民一起继续创造历史。

新旧交融，商住结合，思南公馆提升了整体街区现代生活氛围及环境，成为上海中心城区知名的历史文化与休闲商业街区，成为反映上海特色的成片历史风貌街区保护改造与开发利用的典型案例，如图 4-8-34、图 4-8-35 所示。

思南公馆改建、新建项目获 2013 年度上海市优秀工程设计一等奖。

图 4-8-34　思南公馆（一）

图 4-8-35　思南公馆（二）

来源：图 4-8-2 ~ 图 4-8-5 来自于上海同济城市规划设计研究院《上海市卢湾区思南路花园住宅区保护与整治规划》，图 4-8-7、图 4-8-8 来自于思南公馆及上海人民美术出版社出版的《与梧桐交织的风景——百年思南路上的思南公馆》。

第五篇　资料篇

1 城市商业更新的相关法规与政策

1.1　关于印发《上海市房屋立面改造工程规划管理规定》的通知

关于印发《上海市房屋立面改造工程规划管理规定》的通知

沪规土资风规〔2014〕831号

各区县规土局：

根据《上海市城乡规划管理条例》第三十四条，《上海市人民政府办公厅关于同意上海市房屋立面改造工程规划管理区域的通知》（沪府办〔2014〕90号）明确了本市房屋立面改造工程规划管理区域。经研究，我局进一步划定了具体范围，制定了房屋立面改造工程规划管理的具体要求，形成了《上海市房屋立面改造工程规划管理规定》。现印发给你们，请按照执行。

上海市规划和国土资源管理局

2014年12月17日

上海市房屋立面改造工程规划管理规定

第一条（目的、依据）

为加强对本市城市景观的管理，规范房屋立面改造行为，根据《上海市城乡规划条例》、《上海市历史文化风貌区和优秀历史建筑保护条例》等有关法规，结合本市实际，制定本规定。

第二条（定义）

本规定所称房屋立面改造工程，是指对房屋外围护结构及其装饰层的外部轮廓尺寸、形体组合方式、比例尺度关系、材质选用等立面形式进行单一立面整层以上的改造，以及市级商业街门面装修的活动。

进行立体绿化、除风貌保护道路外的外墙粉刷，单独设置招牌、空调外机、太阳能热水器等设施的行为不属于前款所称房屋立面改造工程。

第三条（适用范围）

本规定适用于沪府办〔2014〕90号文所确定的范围。

第四条（相关行为的管理）

建设工程包含下列建设行为，且涉及房屋立面改造的，应当按照规定申请建设工程规划许可证，无须另行申请建设工程规划许可证（立面改造）：

（一）改建、扩建建筑物、构筑物；

（二）需要变动主体承重结构的建筑物或者构筑物的大修工程。

文物建筑和优秀历史建筑应当按照《上海市文物保护条例》和《上海市历史文化风貌区和优秀历史建筑保护条例》执行；居住建筑平改坡、户外广告设施设置、房屋维修工程按照本市有关规定执行。上述情形无须另行申请建设工程规划许可证（立面改造）。

第五条（基本原则）

房屋立面改造工程的建设应当严格保护城乡历史风貌，体现地方特色，与周边城市景观相协调，创造良好的城乡公共空间和生活环境。

房屋立面改造工程项目应当符合经批准的控制性详细规划，符合规划管理技术规范和标准的要求，遵守建筑安全、城市交通、环境保护、市容景观等有关法规和标准。

第六条（技术标准）

房屋外立面应当按规定距离退让城市道路规划红线，原位置不变的除外。

雨篷、平台、建筑装饰物等外挑构造离室外地面的净高度不得小于3m；外挑宽度应当与周边城市环境、相邻建筑立面相协调，具体宽度由区县规划土地行政管理部门核定。退让城市道路规划红线距离不足1m的，以及沿城市道路的建筑附属物紧贴或者压占城市道路规划红线的，应当符合下列规定：

（一）建筑物及其附属设施不得影响各类架空线网和行道树；

（二）向外开门的，门樘的后退距离不得小于门的宽度；

（三）向外开窗的，窗扇底部离室外地面的净高度不得小于2.5m，窗扇外挑宽度不得大于0.4m。

第七条（许可程序）

建设单位或者个人（以下简称申请人）进行房屋立面改造工程的活动，应当向区县规划土地行政管理部门报送建设工程设计方案，申请建设工程规划许可证（立面改造）。

第八条（审核建设工程设计方案的申请材料）

申请建设工程规划许可证（立面改造）前，申请人应当提交下列材料，申请审核建设工程设计方案：

（一）审核建设工程设计方案的书面申请表（立面改造）；

（二）申请人为房屋产权人的，需提供相关权属证明；申请人为公有房屋承租人的，除应提供租用公房凭证或公房租赁合同，还应提供房屋产权人或出租人以及该房屋内其他公房承租人同意改造的书面文件；房屋涉及多个产权人的，应当按照《物权法》的规定征得相关业主的书面同意；

（三）申请人的身份证明文件。申请人委托代理人提交申请的，还应当提交代理人的身份证明文件和申请人的书面委托书；

（四）房屋所在地点的 1 : 500 地形图（郊区可提供 1 : 500— 1 : 2000 地形图）；

（五）建筑高度 50m 以上或建筑面积 20000 平方米以上的建筑，需提供涉及立面改造部位的原始建筑施工图、竣工图或者具有相应资质的单位出具的房屋实测报告；

（六）需改造的房屋现状立面照片；

（七）立面改造建筑设计方案与周边环境的实景照片相融合的效果图；

（八）变更材质的，应在施工现场按选用材质进行适当大小放样，提供放样照片，预判立面效果；

（九）由具有相应资质的建筑设计单位编制的，涉及房屋立面改造部位的建筑平面、立面、剖面方案设计图和设计说明；

（十）相关行政管理部门审核建筑设计方案时所需的材料。

第九条（审核建设工程设计方案的程序）

区县规划土地行政管理部门受理后，应当按照并联审批的有关规定征求区县建设、消防、绿化市容、卫生、房管、环保等相关行政管理部门的意见。属于文物建筑及优秀历史建筑保护范围和建设控制范围内的房屋，还应当征求文物、房管等相关行政管理部门的意见。相关行政管理部门的意见，应当在核发建设工程设计方案审核意见时，一并送达申请人。

区县规划土地行政管理部门应当在三十个工作日内提出建设工程设计方案审核意见。区县规划土地行政管理部门可以在出具建设工程设计方案审核意见前，按照有关规定组织专家评审以及相关部门会审。

第十条（建设工程规划许可证（立面改造）的申请材料）

申请建设工程规划许可证（立面改造）应当提交下列材料：

（一）建设工程规划许可证（立面改造）的书面申请表；

（二）经过建设工程设计方案审核的，应当提供建设工程设计方案决定书；按规定免于建设工程设计方案审核的，应提供第七条的（二）至（八）项相关材料；

（三）由具有相应资质的建筑设计单位编制的，涉及房屋立面改造部位的建筑平面、立面、剖面施工图和设计说明；

（四）经施工图设计文件审查的，需提供《上海市建设工程施工图设计文件审图合格书》和《上海市建设工程施工图设计文件审查备案证书》。

第十一条（公示）

区县规划土地行政管理部门应当在出具房屋立面改造工程设计方案决定书或者核发建设工程规划许可证（立面改造）前，按照《上海市建设工程设计方案规划公示规定》进行公示。公示应当包括涉及房屋外立面改造部位的立面图和效果图。

第十二条（核发建设工程规划许可证（立面改造））

建设工程施工图符合有关规划要求或者经审定的建设工程设计方案的，区县规划土地行政管理部门应当在二十个工作日内核发建设工程规划许可证（立面改造）。

建设工程规划许可证（立面改造）不包含对建筑面积的变更，且不作为对房地产权证记载的建筑面积进行变更登记的依据。

第十三条（许可实施）

申请人应当按照建设工程规划许可证（立面改造）许可的内容进行建设，不得擅自改变。确需改变的，应当向原审批部门申请变更。

第十四条（法律责任）

违反本规定的违法行为，由区县规划土地行政管理部门和本市有关行政管理部门按照《上海市城乡规划条例》《上海市住宅物业管理规定》《关于印发〈关于进一步加强本市违法建筑治理工作的实施意见〉的通知》（沪建管联〔2014〕547 号）等有关规定依法处理。

第十五条（名词解释）

本规定有关用语含义如下：

中心城：指外环线以内区域。

郊区：指本市外环线以外区域。

沿城市道路、沿江（河）房屋：指与城市道路、江、河相邻第一层面的房屋。如相邻为绿化用地的，则指绿化用地后第一街坊沿城市道路的房屋。

立体绿化：指利用建筑物或构筑物的立面（屋顶、墙面）进行的各类绿化，包括屋顶绿化、墙面绿化、建筑檐口绿化、窗阳台绿化等各种形式。

第十六条（参照执行）

房屋位于本规定第三条所规定范围内，且位于集体土地上的，应当向区县规划土地行政管理部门申请乡村建设规划许可证（立面改造）。区县规划土地行政管理部门应当根据村庄规划和相关规划管理技术规定、标准的要求，参照本规定办理。

第十七条（施行日期）

本规定自 2015 年 2 月 1 日起施行，有效期至 2020 年 1 月 31 日。

1.2 关于加强上海市工业用地出让管理的若干规定

上海市人民政府办公厅转发市规划国土资源局制订的《关于加强本市工业用地出让管理的若干规定》的通知

沪府办〔2016〕23号

各区、县人民政府，市政府有关委、办、局：

市规划国土资源局制订的《关于加强本市工业用地出让管理的若干规定》已经市政府同意，现转发给你们，请认真按照执行。

上海市人民政府办公厅

2016年3月30日

关于加强本市工业用地出让管理的若干规定

第一条（目的和依据）

为全面实施“总量锁定、增量递减、存量优化、流量增效、质量提高”基本策略，充分发挥土地资源市场配置作用，加强工业用地出让全生命周期管理，促进上海经济社会转型发展，根据《中华人民共和国土地管理法》《上海市土地使用权出让办法》《关于进一步提高本市土地节约集约利用水平的若干意见》等，制订本规定。

第二条（定义及适用范围）

本规定所称工业用地出让全生命周期管理，是以提高土地利用质量和效益为目的，以土地出让合同为平台，对项目在用地期限内的利用状况实施全过程动态评估和监管，通过健全工业用地产业准入、综合效益评估、土地使用权退出等机制，将项目建设投入、产出、节能、环保、本地就业等经济、社会、环境各要素纳入合同管理，实现土地利用管理系统化、精细化、动态化。

本市新增供应的工业用地产业项目类、工业用地标准厂房类、研发总部产业项目类、研发总部通用类等建设用地，均按照本规定执行。历史违法工业用地处置、存量工业用地扩大用地面积、提高建筑容积率、分割转让、原划拨土地转出让等情形，参照本规定执行。

第三条（基本原则）

坚持遵循项目全生命周期规律，合理确定工业用地弹性出让年期。

坚持落实土地利用全要素管理，明确工业用地的单位土地投入、产出、节能、环保、本地就业等经济、社会、环境约束性指标。

坚持实施土地利用全过程管理，实现项目开竣工、投达产、土地利用绩效评估和土地使用权退出的全过程管理。

坚持体现土地利用综合效益，实现资源节约、生态环保、提质增效、和谐发展的目标。

第四条（管理职责）

市规划国土资源局负责本市工业用地规划和土地利用等管理工作。市经济信息化委、市发展改革委会同市规划国土资源局负责制定本市产业准入标准和产业用地标准，制定并实施土地利用绩效评估的指标、标准、方法和程序等。市环保局会同市经济信息化委、市规划国土资源局负责本市工业用地环境保护的监督管理工作。市其他相关部门按照各自职责，做好配合、服务、监管工作。

各区县政府以及市政府派出机构负责各自区域内的工业用地节约集约利用的组织实施与协调管理，区县规划土地管理、产业管理、投资主管、环境保护等部门按照各自职责，具体协同实施本规定。

区县政府相关部门或产业园区管理机构具体负责项目履约考核等工作。

第五条（规划管理）

（一）突出区域差别化规划管理要求。工业用地利用必须符合土地利用总体规划、城乡规划和产业发展规划，符合本市产业准入、用地标准、环境保护和社会管理等的要求。规划工业区块（即“104 区块”）内存量工业用地，及规划工业区块外、集中建设区内（即“195 区域”）的规划保留工业用地可转型为研发总部类用地。

“104 区块”主要进行结构调整和能级提升，重点发展高端制造业、战略性新兴产业、生产性服务业，研发总部类用地可用于产业类项目和通用类项目。“195 区域”按照规划加快转型，进一步完善城市公共服务功能，重点发展现代服务业，研发总部类用地可用于产业类项目。

（二）研发总部类用地相关规划要求。应当坚持高标准规划，统筹考虑区域环境、产业发展规律和特征、周边设施条件等因素，合理安排用地布局，促进工业用地转型升级。注重产城融合发展，增设公共配套设施，加密道路网密度，优化绿化和开放空间布局，塑造高品质环境，确保环保安全要求。因转型需要，确需调整控制性详细规划的，按照以下程序执行：

1. 按照上海市控制性详细规划实施深化（B类程序）执行的情形包括：规划一类、二类工业用地（M1、M2）的用地性质调整为研发总部类用地，规划指标进行相应调整，按照同地区商务办公用地开发强度和高度分区，容积率调整至最高不大于 4.0。

2. 按照《上海市控制性详细规划技术准则》规划执行程序的情形包括：

（1）仅涉及原规划中工业研发用地（M4）调整为研发总部类用地，不涉及其他规划指标调整的，适用建设项目管理审批甲类执行程序。

（2）涉及园区工业、仓储、研发用地拆分、合并的，未出让工业用地、研发总部类用地建筑高度调整（工业用地不大于30m、研发总部类用地不大于50m）以及地块绿地率、建筑密度和建筑退界线调整的，适用建设项目管理审批乙类执行程序。

（3）未出让工业用地容积率（不大于2.0）、研发总部类用地容积率（不大于3.0）调整，已出让工业用地、研发总部类用地容积率（工业用地不大于2.0、研发总部类用地不大于3.0），建筑高度（工业用地不大于30m、研发总部类用地不大于50m）调整等情形，适用控制性详细规划实施方案（丙类执行）程序。

第六条（产业准入）

定期发布本市产业指导目录，强化产业项目准入管理，严禁向禁止类工业项目供地，从严控制限制类工业项目用地。

优化完善产业用地标准，定期更新本市工业用地投入强度和产出效率的最低标准。强化产业项目准入审核制度，明确工业用地项目的产业类型、投资强度、产出效率和节能、环保、本地就业等的要求，并将其纳入土地出让合同，作为土地利用绩效评估的依据。

第七条（土地供应方式）

工业用地供应按照国家和本市相关规定执行。经产业准入审核认定后，工业用地产业项目类、研发总部产业项目类采取“带产业项目”挂牌方式供应土地；工业用地标准厂房类、研发总部通用类通过公开招拍挂方式供应土地。

鼓励采取租赁方式使用土地，逐步实行工业用地“租让结合，先租后让”的供应方式，由中标人或竞得人先行承租土地进行建设，通过达产验收并符合土地出让合同约定条件的，再按照协议方式办理出让手续。

第八条（土地出让价格）

完善以基准地价、区段地价和标定地价为核心的建设用地价格成果体系和更新机制。建立工业用地和商办用地合理地价调节机制，提高工业用地出让价格。土地出让起始价最低标准为：

（一）工业用地产业项目类、工业用地标准厂房类出让起始地价，不得低于相同地段的工业用地基准地价。

（二）研发总部产业类用地出让起始价，不得低于相同地段工业用地基准地价的150%。

（三）研发总部通用类出让起始地价，不得低于相同地段办公用途基准地价的70%。

第九条（土地出让年限）

实行工业用地弹性年期出让制度。原则上，新增工业用地产业项目类出让年限不超过20年，出让价格按照基准地价对应的最高年限进行年期修正。国家和本市重大产业项目、战略性新兴产业项目，按照本市相关规定和程序进行认定后，以认定的出让年期出让，最高不超过50年。工业用地标准厂房类、研发总部产业项目类、研发总部通用类用地的最高年限为50年。

第十条（合同到期及续期）

工业用地使用权到期前，受让人可向出让人提出续期使用申请，符合土地利用总体规划、城乡规划和产业发展规划，满足节能和环境保护要求，经综合考评达标的，可采用协议出让方式取得续期建设用地使用权。续期时的土地出让价款，经区县政府集体决策，可按照原出让价款，或者结合原出让价款和续期时工业用地基准地价等，综合评估确定续期价格。

受让人未提出续期申请，或提出续期申请但按照本规定第十二条评估后不符合条件的，建设用地使用权到期后，自然终止合同，依法收回建设用地使用权。

第十一条（开竣工、投产管理）

土地出让合同中应当约定项目开工、竣工、投产时间，根据项目的实际情况，园区管理机构或区县政府相关部门可以约定实施项目时间履约保证金（保函）制度，或采取其他市场化措施，确保工业用地节约集约利用。项目时间履约保证金按照合同约定以土地出让价款的一定比例，向区县政府相关部门、园区管理机构或区县政府指定的主体缴纳。

项目时间履约保证金按照开工、竣工、投产等阶段，采取分阶段履约退还或违约罚没的差别化方式管理；对违约情节严重的，按照合同约定，可解除出让合同，收回建设用地使用权。

第十二条（土地利用绩效评估制度）

建立工业用地项目土地利用绩效评估制度。工业用地项目土地利用绩效评估分别在达产阶段（达产评估）、达产后每3~5年（过程评估）、出让年期到期前1年（到期评估）等阶段进行，由区县政府相关部门或园区管理机构依据有关法律法规规定和土地出让合同要求组织实施。

第十三条（主动退出机制）

在工业项目约定的开工日期之前或达产之后，因企业自身原因无法开发建设或运营的，受让人可申请解除土地出让合同，经出让人同意，按照约定终止合同，收回建设用地使用权，按约定返还剩余年期土地出让价款；对地上建筑物的补偿，可事先约定采取残值补偿、无偿收回、由受让人恢复原状等方式处置，并在土地出让合同中予以约定。

第十四条（强制退出机制）

土地受让人在取得建设用地使用权后，应按照合同约定的开发利用条件使用土地。

存在下列情形之一的，按照合同约定，出让人可无偿收回建设用地使用权。对地上建筑物的补偿，可事先约定采取残值补偿、无偿收回、由受让人恢复原状等方式处置，并在土地出让合同中予以约定。

（一）按照本规定第十一条规定，除不可抗力外，因企业自身原因未按时开工、竣工、投产，超过合同约定最长时限的；

（二）按照本规定第十二条规定，在达产评估、过程评估阶段，经区县政府相关部门或园区管理机构评估认定不符合要求，按合同约定应当收回建设用地使用权的；

（三）按照本规定第十八条规定，在使用过程中造成严重环境污染，经环境保护部门认定的。

除上述情形外，各区县政府还可结合本区县实际及项目情况，另行设定本地就业人口管理、投产达产后低效运行等方面的强制退出要求。

第十五条（转让管理）

进一步加强工业用地的转让管理。“195 区域”“104 区块”内的研发总部均应当以产业项目类自用为主。其中，“104 区块”内因功能需要转型为通用类的，应当严格按照经批准的规划执行。

在国有建设用地使用权出让合同中，应当包括以下土地使用条件，同时应当对受让人的违约责任做出约定。发生违反约定擅自分割转让、改变出资比例结构、项目公司股权结构等行为，应当依约承担违约责任，直至无偿收回土地使用权。

（一）工业用地产业项目类和研发总部产业项目类

1. 建设用地使用权不得整体或分割转让。

2. 宗地上的房屋不得分幢、分层、分套转让。

3. 建设用地使用权人出资比例结构、项目公司股权结构改变的，应当事先经出让人同意。

4. 土地房屋整体转让的，需经出让人同意，也可按照出让合同约定由出让人或园区管理机构优先收购。采取土地房屋整体转让的，应当纳入全市统一土地交易市场实施。

（二）工业用地标准厂房类

1. 建设用地使用权不得整体或分割转让。

2. 宗地上的房屋不得分幢、分层、分套转让，可出租。

3. 建设用地使用权人出资比例结构、项目公司股权结构改变的，应当事先经出让人同意。

4. 土地房屋整体转让的，需经出让人同意，也可按照出让合同约定由出让人或园区管理机构优先收购。采取土地房屋整体转让的，应当纳入全市统一土地交易市场实施。

（三）研发总部通用类

1. 可出租，建设用地使用权人须持有 70% 以上的物业产权，剩余部分可分割转让。

2. 土地房屋整体转让和分割转让的，需经出让人同意，也可按照出让合同约定，由出让人或园区管理机构优先收购。采取土地房屋整体转让的，应当纳入全市统一土地交易市场实施。

3. 建设用地使用权人出资比例结构、项目公司股权结构改变的，应当事先经出让人同意。

第十六条（登记管理）

按照工业用地全生命周期管理要求，切实加强房屋土地登记管理。各类工业用地应当以出让合同约定的用地范围进行土地登记，不得分割办理登记。

工业用地产业项目类、研发总部产业项目类，工业用地标准厂房类房屋，研发总部通用类自持部分房屋应当记载在统一房屋土地登记簿上，并发放一本房地产权证书，不得分证办理。

按照土地出让合同约定，对工业用地转让条件、建设用地使用权人出资比例、股权结构等重要约定内容，应当在房屋土地登记簿和房地产权证附记栏内予以注记。土地使用权人办理转移登记或变更重要注记内容时，应当提供规划土地管理部门审核同意的意见。

第十七条（抵押管理）

工业用地抵押时所担保的主债权，仅限于开发建设合同出让地块的贷款，且不得超过合同约定的土地出让价款总额。以房屋在建工程、新建房屋连同土地抵押等情形，应当按照《上海市房地产抵押办法》的有关规定办理。

工业用地抵押权实现时，抵押物竞买人资格必须经过规划国土资源管理部门、产业管理部门和园区管理机构综合认定，符合产业导向和园区规划要求。也可按照出让合同约定，由出让人或园区管理机构优先收购土地使用权。

工业用地抵押权实现时，涉及经批准按照规划提高建筑容积率未补缴地价款的，抵押物竞得人应当按照抵押权实现时点的市场评估价补缴地价款。

第十八条（土壤和地下水地质环境保护）

工业用地出让前，应当按照相关主管部门要求，进行土壤和地下水地质环境质量检测。在工业用地转让、收回前以及过程评估阶段，须进行工业用地土壤和地下水地质环境质量检测和评估，相关检测报告作为建设用地使用权出让合同的附件。

工业用地使用过程中造成严重环境污染的，经相关主管部门认定，出让人可按照合同约定解除合同，无偿收回建设用地使用权，并按照“谁污染、谁付费”的原则，要求建设用地使用权人承担土壤和地下水地质环境修复的相关费用。

第十九条（地下空间基础设施建设）

土地出让合同中，应当明确地下建设用地的规划用地性质及地下建筑物水平投影最大占地范围、起始深度、地下总用地面积、地下总建筑面积等内容。超出土地出让合同约定范围的地下建设用地使用权，不属于国有建设用地使用权出让范围，对因社会公共利益需要建设地下铁道、隧道、综合管沟、地下道路、民防工程等公共基础设施，土地受让人应当予以配合。

第二十条（建筑规划管理）

完善工业建筑规划设计标准，规范建筑规划设计方案审批，工业用地建筑形态应当与产业类型、业态相匹配，禁止在工业用地上建设住宅类建筑布局和形态。

第二十一条（信息共享和诚信体系建设）

建立全市统一的产业用地数据库和土地全生命周期管理信息共享平台，将工业用地的经济、社会、环境指标以及土地使用条件、利用绩效等履约情况纳入共享平台，通过多部门信息共享、协同管理，建立动态实时的监管管理机制，实现全程一体化管理。

逐步推行企业诚信体系建设，建立诚信异常企业（含企业法人代表和主要股东）名单，定期公示企业诚信信息。由区县政府或园区管理机构会同相关部门在项目审批、核准、备案以及融资抵押等方面，对列入名单的企业加强监管。

第二十二条（执法监察）

强化工业用地用途管制。工业用地必须按照批准用途、规划建设条件使用，不得改变批准用途。加强规划土地执法监察，对工业用地擅自改变用途的，责令限期改正，恢复工业用途。违法情节严重，在规定期限内未完成整改的，出让人可按照约定解除出让合同，无偿收回工业用地使用权。

第二十三条（工作机制）

市、区县政府成立工业用地管理协调工作组，规划土地、发展改革、经济信息化、科技、环保、住房城乡建设管理、人力资源社会保障等部门为成员，负责审议产业项目准入以及项目投入、产出、节能、环保、本地就业等指标，审核土地利用绩效评估结果和继续使用或收回建设用地使用权等重大决定，协调各部门工作进展，完善保障措施等。

第二十四条（施行日期）

本规定自2016年4月1日起施行。

上海市规划和国土资源管理局

2016年3月25日

1.3 关于加强上海市经营性用地出让管理的若干规定

上海市人民政府办公厅转发市规划国土资源局制订的《关于加强本市经营性用地出让管理的若干规定》的通知

沪府办〔2017〕19号

各区人民政府，市政府有关委、办、局：

市规划国土资源局制订的《关于加强本市经营性用地出让管理的若干规定》已经市政府同意，现转发给你们，请认真按照执行。

上海市人民政府办公厅

2017年3月31日

关于加强本市经营性用地出让管理的若干规定

第一条（目的和依据）

为充分发挥土地资源市场配置作用，加强经营性用地出让全生命周期管理，提升城市功能和品质，提高土地利用质量和效益，促进经济社会可持续发展，根据《中华人民共和国土地管理法》《上海市土地使用权出让办法》和《关于进一步提高本市土地节约集约利用水平的若干意见》（沪府发〔2014〕14号），制定本规定。

第二条（定义）

本规定所指的经营性用地，是指商业、办公、商品住宅等用地，商业、办公用地涵盖金融、娱乐、旅游、会展和服务业等用途。

本规定所称的经营性用地出让全生命周期管理，是指以提高土地利用质量和效益为目标，以土地出让合同为平台，通过健全经营性用地的用途管制、功能设置、业态布局、土地使用权退出等机制，将项目建设、功能实现、运营管理、节能环保等经济、社会、环境各要素纳入合同管理，实现土地利用管理系统化、精细化、动态化。

第三条（适用范围）

本市新增的经营性用地，以及营利性教育科研、医疗卫生、社会福利、文化体育等基础设施、社会事业项目用地，按照本规定执行。历史违法用地处置、存量补地价项目、原划拨土地转出让、集体经营性用地入市试点等情形，参照本规定执行。

第四条（基本原则）

（一）坚持市场配置资源，公平、公正、公开出让土地；严格限定划拨用地范围，营利性教育科研、医疗卫生、社会福利、文化体育等基础设施、社会事业项目用地实行有偿使用制度。

（二）坚持遵循经营性用地全要素管理，将经营性用地项目建设、功能业态、运营管理、节能环保等要素与其他出让条件纳入土地出让合同管理，注重经济效益向注重经济、社会、环境综合效益转变。

（三）坚持实施土地利用全过程管理，以土地出让合同为平台，实现建设用地开竣工、运营管理、公益性责任和建设用地使用权退出的全过程管理。

第五条（管理职责）

市和区规划土地部门是本市土地出让工作的主管部门，负责经营性用地出让管理，是经营性用地的出让人。

经营性用地出让前，出让人应征询相关职能部门意见，在对征询意见进行综合汇总的基础上，在出让文件中明确出让地块的各类建设管理要求。

本市规划土地、投资、产业、建设、房屋管理、环保、绿化市容、交通、民防、卫生防疫、水务、文物等相关职能部门按照"公平、公正、公开"的原则，提出经营性用地各项建设要求、管理要素、监管考核和违约处置等要求，作为土地出让条件纳入土地出让合同，并按照"谁提出、谁负责、谁监管"的原则，对受让人的合同履约情况进行要素评定，依法实施监管。

第六条（规划管理要求）

出让人应根据控制性详细规划要求，确定出让地块的土地用途、混合用地建筑量比例、容积率、建筑限高、住宅套数等出让条件。通过土地出让前规划实施评估，进一步完善公共服务设施、公共空间等公共服务功能要求。

规划确定的城市重要特定地区（如城市公共活动中心、历史文化风貌保护区等），应在控制性详细规划的基础上，开展城市设计，并结合开发机制，编制控制性详细规划附加图则，经批准后纳入土地出让合同。

第七条（土地出让研判）

加强土地出让前的研判工作。规划土地部门应结合相关部门征询意见，对拟入市出让地块进行研判。从地块符合本市土地利用总体规划和城乡总体规划情况、控制性详细规划批准情况、土地储备规划计划批准情况、涉及土地农转用征收手续办理情况、地块前期动拆迁实施情况等方面，分析土地出让合规性和合理性。进一步明确社会停车场、物业用房、社区公共服务设施等公建配套设施建设要求。

第八条（建设管理要求）

拟出让土地上的建设项目，应符合以下建设管理要求：

（一）加强项目开竣工时间管理要求。出让人应结合建设项目的建筑体量、规划建筑设计、管理要素等条件，合理约定开工、竣工时间，并可按照土地出让价款的一定比例，约定延期开工、竣工的违约金金额。

出让人应及时提示、督促受让人按照合同约定的开工、竣工时间进行开发建设。对逾期未开工满一年的项目，出让人应及时开展闲置土地调查和认定，合理界定土地闲置形成原因，依据国土资源部发布的《闲置土地处置办法》的相关规定进行处理。

（二）落实建筑绿色环保节能管理要求。建设、房屋管理部门应按照规定，对绿色建筑、装配式建筑和废弃混凝土资源化利用等配置提出建设要求。

（三）配建保障性住房管理要求。房屋管理部门应对商品住宅用地中配建的保障性住房比例提出意见，明确保障性住房的同步建设、同步配套、同步交付、建成后无偿移交等要求。

（四）落实全装修住宅管理要求。房屋管理部门可对住宅用地中应落实全装修住宅建设比例提出意见，明确全装修住宅建设程序应按照有关规定执行。

（五）公共服务功能要求。明确地块公共服务配套设施或公共空间的建设、使用要求以及产权归属。

（六）保护保留建筑要求。规划土地、文物、房屋管理等部门应对地块内保护保留建筑的使用、维护、修缮等提出要求。

（七）绿化管理要求。绿化部门应对地块内绿化面积、绿地率等提出相关要求。对于多层建筑物业，绿化部门可对屋顶绿化提出相关要求。

第九条（功能管理要求）

办公用地可由商业、投资等管理部门结合区域发展、区位环境、市场需求等情况，提出引入企业的行业类型等相关要求。出让合同中应明确办公用地不得建设公寓式办公。

商业用地可由商业、投资等管理部门结合区域功能、社会需求、土地用途等情况，提出休闲娱乐、大众零售、酒店旅馆等商业功能业态。出让合同中商业用地未经约定，不得建设公寓式酒店。

营利性教育科研、医疗卫生、社会福利、文化体育等基础设施、社会事业项目用地，应结合土地用途和项目情况，由相关主管部门对项目应达到的功能提出要求。

第十条（运营管理要求）

拟出让土地上的建设项目，应符合以下运营管理要求：

（一）商业运营要求。投资、商业、产业等部门可对商业用地提出统一招商、统一运营、商业业态布局等要求，旅游管理部门可对酒店功能的用地提出星级要求和管理标准。

（二）物业持有和销售要求。为进一步提升城市功能品质，抑制房地产投机炒作，确保市场平稳健康运行，在土地出让前，投资、商业、产业等部门应综合区域配套、房地产市场、项目功能定位等因素，对拟出让地块进行综合评估，出让人应按照相关文件规定明确商业、办公物业的持有比例和持有年限，并载入土地出让合同。

出让合同中可约定由建设单位持有部分住宅物业，用于租赁（除按照相关规定和合同约定应移交政府及政府有关部门的保障房等物业外）。

出让合同约定办公、商业可售部分以层为单元进行销售。

出让合同约定社区配套商业物业、商品住宅用地配套商业物业应整体持有（除按照相关规定和合同约定应移交政府及政府有关部门的物业外）。

第十一条（建筑节能和环境保护要求）

拟出让土地上的建设项目，应符合以下建筑节能和环境保护要求：

（一）建筑节能管理要求。为降低建筑能耗，提高建筑能源利用效率，商业、办公、商品住宅等用地建筑应按照绿色建筑标准建设，并达到国家和本市有关绿色建筑管理规定要求。

（二）土壤环境（含地下水）保护要求。经营性用地出让前，相关单位应按照环保标准和规范要求完成土壤环境（含地下水）调查评估，确存在污染并需要治理修复的，应组织实施修复并达到环保要求。调查评估及修复等相关材料作为土地出让合同的附件。

经营性用地出让后，在使用过程中发生污染的，应按照“谁污染、谁治理”的原则，承担土壤环境（含地下水）调查评估及修复的责任及费用。经相关认定造成严重环境污染的，出让人可按照合同约定解除出让合同，无偿收回土地使用权，并有权追缴土壤环境（含地下水）修复的有关费用。

经检测符合环境要求的土壤耕作层，应按照合同约定运送到相关耕地整理复垦项目区域利用；地下空间利用产生的渣土，应按照合同约定运输到滩涂造地、景观营造等区域处置利用。

第十二条（土地出让方式）

商业、办公、商品住宅等经营性用地应采取公开招拍挂方式出让；对功能实现、运营管理、建设条件等方面有特别要求的出让地块，可通过拟供应计划公示、预申请、招商信息发布等形式，提前入市公开信息。

位于城市重要特定地区、具有重要功能性的商业、办公等经营性用地，可采用附带规划设计方案、基础设施要求、功能建设要求、运营管理要求的方式实施出让。

营利性教育科研、医疗卫生、社会福利、文化体育等基础设施、社会事业项目用地，可采取协议出让方式供地。供地计划公布后，同一宗地有两个或两个以上意向用地者的，应采取公开招拍挂方式出让。

第十三条（土地出让价格）

出让人应根据土地评估价格、土地市场情况等，在市场评估的基础上，结合经营性用地全要素管理要求，经集体决策，综合确定拟出让地块出让起始价或底价。

协议出让底价不得低于拟出让地块所在区域同类用地基准地价的70%。

第十四条（土地出让年限）

商业、办公、商品住宅等经营性用地出让年限不得高于法定最高出让年限。营利性教育科研、医疗卫生、社会福利、文化体育等基础设施、社会事业项目用地，可根据项目实际情况，实行弹性出让年限，出让年限不得高于法定最高出让年限。

第十五条（规划建筑方案管理要求）

建设、规划土地部门应严格按照经批准的控制性详细规划及土地出让合同规定的土地用途、建筑规模、规划建设条件以及经批准的规划设计方案、建筑要求、建（构）筑物保护保留要求、建设标准、基础设施及建筑物使用性质等进行管理。

第十六条（转让管理要求）

土地受让人应按照土地出让合同的约定进行开发建设，依法进行预销售、转让等行为，建设用地使用权转让后，受让人应履行原出让合同中约定的权利和义务。转让时应符合以下条件：

（一）属于房屋建设工程转让的，应付清土地出让价款并领取土地使用权证书，取得建设工程规划许可证、建设工程施工许可证，并完成房屋建设开发投资总额的25%以上。

（二）未达到房屋建设工程转让条件的，土地使用权及地上建筑物等不得整体或分割转让，受让人的出资比例、股权结构、实际控制人等均不得改变。在满足土地出让合同约定的转让条件后，受让人的出资比例、股权结构、实际控制人发生改变的，应提前书面告知出让人。

（三）商业、办公、商品住宅等经营性物业在满足预售或销售条件后，受让人在提交预售或销售许可申请时，除应提交相关规定材料外，还应提交自持物业的具体位置、面积等相关材料，具体由市房屋管理部门另行制定。

（四）受让人在完成开发建设并领取房地产权证后，土地出让合同中约定持有的物业，在持有年限内不得转让。

对营利性教育科研、医疗卫生、社会福利、文化体育等基础设施、社会事业项目用地，应由受让人整体持有，不得分割转让；确需整体转让的，须经出让人同意，或由出让人按照出让合同约定的价格和方式优先回购。

对商业、办公、商品住宅等经营性物业，应按照出让合同约定持有相应面积的房地产，不得整体、分割转让。对因破产、重组、撤销等特殊情形确需转让约定持有房地产的，须经出让人或者相关管理部门同意，或按照约定由出让人或其指定部门优先回购。

商业地块规划为酒店用途的，应以规划确定具有完整功能、可独立使用的范围，作为房地产的基本单元。

第十七条（土地出让要素评定）

出让人作为要素评定的组织部门，应组织相关管理部门以法律、法规和土地出让合同为依据，在建设管理、综合验收、土地出让期限届满以及土地出让合同约定的其他监管环节，对各项管理要素进行评定。规划土地部门应加强规划土地执法监察，及时发现擅自改变土地用途、建设条件的情形。

建设项目竣工后，在土地核验环节中，由出让人依据出让合同约定的建设管理、功能管理、运营管理、建筑节能和环境保护等要求，组织征询相关部门的验收评定意见，经汇总后作为土地核验依据。

第十八条（违约责任）

受让人在履行合同中存在违反相关法律、法规规定行为的，有关职能部门应依法予以处罚或处理。受让人在接受处罚或按处理要求完成整改后，出让人可视情况履行出让合同或变更、解除出让合同。

受让人未按照合同约定开发建设，出现以下情形之一的，出让人有权解除合同，并按照合同的约定，收回土地使用权。对地上建筑物的补偿，可事先约定采取残值补偿、无偿收回、由受让人恢复原状等方式处置，并在土地出让合同中予以约定：

（一）受让人因自身原因未按照合同约定时间开发建设，造成土地闲置，土地闲置满两年未动工开发的。

（二）擅自改变土地用途和建设条件，违法情节严重、拒不整改、拒不接受处罚的。

（三）违反相关法律法规规定或未能达到出让合同约定的建设、功能、运营、节能环保要求，拒不改正、拒不接受处罚的。

第十九条（登记管理）

规划土地、房屋登记部门应按照土地出让合同约定，在受让人申请办理登记时，将建设用地使用权人出资比例、股权结构等作为登记的附件材料，登记机构应将登记的附件材料一并归档。

受让人应按照《不动产登记暂行条例》及本市有关规定，申请办理房屋使用权初始登记，登记机构不得为土地出让合同约定的自持物业单独办理登记。

权利人在土地出让合同约定的物业持有期间内，签订不动产转让合同和办理转移登记，或变更不动产权证附记栏中注记的上述约定内容，需提供出让人审核同意的意见。

第二十条（抵押管理）

经营性用地使用权抵押时所担保的主债权，仅限于开发建设该出让地块的贷款，且不得超过合同约定的土地出让价款总额。以房屋在建工程、新建房屋连同土地抵押等情形，应按照《上海市房地产抵押办法》的有关规定办理。

按照土地出让合同约定的自持部分物业，应整体抵押，不得分割抵押。抵押权实现时，受让人应执行原出让合同中约定的权利和义务。

第二十一条（工作机制）

建立全市统一的土地全生命周期管理信息平台，将各类用地的建设、功能、运营、环境等指标以及土地使用条件、利用绩效等履约情况纳入信息平台，通过多部门信息共享、协同管理，建立动态实时的监督管理机制，实现全程一体化管理。

各管理部门按照职责，落实土地全生命周期管理要求，对出让合同约定的相关管理要素开展日常监管，并及时更新监管结果信息。市、区规划土地部门负责土地出让管理工作的协调和督办，按照土地合同约定的要素管理期，限期向各归口管理的职能部门发送监管清单，汇总监管结果。

第二十二条（诚信体系）

逐步推行企业诚信体系建设，建立企业信用档案。由区政府会同相关部门在项目审批、核准、备案以及融资抵押等方面加强企业信用监管，限制或禁止诚信异常企业参与土地交易。

第二十三条（实施日期）

本规定自2017年4月10日起施行，有效期至2022年3月31日。

上海市规划和国土资源管理局
2017年3月30日

1.4 关于深化城市有机更新促进历史风貌保护工作的若干意见

上海市人民政府印发《关于深化城市有机更新促进历史风貌保护工作的若干意见》的通知

沪府发〔2017〕50号

各区人民政府，市政府各委、办、局：

现将《关于深化城市有机更新促进历史风貌保护工作的若干意见》印发给你们，请认真按照执行。

上海市人民政府

2017年7月13日

关于深化城市有机更新促进历史风貌保护工作的若干意见

为深化城市有机更新，更好地传承城市历史文脉，强化城市历史风貌保护工作，进一步改善居民生活环境，根据《中共中央国务院关于进一步加强城市规划建设管理工作的若干意见》、国务院发布的《历史文化名城名镇名村保护条例》以及《上海市历史文化风貌区和优秀历史建筑保护条例》《上海市文物保护条例》，现就深化城市有机更新、促进历史风貌保护工作提出如下意见：

一、明确适用范围和指导思想

（一）适用范围。本意见适用于按照《历史文化名城名镇名村保护条例》《上海市历史文化风貌区和优秀历史建筑保护条例》《上海市文物保护条例》等确定的历史文化风貌区、风貌保护街坊、风貌保护道路（街巷）、保护建筑（包括不可移动文物和优秀历史建筑）以及经法定程序认定的其他保护保留对象的保护管理工作。

（二）指导思想。坚持“以保护保留为原则、拆除为例外”的总体工作要求，遵循“规划引领、严格保护，区域统筹、分类施策，政府引导、多方参与”的原则，按照整体保护的理念，积极推进历史风貌保护工作，改善居民生活环境。

二、加强组织领导

（一）完善上海市历史风貌保护工作机制。工作机制由市领导及市相关部门负责人组成，统一领导和统筹协调本市历史文化名城名镇名村及历史文化风貌区、风貌保护街坊、风貌保护道路（街巷）、保护建筑以及经法定程序认定的其他保护保留对象的保护工作。日常工作由市规划国土资源部门承担。

（二）明确市级部门分工。市规划国土资源部门负责协调全市历史风貌保护规划和土地管理工作，会同相关部门指导历史风貌保护项目的实施。

市住房城乡建设管理部门负责全市各类保护保留历史建筑的保护修缮及征收、置换等相关工作，协调各区按照历史风貌保护要求，推进各类保护保留历史建筑的分类实施工作。

市文物部门负责全市不可移动文物的管理工作。

市财政部门会同相关部门制定本市历史风貌保护及城市更新专项资金管理办法，统筹安排相应资金，指导区财政贯彻落实相关政策。

市相关部门依法履行相应的指导、管理和监督职责，制定专业标准和配套政策。

（三）落实区政府职责。区政府是推进本行政区域内历史风貌保护工作的实施主体，应当对历史风貌保护相关实施项目开展风貌评估并制定年度实施计划，提出并落实历史风貌保护范围内居住困难的居民生活条件的改善措施。区政府应当指定相应部门作为专门的推进机构，具体负责组织、落实、督促和管理历史风貌保护工作。

三、建立促进历史风貌保护管理制度

对本市历史风貌保护实施项目，实行风貌评估、实施计划和实施监管相结合的管理制度。

（一）风貌评估和实施计划。风貌评估应当对历史风貌保护实施项目明确保护保留对象、保护更新模式、适用政策的范围和要求。实施计划应当对历史风貌保护相关实施项目的建设内容和时间节点做出具体安排。区政府应当将风貌评估和年度实施计划报送至市规划国土资源部门认定。

（二）实施监管。实施监管包括土地全生命周期管理及评估考核。市规划国土资源部门应当组织市相关部门，对各区政府申报的风貌评估和年度实施计划进行项目认定，经综合平衡，形成本市风貌保护项目年度实施计划，并通过土地全生命周期管理和评估考核，对经认定的历史风貌保护实施项目的推进情况和配套政策的落实情况实施监管。

四、完善历史风貌保护支持政策

（一）设立历史风貌保护及城市更新专项资金。市、区两级政府统筹土地出让收入、公有住房出售净归集资金及其增值收益、直管公房征收（拆迁）补偿款和财政预算安排资金，分别设立市、区历史风貌保护及城市更新专项资金。市级专项资金主要用于支持经认定的历史风貌保护相关支出及重点旧改地块改造、配套基础设施建设完善以及旧住房和保护建筑修缮改造补助等。

（二）加快出台规划和土地支持政策。研究建立历史风貌保护开发权转移机制。允许历史风貌保护相关用地因功能优化再次利用，进行用地性质和功能调整。为鼓励更多地保护保留历史建筑，除原法定保护保留对象外，经认定为确需保护保留的新增历史建筑，可以给予开发建筑面积的奖励。

经认定的历史风貌保护实施项目，所用土地可以按照保护更新模式，采取带方案招拍挂、定向挂牌、存量补地价等差别化土地供应方式，带保护保留建筑出让。

（三）进一步完善保护修缮和安置支持政策。进一步加大保护保留历史建筑修缮力度，提高修缮标准，积极推进厨卫设施成套使用，不断改善居住环境，以保护修缮改造为主的项目纳入旧改任务和计划。在居民安置等方面给予支持政策，研究并采取“协议置换”“居民抽稀”“征而不拆”等多种方式实施。

（四）逐步健全其他支持政策。市发展改革、绿化市容、消防、抗震、水务等相关部门根据各自职责分工，从积极推进历史风貌保护工作的角度出发，分别研究制定配套支持政策和技术标准。

五、明确保护更新模式

各区政府在风貌评估阶段，可以按照本市相关管理规定，根据“历史毛地出让”、旧区改造等不同情形，合理确定保护更新模式，鼓励多方共同参与历史风貌保护项目的实施。

六、强化土地全生命周期管理和评估考核

（一）实行土地全生命周期管理。市规划国土资源部门会同市住房城乡建设管理、发展改革、财政、文物等相关部门，将保护保留对象、保护更新方式、日常保护修缮维护、物业持有、持有年限、项目的开发时序和进度安排等要求，一并纳入土地出让合同、划拨决定书等，实行历史风貌保护实施项目的土地全生命周期管理。

（二）强化评估考核。市规划国土资源部门根据年度实施计划，对经认定的历史风貌保护实施项目进行监管，对相关规划调整、土地房屋征收、置换、土地供应、保护修缮等工作要求的落实情况，相关配套政策实施和资金使用情况等，进行评估考核。评估考核结果作为后续项目申请认定的有关依据。

本意见自2017年8月1日起施行，有效期至2022年7月31日。

1.5 关于上海市盘活存量工业用地的实施办法

上海市人民政府办公厅转发市规划国土资源局制订的《关于本市盘活存量工业用地的实施办法》的通知

各区、县人民政府，市政府有关委、办、局：

市规划国土资源局制订的《关于本市盘活存量工业用地的实施办法》已经市政府同意，现转发给你们，请认真按照执行。

上海市人民政府办公厅

2016 年 3 月 30 日

关于本市盘活存量工业用地的实施办法

第一条（目的依据）

为适应资源环境紧约束下的城市发展新常态，提高存量工业用地的利用质量和综合效益，促进创新驱动发展、经济转型升级，推进产城融合发展和城市有机更新，支持具有全球影响力的科技创新中心建设，建立规范、有序、共享的存量工业用地盘活机制，根据《中华人民共和国土地管理法》《上海市土地使用权出让办法》《上海市土地储备办法》《关于进一步提高本市土地节约集约利用水平的若干意见》和《上海市城市更新实施办法》等，制定本办法。

第二条（适用范围）

本办法适用于本市规划集中建设区内的国有存量工业用地的盘活活动。

第三条（指导思想）

本市存量工业用地盘活，全面实施“总量锁定、增量递减、存量优化、流量增效、质量提高”基本策略，充分挖掘存量建设用地资源，坚持内涵式集约发展，注重发挥市场机制作用，进一步完善城市功能，优化城市空间，提升城市品质，强化土地全生命周期管理，提高土地节约集约利用水平。

第四条（基本原则和实施途径）

盘活存量工业用地应当符合国民经济和社会发展规划，符合城乡规划和土地利用总体规划，实行规划和年度计划管理制度，并坚持以下原则：

（一）统筹规划。从上海城市发展的总体目标和地区协调发展的需要出发，统筹制定规划，鼓励地区整体转型。

（二）提质增效。中心城贯彻“双增双减”要求，着力增加公共绿地、公共空间和公共服务设施。郊区县以“产城融合、提升功能”为导向，着力完善公共服务功能和提高土地节约集约利用水平。

（三）利益平衡。在符合规划、用途管制和公益优先的前提下，充分发挥市场对资源配置的决定性作用，调动原土地权利人的积极性，健全利益平衡机制。

第五条（管理部门）

市规划国土资源局负责组织、协调全市盘活存量工业用地工作，依法制定相关规划和土地管理政策，统筹转型地区的规划和计划管理，会同区县政府组织编制市政府确定的特定区域控制性详细规划，按照职责开展规划土地管理。市相关部门依法在各自职责范围内，研究制定盘活存量工业用地的配套政策，做好相应服务、管理工作。

各区县政府是盘活存量工业用地的责任主体，负责辖区内存量工业用地的使用管理，会同市规划国土资源局组织编制存量工业用地转型规划（以下简称“转型规划”）、非特定区域控制性详细规划。制定年度实施计划（以下简称“年度计划”），协调推进盘活项目的实施，按照职责开展规划土地管理工作。

第六条（区域差别化引导）

规划工业区块（即“104 区块”）主要进行结构调整和能级提升，重点发展高端制造业、战略性新兴产业和生产性服务业；规划工业区块外、集中建设区内的现状工业用地（即“195 区域”）按照规划加快转型，通过城市有机更新，进一步完善城市公共服务功能，重点发展现代服务业和生产性服务业等。

第七条（市级规划引导）

结合城市总体规划编制，由市规划国土资源局会同市发展改革委、市经济信息化委等部门开展全市总体层面规划战略研究，确定与上海全球城市定位、建设国际金融、贸易、航运、经济中心和具有全球影响力的科技创新中心目标相匹配的用地结构、产业布局、发展规模和转型方向，调整优化工业用地布局和结构，明确重点转型区域、总体规模及其盘活方向、开发时序和策略。

第八条（区级转型规划）

（一）存量工业用地转型规划编制。各区县政府按照市级相关规划、区县总体规划、区县产业用地布局规划和产业园区规划以及实际情况，编制本区县转型规划，划定整体转型区域，具体包括以下内容：

1. 转型区域范围、发展方向、主要功能、实施策略和总体规模等。

2. 转型区域的基础设施、公共服务设施和其他公益性设施的功能、规模及布局要求。

3. 控制性详细规划编制任务和要求。

近期拟启动控制性详细规划编制的转型区域，存量工业用地转型规划达到规划评估报告及任务书深度的，经市规划国土资源局批准，可视作通过控制性详细规划编制任务书申请阶段环节。

（二）整体转型区域划定。区县政府应选取集中成片、相对完整的区域，以道路、河道等为界，考虑与控制性详细规划编制单元的关系，综合研究划定存量工业用地整体转型区域。

第九条（年度计划）

存量工业用地转型年度计划应包括转型区域现状、控制性详细规划编制情况、存量工业用地盘活项目、资金平衡方案、实施策略方案等内容，盘活项目开发建设规模应纳入年度土地出让计划统一管理。年度计划经区县政府常务会议审核同意后，向市规划国土资源局备案，并向市经济信息化、发展改革等部门提供。

转型区域控制性详细规划已批准且符合转型发展方向的，可以直接编制转型年度计划和实施方案。

第十条（控制性详细规划编制内容及要求）

（一）控制性详细规划编制内容。市规划国土资源局、各区县政府按照规定权限，组织编制或修订控制性详细规划，具体要求如下：

1. 规划编制应对整单元规划进行评估。

2. 结合功能定位、产业业态、设施配套条件等，具体确定转型区域用地规模、空间布局、开发强度、配套设施、道路系统、绿化环境、风貌保护等控制要求。

3. 明确转型区域内必须配置基础设施、公共服务设施以及其他公益性设施的内容、类型、规模和用地布局。

（二）控制性详细规划编制要求。在控制性详细规划编制过程中，应加强地区城市设计研究，按照建设宜居宜业的产业社区目标，合理确定配套服务设施的比例结构，完善公共配套服务功能，促进产城融合、职住平衡，加强土地复合利用，提升整体品质，建设资源节约、环境友好、配套完善、功能融合的新型社区。

整体转型区域应加强公共绿地、开放空间控制，增加公共服务设施。规划公共绿地、广场用地及地块开放空间用地占城市建设用地的比例应不低于15%，地块附属绿地宜沿城市支路或公共设施通道布局，并向公众开放。规划公共服务设施用地占城市建设用地的比例应不低于10%。提高支路路网密度，道路间距控制在200米以下，支路路网密度控制在6公里/平方公里以上。

研发总部类用地开发强度，按照同地区商务办公用地标准制定。在符合产业发展导向、地区规划控制、环境保护要求且不影响相邻地块合法权益的前提下，经交通评估和城市设计研究，合理确定地块容积率，最高容积率不超过4.0。

第十一条（区域整体转型开发机制、方式和要求）

（一）区域整体转型开发机制。可以建立由区县政府主导、以原土地权利人为主体的开发机制；转型区域内土地权利人分散的，可以通过商议的方式明确权利义务后，建立以区县政府主导、原土地权利人参与的联合开发体，实施区域整体转型开发，原土地权利人不得单独实施开发。整体转型区域范围内涉及其他存量建设用地的，可以参照存量工业用地一并实施整体转型。

（二）区域整体转型实施方案编制。整体转型开发主体应根据年度计划、控制性详细规划，在区县政府的指导下，编制区域整体转型开发方案，明确开发期限、地价标准、转型内容、逾期处置方案等内容，按照“统筹规划、公益优先”的要求，优先保障公益性设施建设，后进行经营性开发，按照规划实施存量工业用地的整体转型。

分阶段转型开发的，实施方案应明确各阶段开发内容，合理安排开发时序，优先实施公益性设施建设。

（三）区域整体转型相关管理要求。经区县政府批准，可通过存量补地价方式，实施整体转型开发，同时满足以下要求：

1. 转型为研发总部类用地的，“195 区域”“104 区块”内的研发总部类用地，均应当以产业项目类自用为主。其中，“104 区块”内因功能需要转型为通用类的，应严格按照经批准的规划执行。研发总部通用类，可以出租，但开发单位须在出让年期内长期持有 70% 以上的物业产权，剩余部分可以分割转让。

2. 转型为商业、办公用地的，开发单位须在出让年期内长期持有 50% 以上的物业产权；位于区县政府确定的重要特定区域内的，开发单位须在出让年期内长期持有全部商业、办公用途物业产权。如果控制性详细规划明确转型为公寓式办公、公寓式酒店的，开发单位须在出让年期内长期持有公寓式办公、公寓式酒店的全部物业产权，仅用于出租，不得整体和分幢、分层、分套转让。

3. 转型为教育、医疗、科研、养老等用途的，房屋不得分割转让。

第十二条（零星转型条件、方式和要求）

（一）零星工业用地自行开发条件。对未划入整体转型区域的零星工业用地，除依法应收回的外，同时满足以下条件的，根据年度计划，经区县政府常务会议集体决策同意后，可由原土地权利人采取存量补地价的方式，按照规划用途自行开发：

1. 规划用途为非住宅类的经营性用地。

2. 未纳入旧城改造范围内的。

3. 权利主体单一且周边无规划开发建设用地，具备独立开发条件的。

4. 拟转型发展的项目，经区县政府相关部门评估，具有明确的产业和功能，并满足投入、产出、节能、环保、本地就业等相关准入标准。

对零星工业用地外的“边角地”“夹心地”“插花地”等存量土地，不具备独立开发条件的，可采取扩大用地的方式，由零星工业用地的原土地权利人结合开发。

（二）零星工业用地自行开发管理要求。零星工业用地自行开发的，应向政府无偿提供不少于10%比例的建设用地用于公益性设施、公共绿地等建设，具体空间由各区县政府按照规划，结合实际情况确定。如无法提供公益性建设用地的，应将不少于15%的地上经营性物业产权无偿提供给区县政府相关部门，定向用于公共用途，以及区域内土地房屋征收、建设用地减量化等工作的经营性物业补偿。同时，还应符合本办法第十一条第三款的要求，对转型为商业、办公用地的，开发单位须在出让年期内长期持有60%以上的物业产权。

第十三条（土地价款补缴方式和要求）

（一）地价管理要求。区县规划土地管理部门通过委托土地评估机构，按照批准时点进行市场评估，经区县政府集体决策后，由单一主体或联合开发体，按照新土地使用条件下土地使用权市场价格与原土地使用条件下剩余年期土地使用权市场价格的差额，补缴出让价款，并按照规划用途取得新的建设用地使用权。其中：

1. 研发总部产业项目类用地的市场评估地价不得低于相同地段工业用途基准地价的150%；研发总部通用类用地的市场评估地价不得低于相同地段办公用途基准地价的70%。

2. 商业、办公等经营性用途的市场评估地价，不得低于相同地段同用途的基准地价。如果控制性详细规划明确转型为公寓式办公、公寓式酒店的，市场评估地价需向上修正，具体修正办法另行制定。

3. 持有物业的市场评估地价，可以根据相关规定进行修正。

（二）土地价款缴纳方式。土地价款可以按照土地出让合同约定，采取一次性付款或分期付款方式。

第十四条（土地收储）

（一）收储范围。市、区县土地储备机构可以根据城市规划和年度计划，组织工业用地使用权收储，工业用地的土地权利人也可以向市、区县土地储备机构申请土地使用权收储。

各区县政府确定的重要特定区域（如黄浦江两岸、城市公共活动中心、历史文化风貌保护区等），以土地收储后公开出让为主，也可实施区域整体转型开发。

（二）利益平衡机制。采取收储后公开出让产生土地储备收益的工业用地，原土地权利人为法人的，在对工业用地、建筑物、设备等进行评估后收储补偿的基础上，可以按照土地储备收益的一定比例，由市、区县土地储备机构再给予补偿。具体比例，可以由相关区县政府集体决策确定。

第十五条（工业用地提高容积率）

（一）提高容积率相关管理要求。存量产业项目类工业用地、产业项目类研发总部用地因扩大生产、增加产能等原因，需按照规划提高建筑容积率的，须经区县产业部门会同规划土地管理等部门对存量土地利用情况进行综合评估，达到经济社会环境综合评估要求，并符合所在区县项目投资强度、产出绩效、节能、环保、本地就业等准入条件的，允许按照规划提高建筑容积率，并落实规划明确的公共服务设施配建要求。

（二）土地价款补缴要求。经批准同意按照规划提高建筑容积率的，土地权利人应按照市场评估价，补缴土地价款，市场评估地价不得低于相同地段相应用途基准地价。区县政府可以根据产业类型和土地利用绩效等情况，按照一定比例收取土地出让价款，鼓励企业创新创业和产业转型升级。应补缴的土地价款，可按照分期方式缴纳，或在项目竣工后房地产登记前缴纳，最长时间不得超过两年。具体比例和缴纳方式，由区县政府集体决策确定。

第十六条（节余土地分割转让）

（一）节余土地分割转让申请。通过出让、依法登记取得房地产权证书的产业项目类工业用地，在满足原土地权利人自身需要后节余的部分，可向区县规划土地管理部门申请分割转让。

经区县规划土地管理部门会同产业部门或园区管理机构审核，符合规划分割条件可以独立开发，规划土地用途未发生改变的，报经区县政府同意后，可分割转让给园区开发平台或经认定的战略性新兴产业项目和高新技术产业化项目。

在土地分割转让前，规划部门应划定分割转让用地范围，明确相关用地面积、容积率、建筑限高等规划建设条件。

（二）节余土地分割转让实施。分割后的节余土地，由区县规划土地管理部门会同相关管理部门，核提产业准入、土地利用绩效等土地全生命周期管理要求，并形成土地全生命周期管理监管协议文本。由原土地权利人向上海市土地交易市场提出申请，以带产业项目方式转让。土地转让价格不得高于上一年度本区域内的工业用地产业项目类的平均价格。

转让成交后，受让人与原土地权利人签订土地使用权转让合同，并与区县规划土地管理部门签订土地全生命周期监管协议；原土地使用权人与区县规划土地管理部门签订土地出让补充合同,调整用地范围,落实土地全生命周期管理要求。原土地权利人、受让人可以凭土地出让合同、土地使用权转让合同和监管协议等，到区县不动产登记机构办理登记。

（三）节余土地规划用途发生改变，符合本办法第十二条规定的，可由原土地权利人按照规划自行开发。

第十七条（调整为标准厂房类用地）

通过出让、依法登记取得房地产权证书的产业项目类工业用地，位于规划工业区块内且符合规划的，经区县政府或园区管理机构审核同意，可按照市场评估价，补缴土地出让价款后，调整为标准厂房类用地，签订土地出让补充合同，实施土地全生命周期管理。

工业用地标准厂房类土地使用权不得整体或分割转让，宗地上的房屋不得分幢、分层、分套转让，可以出租给符合所在区县或园区准入条件的工业投资项目。确需土地房屋整体转让的，须经出让人同意，也可由出让人或园区开发平台优先收购，并纳入全市统一土地交易市场实施。

第十八条（划拨工业用地转为出让工业用地）

以划拨方式取得的存量工业用地，现状使用条件符合规划的，须经产业、规划土地管理等部门对土地利用情况进行综合评估，达到经济社会环境综合评估要求，并符合所在区县或园区工业投资项目准入条件的，经区县政府批准，可按照存量补地价方式办理划拨转出让手续，并按照规划要求退让道路、绿化等公共设施用地。

按照法律法规的规定或划拨条款约定，属于收回土地使用权情形的，经原批准用地的政府或者有批准权的政府批准，可收回土地使用权。

第十九条（过渡期政策）

（一）政策适用范围。按照国土资源部等《关于支持新产业新业态发展促进大众创业万众创新用地的意见》（国土资规〔2015〕5号）相关规定，支持原土地使用权人利用存量工业用地发展先进制造业、生产性服务业、研发总部经济以及"互联网+"等产业，按照规划转型为研发总部产业类用地的；园区平台利用存量工业用地建设众创空间、孵化器等新型服务平台，按规划转型为标准厂房、研发总部通用类用地的，经投资或相关主管部门认定后，可以实行继续按原用途和土地权利类型使用土地的过渡期政策。

（二）过渡期政策相关要求。适用过渡期政策的项目，应按照规划批准用途和土地全生命周期管理要求签订土地出让合同，过渡期内仍按照原土地批准用途管理。过渡期内，涉及按照规划提高容积率的，应根据本办法第十五条相关规定按照原批准用途补缴土地价款。现有建设用地过渡期支持政策以5年为限，5年期满以及过渡期内经出让人同意整体转让的，应按照批准转让时点、新用途、新权利类型的市场评估地价，补缴土地价款，完善相关用地手续。

（三）建立共同监管和定期评估机制。需享受过渡期政策的市场主体，由投资或相关主管部门负责审核，明确产业类型、投资强度、产出效率、节能环保等要求，并出具项目符合条件的证明或认定材料，经区县政府集体决策、区县规划土地管理部门登记备案后执行。认定部门应对项目经营方向和履约情况进行监管，每年度提供核验评估材料，对不符合过渡期政策的，应提出明确处置意见。不符合过渡期政策的，相关企业须按照转型用途、新权利类型、市场价补缴土地价款。对需承担违约责任的，应依法依约追究责任。

第二十条（土地全生命周期管理）

存量工业用地盘活应纳入土地全生命周期管理，由规划土地管理部门在办理用地手续前，征询产业、投资、商业、建设等相关管理部门意见，明确存量工业用地盘活项目的产业类型、功能业态、运营管理、节能环保、物业持有以及土地利用绩效评估和土地使用权退出机制等，纳入土地出让合同进行管理。

存量工业用地转型开发、分割转让、划拨转出让前，土地使用权人应按照本市相关规定，组织完成土壤（含地下水）环境调查评估，并将调查评估材料报送所在区县环保部门；经环保部门认定存在污染并需治理修复的，土地使用权人应组织实施修复。相关土壤（含地下水）环境调查评估材料，纳入土地出让合同附件；如造成土壤（含地下水）环境污染的，在土地出让合同中须明确修复标准、时间等要求。

存量工业用地使用权人出资比例结构、项目公司股权结构改变的，在办理股权变更前，须按照出让合同约定事先征得出让人同意。

第二十一条（闲置土地处置）

区县政府是土地节约集约利用的责任主体，闲置土地处置情况纳入区县政府考核内容。区县政府应按照有关规定，建立闲置土地处置的共同责任机制，区县规划土地管理部门应及时开展闲置土地调查和认定工作，制定闲置土地处置方案，经区县政府批准后组织落实。对因政府原因造成土地闲置的，应落实相关部门责任，限期处置，对未认真履责的相关责任部门进行问责；对因非政府原因造成土地闲置的，按照规定征缴土地闲置费或收回土地使用权。

第二十二条（违法用地查处）

对违法违规改变工业用地用途和违法建设行为，由市、区县国土执法监察工作机构会同市、区县政府相关部门严厉查处。对工业用地擅自改变用途的，责令限期改正，恢复工业用途；整改期间，不得转让，不得抵押。违法情节严重，规定限期内未完成整改的，出让人有权按照约定解除出让合同，无偿收回土地使用权。

第二十三条（施行日期）

本办法自 2016 年 4 月 1 日起施行。

上海市规划和国土资源管理局
2016 年 3 月 25 日

1.6 关于加快上海商业转型升级提高商业综合竞争力的若干意见

上海市人民政府办公厅转发市商务委《关于加快上海商业转型升级提高商业综合竞争力的若干意见》的通知

沪府办发〔2014〕35号

各区、县人民政府，市政府各委、办、局：

市商务委《关于加快上海商业转型升级提高商业综合竞争力的若干意见》已经市政府同意，现转发给你们，请认真按照执行。

2014年7月21日

关于加快上海商业转型升级提高商业综合竞争力的若干意见

为应对环境新变化、消费新趋势、技术新发展带来的机遇和挑战，根据《上海市推进国际贸易中心建设条例》《上海市人民政府关于深化流通体制改革加快流通产业发展的实施意见》（沪府发〔2013〕23号）等精神，现就加快上海商业转型升级、提高商业综合竞争力提出如下若干意见：

一、指导思想、基本原则和发展目标

（一）指导思想

贯彻党的十八大和十八届二中、三中全会精神，紧紧围绕上海国际贸易中心建设和创新驱动发展、经济转型升级，深化商业流通体制改革和扩大对内对外开放，以提高商业综合竞争力和促进消费增长为出发点，发挥市场在资源配置中的决定作用，政府积极引导、企业自主转型，发展新业态、新模式、新技术，推动传统商业转型升级，提高商业在互联网时代的集聚力、辐射力和影响力，进一步发挥商业对全市产业结构调整和经济发展的带动作用，进一步发挥商业对繁荣繁华城市、保障安居乐业的重要作用，打造上海商业经济升级版。

（二）基本原则

——坚持把扩大消费、培育新增长点作为转型升级的根本动力。增强商业发展内生动力，着力适应、引导和扩大消费，优化消费结构，提升消费质量和能级，正确处理规模增长与结构、质量、效益、环境等各方面重大关系，全面提升产业竞争力。

——坚持把促进技术进步和业态模式创新作为转型升级的重要途径。发挥政府支持引导作用，激发企业市场主体活力，鼓励商业企业根据自身条件和外部环境，自主选择转型升级路径和方法，加快技术改造，推动商业向数字化、网络化、智能化、服务化转变，不断探索发展商业新模式新业态。

——坚持把布局集约化、特色化发展作为转型升级的重要抓手。强化规划引导，科学配置资源，推动空间布局向集约高效、区域统筹协调转变，形成分工明确、布局合理、特色突出、集约生态的商业布局体系。

——坚持把扩大开放、深化改革作为转型升级的重要保障。进一步扩大对内对外开放，充分利用“两种资源、两个市场”，提高商业利用外资的质量和水平，提高商业企业境外投资的协同能力，实现内外贸融合发展。进一步深化改革，充分发挥市场配置资源的决定性作用。

（三）发展目标

围绕上海国际贸易中心建设目标，把握商业转型升级提速、竞争能力提升的“双提”要求，通过培育新业态，发展新模式，搭建新平台，拓展新空间，促进国际大都市商业发展。

——形成“万商云集”的贸易汇聚地。汇聚全球商业资源，云集五洲客商，不断集聚国际先进商业理念和技术，不断集聚国内外著名贸易企业总部和高端贸易人才，不断集聚国内外时尚流行和知名品牌。

——形成“商通天下”的流通集散地。现代流通技术得到广泛应用，电子商务、连锁经营、统一配送等成为主要流通方式，商品流通集散和辐射带动功能不断增强，二、三产业加快融合，内外贸一体化有效推进，本市流通市场的价格话语权、国际影响力和辐射力显著提升。

——形成“繁荣繁华”的消费目的地。规划调控和引导作用加强，商业网点配置合理，商业服务功能齐全完善，基本形成多中心、集聚型、超广域、网络状的大都市商业布局体系。消费内涵丰富，消费需求增长，消费能级提升，对国内外消费者的吸引力增强，国际大都市更加繁荣繁华。

——形成“安居乐业”的生态宜居地。商业加快发展，便民利民服务功能健全完善，城市生活便利度和居民生活品质显著提高，安居乐业、宜商宜居的综合优势凸显。

到 2017 年底，本市商品销售总额达到 10 万亿元，社会消费品零售总额达到 1.2 万亿元，电子商务交易额达到 2.5 万亿元，使商业的增加值、税收和就业对全市贡献率继续在各行业中保持领先，涌现一批个性化、差异化经营的特色商圈，一批自主经营能力、竞争能力强的商业企业，一批具有时代特征的新颖经营方式和商业模式。

二、重点任务

顺应上海商业发展新趋势，坚持市场导向、问题导向和需求导向，聚焦商圈、业态、企业三大核心要素，加快推动商业转型升级，充分发挥市场配置资源的决定性作用，激发市场主体活力，更好发挥商业创造需求、满足需求，服务生产和服务生活的积极作用，更快提高上海商业综合竞争力。

（一）加强商业规划引领，推动形成大都市商业新格局

编制发布城市商业网点布局规划，加强商业规划与城市总体规划、区域分类规划、产业专项规划的衔接，组织推动各区县完善区域商业网点布局规划，发挥商业规划指导和调控作用，推动商业与人口、交通、市政、生态环境之间的协调发展。瞄准建设世界级商业城市的目标，统筹考虑实体商业和网络商业布局。构建完善以“市级商业中心、地区级商业中心、社区级商业中心、特色商业街”为核心的“3+1”的实体商业布局，推动发展以“网络终端＋网上商店＋快递配送”为核心的网络零售商业布局，引导优化“商贸物流园区＋城市公共配送中心＋末端物流配送点”的商贸物流网络布局，形成互联网时代以消费者需求为中心的“多层级实体店＋跨区域网店＋高效率物流配送网络”的新型商业布局体系。突破消费空间和时间限制，最大限度满足消费者体验消费、享受服务的需求，形成多中心、集聚型、超广域、网络状、高能级的国际大都市商业新格局。

（二）推动商圈功能转型，构筑体验式智慧化商圈

根据商业规划和各商圈发展基础和特点，推动商圈依据自身功能定位进行经营、业态、品牌的结构调整。支持南京东路加快改造大型百货商厦，形成都市型购物中心，引进全球精品百货和新型经营管理模式，强化商旅文的联动发展。鼓励淮海路、南京西路按照国际大都市一流商业街区定位，引入买手制精品百货、购物与艺术紧密结合的体验主题购物中心、国际高端品牌旗舰店、潮流主题旗舰概念店等多种与时尚艺术相关的新型商业业态，打造错位发展、互补联动，具有国际影响力的时尚艺术商业街区。推动陆家嘴、中山公园、新虹桥等商圈形态改造，打造规模结构、业态组合、功能配套、环境空间、交通导流等各元素协调配置的生态商圈。选择徐家汇、四川北路、五角场、曹家渡等一批市级、地区级商圈，扩大商圈无线网络覆盖，引入智能交通引导、移动支付体系、商圈VIP移动服务平台等现代信息技术，打造线上线下协同发展的信息化智能型商业街区。引导郊区新城和重点区域新建商圈加强信息化和智能化建设，并注重商圈生态环境的打造，休闲娱乐等体验功能的完善，积极发展建设体验式智能化商圈。

（三）创新发展社区商业，提升社区商业服务品质

推动发展社区商业新模式，完善社区商业综合服务功能，促进扩大社区消费。深入推进社区商业连锁化、品牌化发展，推动更多国内外知名品牌进入社区。加快新建大型居住社区商业配套，明确商业业态设置规范，支持配置具有一定公益性质的必备业态。顺应社区消费群体多元化趋势，鼓励大型综合商业企业发展网上定制服务，针对高端社区消费人群，提供高品质、全方位网上购物、餐饮等个性化定制服务，进一

步提高社区居民生活品质水平。鼓励专业型商业企业针对一般社区居民，开展水果、海鲜、时蔬等食品、快速消费品日常定制配送服务。鼓励企业依托物联网、大数据、云计算，搭建发展云服务智慧社区平台，整合小区周边各类商业网点和生活服务网点的相关信息，为居民提供一站式生活服务。顺应线上线下融合发展趋势，探索社区商业“电子商务平台＋社区智能便利店＋集成网络终端”的发展模式，推动社区实体店和网络零售商之间的优势互补，加快提升社区商业服务水平和质量。

（四）提高专业特色集聚度，做深特色商业街区

加快特色商业街区建设，进一步发展多元化、个性化特色经营。推动各区县充分挖掘商业街区历史和文化内涵，发挥自身的区位条件、历史传承、文化资源、建筑形态等优势，加强商业街区独特性和差异化塑造，形成一批有国内外影响力的特色商业街区。注重集聚效应、功能互补和宣传推广，进一步做特做深餐饮、服饰、古玩、文化、休闲、国别风情等特色商业街区，提高商业能级，扩大辐射范围。鼓励有实力有影响的商业地产开发商和商业企业采用现代时尚的形象设计、先进的经营方式和信息化手段，参与特色商业街区建设。重点培育一批定位明确、特色鲜明、消费便捷、服务优秀、管理完善的精品特色商业街区，发展夜市消费和假日消费，成为展示上海海派城市文化形象的标志性窗口。

（五）发展新型商业业态，培育新型消费需求

从满足需求向满足需求与创造需求并重转变，推动商业业态创新，培育新型消费需求。引导购物中心进行差异化主题定位，增加体验型、服务型业态，实现商旅文娱体融合发展。引导传统百货店提高自有品牌商品比例，向主题型自主经营百货发展。引导品牌专卖店通过创意改造，升级为旗舰店、品牌之家、沙龙等高端定制业态，营造体验式环境，增强与顾客互动，增加服务附加值。引导便利店增加服务内容、拓展服务品类、对接电子商务，发挥共同配送终端网点功能。探索发展买手制百货、体验型购物中心、品牌集成店、主题概念店、会员制商店、个人定制商店等具有市场潜力的体验化新型业态。

（六）创新商业发展模式，激发商业发展活力

推动商业技术创新，以技术创新推动商业模式创新。引导传统商业企业发展线上业务，网络零售企业拓展线下功能，实现线上线下业务、品牌、渠道、顾客等多方面资源整合，资源共享、优势互补。推动传统商业企业依托线下网点渠道资源、商品品牌和服务优势，自建线上平台或利用第三方平台发展电子商务。加快互联网支付、物联网信息智能处理等电子商务相关领域新技术创新应用，推动电子商务企业与线下便利店、超市合作，或自建线下服务中心，开展“网订店取”服务，形成区域配送中心—中转分拨中心—社区配送服务站的多层级配送网络，提升零售终端最后一公里的物流配送服务能力。引导商业企业拓展移动互联网和家庭物联网领域，实现门店端与PC端、

手机端、TV端四大渠道的优势互补，探索全渠道融合发展的新模式，为上海商业发展注入新的活力。

（七）鼓励企业自主经营，打造新型零售经营模式

聚焦主业，回归零售本质，从品牌导向向品牌导向和模式导向并重转变，打造新型零售经营模式。适应多样化消费需求日益增长趋势，引导商业企业根据自身经营条件，不断提高自主经营能力。推动商业企业通过集中采购和买断经营，加强品类管理，提高商品毛利率。引导商业企业建立健全买手培训制度，培育形成高素质的买手队伍，拓展全球采购业务能力，扩大进口商品经营规模，丰富商品市场选择度，实现内外贸融合发展。进一步推动零售企业发展自有品牌，逐步提高自有品牌经营比重，掌握商品定价权，提升企业赢利能力。引导商业企业强化市场需求研究，加强商品设计创意和开发，发展订单制造加工和个性化经营，发挥商业满足消费、创造消费的作用。

（八）培育发展集成服务商，提高商业综合竞争能力

顺应商业流程再造趋势，引导龙头商贸企业逐步由单一贸易功能向集采供、货运、配送、贸易、金融、信息等服务功能拓展，形成一批控股生产基地、制造加工、物流配送、终端销售，集物流、商流、资金流和信息流于一体的商业集成服务商。针对消费者成为市场主导趋势，引导企业加快转变管理理念，逐步从价值链管理向价值链管理与供应链管理并重转变。推广新型价值链管理模式，以消费者需求为起点实现产品创意设计、原材料采购、质量管理、生产控制、物流配送、分销促销联动、销售售后服务等供应链一体化管理。支持本市大型商业企业利用国内外资本市场加快发展，进行跨地区、跨行业的收购兼并、资产重组，实现资源优化整合，提高上海商业综合竞争力。

（九）创新企业服务营销，探索会商旅文体联动新形式

推动商业企业从静态定位向动态定位转变，适应消费需求不断变化，创新营销模式，加快服务化转型。选择一批重点商业企业推行新型服务营销方式：提供消费需求解决方案的服务营销，研究建立有特点的服务体系，为顾客提供分级差异化服务。运用大数据、云计算、移动通信等科技手段的精准服务-营销，锁定和扩大忠诚客户群体，为顾客提供贵宾服务。不断优化全方位顾客体验的服务营销，打造声光色独特的建筑形态、商场环境和商品陈列，为顾客营造舒适愉悦的购物氛围。开展会商旅文体等产业联动服务营销，融合各类资源，形成叠加效应，带动综合消费不断增长。

（十）持续推进品牌战略，培育高品牌价值企业

引导商业企业实施品牌战略，加快建立品牌促进、评价、推广、保护等公共服务体系，健全完善商业企业品牌成长推进机制。推动商业企业培育品牌文化，制定品牌发展规划，确立品牌定位、品牌模式和品牌形象，提高品牌管理能力和经营水平，实施企业品牌、商品品牌、服务品牌和商业人才品牌等全方位品牌发展战略。发挥上海品牌各类传统优势，重点培育和扶持一批“专、精、特、新”品牌商品和具有高品牌价值的商业企业，

扩大“上海品牌”在全国市场的影响力。

（十一）发展新型贸易平台，提高资源配置效率

加快平台经济发展，推动发展新型贸易平台，提高资源配置效率，促进商业贸易倍增，提高上海商业辐射力和影响力。在有色金属、钢铁、化工等大宗商品交易领域，加快发展形成一批整合资源、集成服务、辐射全国、连接国际的大宗商品交易和资源配置平台。推动电子商务、大数据、移动互联网在个人消费领域的应用，形成一批特色鲜明、能级较高的消费品交易类平台和生活服务型平台。聚焦金融、物流、信息服务等贸易服务关键环节，培育一批新型专业服务平台，优化平台经济生态链。搭建跨境电子商务公共服务平台，对跨境贸易中的信息、交易、支付、物流等环节提供技术支持，培育壮大一批跨境电子商务平台企业，优化过境通关、外汇结算、退税等环节，推动跨境贸易规模和能级提升。

（十二）提高对外开放水平，提升商业国际化水平

顺应全球经贸发展新趋势，进一步提升上海商业对外开放水平，引导商业企业拓展和利用国际国内两个市场、两种资源，开展包括资本合作、品牌共享、技术交流、管理创新、网络互通等灵活多样的国际交流与合作，引进和消化吸收国际商业先进理念、新兴技术、新型业态、管理方式和运作模式，带动商业转型升级。推动有条件的商业企业“走出去”，通过新建、并购、参股、增资等方式建立海外分销中心、展示中心等营销网络和物流服务网络，推进内外贸一体化，培育形成一批拥有自主品牌和开展国际经营的本土跨国商业企业集团。

三、保障措施

加快商业转型升级，是上海“新技术、新产业、新业态、新模式”经济发展的重要内容，关系到商业可持续发展和经济稳定增长，要加大政策支持力度，落实必要保障措施。

（一）深化商业管理体制改革。创新政府管理手段和模式。探索行业发展管理与行政执法相分离，推行综合执法试点。打破条块分治管理体制，加强政府部门间的协调合作，整合资源，信息共享。抓住自贸试验区改革契机，放宽市场准入，逐步引入自贸试验区“负面清单”管理思路开展全社会商业管理，先行先试，有所突破。适应新型商业企业跨地区、跨渠道、跨行业发展，研究完善税收支持政策。推广网店实名制，逐步扩大电子发票、电子合同、电子签名试点范围。

（二）支持重点项目建设。根据国家《促进产业结构调整暂行规定》《国内贸易发展“十二五”规划》和《产业结构调整指导目录》，依托国家和市级层面的流通业、服务业等综合试点和商贸流通业发展支持资金，把商业结构调整纳入本市产业结构调整的范围，建立完善市、区县两级政府共同支持商业结构调整转型升级的工作机制，建立指导目录，重点支持生态和智慧商圈建设，社区商业模式创新，新型商业业态培育，新型贸易平台发展，现代商品物流配送体系建设等领域的项目建设。

（三）支持商业技术创新和应用。进一步研究和制定以鼓励企业技术创新推动商业转型升级的政策措施，重点关注基于大数据的精准信息服务，基于第三方支付及互联网金融的支付服务，基于物联网、位置服务、智能物流的供应链服务等技术的示范应用。鼓励大型商业流通企业开展技术改造，建设后台技术支撑体系；培育一批创新能力强、服务模式新、发展速度快的科技型中小企业，使其成为未来服务商业转型的一支主力军。对采用先进技术改造，并被认定为先进技术型流通企业的，给予政策支持。贯彻落实《国务院办公厅关于金融支持经济结构调整和转型升级的指导意见》，加大金融支持商业领域实体经济的力度。加强知识产权保护，保障商业企业加快自主创新。

（四）加强中小商贸企业公共服务平台建设。各相关部门协同配合，市、区县联合搭建金融服务、产品营销、创业咨询、信息技术、创新孵化、数据查询等各类公共服务平台，向中小商贸企业提供商圈融资、供应链融资、市场开拓、企业管理、科技应用、品牌建设、商业征信、市场分析等一系列支持服务，优化企业发展环境，提高中小商业企业市场拓展能力。

（五）加强商业人才队伍建设。加快培育一批具有互联网思维的创新型商业领军人物，带动商业转型升级，重点培养本市紧缺的复合型高端商业人才和电子商务、信息服务、网络支付、物流配送等专业人才。完善高等院校、职业院校、社会职业教育、企业培训等多层次的商贸流通人才培训体系，保证商贸人才的稳定输送。营造宽松的人才引进环境，吸引国内外优秀商贸人才集聚发展。

（六）加强商业法制、标准化和诚信体系建设。运用和完善法制手段，完善市场经济制度，提升企业市场主体地位。加强商业行业新业态、新模式的地方标准体系建设，增强商业转型升级软实力。充分利用现代科技手段，加强商业领域诚信体系建设。维护公平竞争秩序，规范商品定价机制。各方协调配合，建设食品安全、质量安全、环境安全的商品流通安全体系。充分发挥行业协会作用，加强行业自律。完善商务举报投诉服务网络平台，严厉打击制假售假、商业欺诈、侵犯知识产权等行为，营造公平、有序、规范的市场环境。

（七）加强统计监测和评价工作。加强市场运行分析和统计监测工作，完善商业地理信息系统，健全全市商业地产开发的动态预警机制，密切关注并着力克服阶段性结构性商业设施供过于求现象。研究编制发布上海商业景气指数，并向社会发布评估信息和指数，引导社会各类市场主体合理把握商业开发节奏，科学配置商业资源，推动市场健康有序发展。探索建立第三方独立评估运作机制，组织开展上海商业转型升级发展第三方评估。

上海市商务委员会
2014 年 7 月 15 日

1.7　国务院办公厅关于深入实施“互联网+流通”行动计划的意见

国务院办公厅关于深入实施“互联网+流通”行动计划的意见

国办发〔2016〕24号

各省、自治区、直辖市人民政府，国务院各部委、各直属机构：

“互联网+流通”正在成为大众创业、万众创新最具活力的领域，成为经济社会实现创新、协调、绿色、开放、共享发展的重要途径。实施“互联网+流通”行动计划，有利于推进流通创新发展，推动实体商业转型升级，拓展消费新领域，促进创业就业，增强经济发展新动能。为贯彻落实国务院决策部署，深入实施“互联网+流通”行动计划，进一步推进线上线下融合发展，从供需两端发力，实现稳增长、扩消费、强优势、补短板、降成本、提效益，经国务院同意，现提出以下意见：

一、加快推动流通转型升级

以满足消费者需求为中心，积极开展全渠道经营，支持企业突出商品和服务特色，充分应用移动互联网、物联网、大数据等信息技术，在营销、支付、售后服务等方面线上线下互动，全方位、全天候满足消费需求，降低消费成本。大力发展体验消费，引导有条件的企业利用现有商业设施改造发展消费体验示范中心，合理布局购物、餐饮、休闲、娱乐、文化、培训、体育、保健等体验式消费业态，增强实体店体验式、全程式服务能力。着力提高供应链管理控制能力，鼓励百货等零售业态积极发展“买手制”，不断提高自营和自主品牌商品比例，通过发展连锁经营、采购联盟等多种组织形式降本增效，提高利用信息化、网络化、智能化技术实现转型升级的能力。增强老字号等传统品牌影响力，积极运用互联网，创新生产工艺和商业模式，弘扬民族、技艺等优秀传统文化，开展知名品牌示范区创建工作，线上线下互动传播中国品牌。推动商品交易市场利用互联网创新商业模式，拓展服务功能，加快平台化发展，以转型升级实现市场结构优化、提质增效，带动产业优化重组，发挥好引导生产、促进消费的作用。

二、积极推进流通创新发展

鼓励发展分享经济新模式，密切跟踪借鉴国外分享经济发展新特点新趋势，结合部门和地方实际创新政府管理和服务，激发市场主体创业创新活力，鼓励包容企业利用互联网平台优化社会闲置资源配置，拓展产品和服务消费新空间新领域，扩大社会灵活就业。支持发展协同经济新模式，通过众创、众包、众扶等多种具体形式，围绕产业链、供应链、服务链建立上下游企业、创业者之间的垂直纵深与横向一体化协作关系，提升社会化协作水平和资源优化配置能力。大力发展流通创新基地，为中小企业应用互联网创业创新提供集群注册、办公场地、基础通信、运营指导、人才培训、渠道推广、信贷融资等软硬件一体化支撑服务。

三、加强智慧流通基础设施建设

加大对物流基地建设、冷链系统建设等的政策性扶持力度，科学规划和布局物流基地、分拨中心、公共配送中心、末端配送网点，加大流通基础设施投入，支持建设农产品流通全程冷链系统，重点加强全国重点农业产区冷库建设。加大农村宽带建设投入，加快提速降费进程，努力消除城乡“数字鸿沟”。加大流通基础设施信息化改造力度，充分利用物联网等新技术，推动智慧物流配送体系建设，提高冷链设施的利用率。科学发展多层次物流公共信息服务平台，整合各类物流资源，提高物流效率，降低物流成本。推进电子商务与物流快递协同发展，及时总结协同发展试点成果，形成可复制、可推广的制度、做法和经验，着力解决快递运营车辆规范通行、末端配送、电子商务快递从业人员基本技能培训等难题，补齐电子商务物流发展短板。

四、鼓励拓展智能消费新领域

鼓励具备条件的城市探索构建线上线下融合发展的体验式智慧商圈，促进商圈内不同经营模式和业态优势互补、信息互联互通、消费客户资源共享，抱团向主动服务、智能服务、立体服务和个性化服务转变，提高商圈内资源整合能力和消费集聚水平。加快实施特色商业街区示范建设工程，发掘地方资源禀赋优势，提高产品和服务特色化、差异化、精准化、数字化营销推广能力，振兴城镇商业。拓展智能消费领域，积极开发虚拟现实、现实增强等人工智能新技术新服务，大力推广可穿戴、生活服务机器人等智能化产品，提高智能化产品和服务的供给能力与水平。

五、大力发展绿色流通和消费

推广绿色商品，限制高耗能、高污染、高环境风险、过度包装产品进入流通和消费环节。开展绿色商场示范活动，大力宣传贯彻绿色商场国家标准、行业标准，创建一批集门店节能改造、节能产品销售和废弃物回收于一体的绿色商场。推动仓储配送与包装绿色化发展，提高商贸物流绿色化发展水平。推动“互联网＋回收”模式创新，利用大数据、云计算等技术优化逆向物流网点布局，鼓励在线回收，加强生活垃圾分类回收和再生资源回收有机衔接。开展“绿色产品进商场、绿色消费进社区、绿色回收进校园”主题宣传活动，推动形成崇尚节俭、科学、绿色的消费理念和生活方式。

六、深入推进农村电子商务

坚持市场运作，充分发挥各类市场主体参与农村电子商务发展的动力和创造力。促进农产品网络销售，以市场需求为导向，鼓励供销合作社等各类市场主体拓展适合网络销售的农产品、农业生产资料、休闲农业等产品和服务，引导电子商务企业与新型农业经营主体、农产品批发市场、连锁超市等建立多种形式的联营协作关系，拓宽农产品进城渠道，突破农产品冷链运输瓶颈，促进农民增收，丰富城市供应。畅通农产品流通，切实降低农产品网上销售的平台使用、市场推广等费用，提高农村互联网和信息化技术应用能力。鼓励电子商务企业拓展农村消费市场，针对农村消费习惯、消费能力、消费需求特点，从供给端提高商品和服务的结构化匹配能力，带动工业品下乡，方便农民消费。鼓励邮政企业等各类市场主体整合农村物流资源，建设改造农村物流公共服务中心和村级网点，切实解决好农产品进城“最初一公里”和工业品下乡“最后一公里”问题。

七、积极促进电子商务进社区

大力发展社区电子商务，鼓励发展社区购物服务应用软件，加强电子商务企业与社区商业网点融合互动，开展物流分拨、快件自取、电子缴费等服务，提高社区商业的信息化、标准化、规范化、集约化水平，提升社区居民生活品质。完善“一站式”便民服务消费功能，支持老旧小区利用闲置房间、地下空间等打造多层次、多形式的便民服务点，将零散的社区服务资源进行线上线下整合，统筹建设和改造餐饮、住宿、家政、洗染、美容美发、维修、物流、金融、文化、娱乐、休闲等生活服务网点，让门店多起来，提高城市居民生活的便利性和城市发展竞争力。

八、加快完善流通保障制度

组织开展道路货运无车承运人试点工作，允许试点范围内无车承运人开展运输业务。按照新修订的《高新技术企业认定管理办法》，落实“互联网＋流通”企业的申报认定工作。推进工商用电同价，允许大型商贸企业参与电力直接交易，开展商业用户自主选择执行商业行业平均电价或峰谷分时电价试点。发挥政府、行业协会作用，科学规划，合理布局，盘活存量，优化增量，鼓励各地采取先买后租、先建后租等多种有力措施，引导降低实体店铺租金，保障社区菜市场、社区食堂等惠民便民服务设施低成本供给，引导线上企业到线下开设实体店，推动线上线下融合发展。阶段性适当降低困难流通企业住房公积金缴存比例。

九、发挥财政资金引导带动作用

积极推进“互联网＋流通”行动，着力降低流通成本，提高流通效率，扩大有效供给，鼓励有条件的地方设立“互联网＋流通”发展基金，引导社会资本、境外资本加大对流通领域互联网等信息技术应用的投入。

十、增强流通领域公共服务支撑能力

鼓励整合建设商务公共服务云平台，对接相关部门服务资源，为流通领域提供政策与基础信息服务，为中小微企业提供商业通用技术应用服务。加快建立健全电子商务统计监测体系，建设真实准确的企业、商品、订单、合同、发票、物流运单等电子商务基础信息库，支撑电子商务市场高效规范运行。加大教育培训结构调整力度，加强电子商务人才继续教育，提高线上线下互动实战能力，培养既懂流通又懂创意创新和网络运营的复合型人才。指导支持各类电子商务创新创意创业大赛，对接行业机构、投融资机构，发现优秀的创业创新项目和创业创新人才。

十一、健全流通法规标准体系

抓紧研究商品流通、电子商务等方面的立法，研究建立流通设施建设、商品流通保障、流通秩序维护等基本制度，解决流通发展中的体制机制问题。研究梳理现行法律法规中与互联网在流通领域创新应用和管理不相适应的内容，加快修订完善，推动线上线下规则统一。健全批发、零售、物流、生活服务、商务服务领域标准体系，加强适应电子商务发展需要的农产品生产、采摘、检验检疫、分拣、分级、包装、配送和“互联网＋回收”等标准体系建设，加大标准贯彻实施力度，引导企业规范化发展。

十二、营造诚信经营公平竞争环境

适应“互联网＋流通”发展需要，不断创新监管手段，采取合理的监管方式，加强事中事后监管，加大对侵权假冒、无证无照经营、虚假交易等行为的打击力度，保障群众买到质优价廉的商品，放心消费、安全消费。鼓励平台型服务企业利用技术手段加强对违法违规行为的监测、识别和防范，主动与执法部门建立联防联控机制；严厉打击平台型服务企业包庇、纵容违法违规经营行为，营造保障“互联网＋流通”行动计划顺利实施的法治化营商环境。推进商务信用体系建设，结合“三证合一、一照一码”登记制度改革，充分利用全国信用信息共享平台和企业信用信息公示系统，健全政府部门信用信息共享机制，并通过“信用中国”网站向社会提供服务，建立基于消费者交易评价和社会公众综合评价的市场化企业信用信息采集、共享与使用机制，不断优化评价标准和方法，形成多方参与、标准统一的商务诚信体系。

各地区、各部门要加强组织领导和贯彻实施，既要切实发挥好市场在资源配置中的决定性作用，也要发挥好政府的引导调控作用；既要立足当前，也要惠及长远。各地区要结合本地实际制定具体实施方案，明确工作分工，落实工作责任。商务部要会同有关部门建立工作联系机制，加强统筹协调、业务指导和督促检查，重大问题和情况及时报告国务院。

国务院办公厅
2016 年 4 月 15 日

1.8　国务院办公厅关于推动实体零售创新转型的意见

国务院办公厅关于推动实体零售创新转型的意见

国办发〔2016〕78 号

各省、自治区、直辖市人民政府，国务院各部委、各直属机构：

实体零售是商品流通的重要基础，是引导生产、扩大消费的重要载体，是繁荣市场、保障就业的重要渠道。近年来，我国实体零售规模持续扩大，业态不断创新，对国民经济的贡献不断增强，但也暴露出发展方式粗放、有效供给不足、运行效率不高等突出问题。当前，受经营成本不断上涨、消费需求结构调整、网络零售快速发展等诸多因素影响，实体零售发展面临前所未有的挑战。为适应经济发展新常态，推动实体零售创新转型，释放发展活力，增强发展动力，经国务院同意，现提出以下意见：

一、总体要求

（一）指导思想。全面贯彻党的十八大和十八届三中、四中、五中、六中全会精神和国务院决策部署，牢固树立创新、协调、绿色、开放、共享的发展理念，着力加强供给侧结构性改革，以体制机制改革构筑发展新环境，以信息技术应用激发转型新动能，推动实体零售由销售商品向引导生产和创新生活方式转变，由粗放式发展向注重质量效益转变，由分散独立的竞争主体向融合协同新生态转变，进一步降低流通成本、提高流通效率，更好适应经济社会发展的新要求。

（二）基本原则。

坚持市场主导。市场是实体零售转型的决定因素，要破除体制机制束缚，营造公平竞争环境，激发市场主体活力，推动实体零售企业自主选择转型路径，实现战略变革、模式再造和服务提升。

坚持需求引领。需求是实体零售转型的根本出发点，要适应消费需求新变化，引导实体零售企业补齐短板，增强优势，扩大有效供给，减少无效供给，增强商品、服务、业态等供给结构对需求变化的适应性和灵活性。

坚持创新驱动。创新是实体零售转型的直接动力，要抢抓大众创业、万众创新战略机遇，加强互联网、大数据等新一代信息技术应用，大力发展新业态、新模式，进一步提高流通效率和服务水平。

二、调整商业结构

（三）调整区域结构。支持商业设施富余地区的企业利用资本、品牌和技术优势，由东部地区向中西部地区转移，由一二线城市向三四线城市延伸和下沉，形成区域竞争优势，培育新的增长点。支持商务、供销、邮政、新闻出版等领域龙头企业向农村延伸服务网络，鼓励发展一批集商品销售、物流配送、生活服务于一体的乡镇商贸中心，统筹城乡商业基础设施建设，实现以城带乡、城乡协同发展。

（四）调整业态结构。坚持盘活存量与优化增量、淘汰落后与培育新动能并举，引导业态雷同、功能重叠、市场饱和度较高的购物中心、百货店、家居市场等业态有序退出城市核心商圈，支持具备条件的及时调整经营结构，丰富体验业态，由传统销售场所向社交体验、家庭消费、时尚消费、文化消费中心等转变。推动连锁化、品牌化企业进入社区设立便利店和社区超市，加强与电商、物流、金融、电信、市政等对接，发挥终端网点优势，拓展便民增值服务，打造一刻钟便民生活服务圈。

（五）调整商品结构。引导企业改变千店一面、千店同品现象，不断调整和优化商品品类，在兼顾低收入消费群体的同时，适应中高端消费群体需求，着力增加智能、时尚、健康、绿色商品品种。积极培育世界级消费城市和国际化商圈，不断深化品牌消费集聚区建设，进一步推进工贸结合、农贸结合，积极开展地方特色产品、老字号产品“全国行”“网上行”和“进名店”等供需对接活动，完善品牌消费环境，加快培育商品品牌和区域品牌。合理确定经营者、生产者责任义务，建立健全重要商品追溯体系，引导企业树立质量为先、信誉至上的经营理念，加强商品质量查验把关，用高标准引导生产环节品质提升，着力提升商品品质。

三、创新发展方式

（六）创新经营机制。鼓励企业加快商业模式创新，强化市场需求研究，改变引厂进店、出租柜台等传统经营模式，加强商品设计创意和开发，建立高素质的买手队伍，发展自有品牌、实行深度联营和买断经营，强化企业核心竞争力。推动企业管理体制变革，实现组织结构扁平化、运营管理数据化、激励机制市场化，提高经营效率和管理水平。强化供应链管理，支持实体零售企业构建与供应商信息共享、利益均摊、风险共担的新型零供关系，提高供应链管控能力和资源整合、运营协同能力。

（七）创新组织形式。鼓励连锁经营创新发展，改变以门店数量扩张为主的粗放发展方式，逐步利用大数据等技术科学选址、智能选品、精准营销、协同管理，提高发展质量。鼓励特许经营向多行业、多业态拓展，着力提高特许企业经营管理水平。引导发展自愿连锁，支持龙头企业建立集中采购分销平台，整合采购、配送和服务资源，带动中小企业降本增效。推进商贸物流标准化、信息化，培育多层次物流信息服务平台，整合社会物流资源，支持连锁企业自有物流设施、零售网点向社会开放成为配送节点，提高物流效率，降低物流成本。

（八）创新服务体验。引导企业顺应个性化、多样化、品质化消费趋势，弘扬诚信服务，推广精细服务，提高服务技能，延伸服务链条，规范服务流程。支持企业运用大数据技术分析顾客消费行为，开展精准服务和定制服务，灵活运用网络平台、移动终端、社交媒体与顾客互动，建立及时、高效的消费需求反馈机制，做精做深体验消费。支持企业开展服务设施人性化、智能化改造，鼓励社会资本参与无线网络、移动支付、自助服务、停车场等配套设施建设。

四、促进跨界融合

（九）促进线上线下融合。建立适应融合发展的标准规范、竞争规则，引导实体零售企业逐步提高信息化水平，将线下物流、服务、体验等优势与线上商流、资金流、信息流融合，拓展智能化、网络化的全渠道布局。鼓励线上线下优势企业通过战略合作、交叉持股、并购重组等多种形式整合市场资源，培育线上线下融合发展的新型市场主体。建立社会化、市场化的数据应用机制，鼓励电子商务平台向实体零售企业有条件地开放数据资源，提高资源配置效率和经营决策水平。

（十）促进多领域协同。鼓励发展设施高效智能、功能便利完备、信息互联互通的智慧商圈，促进业态功能互补、客户资源共享、大中小企业协同发展。大力发展平台经济，以流通创新基地为基础，培育一批为中小企业和创业者提供专业化服务的平台载体，提高协同创新能力。深化国有商贸企业改革，鼓励各类投资者参与国有商贸企业改制重组，积极发展混合所有制。鼓励零售企业与创意产业、文化艺术产业、会展业、旅游业融合发展，实现跨行业联动。

（十一）促进内外贸一体化。进一步提高零售领域利用外资的质量和水平，通过引入资本、技术、管理推动实体零售企业创新转型。优化食品、化妆品等商品进口卫生安全等审批程序，简化进口食品检验检疫审批手续，支持引进国外知名品牌。完善信息、交易、支付、物流等服务支撑，优化过境通关、外汇结算等关键环节，提升跨境贸易规模。鼓励内贸市场培育外贸功能，鼓励具有技术、品牌、质量、服务优势的外向型企业建立国内营销渠道。推动有条件的企业“走出去”构建海外营销和物流服务网络，提升国际化经营能力。

五、优化发展环境

（十二）加强网点规划。统筹考虑城乡人口规模和生产生活需求，科学确定商业网点发展建设要求，并纳入城乡规划和土地利用总体规划，推动商业与人口、交通、市政、生态环境协调发展。加强对城市大型商业网点建设的听证论证，鼓励其有序发展。支持各地结合实际，明确新建社区的商业设施配套要求，利用公有闲置物业或以回购廉租方式保障老旧社区基本商业业态用房需求。发挥行业协会、中介机构作用，支持建设公开、透明的商铺租赁信息服务平台，引导供需双方直接对接，鼓励以市场化方式盘活现有商业设施资源，减少公有产权商铺转租行为，有效降低商铺租金。

（十三）推进简政放权。推动住所登记改革，为连锁企业提供便利的登记注册服务，地方政府不得以任何形式对连锁企业设立非企业法人门店和配送中心设置障碍。进一步落实和完善食品经营相关管理规定。连锁企业从事出版物等零售业务，其非企业法人直营门店可直接凭企业总部获取的许可文件复印件到门店所在地主管部门备案。放宽对临街店铺装潢装修限制，取消不必要的店内装修改造审批程序。在保障公共安全的情况下，放宽对户外营销活动的限制。完善城市配送车辆通行制度，为企业发展夜间配送、共同配送创造条件。

（十四）促进公平竞争。健全部门联动和跨区域协同机制，完善市场监管手段，加快构建生产与流通领域协同、线上与线下一体的监管体系。严厉打击制售假冒伪劣商品、侵犯知识产权、不正当竞争、商业欺诈等违法行为。指导和督促电子商务平台企业加强对网络经营者的资格审查。强化连锁经营企业总部管理责任，重点检查企业总部和配送中心，减少对销售普通商品零售门店的重复检查。依法禁止以排挤竞争对手为目的的低于成本价销售行为，依法打击垄断协议、滥用市场支配地位等排除、限制竞争行为。充分利用全国信用信息共享平台，建立覆盖线上线下的企业及相关主体信用信息采集、共享与使用机制，并通过国家企业信用信息公示系统对外公示，健全守信联合激励和失信联合惩戒机制。

（十五）完善公共服务。加快建立健全连锁经营、电子商务、商贸物流、供应链服务等领域标准体系，从标准贯彻实施入手，开展实体零售提质增效专项行动，进一步提高竞争能力和服务水平。加强零售业统计监测和运行分析工作，整合各类信息资源，构建反映零售业发展环境的评价指标体系，引导各类市场主体合理把握开发节奏、科学配置商业资源。加快建设商务公共服务云平台，对接政府部门服务资源，发挥行业协会、专业服务机构作用，为企业创新转型提供技术、管理、咨询、信息等一体化支撑服务。鼓励开展多种形式的培训和业务交流，加大专业性技术人才培养力度，推动复合型高端人才合理流动，完善多层次零售业人才队伍，提高从业人员综合创新能力。

六、强化政策支持

（十六）减轻企业税费负担。落实好总分支机构汇总缴纳企业所得税、增值税相关规定。营造线上线下企业公平竞争的税收环境。零售企业设立的科技型子公司从事互联网等信息技术研发，符合条件的可按规定申请高新技术企业认定，符合条件的研发费用可按规定加计扣除。降低部分消费品进口关税。落实取消税务发票工本费政策，不得以任何理由强制零售企业使用冠名发票、卷式发票，大力推广电子发票。全面落实工商用电同价政策，在实行峰谷电价的地区，有条件的地方可以开展商业用户选择执行行业平均电价或峰谷分时电价试点。落实银行卡刷卡手续费定价机制改革方案，持续优化银行卡受理环境。

（十七）加强财政金融支持。有条件的地方可结合实际情况，发挥财政资金引导带动作用，对实体零售创新转型予以支持。用好国家新兴产业创业投资引导基金、中小企业发展基金，鼓励有条件的地方按市场化原则设立投资基金，引导社会资本加大对新技术、新业态、新模式的投入。积极稳妥扩大消费信贷，将消费金融公司试点推广至全国。采取多种方式支持零售企业线上线下融合发展的支付业务处理。创新发展供应链融资等融资方式，拓宽企业融资渠道。支持商业银行在风险可控、商业可持续的前提下发放中长期贷款，促进企业固定资产投资和兼并重组。积极研究通过应收账款、存货、仓单等动产质押融资模式改进和完善小微企业金融服务，通过创业担保贷款积极扶持符合条件的小微企业。

（十八）开展试点示范带动。支持有条件的地区完善政府引导推动、企业自主转型的工作机制，在财政、金融、人才、技术、标准化及服务体系建设等方面进行探索，推动实体零售创新转型。内贸流通体制改革发展综合试点城市要发挥先行先试优势，突破制约实体零售创新转型的体制机制障碍，探索形成可复制推广的经验。开展智慧商店、智慧商圈示范创建工作，及时总结推广成功经验，示范引领创新转型。

各地区、各部门要加强组织领导和统筹协调，加快研究制订具体实施方案和配套措施，明确责任主体、时间表和路线图，形成合力。商务部要会同有关部门加强业务指导和督促检查，综合运用第三方评估、社会监督评价等多种方式科学评估实施效果，推动各项任务措施落到实处。

国务院办公厅
2016 年 11 月 2 日

2　国内论文动态索引（论文索引、摘要）

目　录

1. 商业设施更新

2. 商业模式更新

引进市场营销观念更新商业银行经营管理

香港历史遗产活化更新的商业模式探讨

我国社区商业发展模式研究——以大连典型社区商业为例

国外社区商业发展的理论与实践

小米手机更多是商业模式的创新

从微信看商业王朝更替

商业模式创新比产品创新更重要

香港历史遗产活化更新的商业模式探讨

新商业模式让创业更成功

应对市场结构性变化——企业须持续更新自身商业模式

体验经济下历史街区商业化更新设计研究

深圳市典型城中村商业形态现状与更新策略研究

全球化中的消费文化动力及商业模式更新

商业激发和文化导向下的旧城保护与更新对策

商业模式的转变及其建筑更新研究

3. 商业理念更新

广州小洲村传统民居商业化更新策略

通过比较更新管理观念——泰、马商业考察有感

会泽历史文化名城西内街历史商业街区保护更新策略

国有商业零售企业观念更新

基于天津文化特色的商业步行街更新策略研究

基于文化消费的我国近代商业历史街区更新策略研究

空中步行系统在城市商业街区更新规划中的策略研究——以台北市新光三越信义新天地为例

历史文化商业街区的保护与更新

论国有商业银行的观念更新

论商业企业管理思想方法的更新

落后地区要致富商业观念需更新

浅谈商业企业经营观念的更新

商业发展与观念更新

2.1 商业设施更新

1. 城市更新过程中历史建筑的商业功能改造研究

【作者】朱建齐

【摘要】城市发展与城市更新是密不可分的，而城市更新往往伴随着老建筑的改造与重建。进入 20 世纪 70 年代以后，西方国家开始大量出现历史建筑的商业功能改造实践，在延续城市文脉与肌理、保护和利用旧有建筑的同时，缓解历史街区中商业功能不足的困境。这些改造项目的成功展示了历史建筑再利用的巨大潜力，进而引发了历史建筑的商业功能改造热潮。

本文从城市更新的发展历程切入研究，揭示了在城市更新过程中历史建筑改造出现的相关问题，进而引出历史建筑商业功能改造的研究，并通过对历史建筑商业功能改造的研究，发掘和保护历史建筑的内在价值，归纳历史建筑商业功能改造的设计原则和设计方法，结合青岛晓港历史风貌区规划和建筑设计经验，为我国今后的历史建筑商业功能改造实践提供一定的参考和借鉴。结合我国当前的国情，借鉴国外历史建筑商业功能改造的经验和教训，引发人们对历史街区和历史建筑保护与再利用的关注，探索符合我国当前城市更新现状的历史建筑保护和改造方法，从而在保护历史建筑遗产的同时，为社会创造更多的效益。

【关键词】城市更新，历史建筑，商业功能改造，设计方法

【出处】青岛理工大学硕士学位论文

2. 城市旧商业街区的改造与更新

【作者】赵仁冠

【摘要】商业进化和城市发展遗留下来的旧商业区的更新，是旧城改造的重要组成部分。旧商业区不仅是城市历史文化的一部分，而且它的建筑和空间所具有的独特魅力，吸引着越来越多的开发商和建筑师去开发和挖掘。本文讨论了有关旧商业区落后的原因、重整改造模式和开发内容，同时根据旧商业区改造成功的实例提出了自己的看法。

【关键词】旧商业区，旧城改造，重整，购物中心

【出处】《城市建筑》2005 年第 08 期

3. 城市历史地段中商业街区的更新与再利用

【作者】田梅霞

【摘要】历史地段的商业街区大多占据着城市的中心位置，它们保存了丰富的历史文化遗产、独特的自然景观和人文景观，展现了城市不同的风貌。本文通过分析我国历史地段的商业街区的改造和再利用中存在的普遍问题，探讨了老商业街区的再利用方法，这些可持续发展的规划设计研究已成为保护城市历史，延续城市文化脉络的重要环节。

【关键词】老商业街区，可持续发展，更新，再利用

【出处】《科教文汇》（下旬刊）2007 年 12 期

4. 城市历史商业街区建筑立面更新的传统风貌要素含量研究——以张家口武城街为例

【作者】赵雷，王亚伟，杜义明，王丙赛

【摘要】城市历史商业街区建筑立面影响着人们对城市的印象。建筑立面随着时代发展进行更新改造成为人们尝试改变商业空间环境常用的方法之一，本文试图从传统风貌要素含量方面探索新的立面更新方法。

【关键词】老历史商业街区，立面更新，含量

【出处】《建材与装饰》2017 年 36 期

5. 传统商业地段的保护与更新——沈阳北市地区城市设计

【作者】张东旭，马向东，陈雷

【摘要】在传统地段进行商业街设计，我们面临的问题是如何在保持原有历史传统和文脉的前提下，最大限度地满足现代商业的要求，本文结合沈阳北市地区的设计实践，从历史与未来共生、街区与城市的和谐、政府与开发企业的双赢几个角度探讨了特殊地段的商业街设计构思和对策。

【关键词】商业街，历史传统，设计构思，对策

【出处】《华中建筑》2007 年 10 期

6. 传统商业空间再生的设计策略——以武昌解放路司门口户部巷区域更新设计为例

【作者】邹晓蕾

【摘要】研究背景司门口是武昌解放路与民主路交叉地带的泛称，是武汉的商业发源地。解放路全长约 1100m，从南宋时期就被誉为“十里长街”，有着 800 年的悠久历史。这里曾是武汉最繁华的商业街区，享誉武汉三镇的数十家老字号如刘有余、曹祥泰、显真楼等都在这里聚集。20 世纪 90 年代以来，大量的新建和改扩建工程使司门口发生巨变，逐渐形成了一个网点密集、行业门类齐全的商业街区，吸引了无数周边居民甚至外来游客前来观光购物。

【出处】《中华建设》2014 年 09 期

7. 当代语境下旧厂房向商业建筑转型的设计策略研究——以云南纺织厂更新改造为例

【作者】高鹏飞，高静，梁峻

【摘要】由于人们对生态发展的日益重视，旧厂房的改造设计则是可持续发展观在设计层面良好的体现，而如今商业建筑是城市中不可或缺的“细胞”之一，所以其向商业建筑的转型也是社会发展及人类需求的必然结果。对于旧厂房向商业建筑转型的实践及研究如今也正在不断进步。该文将通过对云南纺织厂改造设计的研究，对旧厂房建筑向商业建筑转型的设计思路等理论进行分析，旨在对当代语境下旧厂房向商业建筑转型的设计策略及设计思维进行初探。

【关键词】旧厂房转型，商业建筑，当代语境，设计策略，设计思，云南纺织厂

【出处】《华中建筑》2016 年 08 期

8. 高层密集区步行空间整体更新——以上海新商业城改造研究为例

【作者】李传成

【摘要】本文以上海新商业城改造为例，归纳高层建筑密集区近地面层步行空间整体更新的改造手法，从城市整体性、空间结构调整、空间形态组合、活动支持等几个方面进行了论述。

【关键词】高层密集区，步行空间，整体更新，活动支持

【出处】《城市建筑》2007 年 09 期

9. 城市历史地段中商业街区的更新与再利用

【作者】田梅霞

【摘要】历史地段的商业街区大多占据着城市的中心位置，它们保存了丰富的历史文化遗产，独特的自然景观和人文景观，展现了城市不同的风貌。本文通过分析我国历史地段的商业街区的改造和再利用中存在的普遍问题，探讨了老商业街区的再利用方法，这些可持续发展的规划设计研究已成为保护城市历史，延续城市文化脉络的重要环节。

【关键词】老商业街区，可持续发展，更新再利用

【出处】《科教文汇》2017.12（下旬刊）

10. 基于空间句法的传统商业街区更新研究——以青岛市中山路历史街区为例

【作者】解旭东，李卉姗

【摘要】传统商业街区是一座城市历史文化的重要见证者。以青岛市中山路历史街区为例，引入空间句法的理论，通过对其空间形态的定量分析，解读其空间特征并归纳分析问题产生的根源，对青岛市中山路历史街区的更新策略提出合理的建议，以期对传统商业街区的更新改造活动提供有价值的理论依据，使其特色历史文化得到充分的发挥，商业经济效益得到大的提升。

【关键词】更新建议，空间句法，传统商业街区

【出处】《青岛理工大学学报》第 38 卷第 5 期

11. 西安市典型“城中村”商业形态现状与更新研究

【作者】贾广森

【摘要】“城中村”是自 20 世纪 90 年代初期，在我国大中城市的建成区和边缘区形成的一类异质于现代城市和传统乡村的聚居区。目前，“城中村”发展的混乱、无序已经严重影响了城市建设和发展的正常运转，迫切需要对其进行改造。“城中村”问题首先暴露在我国沿海和南部开放城市，对“城中村”的研究涉及城市规划、社会学、经济学、生态学等诸多领域，现有的研究成果主要从人口特性、经济发展、土地利用、规划建设等方面进行研究，本论在已有研究成果基础上，主要研究“城中村”的商业建筑形态，使对“城中村”的研究更加深入、系统。本论文的分析过程首先从“城

中村”商业形态的现状入手，从空间形态、内部功能、商业类型等角度加以分析。在现状的基础上，进行更新研究。最后分析总结现有的旧村改造的实例，提出相应的改造措施和建议。

【关键词】“城中村”商业形态社区商业现状更新

【出处】西安建筑科技大学硕士学位论文

12. 基于商业开发的传统建筑保护更新——以金丝巷汤宅为例

【作者】黎航，李流迪

【摘要】基于文化遗产的原真性、延续性和生活性原则，在维护历史建筑屋内基本结构和外部特征的基础上，对南宁历史保护街区的私人住宅金丝巷汤宅提出了更新改造方案。该改造方案，不仅对汤宅外在形式进行改造，还大胆地引入政府与屋主共同保护和经营的管控体制，以有效地利用政府对古建筑的保护资金，调动屋主保护古宅的自主性，挖掘了保护街区内文保单位的经济价值和社会价值。

【关键词】商业开发，保护更新，传统建筑，汤宅

【出处】《福建建筑》2016 年第 01 期

13. 以商业为导向的旧城更新

【作者】王鑫，佘高红

【摘要】通过对太原市柳巷旧城更新模式的分析，发现现有模式下居民参与无法切实进行，导致居民利益难以得到保障。借助类比的方法，提出 BOD 更新模式，即以商业为导向的旧城更新模式，运用行政手段对商业活动进行引导，提高居民参与旧城更新活动的可能性，使其在城市更新特别是历史街区改造中发挥积极的作用。

【关键词】商业行为，居民参与，旧城更新，BOD 更新模式

【出处】《山西建筑》2007 年 12 期

14. 住宅区商业设施设计理念的更新

【作者】徐强

【摘要】从商业设施使用者需求的发展和设计观念的更新入手，看重分析商业购销活动

中消费者和经营者的心理需求、行为模式，提出商业设施的设计不能脱离消费行为和经营方式的变化，从购买空间与使用者需求的内在关系出发，才能创造出适应时代要求的商业设施。

【关键词】商业设施，设计观念，使用者需求

【出处】《科技情报开发与经济》2003 年第 8 期

15. 西安明城区小型生活性商业空间现状及其更新改造研究

【作者】席菁曼

【摘要】城墙是西安的标志。城墙内分布着很多老西安社区，丰富的邻里生活和社会关系都集中于此，是祖祖辈辈老西安人对城市意向的集体记忆。廉价的日用百货店、祖传的小吃铺子、熟悉的服装小店、乡野风味的集贸水果摊、街头说书的、理发的摊位，其深意都不单单是商业空间，更是市民交流思想、交换信息、提升邻里关系的室外会客厅。随着城区车流量增大，高级饭店、酒吧、咖啡厅等现代化商业的入驻，新旧矛盾在城区内历史中心区凸显出来，如何创造高品质、生活气息浓厚的商业空间环境是本文的重点。

【关键词】明城区，生活性街道，小型商业空间，更新改造

【出处】西安建筑科技大学硕士学位论文

16. 基于文化景观资源的哈尔滨靖宇商业街区环境更新

【作者】李睿怡

【摘要】哈尔滨是“中华巴洛克”建筑的主要发源地，哈尔滨靖宇商业街区是中西建筑文化交流的见证，是反映哈尔滨自身中西文化交融特征的重要载体，大量“中华巴洛克”建筑所构成的城市形态及其背后所代表的城市生活，最为典型地反映了这座城市强烈的市民社会特征，由此，哈尔滨靖宇商业街区作为一种城市景观及其背后的世俗生活，也成为哈尔滨这座城市最为重要的城市特征，靖宇街区生活的记忆成为很多哈尔滨人的特殊文化基因。长期以来，哈尔滨靖宇商业街区的更新改造矛盾重重，尤其在今天，如何处理好超常规快速发展中的各种复杂矛盾，保护并发扬哈尔滨历史文化、切实维护居民切身利益，已成为摆在我们面前一个无法回避、刻不容缓的任务。

本论文主要采用多学科理论融汇综合并与实践密切结合的研究方法，针对影响哈尔滨靖宇商业街区改造的政策制定、积极利益权衡、居民弱势群体的利益维护、城市

特色保护和发扬等方面，运用历史街区保护与更新理论、可持续发展理论、文化生态学理论多学科知识，并借鉴国内外的研究内容，为求在综合研究中找到街区更新的对策。全论文对靖宇商业街区的产生、发展及衰败进行介绍后，着重对街区内的文化景观资源类型进行挖掘和评价。在对街区未改造和改造两部分的现状进行了系统性的调研和分析，从中探求出街区存在的问题，并对这些问题进行分析，提出解决办法。同时从靖宇商业街区对于哈尔滨这座城市、哈尔滨人的意义出发，指出今天哈尔滨靖宇商业街区保护与更新中应该遵循的基本原则，坚持在保护的前提下进行开发，在保护与开发之间找到一种平衡，做到既能延续街区的文脉特征，又能提高街区的经济活力。据此，笔者拟分别从思想层面、政策层面和景观层面，对哈尔滨靖宇商业街区的保护与更新提出自己的几点对策建议，希望能够对靖宇商业街区的可持续发展有所帮助。

【关键词】文化景观资源，商业街区，环境更新

【出处】东北林业大学硕士学位论文

17. 旧城更新下商业步行街改造研究——安庆市人民路商业步行街为例

【作者】杨雷鸣

【摘要】随着经济发展的逐步推进，城市的范围日益扩大，城市化的进程日益加快，主要表现为城市人口的急剧增多导致对居住和活动空间的需求量越来越大，建筑在高度上也不断加高。然而，伴随着迅速变化的城市面貌，快速和大规模的城市建设也带来了许多的社会问题，诸如原有的老城区结构破败、交通混乱、环境杂乱、功能衰退、历史特色风貌消失等问题。作为一个城市最主要、最集中、最富有活力的商业活动中心，商业街能够全面反映一个城市的社会面貌、经济的发展状况以及文化的传承，它是一个城市最敏感的区域，因此，商业街的改造肩负着振兴旧城区的重任。

本文以步行商业街为主要研究对象，以作者实际调研的安庆市人民路步行商业街改造工程为案例，详细分析了步行商业街的改造工程在旧城区中的改造应用。本文分为六章，从研究的背景入手，发现现状中存在的问题。通过对国内外城市步行商业街的相关理论研究，总结其中的改造方法，为后面的安庆市人民路商业街改造分析提供理论依据。第三章从安庆市的旧城区发展背景出发，介绍了人民路历年来的改造历程，作者通过问卷调查的方式对人民路改造进行满意度的研究分析，对人民路商业街的改造有了初步的印象。第四章从商业街的空间角度和建筑立面改造的角度出发，采用图文并茂的方式对改造中的方方面面进行详细深入的剖析，发现其中所存在的改造问题，针对每个实际问题提出具体的措施或方法。第五章根据前文总结了普适性的改造原则

和策略，希望对人民路商业街未来的几期规划改造有所帮助，也希望为后的国内旧城区商业街改造提供新的思路。

【关键词】旧城更新，步行商业街，安庆人民路，空间改造，建筑立面

【出处】合肥工业大学学术硕士学位论文

18.“城中村”商业模式更新研究

【作者】高婉炯

【摘要】目前“城中村”发展的混乱、无序已经严重影响了城市建设，迫切需要对其进行改造。本文从“城中村”商业形态的现状入手，以商业服务设施、空间形态、人口状况、商铺租金、商业形态等角度加以分析，揭示出“城中村”商业存在的问题，并在此基础上，进行“城中村”商业更新研究，并提出改造措施和建议。

【关键词】“城中村”，商业形态，更新研究

【出处】《商情》教育经济研究 2005 年第 4 期

19. 为城市商业更新改造添砖加瓦

【作者】龙根

【本刊讯】城市商业更新改造是推动城市可持续发展的必由之路。上海市商业经济学会城市商业更新改造委员会成立以来，聚焦上海市城市商业的发展，针对传统商业建筑的业态调整，工业，文旅地产的升级定位作出了积极探索。

【出处】《上海商业》2017 年第 8 期

20. 日本都市商业区更新的几种形态

【作者】于海波，杨柳，叶如宁

【摘要】尝试对日本都市商业区更新改良过程中的成功案例进行分析，选取后现代转轨时期做全景式的观察，从该类案例发生的社会文化背景、位置、规模和形态等几方面进行归纳总结，描述商业功能结构这一基本驱动力对空间场所形态的决定性影响，并概括了对我国未来城市建设所具有的参考价值。

【出处】《城市问题》2007 年 8 期

21. 历史文脉中的商业街区保护与更新研究——以徐州回龙窝古街区为例

【作者】邱磊

【摘要】旧城区内的传统历史商业街区是城市集特色商业、休闲游憩、文化传承等多功能为一体的特殊复合空间载体，体现着城市历史文化与民俗风情的独特魅力。该文以徐州市回龙窝历史文化街区为例，对历史商业古街区保护与更新进行了论述，通过对传统民居风格特点、院落空间格局和原有城市肌理的分析，评析其更新设计的方法与策略，探讨出更合理、更有创造性的更新与保护的方法，使传统商业街在传承、延续和发展历史文脉中获得新的强大的生命力。

【关键词】历史文脉，商业街区，更新与保护，传承

【出处】《山西建筑》2015 年第 12 期

22. 如何塑造一条流连忘返的街道——对商业步行街更新改造的一点体会

【作者】姜娅

【摘要】“伟大的街道造就伟大的城市”——艾伦·雅各布斯。总有一些街道，让我们流连忘返，行走其间，随心所欲。或许你悠闲地坐在咖啡馆看着窗外，或许你随意地在书摊旁翻阅着小说，或许你开心地逛着特色的商铺，愉快的街道总能造就愉悦的心情。谈及“好的”街道的标准，要明确地指出这条街道上哪些物质优于其他街道，并不是一件容易的事情，但要想创造一条让人留连忘返的街道，却是有迹可循、有法可学的。随着近年来步行街更新的热潮，本文就商业步行街更新与改造谈一点自己的体会。

【关键词】商业步行街，更新，改造

【出处】《美与时代（城市版）》2017 年第 1 期

2.2 商业模式更新

1. 香港历史遗产活化更新的商业模式探讨

【作者】容晓君，孙瑶，王安琪，陈汉云

【摘要】历史遗产是城市肌理必不可少的组成要素，是对城市时空变迁、历史文化发展脉络进行认知和想象的重要建成环境。历史遗产如果得不到合理的传承和科学的更新，其后果将是不可逆转和极其令人遗憾的。在人们对社会环境日益敏感的时代，历史遗产的适应性更新应被更加慎重地对待和处理。在香港高土地价值和巨大的重建压力的背景下，遗产保护与城市发展所追求的生活质量和社会福利格格不入。要保护什么以及为什么要保护历史遗产的问题有待解决，在此之上，一个更基本的问题是怎样通过制度安排和政策扶持来保护历史遗产。在过去20年内，香港社会不断探索历史遗产的适应性更新模式，以更新的现实性和可操作性为出发点，进行了一系列创新性的尝试。基于香港经验，本文试图阐释不同商业更新模式的具体操作手段并评价其优缺点，从而为历史遗产的更新规划和相关政策制定提供实际商业操作层面的借鉴。

【关键词】历史遗产，活化更新，商业模式，香港经验

【出处】《国际城市规划》2017年第3期

2. 我国社区商业发展模式研究——以大连典型社区商业为例

【作者】曹汝东

【摘要】社区商业是城市商业的基础，是满足居民综合消费的重要载体。目前我国大部分城市社区商业设施不足，网点布局不合理，服务功能单一，不能满足居民基本生活和提高生活质量。加快发展社区商业，是满足居民消费，完善城市商业结构，提升城市商业现代化和综合竞争力的迫切要求，也是构建社会主义和谐社会和全面建设小康社会的迫切要求。在此背景下，理清社区商业发展思路，找到适合我国发展特点的模式和方向是十分必要，也是至关重要的。国内对社区商业发展模式的研究主要集中在布局形式、建筑形态等方面，既忽略了投资开发和管理的重要作用，也忽略了不同因素对社区商业发展的影响。针对这些不足，本文力求丰富和完善社区商业发展模式的内涵和构成，从影响社区商业发展的主要因素视角，分析和总结不同条件下社区商业发展的一般规律和特点，提出符合我国实际的、合理的模式。本文首先创造性提出

了社区商业发展模式的内涵和构成，明确了社区商业发展模式的研究内容和范围。接着通过比较国际、国内社区商业发展的典型模式，明确了我国社区商业发展模式的改进方向。在此基础上，通过分析比较大连典型社区商业的调研结果，探讨不同因素对社区商业发展的影响，以及这些因素作用下社区商业发展呈现的规律和特点，并且对现有投资开发和管理模式进行评判。最后，针对我国社区商业发展实际，从社区商业布局、业态结构、功能配套以及投资开发与管理方面提出了我国社区商业发展的目标模式。

【关键词】社区商业发展模式，业态，布局，投资开发

【出处】东北财经大学硕士学位论文

3. 国外社区商业发展的理论与实践

【作者】王晓玉

【摘要】社区商业是城市商业空间中的一个重要层次，是以社区内的居民为服务对象的属地型商业。我国正在推行的城市社区建设，把社区商业的发展作为至关重要的一环。本文探索了指导社区商业发展的有关理论，并介绍了国外社区商业发展的概况及特征。

【关键词】社区商业，理论探索，发展概况，特征

【出处】《上海经济研究》2002 年第 11 期

4. 从微信看商业王朝更替

【作者】王晓玉

【摘要】“日光之下，并无新事。”当人们看到电信巨头色厉内荏地要求向微信收费，应该意识到，垄断央企也遇到了类似先兆。

【关键词】王朝更替，商业，收费，电信，央企，垄断

【出处】《沪港经济》2013 年第 5 期 16 页

5. 商业模式创新比产品创新更重要

【作者】孔翰宁

【摘要】管理层并不关心 IT 本身，他们关心的是基于 IT 平台的新商业概念。应对市场

挑战的答案，不在于IT本身，而在于基于IT平台的商业模式。

【出处】《信息化纵横》2008年11期

6. 新商业模式让创业更成功

【作者】池燕明

【摘要】立思辰公司的前身主要做复印机和打印机的销售和简单服务，是一个很传统的商业模式。后来，我们提出新的商业模式，就是外包服务模式，凭借着新商业模式，我们成为去年第一批在创业板上市的企业。

【出处】《人力资源》2010年9月

7. 体验经济下历史街区商业化更新设计研究

【作者】王艳丽

【摘要】在许多历史街区的更新方案中，都体现出商业化倾向，而且已有的诸多实践证明，商业化是针对历史街区的一种行之有效的保护模式。而体验经济，是与商业成功息息相关的一个名词，因而以此为基础和指导的体验设计对于历史街区的商业化进程具有同样重要的意义。

文章首先论述了体验经济概念背景和特征分析了历史街区商业更新的趋势及动因，并指出其存在的一些问题，然后论述了历史街区商业更新与体验经济的相关性这一部分成为全文的理论基础。接下来依据体验经济中的理论，重点对主体人在商业化更新的历史街区中的体验行为做了具体分析归纳了体验经济下历史街区商业化更新设计的原则和目标，并重点分析了体验经济下历史街区商业化更新设计的要素主题、功能，形态控制以及活动策划等。最后，上海新天地在体验经济理论视角下进行了分析研究，指出更新过程中的得与失及其原因。迄今为止，体验设计还没有形成成熟的理论框架，因此在历史街区商业化过程中的应用，多出自于自发性和无意识，而缺乏系统的理论依据与指导。本文中，笔者尝试在历史街区的商业化进程中，以体验经济的视角对更新设计进行初步的探索。本文所涉及的仅仅只是该领域研究的一个开端，希望本文的资料整理和分析能够为历史街区的商业化道路提供理论的依据和一定的参考价值。

【关键词】历史街区，商业化，更新，体验经济

【出处】浙江大学硕士学位论文

8. 深圳市典型城中村商业形态现状与更新策略研究

【作者】李平

【摘要】深圳市城中村商业由市场自发形成，满足了村内甚至村外居民不同层次的消费需求，是对市场的一个有效补充，市场发育所处不同的阶段，会呈现不同的特征，产生不同的问题。国内对我国城中村问题的研究已经比较广泛，国外也有对类城中村现象的研究，但是总体来说，单独对城中村商业形态进行研究的是少之又少。因此，文章以更新改善城中村商业形态现状为研究目的，通过实地调研、案例剖析等方法，结合城市规划以及建筑学的专业视角，以设计师的角度探讨了与城中村商业形态有关的人群分类、空间布局、公共空间塑造等方面的更新策略和设计建议。选取深圳市福田区城市就业中心地区的“上下沙村”以及位于深南大道旁的“白石洲村”、处于南山区西丽镇的“平山村”作为现状调研典型案例分析,并选取“岗厦村”“田面村”、“大芬村”作为更新实践典型案例分析，最终结合对现状的分析研究，以及更新理论思想，提出了更新策略和渐进式更新实践方案，试图通过对这些典型案例的剖析，总结出深圳典型城中村商业形态在社区商业系统中的共性和特性，以期对深圳城中村商业形态的更新以及深圳城中村的更新产生一定的积极指导作用。通过对相对分散的、未成体系的国内外与城中村相关的更新理论与更新实践进行多层次、更加深入的基础分析与研究，并结合对深圳典型城中村商业形态现状的具体调研，综合分析影响城中村商业形态更新的相关因素，最终总结出城中村商业形态更新的策略建议，为未来更新实践提供理论上的参考和实践上的指导。

【关键词】深圳市，市场自发形成，城中村商业形态，案例分析，更新策略

【出处】东北林业大学硕士学位论文

9. 全球化中的消费文化动力及商业模式更新

【作者】王麓怡

【摘要】在经济全球化背景下消费文化已成为经济活动的动力，消费者在对消费文化的体验中参与了生产，非物质性的需要满足使得人力资本价值提高，消费内生着生产的特征更为明显；消费文化生产着符号意义的商品品牌价值和等级价值；消费文化所带来的动力作用在某种意义上拉动着商业模式的创新。

【关键词】全球化，消费文化，效用，符号

【出处】《湖南工程学院学报（社会科学版）》2005 年 03 月

10. 商业激发和文化导向下的旧城保护与更新对策

【作者】唐纯

【摘要】在介绍旧城更新的基础上，通过分析国内外旧城改造思路，对番禺市桥先锋巷及周边地区保护改造进行了研究，阐述了旧城改造的对策及规划方案，以激发旧区的生机和活力。

【关键词】旧城，改造，规划，方案

【出处】《山西建筑》2013 年 04 月

11. 商业模式的转变及其建筑更新研究

【作者】董春燕

【摘要】在市场经济的引导下，我国的商业建筑得到飞速发展，各种商业建筑如雨后春笋般在全国各地建成。但由于各方面的原因，很多商业建筑在建成后因商业模式与原设计阶段不符而面临改造的需求，有些建筑甚至在施工阶段即边改造、边施工。建筑师在设计时应具有远瞻性，通过设计手法使商业建筑而具有较强的适应性。同时，通过学习商业方面的知识，了解商业的发展趋势而增强对商业建筑设计的可控性。同时，对商业建筑、商业模式及商业策划进行了深入的研究，经过深入的研究，更清晰地了解到商业模式及商业策划对建筑的影响。并引证了实际的案例，以说明商业建筑面临的问题，并提出了如何有效地减少商业建筑改造的可能性。

【关键词】商业建筑，商业模式，商业策划，建筑设计

【出处】天津大学 2011 年学位论文

2.3 商业理念更新

1. 广州小洲村传统民居商业化更新策略

【作者】张乐

【摘要】小洲村是目前广州地区最具岭南水乡特色的古村，村内的传统民居具有独特的地域特色和较高的历史价值。如今的城市化进程和文化创意产业的蓬勃发展使小洲村的传统民居面临巨大的挑战和机遇，如何在延续原有风貌的基础上，改善村内居民的生活环境，使传统民居建筑能够创造自身的经济价值，在经济快速发展的大城市中得以生存，这是小洲村内的传统民居亟待解决的问题。

本文正是基于这样的研究背景下，选取了小洲村内的传统民居作为研究对象。前三章主要是明确研究范围，对国内外相关的理论研究和实例进行回顾和整理。同时，对小洲村进行实例调研，了解其整体格局、建筑现状、村落经济概况、商业业态组合和文化创意产业对其商业的影响，并以此为基础，对其传统民居商业化更新的必要性和可行性进行探讨，并总结小洲村传统民居商业化更新的基本特征。

第四、第五章是本文的核心章节，依据小洲村内传统民居商业利用现状，将其业态分为购物、餐饮、休闲、复合四大类型进行研究，分别研究其具体改造更新手法，并进行横向对比，总结各业态更新手法的相似性和差异性并分析其原因。在此基础上，总结小洲村传统民居商业化更新的原则，进而从街道、建筑两个层面上对小洲村传统民居商业化更新策略进行总结归纳。

【关键词】小洲村，传统民居，商业化更新

【出处】华南理工大学硕士学位论文

2. 会泽历史文化名城西内街历史商业街区保护更新策略

【作者】杨柳

【摘要】会泽古城位于滇东北，迄今已有两千多年的历史，于明清时期随着铜矿的开采，鼓铸和铜运的兴起而在全国居于重要地位。会泽以其悠久的历史，灿烂的铜商文化，独特的民居形式，于 2013 年被评为国家历史文化名城。同时，会泽县又是贫困县，虽然具有优秀的旅游资源，但由于种种原因，其旅游业的发展不尽如人意。保护历史遗存、解决民生问题、使人民脱贫致富依然是会泽迫切需要解决的问题。在这样的情况下，如何使西内街，一条拥有一定历史文化价值但居民生活水平落后、经济活力不高的会泽老城中心区历史商业街区，在保证历史文化不被破坏的前提下，居民生活有所改善、商业经济得以发展、旅游业得以兴起？基于这样的思考，本文希望通过对会泽、西内街历史、现状的研究，对相关理论、案例的分析、借鉴，提出适合西内街的保护更新发展理念，探索会泽西内街历史商业街区的保护更新发展策略，以期对其今后的保护更新改造有所借鉴。

论文在对国内外历史文化名城及传统商业街区保护更新相关理论的回顾总结基础上，通过梳理会泽县自然、历史、文化等资源特色及西内街空间环境、人口及经济活动概况，研究会泽在云南旅游发展中的地位和发展潜力、西内街的历史文化价值，加上分析自身存在问题的内在原因，得出西内街发展定位，即“古城特色旅游文化商业街区，当地居民商业生活的中心街区”。接着，论文在西内街的定位之下，提出了西内街保护更新发展理念，即“保护真实、激发活力、改善民生、带动旅游”，并分析了该理念提出的理论和现实依据。然后，在“保护真实、激发活力、改善民生、带动旅游”理念的指导下，提出“以历史保护为前提，促进商业发展为基础，改善居民生活为目标，发展旅游业为导向”的西内街保护更新发展策略。最后论文提出西内街街区规划方案，并在管理实施方面提出构想。

研究认为西内街发展的当务之急是要以自己的姿态“活”下去，要结合当地社会经济发展水平落后、旅游发展水平有限的现实，短期内不能在发展旅游上投入过多，而更应重视街区活力的提升和居民生活条件的改善，通过一系列措施改善街区环境、增加居民经济收入、提高居民生活水平，激发街区活力，进而吸引周边人口，发展旅游。同时作为商业街区，西内街的商业活动也是其“活”下去的根本，因此商业定位和业态规划要在保持西内街现有商业地位的基础上进行升级，在满足当地居民生活的同时，兼顾旅游服务。

【关键词】西内街，历史商业街区，保护，更新，发展

【出处】西安建筑科技大学硕士学位论文

3. 国有商业零售企业观念更新

【作者】滕青，刘承培

【摘要】国有商业零售企业必须冲破计划经济思想的束缚，不断更新观念，要树立市场和效益观念，要有危机意识和竞争观念，要树立科技和服务观念。

【关键词】零售企业，零售业态，主导地位

【出处】《苏州丝绸工学院学报》第 18 卷第 4 期

4. 基于天津文化特色的商业步行街更新策略研究

【作者】刘辉，曹叶旭

【摘要】从城市文化的角度出发，首先介绍了国内外商业步行街的文化特色，分析出城市文化在商业步行街区更新中的地位和作用；在此基础上，从历史地理经济科技四个方面挖掘天津文化特色，研究分析出天津文化特色对商业步行街区的作用机制，提出了天津商业步行街区在今后设计与改造中可执行的更新策略。

【关键词】商业步行街，文化特色，更新策略，天津

【出处】《天津城建大学学报》2015 年 6 月第 21 卷第 3 期

5. 基于文化消费的我国近代商业历史街区更新策略研究

【作者】李翔宇，潘琳，李鸽

【摘要】文化与消费结缘，就意味着文化作为特殊的商品参与了消费、文化消费对社会建构的影响日益渗透到城市生活的各个层面。以文化消费为视角，以我国近代商业历史街区为研究对象，从我国近代商业历史街区的发展历程入手，阐释了近代商业历史街区的文化消费特征，并以此为依据，提出了我国近代商业历史街区的更新策略。

【关键词】近代商业历史街区，文化消费，更新策略

【出处】《城市发展研究》2014 年 11 期

6. 空中步行系统在城市商业街区更新规划中的策略研究——以台北市新光三越信义新天地为例

【作者】徐诗伟，李昊，叶静婕

【摘要】通过对台北市信义计划区新光三越信义新天地空中步行系统建设背景及其发展现状的分析与研究，总结其形成机制、实际效果及成功经验。在此基础上，针对大陆地区城市商业街区的建设状况与现实需求，对空中步行系统在城市商业街区中的建设策略以及实施机制进行研究探讨，总结具有操作性的策略与措施，为我国城市商业街区空中步行系统的规划与建设提供参考和借鉴。

【关键词】空中步行系统，商业街区，新光三越

【出处】《现代城市研究》2014 年 9 月

7. 历史文化商业街区的保护与更新

【作者】李晓明

【摘要】以苏州平江路历史文化商业街区为例，从经济生态与建筑生态两方面，阐述了历史文化商业街区保护与更新的策略，使其既延续了老街的历史文化特色，又适应了旅游经济的发展需求。

【关键词】历史文化商业街区，经济形态，生态系统，可持续发展

【出处】《山西建筑》2015 年 12 月

3　2018～2019 上海城市商业更新热点简讯

1."新消费"浪潮下上海商业新生态

上海明确建设国际消费城市的发展战略，带动了上海商业的变革，传统商业不断创新以顺应上海总体发展。第一八佰伴、百联世纪、传统大卖场、南京西路、传统菜场均纷纷加快转型，构建了上海商业新生态，带动了消费转型升级。

【关键词】上海建设国际消费城市，转型，新消费浪潮，商业新生态

【文献出处】《上海商业》2017 年第 2 期

2."新零售"革命下的商业地产新生态

从传统购物中心到全渠道发展，从高呼"狼来了"到主动参与电商竞争……近年来商业地产在转型路上不断前行。直到我们猝不及防地进入了新消费时代，消费的关键词不再是物美价廉，而变成了品质、社交、便捷、移动、订制。在这个时代，传统零售、电子商务都成了旧模式，新与旧的壁垒已然更迭，无人便利店、内容电商、新餐饮概念店等各种各样的业态遍地开花，"新零售"话题持续火热，并成为新的生态经济模式之一。嗅觉敏锐的商业地产商竞相加入到这一新生态。

【关键词】新零售，新消费时代

【文献出处】《中国房地产》2018 年第 5 期

3. 全域旅游视角下上海"商旅文"发展现状、特征与模式转型

"商旅文"是一种城市产业发展理念和模式，意在打破资源利用的界限，实现城市商业、旅游和文化的共同发展。本文首先梳理了上海商旅文的历史发展阶段，总结其发展特点；进而以"全域旅游"视野进行分析，指出上海"商旅文"的发展需从资源观、产品观、市场观和产业观四个方面进行调整，从而构建商旅文发展全维度升级，全品

牌建设，全文化营销，全市场协调的全域模式。

【关键词】商旅文，全域旅游，上海

【文献出处】《现代城市研究》2018.07

4. 第一百货商业中心更新之路——上海优秀历史建筑之功能升级

2017年12月8日，在经历了半年的修整期之后，第一百货商业中心正式开始试营业，以全新面貌回归南京路。此次亮相的建筑为第一百货商业中心的A、B两馆（即原来的一百老楼和新楼），而C馆（原东方商厦南东店）和中间连接两楼的六合路步道尚在加紧改造中。

回归后的第一百货商业中心充满了浓郁的“上海风情”。虽然商场进行了整体升级改造，在品牌与业态结构上作了大规模调整，但原汁原味的“老上海”元素依然无处不在。原市一百店最具特色的风景线——一店橱窗仍旧保留，挂上了以海派弄堂游戏为题材的若干幅主题叫做“那年记忆”的装饰艺术画。7楼设立了“弄堂”主题区域，其中“100弄”海派文化展示空间，是上海首个开在商场内的小型博物馆。

第一百货商业中心的改建体现出历史建筑在城市发展过程中可依托文化进行功能的升级，旧中有新，新中有旧。城市更新历来不是一味地大拆大建，破立往复，而是要让历史建筑在原有的基础上进行更与新，重现独特魅力。

【文献出处】《建筑科技》2017年第5期

5. 商业模式创新与“新零售”方向选择

对美国零售协会2016数字峰会上进行经验分享的沃尔玛（Walmart）、完美鞋子梦工厂（Shoes of Prey）等创新领先企业进行扎根理论研究发现，在零售企业商业模式创新过程中，技术创新是基础，价值主张创新是目标，渠道通路、关键业务、客户关系创新是手段，在技术创新、竞争驱动、需求拉动的共同作用下，零售企业最终实现商业模式的整体创新；国外领先零售企业商业模式创新呈现出渠道全面化、零售无间隙化、无边界化、零售体验化、服务增值化、个性化、定制化、透明化、社会化以及管理效率更高、成本更低的主流趋势，这为零售业商业模式创新即实现“新零售”目标提供了方向指导，也为中国零售企业创新发展提供了可以学习借鉴的经验依据。

【关键词】零售企业，商业模式创新，“新零售”，扎根理论

【文献出处】《中国流通经济》2017年10月，第31卷第10期

6. 今年中国四大主场外交的这台“压轴戏”，将给上海发展带来什么

进口博览会会对上海发展产生溢出效应，带动概念行业增长，将形成规模可观的博览会经济集群。其次将引领上海经济迈向高质量发展，适度扩大进口有助于上海消费升级，也可以推动上海实体经济能级提升，助力“上海制造”，推广“上海文化”。同时，推动上海形成全面开放新格局，强化上海联结中外市场的枢纽地位，最后提升上海在全球经济治理中的制度性话语权。再者，需要抓住契机释放进口博览会红利，搭建多层次的交易和交流平台，加快构建开放型经济新体制，提升上海城市精细化管理水平，加强多方协调联动与资源整合，扩大和创新进口博览会宣传推介。

【关键词】上海进博会，经济，商业

【文献出处】《上观新闻》

7. 上海商业如何抓住进博会契机？商务委总经济师这样说

抓住进口博览会这个重大机遇，主动顺应消费升级的大趋势，寻找城市百年商业基因与之契合点，不仅要有效满足需求，更要善于创造需求、引领需求。上海进口消费品和服务空间潜力巨大，进博会可以聚焦商业地标，并且打响消费名片品牌，优化消费环境。

【关键词】上海进博会，契机

【出处】《文汇报》

8. 上海自贸港建设的突破性与可持续性

党的十九大报告提出，赋予自由贸易试验区更大改革自主权，探索建设自由贸易港。在此之前，2017 年 3 月，国务院对上海自贸区改革做出了新的部署，其中提出设立自由贸易港。可以预见，如何认定自贸区和自由贸易港之间的关系，以及如何推进自由贸易港建设将成为一个无法回避的问题。该文认为，自贸区建设有不能突破之累、自贸港建设行政体制改革应先行、自贸港建设应离岸贸易先行，最后对于上海自贸港的建设提出几点建议。

【关键词】上海自贸港，体制改革，离岸贸易

【文献出处】《WTO 经济导刊》2017 年 12 月

9. 上海拟将临港地区纳入自贸港

作为自贸港建设的先行者，上海自贸港的建设正在升温。根据国务院去年印发的《全面深化中国（上海）自由贸易试验区改革开放方案》，上海将在洋山保税港区和上海浦东机场综合保税区等海关特殊监管区域内，设立自贸港区。记者从多方获悉，上海已提交的某方案中，拟将上海临港地区纳入上海自贸港的考虑。

【文献出处】http：//field.10jqka.com.cn/20180316/c603446611.shtml

10. 上海自贸区建设自贸港的问题和建议

上海自贸区是新时期我国推进全面对外开放的重大战略部署，在纪念改革开放四十周年的历史阶段推进上海自贸区建设自由贸易港极具象征意义。现在，上海自贸区的目标是要建设成为最高标准、最好水平的自由贸易港。但是显然，目前在区内经济活力和制度创新、协同区域发展等方面仍然存在不足。

上海自贸区建设中存在的问题：(1）政策实效评估机制单一，(2）信息共享平台有待完善，(3）行政管理能力有待提高，(4）“高精尖”国际化人才短缺。

进一步完善上海自贸区发展的建议：(1）引入动态评估机制，提升国际影响力，(2）归集信息数据，完善综合商务信息平台，(3）升级“一站式”服务，设立联席会议办公室，(4）培养、引进和留住国际化高端人才，(5）联动国家战略，探索建设自由贸易港。

【文献出处】http：//theory.gmw.cn/2018-09/10/content_31084120.htm

后记/致谢

迈向卓越的全球城市，是中国特色社会主义新时代的上海宣言。城市更新是上海新时代城市建设的主旋律，城市商业更新又是上海新时代实现产业转型和能级提升的重要举措。顺应时势勇立潮头，百舸争流敢为创新，在上海市商业经济学会城市商业更新改造专委会的大力支持下“上海城市商业更新智库”应运而生。“智库”汇聚了上海市商业更新领域的各路精英，为了探索上海城市商业更新的方向与路径而无私的奉献着，在此向各位智库专家们致敬!

《迈向卓越全球城市上海商业更新发展研究（2018—2019）》编纂工作从组织到成稿历时近一年，汇聚了各位智库专家和编委的辛勤与智慧。同济大学副校长伍江教授百忙之余为本丛书的编纂担任编委会主任,指导我们行进的方向。齐晓斋会长勇当重任，亲自操刀第一篇总报告的编写任务，回顾和总结了上海城市商业发展的历程，展望新时代上海城市商业的新气象、新方向，行文荡气回肠，激情洋溢，体现了齐会长的大家风范与责任担当,感受至深。上海大学经济学院常务副院长聂永有教授担任本书主编，设计和敲定了本书的内容架构，同时聂院长并非一个人在战斗而是汇集了上海大学经济学院的师生力量，为本书的编写奠定了基础和信心。上海同济城市规划设计研究院有限公司刘波主任为本书的编写与组织提供了原创性建议，组织与主持召开各轮编委会，并负责本书的统稿与校核。华东建筑设计研究院有限公司瞿燕所长为编委会的会议组织联系提供场地和各种后勤服务，同时也主持编写了技术篇及案例篇的大量内容。上海城市商业更新专委会的张思柱主任、汤民、谢剑副主任、舟山新区总规划师周建军教授以及智库的各位专家为本书的编写尽心尽力，在各次编委会上的建言献策尤绕在耳、音容笑貌仍历历在目。感慨时光飞逝，希望本丛书的出版为各位编委及专家带来一份小小的惊喜。

城市商业更新随时代发展而发展，是一个需要长期跟踪研究的大课题。感谢华东建筑设计研究院有限公司为本书的出版提供了大力支持和经费赞助，其精彩的商业更新设计案例为本书增色不少；感谢上海同济城市规划设计研究院有限公司为本书提供科研资助；以上两家公司分别是国内建筑、规划设计领域的翘楚，均具有深邃的洞察力和长远的眼光，希望城市商业更新研究在他们的资助下推向深入。感谢上海新空间工程设计管理有限公司为本书出版提供的经费支持，希望其作为业内设计新秀在商业更新设计领域中奋力前进。

由于时间紧，加上编者水平及精力有限，书中纰漏之处在所难免，肯请广大读者及同仁批评指正。

编者

2018 年 11 月 26 日